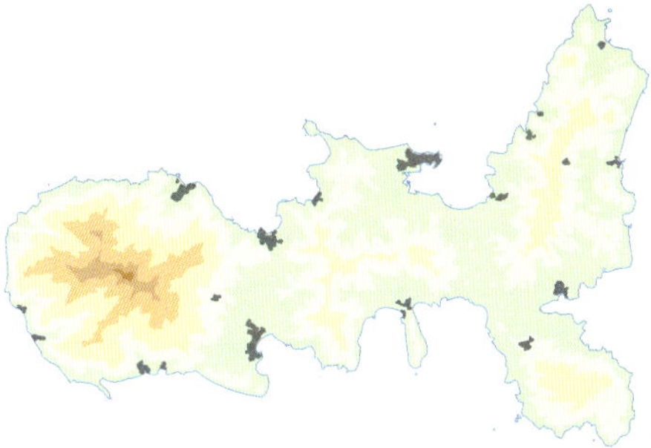

Allgemeines

Reisepraktisches

Portoferraio und Umgebung

Der Nordosten der Insel
Porto Azzurro
Die Halbinsel Calamita

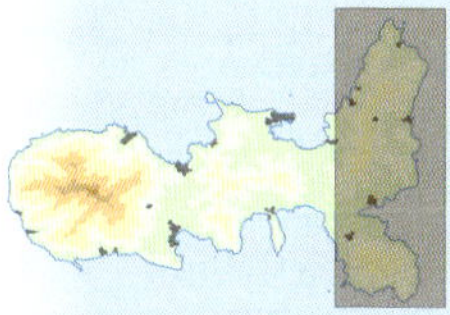

Die Buchten im Süden der Insel
Marina di Campo

Der Westen der Insel

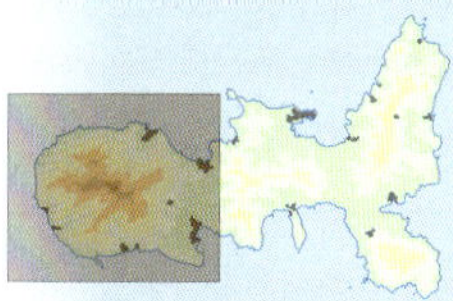

Die kleinen Inseln
des Toskanischen Archipels

Text und Recherche: Sabine Becht
Lektorat: Angela Nitsche, Sabine Senftleben
Redaktion und Layout: Sven Talaron
Fotos: Sabine Becht, außer:
S. 96 und 216: Sven Scharr
S. 116: Alessandra Ribaldone (Centro-Museo Italo Bolano),
S. 200 und 201: Nello Anselmi
Covergestaltung: Karl Serwotka
Covermotive: Portoferraio (oben),
Cotoncello-Strand bei Sant'Andrea (unten, beide Sabine Becht)
Karten: Hana Gundel, Günther Grill, Judit Ladik, Gárbor Sztrecska

Besonderer Dank gilt Sven Talaron für die Mitarbeit bei Recherche/Text und für geduldiges Wandern, ein großes Dankeschön ebenso an Sonia Bruni und Raffaella Cecchini von der APT in Portoferraio für ihre Unterstützung und an die zahlreichen Leser, die wertvolle Tipps für die Neuauflage dieses Buches gegeben haben. Außerdem danken wir herzlich Sven Scharr für die freundliche Bereitstellung der beiden Luftbilder zur Insel Elba.

ISBN 978-3-89953-544-0

 Druck: Wilhelm und Adam, Heusenstamm.

4. komplett überarbeitete und aktualisierte Auflage 2010

ELBA

und der Toskanische Archipel

Sabine Becht

Elba – die Insel

Reisepraktisches

Kartenverzeichnis

Zeichenerklärung für die Karten und Pläne

- Autobahn
- Hauptverkehrsstraße
- Nebenstraße
- Piste
- Wanderweg
- Bebaute Fläche
- Grünanlage
- Gewässerfläche
- Flughafen/ -platz
- Kirche
- Festung
- Berggipfel
- Badestrand
- Aussicht
- Leuchtturm
- Höhle
- Bushaltestelle
- Taxistandplatz
- Information
- Post
- Parkplatz
- Krankenhaus
- Campingplatz
- Ruine
- Turm

Verzeichnis der Wanderungen

Alles im Kasten

Was haben Sie entdeckt?

Haben Sie eine versteckte Bucht entdeckt, eine freundliche Trattoria weitab vom Trubel, ein nettes Hotel mit Atmosphäre, einen schönen Wanderweg?
Wenn Sie Ergänzungen, Verbesserungen oder neue Tipps zum Buch haben, lassen Sie es uns bitte wissen!

Schreiben Sie an:

Sabine Becht
Stichwort „Elba“
c/o Michael Müller Verlag GmbH
Gerberei 19
D – 91054 Erlangen
sabine.becht@michael-mueller-verlag.de

▲ Der Strand von Seccheto

Elba – die Insel

Blick auf den Monte Capanne im Westen Elbas

Elba – die Insel

Die Lieblingsinsel der Italiener steht auch bei Deutschen, Österreichern und Schweizern hoch im Kurs. Den sonnenhungrigen Besucher erwarten abwechslungsreiche Landschaften, eine vielfältige und üppige Vegetation, lebhafte Hafenorte und idyllische Bergdörfer, spektakuläre Buchten und natürlich unzählige traumhafte Strände.

Wenn Italiener auf der *Isola d'Elba* Urlaub machen, sind sie in der Regel auch zu Hause nicht arm. Die Insel hat in etwa den gleichen Status wie Sylt in Deutschland – angesagt, schick und ziemlich teuer. Letzteres gilt vor allem in der Hochsaison, wenn Elba aus allen Nähten platzt. Unschöne Hotelklötze und Massentourismus sind dennoch ausgeblieben, dafür ist die Insel einfach zu klein, und der bescheidene Flughafen hat nicht die Kapazitäten, um die Gäste am Fließband anzuliefern. Außerdem sorgen schon die Elbaner dafür, dass kein Raubbau getrieben wird – sowohl die Natur als auch die idyllischen Orte werden hier gehegt und gepflegt. Man ist sich der Schönheit der Insel bewusst und tut einiges dafür, sie zu erhalten.

Die nach Sizilien und Sardinien drittgrößte Insel Italiens liegt nur etwa 10 km vom italienischen Festland entfernt und beeindruckt durch eine außerordentliche *landschaftliche Vielfalt*, die man auf so kleiner Fläche (die Insel misst nur rund 223 qkm) sicherlich nicht vermuten würde: flache Küstenlandschaft mit herrlichen Sandbuchten im Süden, als Kontrast der steile und kahle Granitgipfel *Monte Capanne* im Westen, uralte Esskastanienwälder mit dichtem Unterholz, felsige Küstenabschnitte, die nur durch wenige kleine Buchten unterbrochen werden, und überall auf der Insel auch die typische mediterrane Macchia. Elba ist ausgesprochen grün, dafür sorgen die zahlreichen Quellen, die hier entspringen.

Einer der vielen Strände an der Nordküste bei Portoferraio

Abwechslungsreich sind auch die *Inselorte*: Wer mit der Fähre ankommt (und das tun die allermeisten), sieht zuerst die hektische Neustadt der Inselhauptstadt Portoferraio – eigentlich die unromantischste Möglichkeit, um Elba kennen zu lernen. Gleich dahinter aber, auf einer Landzunge, liegt das *Centro storico,* die ursprünglich von den Medici konzipierte Altstadt mit ihren beschaulichen Gassen. Neben den vom Tourismus geprägten Hafen- und Badeorten wie z. B. Marina di Campo, Marciana Marina und Porto Azzurro bietet die Insel auch idyllische Bergdörfer, in denen die Zeit noch immer langsamer abzulaufen scheint. Marciana Alta, Poggio und Rio nell'Elba sind Beispiele für die geschichtsträchtigen Orte abseits der Küste.

Kulturhistorisch und wirtschaftlich bedeutend war Elba schon unter den Etruskern, die hier Eisenerz abbauten. Die Römer taten es ihnen gleich, und dann kamen sie alle: Langobarden, Sarazenen, Pisaner, Genueser, Medici und schließlich auch der große Napoleon Bonaparte, von dessen kurzem Aufenthalt auf Elba die Insel noch heute zehrt.

Die meisten Gäste kommen aber aus ganz anderen Gründen auf die Insel, denn Elba ist ein *Paradies für Wassersportler* – segeln, surfen und tauchen kann man an fast jeder Ecke der Insel. Daneben natürlich noch ein ausgeprägtes Strandleben, und wem das zu viel wird, der kann auf den zahlreichen ausgewiesenen *Wanderwegen* das Inselinnere erkunden oder bei einem Ausritt in die elbanische Hügelwelt noch fast unberührte Natur erleben.

Im Sommer bringen Ausflugsschiffe die Urlauber per Tagestour zu den Nachbarinseln *Capraia* und *Pianosa,* aber auch zur Insel *Giglio* weiter südlich. Kleinere Bootsausflüge führen z. B. von *Marina di Campo* an der schroffen elbanischen Westküste entlang.

NOLEGGIO DI CANOE
NI PEDALO'

Highlights auf Elba

Zur ersten Orientierung: „Best of Elba"; was man auf keinen Fall auslassen sollte, von uns natürlich ganz subjektiv ausgewählt.

Orte

Poggio und Marciana Alta: benachbarte Orte, umgeben von dichten Esskastanienwäldern und eindrucksvoll am Fuß des Monte Capanne gelegen. Historisches Gemäuer und enge Gassen, langsam und beschaulich, zumindest außerhalb der „Besuchszeiten" durch Tagestouristen.

Capoliveri: malerisches Dorf, auf einem Plateau gebaut. Abends wird die Piazza Matteotti, einer der schönsten Plätze der Insel, zum Treffpunkt von Hunderten.

Marciana Marina: schöner Hafen an der Nordwestküste, reges Leben an der Uferpromenade, lauschige Piazza im *Centro storico*, viele schicke Restaurants.

Portoferraio: Altstadt mit historischem Hafen, hier pulsiert das Inselleben.

Chiessi: einer der schönsten Orte an der wenig erschlossenen Westküste, Elba beschaulich.

Landschaft

Monte Capanne: grandioser Rundblick vom höchsten Inselberg. Eindrucksvolle, aber mühsame Wanderung hinauf, jedoch auch mit der *Cabinovia* (Seilbahn) zu bezwingen.

Halbinsel Calamita: der „Magnetberg" (so die Übersetzung) im Südosten der Insel, über Jahrhunderte das Eisenerzzentrum Elbas, die rot aufgerissene Erde der kargen Halbinsel liefert noch immer ein Zeugnis davon. Schöne Badebuchten.

Westküste: eindrucksvolle Rundfahrt entlang einer schroffen Küstenlandschaft auf der Panoramastraße. Kleine Buchten, karge, steil aufragende Berge, gemütliche Orte.

Kultur und Geschichte

Napoleons Villen: die Stadtresidenz *Palazzina dei Mulini (Villa dei Mulini)* am oberen Ende der Altstadt von Portoferraio mit schöner Terrasse über dem Meer und die Sommerfrische *Villa San Martino* im gleichnamigen, idyllischen Tal – kaiserlichen Luxus stellt man sich vielleicht prunkvoller vor, doch sind die Villen recht aufschlussreich in Sachen kaiserliches Exil.

Castello del Volterraio: Wahrzeichen der Bucht von Portoferraio, die Ruine thront mächtig auf einem Felsklotz. Tolle Aussicht nach einem mühsamen Aufstieg.

Madonna di Monserrato: Wallfahrtskirche, nach spanischem Vorbild Anfang des 17. Jh. in einem Tal nahe Porto Azzurro gebaut. Wunderschön gelegener stiller Ort.

Madonna del Monte: Napoleons Lieblingsplatz auf der Insel, an der kleinen Wallfahrtskirche aus dem 16. Jh. traf er zum letzten Mal seine Geliebte Maria Walewska. Abgeschiedenheit unter Kastanienbäumen im Westen Elbas.

Strände

Biodola-Bucht: westlich von Portoferraio, ein Sandstrand der Extraklasse. Nobelhotels und beliebter Ankerplatz für Segelyachten.

Fetovaia: unverbauter, herrlicher Sandstrand an der Westküste, durch eine Landzunge geschützt.

Lacona-Bucht: beliebteste Badebucht der Insel im Süden, feinsandiger Strand, bestens besucht, hervorragendes Angebot an Wassersportmöglichkeiten. Nebenan die kleinere Variante: *Laconella*, eine herrliche Sandbucht mit Blick auf die Insel Montecristo.

Hotels

Villa Ottone: stilvolles Ambiente in herrschaftlicher Villa aus dem 19. Jh. in der Bucht von Portoferraio.

Cernia: persönliche Atmosphäre und botanischer Garten am Hang in Sant'Andrea.

Biodola und **Hermitage**: zwei Luxusherbergen nebeneinander und direkt am feinsandigen Biodola-Strand – hier bleibt kaum ein Wunsch offen.

Park Hotel Napoleone: gleich neben Napoleons Landvilla, stellt selbige deutlich in den Schatten.

Essen und Trinken

Da Publius: exzellentes Restaurant mit Panoramablick im Zentrum von Poggio.

Osteria Pepenero: sympathisches Lokal in einer Altstadtgasse von Portoferraio, hervorragende Fischküche.

Il Chiasso: eines der schönsten Restaurants in Capoliveri, mitten im Zentrum und an einer idyllischen Piazzetta gelegen.

Osteria del Noce: traumhafte Terrassenlage mit weitem Ausblick in Marciana Alta.

Paride – Il Delfino Verde: Traditionslokal, im Hafen von Porto Azzurro auf Pfählen gebaut.

Il Cantuccio: eine der besten Fischlokal-Adressen auf der Insel, in einer schmalen Gasse in Marina di Campo, meist bis auf den letzten Platz besetzt.

An Elbas schroffer Südwestküste

Geografie und Geologie

Elba ist die drittgrößte Insel Italiens und mit weitem Abstand die größte Insel des Toskanischen Archipels.

Die elbanische *Bevölkerung* ist eine Mischung verschiedener Einwanderergruppen vom Festland, auch wenn die Unterschiede heute längst verwischt sind. *Portoferraio* war ursprünglich toskanisch, *Marciana* korsisch, und im herben Bergdorf *Capoliveri* siedelten einst Neapolitaner. Im Letztgenannten finden sich noch einige Überbleibsel vom Brauchtum bei den Volksfesten. Elba zählt heute acht eigenständige *Gemeinden*, über ein Drittel der Inselbevölkerung (ca. 31.000 Einwohner) lebt in der Hauptstadt Portoferraio. Ansonsten ist die Bevölkerungsdichte in der Ebene von Marina di Campo am höchsten.

Elba auf einen Blick

Geografisches: Die Fläche beträgt 223,5 qkm, Elba ist ca. 30 km lang und 18 km breit mit einer Küstenlinie von 147 km. Höchster Berg ist mit 1019 m der *Monte Capanne* im Westen der Insel.

Wichtige Orte: *Portoferraio* – Inselhauptstadt und wichtigster Ankunftshafen; *Marina di Campo* – zweitgrößter Ort und wichtiges Touristenzentrum an langer Sandbucht; *Porto Azzurro* – lebhafter Hafenort im Osten der Insel; *Capoliveri* – geschichtsträchtiges Bergdorf auf der Halbinsel Calamita; *Marciana Marina* – Hafen im Nordwesten der Insel, weiteres touristisches Zentrum; *Marciana Alta* – abgeschiedenes Dorf an den Hängen des Monte Capanne und beliebtes Ausflugsziel.

Bevölkerung: Auf Elba leben ganzjährig rund 31.000 Menschen, davon allein 11.500 in der Hauptstadt Portoferraio. Es folgen Marina di Campo mit ca. 4200 Einwohnern, Porto Azzurro mit ca. 3200 und Capoliveri mit ca. 3100, Marciana bringt es auf etwa 2200 Einwohner, Rio Marina auf 2100, Marcina Marina auf 1900 und Rio nell'Elba auf ca. 950. Im Sommer steigt die Inselbevölkerung sprunghaft an.

Das Relief der Insel zeigt sich überwiegend hügelig bis bergig und weist drei größere Massive auf: der *Monte Capanne* (1019 m), höchster Berg der Insel im Westen, der *Monte Calamita* (413 m) auf der gleichnamigen Halbinsel im Südosten und der *Cima del Monte* (516 m) als höchster Gipfel des auf einer Nord-Süd-Achse verlaufenden Bergrückens im Nordosten der Insel. Dazwischen liegt eine niedrigere Hügellandschaft mit tief einschneidenden Tälern und Ebenen. Deren markanteste ist die flache Ebene des *Campo nell'Elba* zwischen Procchio und Marina di Campo, sie markiert die Grenze zur steil aufragenden westlichen Halbinsel.

Umgeben ist Elba vom *Tyrrhenischen* Meer, dem Teil des Mittelmeers zwischen der westitalienischen Küste sowie Korsika und Sardinien im Westen und Sizilien im Süden. Die Küstenlinie der Insel zeigt sich außerordentlich facettenreich: drei große Sandbuchten im Süden, schroffe und felsige Abschnitte an der gesamten westlichen Halbinsel, kleinere Buchten an der Halbinsel Calamita und nahezu unzugängliche Abschnitte im Nordosten von Elba. Daneben gibt es noch zahlreiche kleine Kies- und Sandbuchten westlich der Inselhauptstadt Portoferraio.

Der geologische Aufbau der Insel wird von mehreren Regionen verschiedenen Gesteins bestimmt. Im Westen der Insel findet sich das Granitgestein des Monte Capanne, dessen Alter man auf etwa sieben Millionen Jahre schätzt, und das sich beim langsamen Abkühlen zäher Magma gebildet hat, die in bereits bestehende Gesteinsarten eingedrungen ist *(Intrusion)*. In geringerem Umfang hat auch im Osten der Insel eine Intrusion stattgefunden, die besonders hier eine Vielzahl an Mineralien hervorgebracht hat. Hinzu kommen noch die *Eisenerzvorkommen* auf Elba, die die Besiedlungsgeschichte der Insel entscheidend mitbestimmt haben, sowie die 170 verschiedenen Mineralienarten, die – gemessen an der Größe Elbas – an sich schon eine Sensation sind. Diese geologische Vielfalt spiegelt sich natürlich auch in den Landschaften und in der Natur der Insel wider.

Die Insel der Mineralien

Die wichtigsten Mineralienvorkommen Elbas liegen im Osten der Insel, v. a. in der Gegend um Rio Marina und auf der Halbinsel Calamita (hier dominiert jedoch Eisenerz). In den mittlerweile stillgelegten Minen und Gruben im östlichen Teil Elbas fand man bis in die jüngste Vergangenheit hauptsächlich Pyrite, Hämatite, Magnetite und Quarzkristalle, aber auch Calcite, Malachite, Azurite, Turmaline und Berylle, außerdem Topase und Granate. Im Gebiet um den Monte Capanne finden sich ähnliche Mineralien, einer der wichtigsten Fundorte liegt am östlichen Ausläufer des höchsten Inselberges bei San Piero in Campo.

Eine Sonderstellung unter den elbanischen Mineralien nimmt der *Ilvait* ein, der nur hier vorkommt und seinen Namen von *Ilva,* der römisch-antiken Bezeichnung für Elba, erhalten hat. Von beeindruckender Größe und Schönheit sind besonders der Pyrit mit seiner golden glänzenden glatten Oberfläche und der schwarz glänzende Hämatit.

Mineraliensammler tun sich auf Elba mittlerweile schwer. Da die Gruben geschlossen sind, kann man nur noch in natürlichen Steinbrüchen, frei zugänglichen „Aufschlüssen“ (Fundorte) und z. T. auch bei natürlichen Abbrüchen fündig werden. Aber auch hier wird man nur mit etwas Glück überhaupt noch etwas finden.

Im Botanischen Garten des Eremo di Santa Caterina

Flora und Fauna

Auf Elba herrscht natürlich die typische Vegetation des Mittelmeerraums vor, und das bedeutet vor allem eins: Macchia. Dank der vielen verschiedenen Gesteinsarten findet sich hier aber durchaus eine vielfältige Naturlandschaft, u. a. auch bedingt durch die unterschiedlichen Höhenstufen der Insel – vom Meeresspiegel bis hinauf auf ca. 1000 m.

Dennoch unterscheidet sich die Flora Elbas nicht dramatisch von der des nahe gelegenen italienischen Festlands. Auffallend dagegen der große Waldbestand, der hier trotz intensiver landwirtschaftlicher Nutzung erhalten geblieben ist. Zu sehen sind die dichten Wälder noch an der Nordseite des Monte Capanne, hier in Form von oft jahrhundertealten (Ess-)Kastanienbäumen, am benachbarten Monte Perone findet sich ein lichter Pinienwald, daneben treten noch Kork- und Flaumeichen, Aleppokiefern und diverse andere Kiefernarten auf. Von den Steineichenwäldern, die in der Antike den größten Teil der Insel bedeckten, ist allerdings nur noch wenig übrig. Der bewaldete und mit Macchia bewachsene Anteil auf Elba beträgt noch immer etwa die Hälfte des gesamten Inselgebiets, hier muss man jedoch auch die in den vergangenen Jahrzehnten wieder aufgeforsteten Pinienwälder miteinbeziehen.

Auf Elba lassen sich drei Vegetationszonen unterscheiden: vom Meeresspiegel bis etwa 500 m die Stein- und Korkeichen, dazu Macchiapflanzen wie Zistrosen, Mastix, Ginster, Myrte und Erdbeerbaum; in den mittleren Höhen (500–900 m) ebenfalls Macchia und Laubwald (u. a. Esskastanien, Eichen und Eschen); in der höchsten Region um den Monte Capanne (ab ca. 800–900 m) dann Eiben und Hopfenbuchen sowie zahlreiche, auch endemische Varianten von Veilchen, Lilien, Narzissen und Bergorchideen. Daneben zählt die elbanische Flora viele weitere endemische, d. h. nur hier vorkommende Pflanzen. Diese Pflanzen sind z. T. eng verwandt mit der Flora auf Korsika und Sardinien, was daran liegt, dass die heutige Insel vor etwa einer Million Jahren zum Sardinien-Korsika-Massiv gehörte und erst später – durch tektonische Absenkung – isoliert wurde.

„Importpflanzen" auf Elba sind Agaven, Eukalyptus und Mimosen, die es ursprünglich auf der Insel nicht gab.

Nationalpark Toskanischer Archipel (Parco Nazionale dell'Arcipelago Toscano)

Vorausgegangen waren lange Jahre der Kontroverse unter der Bevölkerung und der politischen Unentschlossenheit, bis er 1996 schließlich doch gegründet wurde: der *Parco Nazionale Arcipelago Toscano,* der alle sieben größeren Inseln des Archipels umfasst. Während die Insel Montecristo bereits seit Anfang der 1970er Jahre unter strengem Naturschutz steht, wurde der Gedanke an den Schutz der gesamten toskanischen Inselwelt erstmals 1982 im italienischen Parlament laut gedacht und bald darauf in ein Gesetz zum Schutz der Meereszonen des Archipels umgewandelt. Provisorisch standen auch bald die Inseln unter Schutz, doch die eigentliche Errichtung des Nationalparks kam nur schleppend voran. Die Bewohner der toskanischen Inseln standen dem Projekt skeptisch bis ablehnend gegenüber, zumal sich v. a. elbanische Fischer und Landwirte durch den Park in ihrer Existenz bedroht sahen. Als die Pläne kurz vor dem Aus standen, griff 1996 dann die EU ein und brachte – nicht zuletzt auch durch ein umfangreiches Finanzierungsprogramm – schließlich die Realisierung des Parks zustande.

Der Nationalpark mit etwa 18.000 ha Landfläche (und ca. 52.000 ha Seefläche) umfasst etwa 50 % des Inselterritoriums von Elba (v. a. den Westteil der Insel, den Nordosten zwischen Rio nell'Elba und Cavo sowie den südlichen Bereich der Halbinsel Calamita), 75 % der Insel Capraia und rund 40 % von Giglio. Montecristo, Giannutri, Pianosa und Gorgona stehen zu 100 % unter Naturschutz, wobei Montecristo und Giannutri in die Schutzzonen A und B fallen, in denen „alle, das Territorium verändernde Tätigkeiten" verboten sind. Für Elba und Giglio gelten die moderateren Zonen C und D, die zum Schutz der Bewohner landwirtschaftliche und bauliche Tätigkeiten zulassen. Zu den erklärten Zielen des Nationalparks zählt schließlich neben der „Bewahrung der vegetalen und tierischen Arten" auch die „Integration zwischen Mensch und Natur" – so die offizielle Übersetzung des Nationalpark-Statuts.

Weitere Informationen im Büro des Parco Nazionale Arcipelago Toscano, Via Guerrazzi 1, 57037 Portoferraio (LI), ✆ 0565/919411, ✆ 0565/919428, www.islepark.it, parco@islepark.it. Ein **Infobüro für Besucher** befindet sich auf dem Viale Elba (Ecke Calata Italia), hier auch Merchandising-Verkauf, geöffnet im Sommer Mo–Do 9.30–13.30 Uhr und 15.30–19.30 Uhr, Fr–So 9.30–20 Uhr.

Auch die *Fauna* der Insel kennt Arten, die denen auf Korsika und Sardinien ähneln bzw. teilweise mit ihnen identisch sind. Hierzu zählen der korsische Zeisig sowie bestimmte Geckos, Taranteln und Frösche. Wie fast alle toskanischen Inseln ist auch Elba eine wichtige Station für viele Zugvögel zwischen Afrika und Europa. Ganzjährig anzutreffen sind der Wanderfalke, das Rote Rebhuhn, der Fasan und die Alpenbrunelle, dazu an der Küste die korsische Möwe und die Silbermöwe.

Bei den Säugetieren besitzt die Insel eine geringere Artenvielfalt als das italienische Festland. Erwähnung verdient eine fast nur auf Elba anzutreffende Marderart, zahlreiche Nagetiere sowie Feldhasen und Wildkaninchen. Eingeführt wurden Wildschweine und Mufflons, diese Wildschafe haben im Vergleich mit den Hausrassen ein glattes und wesentlich kürzeres Fell. Anzutreffen sind kleine Herden, die auf der Insel erst in den 1970er Jahren angesiedelt wurden, an der Baumgrenze an den Hängen des Monte Capanne.

Begegnung der eigenen Art

Wildschweine kommen auf Elba – vor allem dank des Mangels an natürlichen Feinden – zuhauf vor. Insbesondere nachts auf einsamen Landstraßen ist eine Begegnung gar nicht so abwegig, eine umsichtige Fahrweise daher unerlässlich. Vorsicht ist geboten bei Bachen mit ihren Frischlingen, denn hier weiß man nie, wie viele noch aus dem Unterholz kommen. Und fühlt die Bache sich oder ihren Nachwuchs bedroht, kann eine ausgewachsene Wildsau lebensgefährlich werden!

Die größten wildlebenden Säugetiere der Insel werden bis zu 1 m groß und können ein Gewicht von etwa 200 kg erreichen. Paarungszeit ist im Winter, die Frischlinge (bis zu 10) werden etwa im Juni geboren. Als klassische Allesfresser machen die Wildschweine, deren Speisezettel neben Gräsern, Blättern, Wurzeln, Pilzen und Früchten auch lebende und tote Kleintiere umfasst, selbst vor Feldern und Weinstöcken elbanischer Landwirte nicht Halt. Hauptsächlich halten sich die Wildschweine in der dichten Macchia der Insel auf, besonders aber in den Wäldern in der Mitte Elbas und im Westen. Im Spätherbst werden sie in begrenzter Zahl zum Abschuss freigegeben.

Die beeindruckendsten Begegnungen finden jedoch zweifelsfrei im Meer vor der Küste Elbas und der anderen toskanischen Inseln statt: Von den Ausflugsbooten vor der Westküste und hinüber nach Pianosa sind immer wieder *Delfine* bei ihren kunstvollen Luftsprüngen zu beobachten. Noch spektakulärer sind die Sichtungen von *Pottwalen* und *Finnwalen*, die ebenfalls in den Gewässern des Archipels zuhause sind und sich im Frühjahr und Herbst gelegentlich blicken lassen – Finnwale waren sogar schon im Hafenbecken von Portoferraio zu sehen. Infos und Adressen zu Whale-Watching-Exkursionen erteilt die A.P.T. in Portoferraio (s. S. 98).

Sonne garantiert und Schatten auf Bestellung: Traumstrand im August

Klima und Reisezeit

Am schönsten ist Elba natürlich im Frühling, wenn alles grünt und blüht. Die Insel weist wie die anderen Inseln des Toskanischen Archipels auch ein typisches Mittelmeerklima mit trockenen, heißen Sommern und niederschlagsreichen Wintermonaten auf.

Dramatische Temperaturschwankungen gibt es auf Elba nicht, das Klima der Insel gilt als besonders mild. Dennoch: Alle paar Jahre hat der Monte Capanne im Winter für einige Tage eine weiße Mütze auf, Schnee oder Minusgrade sind in den Tallagen jedoch eher eine Seltenheit. Um Weihnachten herum blühen die wilden Narzissen, im Januar sind es die Mandelbäume. Zahlreiche Pflanzen der Insel weisen eine ganzjährige Blütezeit auf, hinzu kommen die vielen Quellen auf Elba, dank derer die Insel auch im Hochsommer nicht ausgedörrt erscheint. Während im Sommer die Winde hauptsächlich aus nördlicher Richtung eine angenehme Brise bringen, können im Winter die heftigen Südwinde schon mal Sturmstärke erreichen. Den größten Niederschlag auf der Insel verzeichnet man in den späten Herbstmonaten, im Januar und Februar regnet es vergleichsweise wenig, während im März und April die Niederschläge wieder ansteigen.

Die Wetterstatistik zählt auf Elba knapp 170 Sonnentage im Jahr, die Sonnenscheindauer beträgt im errechneten Mittel sieben Stunden pro Tag, Spitzenreiter ist der Monat Juni mit täglich elf Stunden Sonnenschein, während es im Dezember gerade mal 3,5 Stunden sind. Die Höchsttemperaturen auf Elba liegen auch im Hochsommer nur selten über 30 °C, die Tiefsttemperaturen betragen etwa 7 °C im Januar.

Die Urlaubssaison auf der Insel beginnt zu Ostern und dauert bis etwa Anfang oder Mitte Oktober, bei stabiler Großwetterlage auch mal ein paar Tage länger.

Natur- und Wanderfreunde können sich in den Monaten April und Mai an einem bunten Blütenmeer erfreuen, zum Baden lädt das dann etwa 16 °C „warme" Tyrrhenische Meer in diesem Zeitraum allerdings nur hart gesottene Naturen ein, das Wetter kann bis in den Juni hinein durchwachsen sein, mit bewölkten und regnerischen Tagen ist zu rechnen. Sonnenschein bei strahlend blauem Himmel ist etwa ab Mitte Juni bis Ende August/Anfang September fast garantiert, nur selten trübt

	Tageshöchst-Temperatur	Tagestiefst-Temperatur	Wasser-Temperatur
Januar	12,8 °C	7,4 °C	14,5 °C
Februar	13,3 °C	7,8 °C	13,5 °C
März	14,5 °C	8,6 °C	14,5 °C
April	17,4 °C	10,5 °C	15,5 °C
Mai	20,9 °C	13,6 °C	17,5 °C
Juni	24,6 °C	16,8 °C	21,0 °C
Juli	28,1 °C	19,9 °C	23,5 °C
August	28,1 °C	20,0 °C	24,5 °C
September	25,3 °C	17,6 °C	23,5 °C
Oktober	21,4 °C	14,6 °C	21,5 °C
November	16,7 °C	11,0 °C	18,0 °C
Dezember	13,4 °C	8,3 °C	16,0 °C

zwischendurch ein Regentag oder der launische *Scirocco* (und mit ihm dichte Wolken) die Badefreuden, doch fallen die schönen Tage natürlich in die Hauptreisezeit, in der die Insel vor Besuchern fast überzuquellen scheint.

Ab etwa Mitte September kann man wieder Pech mit dem Wetter haben, mehrere Regentage nacheinander sind nicht auszuschließen, Ende September kehrt dann der Frühherbst mit deutlich fallenden Temperaturen ein. Die Reisezeit für Badefans ist auf Elba also relativ kurz bemessen, wer jedoch zum Wandern, Segeln, Surfen oder Tauchen kommt, wird auch in den Monaten April, Mai und Oktober gute Bedingungen finden. Besonders für Wassersportler sind die frühen Herbstmonate geeignet: Das im Sommer aufgeheizte Mittelmeer bietet auch im September/Oktober noch angenehme Temperaturen, und Segler können sich auch im Frühling und Herbst über optimale Windverhältnisse freuen.

Italien macht Urlaub – Ferragosto

Mariä Himmelfahrt, der wichtigste Festtag der Italiener, findet mitten in den Ferien am 15. August statt. Niemand bleibt an diesem Tag in den heißen Städten, das öffentliche Leben liegt dort lahm, Behörden, Geschäfte und Restaurants sind geschlossen, ganz Italien tummelt sich am Meer oder entspannt in den Bergen. Der Sommerurlaub der Familie wird traditionell um diesen 15. August gelegt, und ein besonders beliebtes Ziel ist natürlich Elba. Das entsprechende Chaos auf der Insel kann man sich vorstellen: Elba ist dicht, Hotelbetten sind Monate im Voraus ausgebucht, Restaurants und Cafés bis auf den letzten Platz besetzt, von Parkplatznöten und der drangvollen Enge an den Stränden gar nicht erst zu sprechen. Fazit: Wenn irgendwie möglich, sollte man die zwei Wochen um den 15. August für einen Urlaub auf der Insel meiden. Dafür spricht auch, dass die Zimmerpreise in der „altissima stagione“, die in der Regel von ca. 5. bis 25. August dauert, noch mal kräftig nach oben schießen.

Ferragosto ist übrigens keine katholische Erfindung, auch wenn man das wegen des zeitgleichen Kirchenfestes Mariä Himmelfahrt annehmen könnte. Der Name leitet sich aus dem Lateinischen ab: *feriae Augusti* – „Ferien des Augustus“. Bereits die alten Römer unter Kaiser Augustus feierten Mitte des Monats August ihre Volksfeste und fuhren ans Meer.

Fast schon Relikte aus einer anderen Zeit – Fischkutter am Hafen von Portoferraio

Wirtschaft und Tourismus

Haupteinnahmequelle der Insel ist selbstverständlich der Tourismus, und das schon seit etlichen Jahren. Die traditionellen Wirtschaftszweige Eisenabbau und -verhüttung, Granitabbau, Fischerei, Landwirtschaft und Weinbau traten in der zweiten Hälfte des 20. Jh. zunehmend in den Hintergrund, lediglich in Sachen Weinbau ist in den letzten Jahrzehnten ein neuer Aufschwung zu verzeichnen.

Der Rohstoff Eisenerz hatte die Insel schon zu Zeiten der Etrusker bekannt gemacht, die hier erstmals Abbau im größeren Stil betrieben. Über die Jahrhunderte hinweg wurde die Eisengewinnung immer wieder aufgegriffen und aufgegeben, den Anfang vom Ende erfuhr dieser Wirtschaftszweig nach dem Zweiten Weltkrieg, als die zerbombten Hochöfen von Portoferraio endgültig außer Betrieb gesetzt wurden. 1982 wurden schließlich auch die letzten Eisenminen der Insel geschlossen, u. a. hatten sich auch die Vorkommen auf ein unrentables Maß erschöpft.

Ein ähnliches Schicksal erfuhr auch der Granitabbau, ein traditioneller elbanischer Erwerbszweig, in dem noch in den 1960er Jahren etwa 400 Steinhauer beschäftigt waren. Der Granit wurde schon unter den Römern, später dann unter den Pisanern abgebaut. Die Steinbrüche befinden sich im Westen der Insel, hauptsächlich bei *San Piero in Campo* am Fuß des Monte-Capanne-Massivs. Verschifft wurde der Stein ab *Marina di Campo*. Nachdem der elbanische Granit Anfang des 20. Jh. noch zum Straßenbau in Rom, Florenz oder Mailand verwendet wurde, spielt er heute fast keine Rolle mehr. Lediglich für Baumaßnahmen auf der Insel selbst wird hin und wieder noch etwas von dem harten Gestein genutzt.

Die elbanische *Landwirtschaft* spielt zwar noch immer eine (kleine) Rolle, verliert aber zusehends an Bedeutung. Vielfach haben die Bauern auf die lukrativere Tourismusbranche umgesattelt; heute lebt nicht einmal mehr jeder zehnte Elbaner von der Landwirtschaft. Ohnehin ist nur etwa ein Drittel der vorwiegend bergigen Inselfläche zu bewirtschaften, wovon wiederum fast die Hälfte für den Weinbau genutzt wird. Die übrige Fläche ist mit Oliven und Obst kultiviert, ein geringer Anteil mit Getreide und Gemüse. Auch der *Fischfang*, ehemals ein wichtiger Wirtschaftszweige Elbas, tritt zunehmend in den Hintergrund, und das obwohl die Gewässer um die Insel noch immer relativ fischreich sind. Die Fischerei dient den meisten Elbanern nur noch als Nebenerwerb.

Die Caprili

Wer im Westen Elbas auf den Pfaden um den Monte Capanne unterwegs ist, wird auf eine Granitverarbeitung der etwas anderen Art stoßen: igluartige kleine Hütten aus kleineren Granitsteinen, die ohne jeden Mörtel oder Zement zusammengefügt wurden. Die Caprili (von *carpa* = Ziege) entstanden Ende des 19. Jh. als Unterstände für die Ziegenhirten am Monte Capanne und wurden so konstruiert, dass sie sowohl gegen Wind als auch gegen Regen schützten, im Inneren der Steinhütte befand sich meist eine Bank als Rastplatz für die Hirten. Mittlerweile beherbergen die noch immer hervorragend erhaltenen Caprili schon lange niemanden mehr und stehen verlassen in der kargen Bergwelt.

Mit dem Niedergang der Eisen verarbeitenden Industrie nach dem Zweiten Weltkrieg brachen zunächst Arbeitslosigkeit und eine miserable wirtschaftliche Lage über die Insel herein, aber schon bald erschien ein viel versprechendes Licht am Horizont: der *Tourismus*. Wohl auch aus Mangel an Alternativen wurde das Geschäft mit den Feriengästen in den 1950er Jahren verstärkt vorangetrieben. Ein gut

Seit einem halben Jahrhundert schon lebt die Insel hauptsächlich von ihren (Bade-)Gästen

ausgebautes Straßennetz entstand (heute 140 km Asphaltdecke), 1954 wurde eine regelmäßige Fährverbindung zum Festland eingerichtet, und die Bettenzahlen stiegen sprunghaft an. Während man 1952 gerade mal 25.000 Übernachtungen zählte, hatte sich diese Zahl bereits fünf Jahre später vervierfacht, Mitte der 1970er Jahre verzeichnete man etwa 700.000 Hotelübernachtungen, und in den 1990er Jahren war die Zwei-Millionen-Grenze dann schließlich überschritten, Übernachtungen in Appartements und auf Campingplätzen nicht eingerechnet. Entsprechend dieser großen Nachfrage wurden auch zahlreiche neue Unterkünfte gebaut, den bescheidenen neun Herbergen von 1949 standen fünfzig Jahre später mehr als 200 gegenüber.

Fischfang ist auf Elba meist nur noch Nebenerwerb

Dennoch ist Elba dem Massentourismus und dem damit verbundenen Negativ-Image entgangen, obwohl es Anfang der 1990er Jahre zu einer ernsthaften Krise in der Branche kam: Die allgemeine wirtschaftliche Rezession wirkte sich natürlich auch auf den Haupterwerbszweig der Insel aus, und auch aus Verärgerung über unverhältnismäßig hohe Preise bei bescheidenen Serviceleistungen blieben die Gäste aus. Hinzu kamen Lärmbelästigung, ein echtes Müllproblem und zunehmende Trinkwasserknappheit, die der Insel zu schaffen machten und die Verantwortlichen zum Umdenken zwangen. 1994 wurde vom elbanischen Hotelverband das Projekt *Elbambiente* ins Leben gerufen, das sich den mittlerweile schon recht strapazierten Begriff des „Sanften Tourismus" auf die Fahnen geschrieben hatte. *Elbambiente* richtet sich sowohl an Urlaubsgäste als auch an Hoteliers, mehr für den Schutz der Insel zu tun, von offizieller Seite wird u. a. die verstärkte Waldbrandbekämpfung und die Werbung für alternative touristische Möglichkeiten beigesteuert. Man versucht, durch eine Ausweitung des touristischen Angebots die extreme Konzentration der Besucher auf die Monate Juli und August zu entzerren und die Insel z. B. durch den Ausbau der Wanderwege auch für Frühjahrs- und Herbsturlauber zu einem attraktiven Ziel zu machen. Mit anderen Worten: Man will weg vom Image der reinen Badeinsel, die Saison soll ausgedehnt und Gästezahlen besser übers Jahr verteilt werden. In Ansätzen mag dies wohl gelungen sein, wer aber im August hierher kommt, wird sich wahrlich nur schwer vorstellen können, wie eine Insel noch voller sein könnte.

Von den Urlaubsgästen, die alljährlich nach Elba reisen, stammen etwa 60 % aus Italien, der Rest kommt zumeist aus dem europäischen Ausland: viele Deutsche, aber auch Niederländer, Franzosen, Briten, Österreicher und Schweizer.

Weinbau im Nordwesten bei Sant'Andrea

Die Weine der Insel

Der Weinbau auf Elba hat eine lange Tradition. Schon Plinius der Ältere (23/24–79 n. Chr.) berichtet von der Insel als „Insula vini ferax", was in etwa „weinreiche Insel" bedeutet. Die Medici widmeten sich hier ebenso dem Weinbau wie einige Jahrhunderte später Napoleon. Unter seiner Regie erfuhr die elbanische Weinproduktion einen immensen Aufschwung, und in den 70er Jahren des 19. Jh. war knapp ein Viertel der Inselfläche mit Weinreben kultiviert. Man zählte damals rund 32 Millionen Rebstöcke, die etwa 120.000 Hektoliter Wein abgaben. Auch wenn sich die Zahl der Rebstöcke bis heute halbiert hat, der elbanische Wein spielt für die Inselwirtschaft jedoch noch immer eine wichtige Rolle.

Die Weinbaugebiete der Insel liegen in der Ebene von Campo, bei der Bucht von Mola (Porto Azzurro), Lacona und an der weiten Bucht von Portoferraio, aber auch an den terrassenförmig angelegten Hängen der Westküste bei Pomonte und Chiessi wie auch bei Marciana und Marciana Alta.

Die vier Weinsorten der Insel sind der *Elba Bianco* (Trebbiano-toscano- bzw. Procanico-Reben, trockener Weißwein), *Elba Rosso* (Sangiovese-Reben, trockener Rotwein), der *Aleatico* (Aleatico-Reben, dunkler, schwerer Dessertwein) und der *Moscato* (Moscato-Reben, süßer weißer Aperitifwein). Außerdem werden auf der Insel diverse Importweine angeboten (z. B. aus Sizilien), die hier die – zugegebenermaßen verwirrende – Aufschrift „Imbottigliato all'Elba" tragen. Weinliebhabern sei ein Ausflug zum Weingut *La Chiusa* bei Magazzini empfohlen – einem der besten der Insel in herrlicher Lage zwischen Weinstöcken am Meer (siehe S. 131f.) oder aber zum Veronelli-prämierten Weingut *Sapereta* (siehe S. 173). Verkaufsstände für Wein finden sich auch an den Straßen im Inselinneren und bei den Anbaugebieten selbst.

Torre di San Giovanni – ehemals zum Schutz vor Piraten errichtet

Geschichte Elbas und des Toskanischen Archipels

Elba ist berühmt geworden. Unzählige Male wurde die Insel in den Geschichtsbüchern erwähnt, und ein Name ist dafür in besonderer Weise verantwortlich ...

Ganze zehn Monate hat Napoleon es auf der kleinen Insel ausgehalten, bevor er wieder auf der großen Bühne der europäischen Politik erschien. Das aber war lang genug, um Elba den begehrten Platz in den Geschichtsbüchern zu sichern. Der Aufenthalt des Korsen war sicher ein Höhepunkt der Geschichte Elbas, doch die Insel war bis dahin schon des Öfteren in das Interesse der Mächtigen gerückt.

Vor- und Frühgeschichte

Bei einem Meeresspiegel, der mehr als 100 m unter dem heutigen lag, war Elba bis zum Ende letzten der Eiszeit (also bis in die Mittelsteinzeit) mit dem Festland verbunden. Man entdeckte an verschiedenen Orten der Insel Spuren altsteinzeitlicher Jäger, die wahrscheinlich jedoch nie fest an den Hängen Elbas siedelten. Erst für das Neolithikum (Jungsteinzeit, ab ca. 5000 v. Chr.) lässt sich eine Besiedlung nachweisen, dafür sprechen die hier gefundenen Werkzeuge und bearbeitete Waffen wie zum Beispiel Pfeilspitzen und Äxte (zu besichtigen im Archäologischen Museum in Rio nell'Elba).

Auch in der jüngeren Kupfersteinzeit (ab ca. 2500 v. Chr.) müssen Menschen auf Elba gewesen sein. Vermutlich war man damals auf der Suche nach kupferhaltigem Gestein, das hier nun erstmals auch abgebaut und verwertet wurde. Kupfergegenstände aus der Zeit von etwa 2000 v. Chr. fand man in der *Grotta di San Giuseppe* bei Rio Marina. An die Stelle dieses Metalls trat bald darauf die widerstandsfähigere und leichter zu bearbeitende Kupfer-Zinn-Legierung Bronze. Das hierfür notwendige Zinn wurde vermutlich vom Festland herbeigeschafft, der Guss der Bronzegegenstände fand aber auf der Insel selbst statt. Die ersten festen Siedlungen auf Elba entstanden in der Zeit zwischen 1800 und 1100 v. Chr., und zwar im Westen der Insel an den Hängen des Monte Capanne. Ihre erste Blüte sollte die Insel jedoch erst unter den Etruskern erfahren, die in Elba den reichen Rohstofflieferanten für Eisenerz erkannten und das Metall im großen Stil abbauten.

Argonautischer Schweiß für die Ewigkeit

Schenkt man den antiken griechischen Geschichtsschreibern Glauben, sind die Argonauten auf ihrer Fahrt durch das Mittelmeer auch auf der Insel Elba gelandet. Unter Führung von Jason brachen 46 Männer – die Argonauten – auf der eigens gebauten „Argo" zu einer abenteuerlichen Fahrt durchs westliche Mittelmeer auf, um das legendäre *Goldene Vlies* zu finden. Der antike Autor *Apollonios von Rhodos* berichtet, dass die griechischen Seefahrer am elbanischen Strand von *Le Ghiaie* Halt machten und dort ihren Schweiß – schließlich ruderte man mühsam – an den Kieseln des Strands trockneten. Da sie sich vorher mit heiligem Öl eingerieben hatten, sind die Kiesel noch heute von den Tropfen dunkel gesprenkelt, so zumindest will es die Mythologie.

Aus heutiger Sicht lässt sich eine weit weniger fabelhafte Begründung für die gesprenkelten Kiesel von Le Ghiaie finden: Bei den Steinen sind ganz einfach Einschlüsse des dunklen Gesteins Turmalin festgestellt worden. Als gesichert gilt jedoch, dass die erste griechische Siedlung auf elbanischem Boden (an der Stelle des heutigen Portoferraio) *Argoos* bzw. *Porto Argoo* hieß, benannt nach den sagenhaften Seefahrern.

Die Etrusker auf Elba

Woher die Etrusker kamen, lässt sich bis heute nicht sicher sagen. Der griechische Geschichtsschreiber *Herodot* (5. Jh. v. Chr.) gibt als Ursprungsgebiet der Etrusker Lydien (kleinasiatische Westküste) an. Man geht heute jedoch davon aus, dass es sich um eine Mischung kleinasiatischer Stämme handelte, die ab etwa dem 11. Jh. v. Chr. nach Mittelitalien einwanderten und sich in ihrem Kernland *Etrurien,* dem Gebiet zwischen den Flüssen Arno und Tiber, niederließen. Den Griechen zur Zeit Herodots waren die Etrusker als *Tyrrhener* bekannt, daher auch heute noch der Name des Meeres vor der etruskischen Küste. Wie archäologische Funde belegen, unterhielten die Etrusker rege Handelsbeziehungen im gesamten westlichen Mittelmeerraum, unter anderem auch mit dem nordafrikanischen *Karthago.* Ihr Exportschlager waren begehrte Metallwaren, insbesondere Waffen. Auf Elba hielten die Etrusker etwa 900 v. Chr. Einzug. Mitentscheidender Grund für ihre Ansiedlung waren die Erzvorkommen, deren Abbau nun erstmals in großem Umfang betrieben wurde. Schnell wurde Elba ein bedeutender Rohstofflieferant für das etruskische Reich, zunächst wegen des Kupfers, bald aber konzentrierte man sich ausschließlich auf das „neue" Metall Eisen.

Dank seiner Bedeutung als Waffenschmiede der Etrusker wird Elba bald auch Griechen und Karthagern bekannt und auf deren Handelsrouten zum wichtigen Anlaufpunkt. Die Griechen, die die Insel *Aethalia* nannten (vom griechischen „aithalos" = Rauch, Ruß), versuchten, ihren Einflussbereich über Unteritalien und Sizilien auf das westliche Mittelmeer auszuweiten. Dem entgegen stand die Allianz zwischen Etruskern und Karthagern. Höhepunkt dieser Auseinandersetzung war die erste gesichert überlieferte Seeschlacht im Tyrrhenischen Meer: Um 535 v. Chr. siegten die etruskisch-karthagischen Flottenverbände vor *Alalia* (Korsika) über die Griechen und sicherten sich die Vorherrschaft über das westliche Mittelmeer. Hundert Jahre später wandte sich das Kriegsglück dem Gegner zu: Bei dem Versuch, ihren Einflussbereich nach Süden auszudehnen, erlitten die Etrusker eine empfindliche Niederlage, die den Untergang ihres Reiches einleitete.

Eiseninsel der Antike

Elba als wichtigster Rohstofflieferant bescherte der antiken Welt unter den Etruskern das erste industrielle Zentrum Europas. Dieses lag allerdings nicht auf der Insel selbst, sondern am gegenüberliegenden Festland in der etruskischen Stadt *Pupluna* (dem heutigen Populonia), wo das gewonnene Eisenerz verhüttet wurde. Pupluna war so bedeutend, dass hier sogar Münzen geprägt wurden, die den etruskischen Feuergott auf der Vorderseite, Hammer und Zange (als Symbole der Schmiede) auf der Rückseite darstellten. Dass die Insel wie auch Populonia mehr und mehr auch die Begehrlichkeit der anderen antiken Großmächte weckten, erscheint kaum verwunderlich.

Die hauptsächlich im Osten Elbas vorkommenden Eisenerze enthalten einen stattlichen Eisenanteil von bis zu 60 %. Es handelt sich dabei vor allem um die Eisenerz-Verbindungen Hämatit, Pyrit und Magnetit. Hämatit bzw. dessen feinkörnige, rötlich schimmernde Variante Roteisenstein wurde in der Gegend um Rio Marina abgebaut, der aufgrund seines hohen Schwefelgehaltes gelbliche Pyrit vor allem in den Gruben nördlich von Porto Azzurro und Magnetit wiederum auf der Halbinsel Calamita.

Geschmolzen wurde in der Antike in Hochöfen aus Lehm, in denen das eisenhaltige Erz mit der doppelten Menge an Holzkohle und mit Hilfe eines Blasebalgs auf eine Temperatur von knapp 1300 °C erhitzt wurde. Da der Schmelzpunkt für Eisen jedoch bei über 1500 °C liegt, floss aus den Schmelzöfen nur eine zähe Roheisenmasse, die zur weiteren Bearbeitung erneut erhitzt werden musste. Wie hoch entwickelt dabei die etruskische Technik war, sollte sich erst nach ihrem Verschwinden zeigen: Die Römer nämlich, die das Zentrum der Eisenverarbeitung nach Elba verlegten, waren nicht in der Lage, das etruskische System aus Schmelzöfen zu kopieren, und produzierten in ungleich höherem Maße Abfallprodukte, mit denen die Insel bald überhäuft war. Während auch der zur Verhüttung notwendige Rohstoff Holz auf der Insel knapp wurde und Elba nahezu vollständig abgerodet war, türmten sich um die Zentren der Eisenverarbeitung bald meterhoch die angefallenen Schlacken. Noch heute sind die Überreste dieser frühen „Industrieabfallentsorgung“ zu sehen: Sie färben beispielsweise die Strände im Osten der Insel.

Dass die antiken Verhüttungsmethoden noch nicht besonders effizient waren, kam erst im 20. Jh. wieder zu Tage: Die Abfallprodukte auf der Insel und die längst vergessenen und mittlerweile dicht überwachsenen Eisenschlackenhügel von Populonia wurden für das rohstoffarme Land Italien mit Beginn des Ersten Weltkriegs 1914 zur wichtigen Ressource und über zwei Jahrtausende später ein weiteres Mal abgetragen und verhüttet.

474 v. Chr. wurde die etruskische Flotte bei der Seeschlacht von *Cumae* von den Griechen, die zuvor auch gegen die Karthager siegreich gewesen waren, vernichtend geschlagen. Lachender Dritter war die aufstrebende Regionalmacht Rom, die ihren Lokalrivalen geschwächt fand. Für Elba hingegen begann eine Zeit des Schreckens. Die Flotte aus *Syrakus* nahm in der Folge die Insel ebenso wie das benachbarte Populonia (453 v. Chr.) ein, plünderte und brandschatzte die Küsten Elbas und des Festlandes und hielt sie besetzt. In diese Zeit fällt auch die Gründung des griechischen Hafens *Porto Argoo (Argoos)* in der Gegend des heutigen Portoferraio. Die griechischen Kolonisten wurden bald von den Römern bedrängt, gleichzeitig litt die Bevölkerung Elbas unter den anarchischen Zuständen: Die Buchten der Insel wurden zu Zufluchtsorten zahlloser Piraten, die die Küsten des Tyrrhenischen Meeres terrorisierten.

Auch nachdem Rom das etruskische Reich auf dem Festland zerschlagen hatte (Ende 4. Jh. v. Chr.) und sich schließlich auch auf der Insel Elba, dem römischen *Ilva,* behaupten konnte (Mitte des 3. Jh. v. Chr.), war es mit der Piraterie auf der Insel noch lange nicht vorbei.

Elba unter den Römern

Zu den ersten römischen Siedlungen auf Ilva zählten *Fabricia* (heute Portoferraio), *Caput Liberum* (Capoliveri) und *Post Montes* (Pomonte). Der Eisenabbau wurde unvermindert weiterbetrieben, und hinzu kam erstmals auch Granit, der im Westen Elbas aus dem *Monte-Capanne-Massiv* gebrochen wurde. Teile des elbanischen Granits wurden u. a. für den Bau des Pantheons in Rom verwendet. Elba stieg auf zum wichtigen Handelszentrum im westlichen Mittelmeer, umgeschlagen wurden neben den lokalen Bodenschätzen auch Wein und Öl. Zu Zeiten des *Ersten* und *Zweiten Punischen Krieges* (264–241 v. Chr. und 218–201 v. Chr.) gegen Karthago

Le Grotte – Reste der römischen Villa bei Portoferraio

diente die Insel als bedeutender Stützpunkt für die römischen Flotten auf ihrem Weg nach Nordafrika.

Die Bedrohung durch die tyrrhenischen Seeräuber blieb hingegen bestehen. Erst 67 v. Chr. machte kein Geringerer als *Pompeius* – Partner, Schwiegersohn und schließlich Gegner Julius Caesars – ihrem Treiben ein Ende. Die *lex Gabinia de bello piratico* stattete den Feldherrn mit weit reichender Machtbefugnis, 20 Legionen und 500 Schiffen aus, und binnen 40 Tagen hatte er das Tyrrhenische Meer, das den Römer von nun an *mare nostrum* – „unser Meer" – sein sollten, von der Piraterie befreit.

Römische Relikte auch auf Giannutri – die Villa

Das Ende der römischen Republik und der Beginn der Kaiserzeit stellte für Elba eine Zäsur dar. Die Ausdehnung des Römischen Reiches nach Norden und die damit verbundene Erschließung neuer Eisenvorkommen bedeutete zunächst einen drastischen Niedergang der elbanischen Wirtschaft. Doch nun entdeckten die Römer das Toskanische Archipel und allen voran *Ilva* als beliebte Sommerresidenz. Im 1. Jh. v. Chr. entstanden die römischen Patriziervillen an der Landspitze Linguella (Portoferraio), bei Cavo im Nordosten der Insel und – als größtes römisches Bauwerk auf dem Toskanischen Archipel – die Villa von *Le Grotte* (Bucht von Portoferraio), ein luxuriöser Landsitz mit großzügiger Badeanlage, den wahrscheinlich der Präfekt *Publius Acilius Attianus* erbauen ließ. Auf der Insel Elba, vormals Standort von Schwerindustrie, Handelshäfen und räuberischen Piraten, blühte nun eine antike Form des Tourismus.

Spätantike und frühes Mittelalter

Die ersten verfolgten Christen kamen im 3. Jh. auf die Inseln: Entweder als Gefangene – in dieser Zeit beginnt die Karriere Pianosas als Strafkolonie, ihre Katakomben gehören zu den bedeutendsten des Christentums (s. auch S. 235) – oder als Flüchtlinge vor Kaiser, Welt und später den Wirren der Völkerwanderung. Der heilige *Mamilian* floh im 5. Jh. vor den Vandalen auf die Inseln, besiegte der Legende nach auf Montecristo einen Drachen und gründete eine bedeutende Glaubensgemeinschaft (s. auch S. 238). Im 6. Jh. wurde Elba der Kirchendomäne von Populonia angegliedert. Mit der Machtübernahme der Langobarden in der Toskana wurde der Bischof von Populonia, der später heilig gesprochene *Cerbone,* auf die Insel ins Exil gezwungen. Bei Poggio im Westen Elbas gründete er im Jahr 573 eine Eremitage.

Die Inseln waren nun zum Fluchtpunkt für Einsiedler und „Andersgläubige", die von den Langobarden am Festland verfolgt wurden. Doch die Ruhe währte nicht lange, nur wenige Jahre später wurde auch Elba von den langobardischen Herzögen der Toskana eingenommen und geplündert. Knapp 200 Jahre später, im Jahr 774, erlitten die Langobarden eine vernichtende Niederlage gegen die Truppen *Karls des Großen*. Elba wurde nun päpstlicher Besitz, aber schon Ende des 8. Jh. zur Zielscheibe sarazenischer Piraten. Diese im ganzen Mittelmeer gefürchteten arabischen Freibeuter legten die Insel in den folgenden beiden Jahrhunderten mehrere Male in Schutt und Asche. Schließlich wurde der aufstrebenden Seerepublik Pisa die islamische Präsenz im toskanischen Meer zu viel.

Die Pisaner regieren

Nicht nur die Buchten Elbas nutzten die sarazenischen Seeräuber als Verstecke, sie verfügten auch über strategisch günstige Stützpunkte auf Korsika und Sardinien und waren so in der Lage, das gesamte Tyrrhenische Meer zu kontrollieren. Die Pisaner nahmen den Kampf gegen die Piraten im 10. Jh. auf. Nach anfänglichen Erfolgen in den Gewässern des Archipels musste der Stadtstaat auch schmerzliche Niederlagen hinnehmen, für die beispielhaft ein Name steht: *Mughedin*, auch bekannt als *Musetto*, Statthalter Sardiniens und legendärer sarazenischer Seeräuber. Bei einem Rachefeldzug für die Niederlage einer sarazenischen Flotte gelang es ihm im Jahr 1005, Pisa einzunehmen, zu plündern und Frauen und Kinder in die Sklaverei zu entführen. Dabei konnte Musetto der „Unbezwingbare“ weder von Pisa noch von der Lokalrivalin Genua gestellt werden – erst 1034, bei einem groß angelegten Angriff auf das algerische *Bona*, bekam man den legendären Piraten zu fassen und richtete den mittlerweile 80-Jährigen unverzüglich hin.

Unbezwingbar: die Festung Volterraio

Die Pisaner hatten Elba als Dank für die Verteidigung der toskanischen Küsten per päpstlicher Schenkung erhalten. In der zweiten Hälfte des 11. Jh. kamen auch Korsika und Sardinien in pisanischen Besitz. Elba erlebte unter der fast zwei Jahrhunderte andauernden pisanischen Herrschaft relativ geordnete Verhältnisse, auf der durch die langjährigen Pirateneinfälle nahezu entvölkerten Insel entstanden pisanische Festungsanlagen wie z. B. die Festung von Marciana Alta (12. Jh.) und die Befestigung *Luceri* bei Ferraia (der mittelalterliche Name für Portoferraio). Daneben errichtete man zahlreiche Wachtürme, um die Sarazenen, die die Insel noch immer bedrohten, frühzeitig erspähen und abwehren zu können. Hierzu zählen u. a. die Schutzfestung von *Volterraio* aus dem Jahr 1281, die *Torre di San Giovanni* (12. Jh.) bei Marina di Campo und die *Torre pisana* (ebenfalls 12. Jh.) am Hafen von Marciana

Marina. Das Bergdorf Capoliveri wurde von den Pisanern mit wuchtigen Schutzmauern versehen. Festungen und Türme waren dabei Teil eines ausgeklügelten Vorwarnsystems: Jede der Bastionen lag mit mindestens einer anderen in Sichtweite, sodass mittels Feuer- und Rauchzeichen schnell die ganze Insel informiert werden konnte, wenn feindliche Segel am Horizont erschienen. Außerdem entstanden überall auf der Insel pisanische Kirchenbauten im Stil der Romanik. Der Abbau von Eisenerz und Granit wurde unter den Pisanern wieder aufgenommen, und die Insel erlebte eine Phase des Wohlstands.

Pisanischer Wehrturm in Marciana Marina

Mit der Abnahme der Gefahr durch die Piraten flammte die alte Rivalität zwischen den ehemaligen Verbündeten Pisa und Genua wieder auf. Genua hatte längst ein Auge auf die „pisanischen Inseln" geworfen und startete den ersten Übernahmeversuch 1162 bei Sant'Andrea, der aber durch das beherzte Eingreifen der elbanischen Bevölkerung vereitelt wurde. Weitere genuesische Angriffe auf Elba, Pianosa, Capraia und Gorgona folgten, die anschließenden Besatzungen waren aber nie von Dauer. Über den Streit der Stadtstaaten um die maritime Vorherrschaft im Tyrrhenischen Meer legte sich mit dem Anfang des 13. Jh. zudem die Auseinandersetzung zwischen Kaiser und Papst. Genua stand im Lager der Papsttreuen, Pisa auf Seiten des Kaisers. Als 1241 im Zuge dieses Ringens Bischöfe an Bord genuesischer Schiffe auf dem Weg nach Rom waren, um den Staufer *Friedrich II* abzusetzen, rückte der Toskanische Archipel in den Blickpunkt der europäischen Politik: Vor Giglio nämlich brachte eine pisanische Flotte den Konvoi auf und verhinderte mit der Festsetzung der Bischöfe die Absetzung des Kaisers. Diese Aktion kostete Pisa allerdings Sardinien, das der Papst den Genuesern zuschlug. Der Höhepunkt des Kampfes zwischen Pisa und Genua, der auch Elba betreffen sollte, stand aber noch aus: Bei der Seeschlacht von *Meloria* (1284) wurde die pisanische Flotte von den Genuesern vernichtend geschlagen, die Macht Pisas über das Tyrrhenische Meer war gebrochen. Im Frieden von 1299 konnten die Pisaner zwar Elba zurückerlangen, nicht aber Sardinien und Korsika.

Elba unter den Appiani

Mit dem Niedergang der Republik Pisa fiel Elba dem Fürstentum von Piombino zu, das der *Familie Appiani* unterstand, die zuvor durch ein Mordkomplott die Macht über die ohnehin geschwächte Republik Pisa an sich gerissen hatte und später große Teile der pisanischen Besitztümer an den *Herzog Visconti* von Mailand verkaufte. Elba selbst blieb in appianischem Besitz, erlitt aber einen wirtschaftlichen Niedergang und wurde wieder zur Zielscheibe von Piratenüberfällen. 1442 waren weite Teile der Insel von einer sarazenischen Flotte in Schutt und Asche gelegt worden, dem jungen appianischen Fürsten gelang es aber dank eines Abkommens mit dem Bey von Tunis, Elba aus der Schusslinie der Piraten zu nehmen. Schlechter erging es Gorgona und Giglio, die in der Folge von Piratenangriffen völlig verwaisten.

Korsaren des Mittelmeers

Die Dörfer gebrandschatzt, die Küsten verwüstet, Frauen und Kinder in die Sklaverei verschleppt und Männer, die den Kampf überlebten, an die Ruderbänke der Galeeren gekettet: kein Wunder, dass allein der Anblick der dreieckigen Korsarensegel genügte, um unter den Bewohnern der Inseln Panik auszulösen.

Die Piraterie ist so alt wie die Handelsschifffahrt, und der Terror, der von ihr ausging, begleitete die Seeleute und die Bevölkerung der Küsten durch die Jahrhunderte. Einen Höhepunkt erlebte das Korsarentum des Mittelmeers im 16. Jh., und ein Name war in besonderer Weise dafür verantwortlich: *Barbarossa*. Als „Rotbart" wurde zunächst *Aruj*, später dann sein Bruder *Khayr al-Din* bezeichnet. Beide Brüder, gebürtige Griechen, die ihre ersten Erfahrungen in der osmanischen Marine gesammelt hatten, waren exzellente Seefahrer und fähige Strategen. Aruj hatte früh großes Ansehen erworben, als er vor der Küste Elbas mit einer kleinen Galeote zwei Galeeren des Papstes kaperte. Anfang des 16. Jh. vertrieb er die Spanier aus Algier und festigte die Stadt als Stützpunkt für die Korsaren.

Sein Bruder Khayr al-Din, ein außerordentlich gebildeter Mann, übernahm das Kommando über die mittlerweile stattliche Kaperflotte. Khayr al-Din erwarb sich bald den Ruf, ein zweiter Musetto (siehe S. 32) zu sein, und brachte es dank seiner außergewöhnlichen Fähigkeiten sogar zum Großadmiral Suleimans des Prächtigen. 1534 segelte Khayr al-Din nach Elba und überfiel Grassera und Rio nell'Elba. Ein Teil der nach Tunis verschleppten Bevölkerung wurde ein Jahr später von den Spaniern befreit, aber es waren zu wenige, um Grassera wieder aufzubauen (siehe S. 140). Zehn Jahre später kreuzte Barbarossa erneut vor der Küste Elbas, versprach aber, die Insel zu schonen, wenn *Jacopo Appiani* den Sohn eines Freundes aus der Gefangenschaft entlassen würde. Appiani lehnte ab, woraufhin Barbarossas Truppen Capoliveri in Schutt und Asche legten. Angesichts der Verwüstung lenkte der elbanische Fürst ein. Der junge Mann aus Tunis wurde freigelassen, die übrigen Orte Elbas blieben verschont. Die Bucht, an der der legendäre Pirat angelandet sein soll, trägt noch heute seinen Namen: *Spiaggia di Barbarossa*.

Nutznießer der Überfälle der Barbarossa-Brüder und ihres nicht minder gefürchteten Nachfolgers *Dragut* waren die Medici. *Cosimo I de Medici* hatte längst ein Auge auf den Toskanischen Archipel geworfen und mehrfach seine militärische Unterstützung gegen die Piraten angeboten. Der misstrauische *Jacopo Appiani* wies diese Hilfe stets zurück, wohl ahnend, dass Cosimo nicht von purer Nächstenliebe geleitet wurde. Nach dem Tod Jacopos 1544, dessen Stammhalter noch ein Kind war, hatte die Stunde des florentinischen Fürsten geschlagen. Dank seiner enormen finanziellen Rücklagen konnte *Cosimo* Kaiser *Karl V.* überzeugen, ihm 1548 die Herrschaft über Elba zu übertragen. Die Witwe des letzten Appiani-Herrschers wurde ihrer Privilegien enthoben, der Sohn nach Genua verbannt, und die Medici konnten ungestört ihre Macht auf den Toskanischen Archipel ausweiten.

Die Insel Elba – betrachtet anno 1555

Die Medici auf Elba

Nur wenige Tage nach der Machtübernahme machten sich mediceische Bautrupps daran, aus der Inselhauptstadt Ferraia eine uneinnehmbare Festung zu errichten (siehe „Portoferraio", S. 108f.) – was ihnen auch gelang: Das nach seinem Gründer benannte *Cosmopoli* konnte von Piraten nie mehr besetzt werden. Unter der Führung Draguts, der die Festung begutachtet und für uneinnehmbar befunden hatte, verlagerten die Korsaren ihre Aktivitäten in den Osten und Süden der Insel und wüteten dort unbeeindruckt weiter. Dragut, der im Verbund mit französischen Truppen kämpfte und sich 1554 auf Korsika einen Stützpunkt eingerichtet hatte, verwüstete in den Jahren 1553 bis 1556 weite Teile der Insel, darunter erneut Capoliveri, Rio nell'Elba, Pomonte, San Piero in Campo und Sant'Ilario in Campo.

1557 mussten die Medici die Insel wieder an die Appiani abtreten, da die spanischen Habsburger eine zu große Machtausdehnung der Florentiner befürchteten. Einzig Cosmopoli und das Umland mit einem Radius von zwei Meilen blieben im Besitz der Medici.

Drei Herrschaftsbereiche auf Elba

Nach dem Tod des letzten männlichen Appiani im Jahr 1599 meldete Spanien unter Philipp III. selbst Besitzansprüche auf einen Teil der Insel an; *Porto Longone,* das heutige Porto Azzurro, wurde zur spanischen Garnison ernannt, 1603 begann man mit dem Bau der Festung. Der Rest der Insel – mit Ausnahme des mediceischen Cosmopoli – gehörte zunächst aber weiterhin zum Fürstentum von Piombino. Als *Isabella Appiani,* die letzte ihrer Familie, 1635 *Niccolò Ludovisi* heiratete, erhielt dieser das Fürstentum Piombino samt den verbleibenden Gebieten auf Elba, darunter Marciana Alta und die Gegend um Marina di Campo.

Angesichts der Präsenz spanischer Truppen auf elbanischem Boden war es unvermeidlich, dass die Insel in das große Ringen zwischen Bourbonen und Habsburgern im 17. Jh. hineingezogen wurde. 1646 wurde Porto Longone von französischen Truppen belagert, die nach vier Jahren in die Flucht geschlagen werden konnten. Die zahlreichen militärischen Auseinandersetzungen zwischen spanischen, französischen und österreichischen Truppen fanden ihren Höhepunkt während des *Spanischen Erbfolgekriegs* (1701–1713), der mit einem Sieg des Bourbonen *Philipp V.* über die Habsburger endete. Das dreigeteilte Machtverhältnis zwischen (mittler-

Portoferraio: einst von den Medici befestigt

weile bourbonischen) Spaniern, den florentinischen Medici und den Appiani-Nachfahren blieb aber vorerst bestehen, bis 1737 der letzte Medici starb und dessen Großherzogtum Toskana an *Franz von Lothringen,* den Ehemann der Habsburgerin *Maria Theresia,* fiel.

Elba zu Zeiten Napoleons

1794 wurde die Insel von Franzosen besetzt, kurz darauf von Engländern, dann wieder von Franzosen, bis Elba 1802 durch den *Frieden von Amiens* (zwischen England und Frankreich) – erstmals vereint – komplett unter französische Herrschaft fiel. Die Insel wurde zunächst einem französischen Verwaltungskommissar unterstellt. 1805 schenkte *Napoleon,* mittlerweile mit dem Titel „Kaiser der Franzosen" versehen, Elba seiner Schwester *Elisa,* Fürstin von Piombino. 1814 marschierten österreichische Truppen in die Toskana ein, Elisa musste das Land verlassen. Am 2. April 1814 wurde Napoleon vom französischen Senat abgesetzt. Der Druck der antinapoleonischen Koalition, bestehend aus Österreich, Preußen und Russland, lastete schwer auf Frankreich, ein Übriges tat das Debakel des Russland-Feldzuges ab 1812. Vier Tage nach seiner Absetzung dankte Bonaparte in Fontainebleau offiziell ab. Mit dem Vertrag von Fontainebleau (6. April 1814) wurde Elba zum souveränen Fürstentum erhoben. Dort durfte der Kaiser – diesen Titel konnte er zunächst behalten – zwar souverän regieren, aber mit der Auflage, zeit seines Lebens auf der Insel bleiben zu müssen. Dass er überhaupt auf Elba und nicht an einem entfernteren Ort gelandet war, hatte er dem russischen Zaren *Alexander I.,* seinem ehemaligen Verbündeten gegen England, zu verdanken. Zwar war der kleine Mann mit dem arg geschrumpftem „Kaiserreich" nunmehr dem Spott der europäischen Öffentlichkeit ausgesetzt, doch wäre es nach den übrigen europäischen Machthabern gegangen, hätte man ihn auf die Azoren, eine entlegene Karibikinsel oder am besten gleich nach Sankt Helena verbannt. Trotzdem war der kaiserliche Absturz dramatisch, denn seinerzeit war Elba kaum mehr als eine von der großen Politik vernachlässigte Insel landwirtschaftlicher Prägung, deren Bevölkerung in Armut vor sich hin lebte. Immerhin war wenigstens die Freude der Elbaner groß, als angekündigt wurde, dass der gebürtige Korse und ehemalige Herrscher über ein Weltreich nun Fürst von Elba (so der offizielle Titel) werden sollte.

Napoleon auf Elba (3. Mai 1814 bis 26. Februar 1815)

Die Schreckensfahrt von Paris zum Hafenort St. Raphael (Südfrankreich) übersteht Napoleon nur in Verkleidung – etliche Mordanschläge sind auf ihn geplant, und wütende Menschenmengen trachten ihm nach dem Leben. Freundlich ist dagegen der Empfang auf der Insel: Ganz Elba erwartet den Kaiser, von den Festungen Portoferraios wird Salut geschossen, und die bescheidenen Überbleibsel der französischen Garnison postieren sich feierlich am Hafen. Zwar ist der symbolisch übergebene Stadtschlüssel nur vergoldet und passt lediglich zum modrigen Weinkeller des Bürgermeisters, zwar muss der Kaiser seine erste Nacht im neuen Reich – gänzlich unter seinem Niveau – in einer Kammer im Rathaus verbringen, aber dennoch: Napoleon fasst neuen Mut und macht sich mit gewohntem Elan daran, den kleinen Inselstaat neu aufzubauen.

Unter dem Exilkaiser wird der Straßenbau auf der Insel ebenso vorangetrieben wie der Bau von Brücken und Kanälen und die Trockenlegung der Sümpfe, was zum Aufbau einer ertragreichen Landwirtschaft führt. Daneben wird der Erzabbau ein weiteres Mal in der elbanischen Geschichte zum wichtigen Wirtschaftszweig, ebenso fördert Napoleon den Weinbau der Insel. Aus seiner Heimatinsel Korsika lässt er Esskastanien- und Eichensetzlinge importieren, die Wälder werden wieder aufgeforstet, und auch die Wildbestände der Insel können unter Kaisers Gnaden aufatmen, als dieser eine Beschränkung der Jagd erlässt. Kurzum: Die daniederliegende elbanische Wirtschaft profitiert kräftig vom Aufenthalt des Kaisers. Probleme gibt es allerdings mit den Finanzen. Der französische Bourbonenkönig *Louis XVIII* war zwar im Vertrag von Fontainebleau dazu verpflichtet worden, dem Exilkaiser jährlich zwei Millionen Francs zu zahlen – von diesem Geld sieht Napoleon aber nichts. Das Inselbudget bleibt während seines gesamten Aufenthaltes bescheiden, zumal seine Reformen große Summen verschlingen. Teilweise muss sich der Kaiser aus seinen Privatkassen finanzieren – und sparen.

Ape elbana – die Drei-Bienen-Flagge stiftete Napoleon den fleißigen Elbanern

Ein Ende findet Napoleons relativ beschauliche Zeit auf Elba, als das Gerücht kursiert, man plane auf dem Wiener Kongress die Verbannung des

Ex-Kaisers auf eine weiter entfernte Insel – Napoleon fasst den folgenschweren Entschluss, es doch noch einmal mit den Mächtigen Europas aufzunehmen, und verlässt am 26. Februar 1815 die Insel in der Gefolgschaft von rund tausend treuen Soldaten und Offiziere. Für *hundert Tage* erzittert Europa noch einmal – der Rest ist Geschichte: *Waterloo* wird am 18. Juni 1815 zur verheerenden Niederlage für Napoleons Truppen, er selbst wird auf die Atlantikinsel St. Helena verbannt, wo er am 5. Mai 1821 stirbt.

Die Stadtresidenz des Kaisers im Exil – Villa dei Mulini

Auf Napoleons Spuren

Keine kaiserlichen Prunkbauten, eher Residenzen der bescheidenen Art findet man vor, wenn man auf den Spuren des großen Kaisers auf der Insel wandelt. Im oberen Bereich der Inselhauptstadt Portoferraio stößt man z. B. auf die *Villa dei Mulini*, die „Stadtwohnung" Napoleons. Im Garten des kleinen Palazzo wird gerne sein Lieblingsplatz gezeigt, eine Steinbank an einer kleinen Mauer, wo der Fels über 100 m steil abfällt. Hier soll er oft stundenlang gesessen und gebrütet haben. Weit reicht der Blick vom Garten übers Meer, im Westen bis nach Korsika, seiner Heimatinsel.

Die Zimmer der Stadtwohnung wurden dem Kaiser bald zu klein und zu dunkel und im Sommer vor allem zu heiß, sodass sich Napoleon auf die Suche nach einer angemessenen Sommerresidenz machte. Die *Villa San Martino* im gleichnamigen Tal bei Portoferraio wird eilig im Sommer 1814 gebaut, nachdem sich Napoleon für den Bau Geld von seiner Schwester geliehen hatte.

Erwähnung verdient an dieser Stelle noch die einsam und idyllisch gelegene Wallfahrtskirche *Madonna del Monte* im Westen Elbas. Auch hier soll der Kaiser oftmals gesessen haben und wehmütig den herrlichen Blick bis hinüber nach Korsika genossen haben. Bei Madonna del Monte traf er auch zum letzten Mal – und in aller Heimlichkeit – seine Geliebte *Maria Walewska*.

Alte Machtverhältnisse und das neue Königreich

Zehn Monate war Elba unter Napoleon ein eigenständiger Staat, ehe es auf dem *Wiener Kongress* (1815) wieder dem Großherzogtum Toskana zugeschlagen wurde, das seit 1814 unter der Regentschaft *Ferdinands III.* stand. In der ersten Hälfte des 19. Jh. setzte im heutigen Italien das Zeitalter des *Risorgimento* ein, der Kampf für die Einheit der italienischen Nation. Zahlreiche Revolutionäre saßen zu dieser Zeit in den Gefängnissen Elbas und anderer toskanischer Inseln ein. 1861 schließlich wurde das Königreich Italien unter *Vittorio Emanuele II* vereint, zu dem auch die Toskana und die Insel Elba zählten. Wirtschaftlich wurden die Verhältnisse auf der Insel gegen Ende des 19. Jh. allerdings zusehends schlechter (u. a. durch verheerenden Reblausbefall in den 1890er Jahren bedingt), was zu einer großen Auswanderungswelle führte.

Elba im 20. und 21. Jahrhundert

Einen erneuten Aufschwung erlebte die Insel ab dem Jahr 1900, als bei Portoferraio in rascher Folge drei moderne Hochofenanlagen gebaut wurden. Die Arbeitsbedingungen der Industriearbeiter (die z. T. sogar vom Festland geholt werden mussten) hätten allerdings schlechter nicht sein können, sodass es schon bald zu Protesten und Streiks kam. Für die Kriegsindustrie wurde die Eisenverarbeitung der Insel bald zum wichtigen Wirtschaftsfaktor, sodass die Produktion im Lauf des Ersten Weltkriegs auf ein später nie mehr erreichtes Maß gesteigert werden konnte.

Das Aus für die Eisenverarbeitung brachte der Zweite Weltkrieg: Bei Angriffen der deutschen Luftwaffe in den Jahren 1943 und 1944 wurden nicht nur allein in Portoferraio über 100 Zivilisten getötet, sondern auch sämtliche Hochöfen der Insel zerstört. Nach Ende des Krieges beschloss man, die zerbombten Anlagen nicht wieder aufzubauen. Der Effekt: Um die 2000 Menschen verloren ihre Arbeit und wanderten ab. Es dauerte jedoch nur wenige Jahre, bis die Insel ihre neue wirtschaftliche Bestimmung gefunden hatte: den Tourismus, der bereits in den 1950er und 1960er Jahren zu boomen begann. Heute ist Elba eine der beliebtesten Ferieninsel der Italiener und ein attraktives Reiseziel innerhalb des gesamteuropäischen Tourismus (siehe auch „Wirtschaft und Tourismus", ab S. 24f.).

▲ In Capoliveri

Elba – Reisepraktisches

Aus dem Schiffsbauch auf die Insel

Anreise

Elba ist relativ leicht mit dem Auto zu erreichen, von München zum Fährhafen Piombino sind es nur rund 800 km. Gute Verbindungen bestehen auch per Bahn. Wer mit dem Charterflieger auf dem kleinen Inselairport landen möchte, sollte frühzeitig buchen, doch die Flüge sind nicht gerade günstig.

Aufgrund hervorragender, relativ günstiger Fährverbindungen und einer fast durchgehenden Autobahnverbindung ab dem Brenner bzw. ab Chiasso (schweizerisch-italienischer Grenzübergang) liegt die Anreise mit dem eigenen Fahrzeug nahe. Lediglich das letzte Stück von Rosignano Marittimo (bei Livorno) bis nach Piombino muss man auf der autobahnähnlich ausgebauten *S 1 (Via Aurelia)* zurücklegen.

Mit dem Auto oder Motorrad

Vom Süden Deutschlands ist die Fahrt nach Elba in einer bequemen Tagesreise zu bewältigen, ab München über den Brenner sind es 825 km nach Piombino, von Basel sogar nur 725 km. Wenn sich mehrere Personen Maut- und Benzinkosten teilen, ist die Variante mit dem eigenen Auto sicherlich die attraktivste. Man sollte jedoch für die Wochenenden der Hochsaison (vor allem Samstag!) unbedingt die Fähre von Piombino zur Insel frühzeitig buchen. Dies ist in vielen Reisebüros zuhause, in den deutschen Vertretungen der Fährgesellschaften oder über das Internet (z. B. unter www.toremar.it oder www.moby.it) möglich.

Gängige *Anreiserouten* sind von Süddeutschland die Brennerautobahn und weiter über Bozen, Verona, Modena, Bologna, Florenz nach Pisa/Livorno und die Küste entlang nach Piombino bzw. aus dem Südwesten Deutschlands über Basel (oder Zürich), Luzern, Bellinzona, Como (Grenzübergang Chiasso), Mailand, Piacenza,

Parma, La Spezia, Viareggio und Pisa/Livorno nach Piombino. Aus Österreich empfiehlt sich die Route über Villach, Udine und Venedig nach Bologna und über Florenz zur Küste (weiter s. oben). Wer in Richtung Porto Santo Stefano am Monte Argentario (Fährhafen nach Giglio) weiterfahren will, muss ab Höhe Piombino die S 1/Via Aurelia (gebührenfrei) nach Grosseto nehmen, von dort geht es weiter nach Orbetello (Abzweigung Monte Argentario).

Mautgebühren und Vignetten (Stand: Herbst 2009)

Route München–Piombino: Brennerautobahn 8 € (ab 3,5 t 31 €!), Autobahngebühren in Italien 31,90 €.

Route Basel–Piombino: Autobahngebühren in Italien 29,20 €.

Route Villach–Piombino: Autobahngebühren in Italien 31,80 €.

Achtung: Wer in Italien mit dem Wohnwagen unterwegs ist, zahlt ca. 25 % höhere Autobahngebühren.

Vignette Österreich: Pkw/Wohnmobil: Jahresvignette 73,80 €, 2-Monatsvignette 22,20 €, 10-Tagesvignette 7,70 €; Motorrad: Jahresvignette 29,50 €, 2-Monatsvignette 11,10 €, 10-Tagesvignette 4,40 €. Anhänger (auch Wohnwagen) unter 3,5 t sind nicht vignettenpflichtig.

Vignette Schweiz: nur Jahresvignetten, 40 CHF (27,50 €) jeweils für Autos, Motorräder, Wohnmobile und Anhänger. Über 3,5 t wird es deutlich teurer!

Die Vignetten gibt es an grenznahen Tankstellen und an der Grenze selbst zu kaufen.

VIACARD: magnetische Kreditkarte zur elektronischen Abbuchung der Autobahngebühren in Italien; erhältlich im Wert von 25,25 € und 50,50 € bei ACI-Büros an Grenzübergängen und großen Raststätten. An den Mautstationen bringt die Karte Zeitvorteile, da man sich in eine Extraspur für automatische Abbuchung einordnet (auf ausreichende Deckung achten – Restzahlung mit Bargeld ist nicht möglich!). Autobahngebühren können auf fast allen Teilstrecken auch mit den gängigen Kreditkarten (Mastercard, Visa) bezahlt werden.

Autofahren in Italien ist höchstens in Großstädten des Südens noch ein Abenteuer und auf der Autobahn bei einer allgemeinen Höchstgeschwindigkeit von Tempo 130 vielfach entspannter als in Deutschland. Für Verkehrssünder gelten drastische Geldstrafen (bei Alkoholverstößen ab 500 € bis zu 6000 €!), die auch im Heimatland des Täters rigoros eingetrieben werden. Besonders hart geahndet werden neben den Alkoholfahrten auch Geschwindigkeitsverstöße (20 km/h zu schnell kosten etwa 150 €), ein einfacher Parkverstoß schlägt mit ca. 35 € zu Buche, bei größeren Delikten droht oftmals der sofortige Führerscheinentzug.

Im Falle einer *Panne* wendet man sich direkt an die Straßenwacht des italienischen Automobilclubs *ACI*, die rund um die Uhr unter den Notrufnummern 803116 (Festnetz) und 800116800 (Mobilnetz) zu erreichen ist.

Bei *Unfällen* gelten die landesweiten Notrufnummern ✆ 112 und ✆ 118 (Polizei und Ambulanz). *Notrufsäulen* befinden sich im Abstand von 2 km an den Autobahnen.

Eine deutschsprachige Notrufstation des ADAC ist 24 Stunden am Tag unter ✆ 02/661591 in Mailand zu erreichen.

• *Weitere Verkehrsvorschriften* Vor dem **Anhalten** rechtzeitig blinken; **Abschleppen** auf Autobahnen verboten; auf **Autobahnen** auch tagsüber Abblendlicht einschalten; eine fluoreszierende **Warnweste** ist mitzuführen; Wenden, Rückwärtsfahren und Spurwechsel im **Mautstellenbereich** ist verboten; bei **Regen** auf Autobahnen 110 km/h; auf **dreispu-**

Wenn alle auf die Fähre wollen, werden die Verkehrsregeln schon mal außer Kraft gesetzt

rigen Autobahnen bei entsprechender Beschilderung auf der linken Spur 150 km/h; **Promillegrenze** 0,5. Es besteht **Gurt-/Helmpflicht**. Telefonieren während der Fahrt ist nur mit einer **Freisprechanlage** gestattet. Im **Kreisverkehr** gilt grundsätzlich rechts vor links. **Parkverbot** an schwarz-gelb und an gelb markierten Bordsteinen, bei blauer Markierung ist das Parken **gebührenpflichtig**.

Achtung: Motorräder unter 150 ccm sind auf italienischen Autobahnen verboten!

Warnschilder: Gegenstände, die auf dem Wagendach transportiert werden und über das Wagenende hinausragen (z. B. Surfbrett oder -mast), müssen mit dem dafür vorgeschriebenen 50 x 50 cm großen, rot-weiß gestreiften Schild gesichert werden.

- *Italienische Verkehrsschilder* **attenzione uscita veicoli** = Vorsicht, Ausfahrt; **divieto di accesso** = Zufahrt verboten; **lavori in corso** = Bauarbeiten; **parcheggio** = Parkplatz; **rallentare** = langsam fahren; **senso unico** = Einbahnstraße; **strada senza uscita** = Sackgasse; **zona pedonale** = Fußgängerzone, **zona rimorchio** = Abschleppzone; **deviazione** = Umleitung; **zona di silenzio** = Hupverbot; **inizio zona tutelata** = Beginn der Parkverbotszone; **sbarrato** = gesperrt, **tutte le direzioni** = in alle Richtungen.

Geschwindigkeitsregelung in Italien

	innerorts	Landstraße	Schnellstraße	Autobahn
Pkw	50 km/h	90 km/h	110 km/h	130 km/h bzw. 150 km/h
Pkw u. Anhänger	50 km/h	70 km/h	70 km/h	80 km/h
Wohnmobil über 3,5 t	50 km/h	80 km/h	80 km/h	100 km/h
Motorräder	50 km/h	90 km/h	110 km/h	130 km/h

Abweichende Bestimmungen Österreich/Schweiz

In *Österreich* beträgt die Höchstgeschwindigkeit außerorts 100 km/h, auf Autobahnen generell max. 130 km/h, von 22–5 Uhr nachts auf der Inntalautobahn (A 10) und der Brennerautobahn (A 12) 110 km/h; eine Warnweste muss auch in Österreich mitgeführt werden. In der *Schweiz* liegt die Höchstgeschwindigkeit außerorts bei 80 km/h, auf Schnellstraßen bei 100 km/h, auf Autobahnen bei 120 km/h.

Tipp: Seit Jahren schon tankt man in Österreich deutlich günstiger als in Deutschland, der Schweiz und Italien.

Autoreisezug nach Verona

Aufgrund des deutlich abgespeckten Programms der DB höchstens für Reisende aus dem Norden Deutschlands eine Alternative: Die Züge fahren nämlich nur noch bis Verona, und von dort sind es nach Piombino noch mal fast 400 Kilometer! Von Anfang April bis Ende Oktober zweimal wöchentlich ab Hamburg-Altona und je einmal wöchentlich ab Berlin-Wannsee und Düsseldorf nach Verona, die Fahrtdauer variiert zwischen 15 Stunden (Berlin) und 21 Stunden (Hamburg). Die Unterbringung erfolgt bei Einzelbuchung im Vierer-/Fünfer-Liegewagen (und deutlich teurer im Dreier-/Zweier-Schlafwagen), Familien können auch ein ganzes Abteil (für max. 5 Personen) belegen, ein kleines abgepacktes Frühstück ist im Preis enthalten. Vor allem für die Hochsaison empfiehlt sich eine frühzeitige Buchung. Für eine Fahrt nach Italien darf das Fahrzeug die Höhe von 1,58 m nicht überschreiten!

- *Preisbeispiel* 1 Pkw, 2 Erwachsene und 2 Kinder (bis 11 Jahre) im eigenen Liegewagenabteil auf der Strecke Berlin–Verona um 520 €, Hamburg–Verona um 620 €, Düsseldorf–Verona um 550 € (jeweils einfache Fahrt im Hochsaisonmonat Juli). In der Nebensaison ca. 20–30% günstiger. (Stand: Herbst 2009)
- *Information/Buchung* Die Deutsche Bahn gibt alljährlich den Katalog *DB Auto-Zug* heraus, erhältlich bei den Reisecentern der Bahn und allen Reisebüros mit DB-Lizenz. Informationen auch unter ✆ 01805/241224 oder im Internet unter www.dbautozug.de.

Weitere Informationen finden Sie im Abschnitt „Unterwegs auf Elba" (siehe S. 54ff.).

Mit dem Flugzeug

Der kleine *Inselflughafen* von Elba befindet sich nördlich von Marina di Campo beim Ort *La Pila*. Landen und starten können hier nur Maschinen bis zu vier Tonnen Gewicht (Startbahnlänge: 800 Meter). Entsprechend gering sind auch die Kapazitäten, und wer per Flugzeug anreisen will, muss sich frühzeitig um eine Buchung bemühen.

Der *Flugpreis* richtet sich nach der Saison, im August kann das Oneway-Ticket für einen Flug auf die Insel bei 300–350 € liegen. Die ausländischen Charterflieger steuern Elba nur in den Sommermonaten (Mai–Oktober) an, bei den Inlandsflügen ist das Angebot noch begrenzter: Sie verkehren meist nur Ende Mai bis Anfang September. Preisinformationen und Buchungen sind über die Callcenter der Linien direkt und natürlich auch online möglich. Umfangreiche Beratung zu allen Flügen und einen Überblick über die günstigsten Tarife bieten auch die meisten Reisebüros.

Pauschalreisen mit Flug, meist im Drei- bis Vier-Sterne-Hotel, gibt es für Elba nur in begrenztem Umfang. Einer der wenigen Anbieter ist die österreichische Gesellschaft *High Life Reisen*, hier gibt es auch Nur-Flüge. Ein ähnliches Angebot findet man bei dem Schweizer Reiseveranstalter *Aaretal Reisen*.

• *Informationen* **High Life Reisen GmbH**, Hauptstr. 6, A–6840 Götzis, ✆ 0043/5523/649500, ℻ 0043/5523/649504, www.highlife.at. **Aaretal Reisen AG**, Südstraße 8, CH-3110 Münsingen, ✆ 0041/31/7202500, ℻ 0043/31/7202509, www.aaretal-reisen.ch.

Fluggesellschaften: Direktflüge nach Elba werden von Anfang April bis Mitte Oktober ein- bis zweimal wöchentlich ab München und Friedrichshafen, ein- bis zweimal wöchentlich ab Zürich und je einmal wöchentlich ab Bern und Wien angeboten (Wien nur Ende Juli bis Ende September). Veranstalter ist die *InterSky (*außer Bern), die Flugdauer liegt ab Friedrichshafen bei ca. 1,5 Stunden, Preise ab 69,99 € bis 277 € (oneway, inkl. aller Steuern, Gebühren und anderer Zuschläge). Ab Bern wird Elba von den *Sky Work Airlines* einmal wöchentlich angeflogen, in der Hochsaison z. T. zweimal wöchentlich. Buchungen möglichst frühzeitig unter den nachfolgenden Adressen:

InterSky, Bahnhofstraße 10, A-6900 Bregenz, Call Center ✆ 0043/5574/4880046, ℻ 0043/5574/488008, in Deutschland: ✆ 07541/2869684, in der Schweiz: ✆ 031/8197222, www.intersky.biz. Buchbar auch über High Life Reisen (s. oben). **Sky Work Airlines**, Callcenter ✆ 0041/31/9602194, buchbar über Aaretal Reisen (s. oben).

Eine Alternative kann der *Flug nach Pisa* sein: Neben den Verbindungen mehrmals täglich mit *Alitalia* (mit Stopover Mailand/Rom) und *Lufthansa* (dreimal tägl. nonstop ab München) fliegt auch *TuiFly* (www.tuifly.com) ab Köln/Bonn nach Pisa.

Von Mailand und Pisa aus kann man bequem per *Inlandsflug* auf die Insel reisen. Mit der italienischen *Elbafly* (www.elbafly.it) geht es im Sommer fünfmal wöchentlich in 80 Minuten nonstop vom Großflughafen *Milano Malpensa* nach Elba; von Pisa dauert die Reise sogar nur 45 Minuten, allerdings bestehen nur samstags und sonntags Verbindungen, und das auch nur von Anfang Juli bis Anfang September. Der oneway-Preis beginnt bei 110 € (inkl. Steuern, plus Gebühren und evtl. Treibstoff-Zuschläge) ab Pisa; ab Mailand oneway 220–270 €. Vor allem für die Hochsaison sollte man frühzeitig buchen!

• *Flughafeninformation Elba* Der Flughafen in La Pila ist für Auskünfte unter ✆ 0565/976011 erreichbar, weitere Infos unter www.elbaisland-airport.it. Am kleinen Airport gibt es eine Bar und einen Souvenirshop, Reisebüros und Autoverleiher *(Madrugada Travel*, Kleinwagen ca. 40 €/Tag (9–19 Uhr), 257 €/Woche, ✆ 0565/977150, ℻ 0565/977170, Loc. La Pila, 57034 Marina di Campo, www.madrugadatravel.com; etwas teurer ist das Mietwagenangebot von *Elba by Car*, ebenfalls am Flughafen: Kleinwagen ca. 50 €/Tag, 340 €/Woche. ✆ 0565/977973, www.elbabycar.it).

Mit der Bahn

Die preislich günstigste Strecke führt von München via Österreich/Brenner nach Piombino *Marittima* (Fährhafen). Abfahrt ist ab München um ca. 9.30 Uhr mit dem EC 85, Ankunft nach zwölf Stunden Fahrt in Piombino um ca. 21.30 Uhr, umsteigen muss man in Bologna, Florenz, Pisa und Campiglia Marittima (von dort das letzte Stück mit dem Bus nach Piombino). Der *Normalpreis* von München nach Bologna beträgt 97,90 € einfach (mit dem EuroCity, ohne Umsteigen), für die gut vierstündige Strecke von Bologna nach Piombino berechnet die italienische Bahn je nach Zug 20–28 € (2. Klasse). Die einzige Nachtzug-Direktverbindung City Night Line *CNL 485* fährt um 21.03 Uhr in München ab und erreicht Florenz um 06.30 Uhr am nächsten Morgen, von hier weiter über Pisa und Campiglia Marittima. Für beide Verbindungen werden auch Spartarife angeboten (s. unten), die in der Regel kontingentiert sind und somit frühzeitig gebucht werden müssen! Die Mitnahme von Fahrrädern ist in der Regel möglich, auch im Nachtzug (s. unten).

Die Bahn ist im **Internet** unter www.bahn.de vertreten, hier sind Fahrpläne für die gewünschte Verbindung abrufbar (auch Ausland), des Weiteren Online-Ticketbuchung und -ausdruck für Ziele im Inland, Information über aktuelle Sparpreise etc. Die italienische Bahn ist unter www.trenitalia.com (in englischer Sprache) zu finden, auch hier Fahrplanabfrage, Preisauskünfte etc.
Wer sein **Fahrrad** im Zug nach Italien transportieren möchte, muss zuvor eine *Internationale Fahrradkarte* zum Preis von 10 € erwerben. Für weitere Informationen wendet man sich an die zuständige Radfahrer-Hotline der Deutschen Bahn, ✆ 01805/151415. Informationen gibt es außerdem beim **Allgemeinen Deutschen Fahrrad-Club** (ADFC) unter ✆ 0421/346290, ✆ 0421/3462950 bzw. www.adfc.de.

Trotz aller möglichen Rabatte der Deutschen Bahn bleibt das Zugfahren in Italien wahrscheinlich auch in Zukunft günstiger als in Deutschland, sodass sich diese Form der Anreise am ehesten für Reisende aus Süddeutschland lohnt, weniger für Hamburger, die im teuren ICE zunächst ganz Deutschland durchqueren müssen. Diverse Sondertarife sowie die italienischen und internationalen Bahnpässe helfen, Kosten zu senken:

- *DB-Preise* **Europa-Spezial**, je nach Zielort in Italien für 39–59 € pro einfache Strecke, hinzu kommen 4 € Reservierungszuschlag (1. Klasse: 5 €). Die Europa-Spezial-Tarife sind auch in den Nachtzügen gültig, hinzukommen pro Person 10 € für den Schlafsessel, je nach Belegung 20–30 € für den Liegewagen bzw. 40–60 € für den Schlafwagen (Einzelbelegung: 100 €). Natürlich ist das Angebot kontingentiert, d. h. man sollte sich so früh wie möglich um einen Platz kümmern. Nicht ganz so günstig sind die **Globalpreise** für internationale City-Night-Line-Verbindungen: im Abteil 119–125 €, im Liegewagen 135–145 €, im Schlafwagen 155–175 € pro Person und Strecke, die Einzelbelegung im Schlafwagen kommt auf 215 €. Die Bahncard (25 oder 50) vergünstigt den Globalpreis um ca. 25 %. Buchungen der City Night Line unter ✆ 01805/141514, bei allen Reisezentren der Deutschen Bahn und in Reisebüros mit DB-Lizenz.
Auch den Normalpreis kann man durch die beiden **BahnCard-Varianten 25 bzw. 50** und durch die beiden Frühbuchertarife, den **Sparpreis 25** und **Sparpreis 50** reduzieren, sie bieten jeweils 25 bzw. 50 % Rabatt auf den Normalpreis. Infos auch im Internet unter www.bahn.de.
- *Sondertarife in Italien* Ab einem Mindestpreis von 30 € pro Ticket (2. Klasse) können auch in Italien nach einem ähnlichen System wie den deutschen Sparpreisen die Kosten reduziert werden.
Carta verde: Mit dieser ein Jahr gültigen Karte bekommen Reisende unter 26 Jahren 10 % Ermäßigung auf alle Bahnfahrkarten. Gegen Vorlage eines Ausweisdokuments an allen größeren italienischen Bahnhöfen zum Preis von 40 € erhältlich.
Carta d'argento: Das Pendant zur „Grünen Karte" für Reisende über 60 Jahre kostet 30 € und bietet ein Jahr lang 15 % Rabatt auf alle Bahnfahrkarten (jeweils Normaltarif). Informationen auch im Internet unter **www.trenitalia.com**.

Wer aus Österreich oder der Schweiz anreist, kann auch hier diverse Sondertarifen nutzen: In Österreich bietet die ÖBB mit der **SparSchiene** einen günstigen Nachttarif nach Florenz an, Infos unter www.oebb.at; auch in der Schweiz werden im Internet günstige Tarife für Europa angeboten (www.sbb.ch).

Mit dem Bus

Eine der günstigsten Anreisevarianten, jedoch gelangt man mit dem internationalen Linienbus nur bis Florenz (teilweise muss man zuvor schon in Bologna umsteigen), von wo es auf eigene Faust weitergeht. Die *Deutsche Touring GmbH* bietet von April bis Oktober mit ihren Europabussen von verschiedenen deutschen Großstädten ein- bis mehrmals wöchentlich Fahrten nach Florenz an, u. a. sind dies Hamburg, Köln, Frankfurt/M., Stuttgart und München, die häufigsten Fahrten gehen von Frankfurt aus (viermal wöchentlich). Ab Hamburg dauert die Fahrt fast 24 Stunden, Geduld und Sitzfleisch sollte man mitbringen. Doch macht die Bahn mit ihren günstigen Nachttarifen den Touringbussen mittlerweile deutlich Konkurrenz, insbesondere, was den Reisekomfort angeht.

• *Auskünfte und Prospektmaterial* **Deutsche Touring GmbH**, Am Römertor 17, 60486 Frankfurt, ✆ 069-7903501, www.touring.de. Wichtig: Vergessen Sie nicht, sich in Italien die **Reservierung für die Rückfahrt** unter ✆ 089/405145, ✆ 089/3856494 (in Salerno) bestätigen zu lassen, und zwar spätestens vier Tage vor der Rückreise. In Florenz können auch einfache Rückfahrttickets gebucht werden: **Eurolines Italia**, Via Mercadante 2/B, 50144 Firenze, ✆ 055/357059, ✆ 055/350565.

Buchungen sind auch über DER-Reisebüros und in den Reise-Centern der Deutschen Bahn (an jedem größeren Bahnhof) möglich.

Hamburg – Florenz	130 € einfach, hin/zurück 209 €
Frankfurt – Florenz	92 € einfach, hin/zurück 166 €
München – Florenz	76 € einfach, hin/zurück 137 €

Ermäßigungen: Kinder bis 4 Jahre 50 %, bis 12 Jahre 25 %. Zwei Gepäckstücke werden kostenlos transportiert.

Mit der Mitfahrzentrale

Um von der preisgünstigsten Anreisevariante Gebrauch zu machen, wendet man sich an eine der Mitfahrzentralen, die es in allen größeren Städten gibt. Meist sind sie unter der bundeseinheitlichen Telefonnummer *Ortsvorwahl plus 19440* (in der Regel Mo–Fr 9–18 Uhr und Sa/So vormittags) oder im Internet unter den einschlägigen Suchbegriffen zu finden. Wer nach Italien will, sollte sich frühzeitig um eine Mitfahrgelegenheit bemühen und evtl. auch einen weiter entfernten Abfahrtsort in Kauf nehmen. Ebenso sollten Sie einkalkulieren, dass Sie nicht direkt an den Zielort gelangen, sondern vielleicht schon in Florenz oder Bologna aussteigen müssen. Im Allgemeinen kann man Sonderwünsche anmelden, z. B. Mitfahrt nur bei Frauen/Paaren oder Nichtrauchern.

Der Preis für die Fahrt errechnet sich zum einen aus dem von der MFZ festgelegten **Benzinkostenanteil**, der an den Fahrer zu zahlen ist. Darüber hinaus ist eine von der Entfernung abhängige **Vermittlungsgebühr** an die MFZ zu zahlen. Mitfahrer können über die MFZ eine günstige **Pannen- und Unfallversicherung** abschließen. Gegen Vorlage der Quittungen wird damit die Bahnfahrt ab Unfall- bzw. Pannenort zum Reiseziel erstattet.

Der bequemere Teil der Anreise – die Fähre von Piombino

Mit der Fähre ab Piombino

Einziger Fährhafen zur Insel ist Piombino, etwa 10 km von Elba entfernt. Von hier geht fast stündlich eine Autofähre zur Inselhauptstadt Portoferraio, außerdem bestehen noch einige Verbindungen nach Rio Marina und – seltener – nach Cavo.

Zwei Schifffahrtsgesellschaften, die staatliche *Toremar* (Fähren und Tragflächenboote) und die private *Moby Lines*, bedienen die Route nach Elba. Der Fährhafen ist von der Haupteinfallstraße nach Piombino großzügig ausgeschildert, auch fast alle Züge nach Piombino fahren durch bis zur *Stazione Marittima*. Am Hafen zahlreiche Ticketverkaufsbüros (Preise überall gleich), Snackbars, Cafeterias etc.

Wer an den Wochenenden der Hochsaison und besonders in den beiden Wochen um *Ferragosto* (15. August), zu Ostern, Pfingsten oder sonstigen Brückentagen mit dem eigenen Fahrzeug nach Elba reisen will, sollte das Fährticket unbedingt rechtzeitig buchen. Ohne Buchung braucht man zu diesen Stoßzeiten schon etwas Glück, um noch ein Ticket für den gleichen Tag zu ergattern, und bei der letzten Fähre am Abend kann das auch daneben gehen. Wichtig: Man sollte eine Stunde vor Abfahrt am jeweiligen Fährbüro sein und sein Ticket abholen, sonst kann es passieren, dass ein reserviertes Ticket anderweitig vergeben wird! Wer ohne Fahrzeug unterwegs ist, wird jederzeit ein Ticket bekommen.

Toremar, 57025 Piombino, Nuova Stazione Marittima, ✆ 0565/31100 oder 0565/226590, 📠 0565/35294, www.traghetti–toremar.com, piombino@toremar.it.

In der Hochsaison ca. 15x tägl. auf der Strecke **Piombino–Portoferraio**, erste Abfahrt 5.30 Uhr, letzte Fahrt 22 Uhr oder 22.30 Uhr, Fahrtdauer 1 Std.

Preise (in der Hochsaison): pro Person 7,10 €, Auto 31–36 € (an Wochenenden der Hochsaison 36–41 €), Wohnwagen/-mobil 10,20 € pro Meter, Mopeds/Motorräder 11,50 €, Fahrrad 5 €, hinzukommt die Hafentaxe von 4,80 € pro Person und 9,36 € pro Fahrzeug (Motorrad/Scooter 5,36 €).

Die Autofähre auf dem Weg nach Portoferraio

In der Hochsaison ca. 6x tägl. nach **Rio Marina**, Fahrtdauer 45 Minuten, pro Person 3,50 €, Auto 29–34 €, Wohnwagen/-mobil 10,20 € pro Meter, Moped/Motorrad 7,90 €, Fahrrad 5 €; außerdem die Hafentaxe von 4,80 € pro Person und 9,36 € pro Fahrzeug (Motorrad/Scooter 5,36 €).

Nach **Cavo** (5x täglich) nur mit dem *Aliscafo* (Tragflächenboot), Dauer 15 Minuten, und weiter nach Portoferraio (noch mal 20 Minuten), nur Personenbeförderung, nach Cavo 4,80 € pro Person, nach Portoferraio 9,40 €, plus jeweils 4,80 € Hafentaxe pro Person.

Moby Lines, 57025 Piombino, Piazzale Premuda (Stazione Marittima), ✆ 0565/221212 oder 0565/276077, 📠 0565/220781, www.moby.it.

Erste Abfahrt nach Portoferraio in der Hochsaison 5 Uhr, letzte Fahrt 21.30 Uhr oder 22 Uhr, bis zu 15x täglich, Fahrtdauer 1 Std. Diverse Spar- und Sondertarife sorgen für Verwirrung, Normalpreis aber ein wenig teurer als Toremar. Mit dem **Sondertarif Moby Pex** kostet eine Person mit Auto 35 €, mit Wohnmobil 49 € (kontingentierter Tarif, frühe Buchung, an eine bestimmte Abfahrt gebunden).

Stopover Piombino

Der Fährhafen für Elba war einst ein bedeutendes Zentrum der Schwerindustrie, heute wird das trostlose Hafenviertel vom regen Fährverkehr nach Elba (und Sardinien) geprägt. Jenseits des Hafens erstreckt sich eine sehenswerte kleine Altstadt.

Die 34.000-Einwohner-Stadt liegt am Südende einer hügeligen Halbinsel, die erst durch Ablagerungen des Flusses *Corina* mit dem Festland verbunden wurde. Auch heute noch findet man hinter diesem Vorgebirge eine sumpfige Ebene, die einst *Leonardo da Vinci* zu Plänen für Entwässerungsanlagen inspirierte.

Eisen hat Tradition in Piombino. Am *Falesia-Hafen,* dem Vorgänger des heutigen Handels- und Industriehafens, verarbeiteten schon die Römer das Eisenerz Elbas. Ende des 16. Jh. wurde Piombino Fürstentum. Im ausgehenden 18. Jh. siedelten sich hier Kleinbetriebe an, die Industrielle Revolution brachte dann die Großanlagen – die im Zweiten Weltkrieg der Stadt die weitgehende Zerstörung bescherten.

Erhalten blieb allerdings die kleine Altstadt auf einem Plateau, das zum Meer hin abfällt. Das *Centro storico* steht in starkem Kontrast zu den unschönen Fabrikanlagen am Meer, die die meisten Besucher auf ihrem Weg zum Fährhafen kennen lernen, und ist einen Streifzug durchaus wert. Fähren nach Elba verkehren fast stündlich, also lässt sich die Besichtigung mühelos dazwischenschieben.

An der *Piazza Giovanni Bovio,* auf einer kleinen Landzunge hoch über dem Fischerhafen gelegen, trifft man sich zum Flanieren. Vom Aussichtspunkt *Rocchetta* in exponierter Lage genießt man eine wundervolle Aussicht über das Meer und hinüber nach Elba.

Knapp oberhalb der Piazza steht der *Palazzo Comunale*. Das Gebäude datiert aus dem 15. Jh. und wurde 1932–35 zum letzten Mal restauriert.

Unweit davon findet man die *Kirche Sant'Antimo*. Sie wurde 1377 erbaut und so oft umgestaltet, dass vom Originalbau nur noch der Spitzbogen an der Fassade erhalten ist. Der Innenraum, der in zwei ungleiche Schiffe unterteilt ist, beherbergt zwei Gräber aus dem 14. und 15. Jh.

Vom Palazzo Comunale führt die Hauptgasse, der Corso Vittorio Emanuele II, zum *Torrione*, einem wuchtigen Befestigungsturm aus pisanischer Zeit. Dahinter beginnt das moderne Piombino.

Piombino – nicht nur Industrieschlote

Information/Verbindungen

• *Information* Drei **A.P.T.-Büros**: im Vorort Fiorentina (an der Zufahrtsstraße, von Norden kommend, 10–13 Uhr und 17–20 Uhr, Mo geschlossen, ☏/℻ 0565/276478); am Fährhafen am Piazzale Premuda 19 (Stazione marittima, 10–13 Uhr und 17–20 Uhr, Di geschlossen, ☏ 0565/226627) und im Turm des Palazzo Comunale in der Altstadt, Via Francesco Ferruccio 1 (Mo/Di 9–15 Uhr, Mi–So 9–15 und 17–23 Uhr, ☏ 0565/225639). Info-Broschüren, Stadtpläne und Hotellisten liegen aus. In der Nebensaison und im Winter unregelmäßige Öffnungszeiten!

• *Verbindungen* **Bahn**, mit der Stichbahn ab Piombino/Stazione Marittima (Bhf. am Hafen) und Piombino/Stazione Centrale (Hbf.) nach *Campiglia Marittima* (20 Min., 1,80 €), von dort problemlos nach Livorno, Pisa, Grosseto, Florenz, Mailand und Rom.

Es gibt auch einige Direktverbindungen ab Stazione Marittima (alle über Piombino/Stazione Centrale): 4x tägl. Pisa (ca. 2 Std.), 5x tägl. Livorno (ca. 1,5 Std.) und 3x tägl. Florenz (ca. 3 Std. 15 Min.).

Bus: Stündlich Busse zwischen dem Bahnhof im Zentrum und dem Fährhafen, ebenfalls stündliche Verbindungen zur Stazione FS Campiglia Marittima (1,80 €); ab der Busstation **ATM** in der Via Leonardo da Vinci häufige Verbindung nach San Vincenzo, Populonia Stazione, zur Baratti-Bucht, Venturina, Riotorto und Follonica (5x), ebenfalls nach Campiglia Marittima und 2x tägl. mit dem Direktbus nach Florenz (Autostazione an der Stazione SMN, Fahrtdauer 2 Std. 40 Min., 12 € einfach). Auskunft und Fahrpläne bei **ATM**, Via Leonardo da Vinci 13 (beim Torrione am Eingang zur Altstadt), ☏ 0565/260111, ℻ 0565/34388, www.atm.li.it.

Fähre: Die Verbindungen nach Elba finden Sie auf S. 49/50.

Übernachten/Camping/Essen & Trinken (s. Karte S. 52/53)

Viele Hotels in Piombino befinden sich in Bahnhofsnähe, nur wenige Autominuten vom Fährhafen entfernt. Eigene Parkplätze gibt es fast nirgends.

**** **Hotel Centrale (4)**, komfortable Unterkunft am Tor zur Altstadt. 41 moderne, helle Zimmer, Teppichboden, Klimaanlage, alle Zimmer mit WLAN, empfohlenes Restaurant. EZ 110 €, DZ 169 €, inkl Frühstück. Piazza Verdi 2, 57025 Piombino (LI), ☏ 0565/220188, ℻ 0565/220220, www.hotel-centrale.net.

***** Moderno (1)**, Eckhaus an der Piazza Gramsci, nahe beim Bahnhof. Mit Bar und Restaurant, 20 Zimmer mit Bad, einige wenige auch mit Balkon. DZ 80 €, Frühstück 5 € pro Person, DZ mit Halbpension 120 €. Corso Italia 44, 57025 Piombino (LI), ✆ 0565/33204, www.hotel-moderno.it.

***** Collodi (2)**, in einer ruhigen Seitenstraße schräg gegenüber vom Bahnhof gelegen, beschildert. Ordentliches Hotel mit 23 Zimmern, EZ ohne Bad 40 €, mit Bad 60 €, DZ ohne Bad 50 €, mit Bad 80 €, Frühstück 5 € pro Person. Via Collodi 7, 57025 Piombino (LI), ✆ 0565/224272, 📠 0565/224382, hotelcollodi@hotmail.com.

**** Il Piave (3)**, gegenüber dem Bahnhof (daher auch eher etwas für ruhelose Geister), günstiges Restaurant im Haus, das jüngst renoviert wurde. Schlichte Zimmer mit Bad, die von Lesern als sauber und ordentlich befunden wurden. EZ 35 €, DZ 65 €, Frühstück 5 € pro Person. Piazza Niccolini 2, 57025 Piombino (LI), ✆/📠 0565/226050, info@albergoilpiave.it.

• *Camping/Außerhalb* Einen stadtnahen Campingplatz sucht man vergebens. Wer Piombino nur als Sprungbrett nach Elba benutzt, sucht sich besser gleich ein Hotel. Nächster Camping ist der **Sant'Albinia** auf halber Strecke zwischen San Vincenzo und Piombino: 800 m vom Strand, wenig reizvoller, aber sehr schattiger Platz mit hohen Pinien, saubere sanitäre Anlagen, das Restaurant wurde von Lesern gelobt. Der herrliche *Golfo di Baratti* liegt direkt vor der Tür. Pro Person 12,50 €, Zelt 12–16,50 €, Wohnmobil 18 €, Auto 5 €, es werden auch Wohnwagen vermietet (95 €/Nacht für 4 Personen). Ostern bis Mitte Sept. geöffnet. Via della Principessa, Loc. Sant'Albinia, 57025 Populonia – Piombino (LI), ✆/📠 0565/29599, www.santalbinia.it.

Weitere Campingplätze findet man an der Verbindungsstraße nach Follonica:

Riotorto, der angenehmste Platz der Umgebung, relativ klein und fast schon familiär. Mit Swimmingpool, Tennisplatz, Fahrradverleih, Bar, Restaurant und viel Schatten, freundliches Personal. Ca. 1 km vom Meer entfernt, beschildert, 10 km von Piombino. Pro Person 11 €, Stellplatz 13–16 € (Auto inkl.), Bungalow 90–115 € (2–4 Personen), Mietwohnwagen für 4 Personen 75 €. Geöffnet Ende April bis ca. 20.9. Loc. Campo al Fico 15, 57020 Vignale Riotorto (LI), ✆ 0565/21008, ✆ 0565/21118, www.campingriotorto.com.

• *Essen & Trinken* Zahlreiche Möglichkeiten in der Altstadt, z. B. in der **Bar Osteria Volturno (5)**, nettes Restaurant am Palazzo Comunale in der Fußgängerzone (Corso Vittorio Emanuele II 41). Auf Fisch und Meeresfrüchte spezialisiert, freundlicher Service, mittleres Preisniveau, mittags und abends geöffnet. Mo Ruhetag, ✆ 0565/49081.

Umgebung/Baden

Östlich von Piombino beginnt der 40 km lange *Golfo di Follonica*, dessen feiner Sand aber wider Erwarten nicht zum Baden einlädt – Industrieanlagen prägen das Bild. Einer der besseren Strände der Gegend ist die *Spiaggia Carlappiano* nahe dem Camping Riotorto – vom Camping die Straße Richtung Piombino nehmen, dann links (beschildert). Gut besuchter, lang gezogener Sandstrand mit typischer Bagno-Infrastruktur, verliehen werden Sonnenschirme, Liegestühle, Tretboote und Surfbretter. Direkt am Strand das Fischrestaurant „La Baracchina“, tagsüber Snack-Bar, abends Ristorante (Reservierungen unter ✆ 335/6912742).

Am besten badet man zweifelsohne am *Golfo di Baratti*, einer traumhaften Bucht mit feinem, gelbbraunem Sandstrand. Ausgedehnte Wiesen bieten viel Platz zum Sonnen, Ballspielen, für Frisbee oder Badminton. Durch die relativ flache Uferzone erwärmt sich das Wasser schnell, sodass man bereits früh im Jahr ein Bad wagen kann. Am Strand einige Snack-Bars, außerdem Sonnenschirme, Liegestuhl- und Tretbootverleih. Schatten findet man in einem angrenzenden kleinen Pinienhain etwa in der Mitte der Bucht. Meiden sollten Sie die Wochenenden im Hochsommer. Dann nämlich ist das Gelände brechend voll, und verzweifelte Polizisten kämpfen gegen die Blechlawinen an.

• *Parken* Von Anfang Juni bis Ende September sind fast alle Plätze und Seitenstreifen gebührenpflichtig. Die wenigen kostenlosen Parkplätze, z. B. gegenüber der Zufahrtsstraße zum Hotel Alba und oberhalb der Bar Pergola in Baratti, sind meist belegt. Parkscheinautomaten zwischen dem Hotel Alba und dem Strand, max. Parkdauer jedoch nur 2 Std. Alternative: der ebenfalls gebührenpflichtige Parkplatz am Eingang zum Archäologie-Park von Populonia.

In den Fels gekratzt – die Straße, die rund um die Westküste der Insel führt

Unterwegs auf Elba

Mit dem eigenen Fahrzeug

Die meisten Gäste kommen mit dem eigenen Auto auf die Insel und sind demnach mobil. Das Straßennetz ist hervorragend ausgebaut, fast alle größeren Straßen sind asphaltiert, Ausnahme sind die Pisten um den *Monte Calamita* im Südosten und weite Teile der Verbindungsstraße von *Bagnaia* nach *Nisporto*. Die Straßen befinden sich in überwiegend gutem Zustand, und auch die wenigen verbliebenen Schotterstraßen auf Elba sind normalerweise gut befahrbar, Schlaglöcher eher die Ausnahme als die Regel.

Sämtlichen elbanischen Straßen gemeinsam ist jedoch ihr Kurvenreichtum, vor allem auch entlang der Küste. Allzu schnelles Fahren ist daher auf den meisten Strecken der Insel nicht möglich, und auch bei den eigentlich kleinen Distanzen verschätzt man sich leicht: Was auf der Karte wie ein Katzensprung aussieht, entpuppt sich auf der Strecke dann als langwierige Slalomfahrt bergauf und bergab. Dennoch: Elba ist überschaubar. Vorsicht ist bei Nachtfahrten und auf unbekannten Strecken geboten.

Hauptverkehrsader der Insel ist die Verbindungsstraße von *Portoferraio* nach *Porto Azzurro*. Hier herrscht in der Hochsaison oft dichter Verkehr, nicht selten bildet sich zu Stoßzeiten in Richtung Portoferraio ein Rückstau bis zur *Villa Romana* (Le Grotte), das sind immerhin knapp 6 km! Außerhalb der Hochsaison trifft man jedoch eher auf ein gemäßigtes Verkehrstreiben. Sehr reizvoll ist die *Panoramastraße* entlang der Küste an der westlichen Halbinsel von Marina di Campo nach Marciana Marina – auf der Strecke passiert man auch die an den Hängen des Monte Capanne gelegenen Bergdörfer Marciana Alta und Poggio.

▸ **Parken**: Normalerweise kein Problem, ausgenommen ist die Hochsaison. In Portoferraio gibt es am Fährhafen einen großen und kostenlosen Parkplatz (Viale Elba,

Entfernungstabelle

(Straße; in Kilometern)	Capoliveri	Cavo	Chiessi	Lacona	Marciana Alta	Marciana Marina	Marina di Campo	Porto Azzurro	Portoferraio	Rio Marina
Capoliveri	•	25	35	11,5	36,5	30	21	5,5	16,5	17,5
Cavo	25	•	52,5	29	54	48	38	19,5	34	7,5
Chiessi	35	52,5	•	23	13	21	14	33	32	45
Lacona	11,5	29	23	•	25	19	9	10	14	21,5
Marciana Alta	36,5	54	13	25	•	7,5	19	35	27	46,5
Marciana Marina	30	48	21	19	7,5	•	13	28	20	40,5
Marina di Campo	21	38	14	9	19	13	•	19	18	31
Porto Azzurro	5,5	19,5	33	10	35	28	19	•	14,5	12
Portoferraio	16,5	34	32	14	27	20	18	14,5	•	26,6
Rio Marina	17,5	7,5	45	21,5	46,5	40,5	31	12	26,6	•

gegenüber vom Busbahnhof), der jedoch oftmals bis auf den letzten Platz belegt ist. Das gleiche gilt für Porto Azzurro, Capoliveri, Marina di Campo etc., hier gibt es ebenfalls große und in der Regel kostenlose Parkplätze am Ortsrand. Des Weiteren findet man einige kleinere Parkplätze, z. T. mit Parkscheinautomat oder Parkscheibe. Ins Parkverbot sollte man sich nicht stellen, abgeschleppt wird auch auf Elba rigoros. Zudem werden Bescheide wegen Falschparkens seit einigen Jahren (ab einem Bußgeld von 35 € aufwärts) auch nach Hause nachgeschickt. Unkomplizierter gestaltet sich das Parken in den kleineren Dörfern der Insel, nicht aber wenn sie an der Küste liegen und überdies noch einen attraktiven Strand bieten. Dann nämlich ist an den Badetagen der Hochsaison die halbe Zufahrtsstraße beidseitig zugeparkt, es herrscht das Chaos, und zum Strand muss man ein gutes Stück laufen.

- **Tanken**: Elba besitzt ein ausreichend dichtes Tankstellennetz, und eine Tankfüllung reicht auf der kleinen Insel fast ewig. Bleifreies Benzin wird überall angeboten. Die normalen Öffnungszeiten sind Mo–Sa 8.30–12.30 Uhr und 15–19 Uhr. In Portoferraio, Porto Azzurro und Marina di Campo gibt es auch Tankstellen mit *Tankautomat*, bei denen man jederzeit mit unzerknitterten(!) Scheinen nachfüllen kann.

  Achtung: Ein Leser berichtete uns, dass er auf der ganzen Insel kein Super Plus (98 Oktan) bekommen hat und beim Tanken wohl oder übel auf die teuren Additive zurückgreifen musste. Wer Super Plus braucht und auf Nummer Sicher gehen will, sollte auf dem Festland volltanken.

- **Pannenhilfe (Soccorso stradale)**: In ganz Italien unter ✆ 803116 (Festnetz) oder ✆ 800116800 (Mobilnetz) zu erreichen. Unterhalten wird der Pannendienst vom italienischen Verkehrsclub ACI. Der deutschsprachige ADAC-Notruf in Mailand ist unter ✆ 039/21041 oder 800-322222 rund um die Uhr erreichbar.

- **Motorrad/Scooter**: als Verkehrsmittel vor Ort sicher recht reizvoll – kurvenreiche Straßen, viel Panorama, keine Parkplatzsorgen. Man sollte jedoch bedenken, dass

Elba nicht gerade groß ist und man die Insel relativ schnell abgefahren hat. Mopeds bzw. Scooter und Enduros werden in jedem größeren Ort der Insel auch vermietet. *Achtung:* Im Sommer Rutschgefahr auf den älteren, durch die Hitze aufgeweichte Asphaltstraßen. Erfreulich sind die günstigen Preise für die Fährpassage ab dem Festland.

Busverbindungen

Es bestehen hervorragende Busverbindungen auf der Insel, alle größeren Orte werden von den Bussen der *ATL (Azienda Trasporti Livornese)* häufig angefahren, auch zu den kleineren Dörfern gibt es gute Verbindungen. Busfahren auf Elba ist zudem ein wirklich preisgünstiges Vergnügen (je nach Strecke 1–3,40 €), gelegentlich muss man jedoch umsteigen, um ans Ziel zu gelangen. Im Sommer (Juni–September) verkehren neben den normalen Linienbussen auch noch Strandbusse, u. a. ab Portoferraio, Marciana Marian und Capoliveri zu verschiedenen Stränden der Insel. Ziel dieses Services ist es auch, die Parkplatznot an den Stränden zu mindern. Infos erhalten Sie im Busbüro der ATL in Portoferraio, Viale Elba (Querstraße zur Hochhauspassage am Hafen). Hier kann man sich auch einen für die ganze Insel gültigen *Orario* (Busfahrplan) besorgen. Überdies publiziert auch die italienische Tageszeitung *Il Tirreno* in ihrem Elba-Teil täglich die Abfahrtszeiten, und auch in der vielfach ausliegenden Monatsbroschüre *Pronto Elba* ist der jeweils gültige Fahrplan zu finden. Achtung: Der *Orario feriale* gilt wochentags, für sonntags richtet man sich nach dem *Orario festivo*. Bustickets *(Biglietti)* gibt es entweder bei der ATL in Portoferraio oder in kleineren Orten meist in der Bar/Tabaccheria zu kaufen. Wer seine Fahrkarte im Bus kauft, zahlt einen Zuschlag.

Nach 20 Uhr fahren von Portoferraio auch im Sommer fast keine Busse mehr ab. Deshalb: Abfahrtszeiten der Fähre von Piombino darauf abstimmen! Die Busstation in Portoferraio – mit klimatisiertem Wartesaal – ist im Sommer täglich von 7.30–20 Uhr geöffnet (ansonsten: Mo–Sa 7.45–13.30 und 15.50–18.30 Uhr, So geschl.). Viale Elba 20, Auskünfte unter ✆ 0565/914392 oder 0565/914783, www.atl.livorno.it.

Wer sich mit (großem) Hund auf der Insel ausschließlich per Bus fortbewegen möchte, hat schlechte Karten: Mitgenommen werden nur kleine Tiere im Schoßhundformat, größere Hunde müssen in einer Transportbox reisen. Einzige Ausnahme sind Blindenhunde.

Weitere Informationen zu den Busverbindungen der Insel unter den jeweiligen Orten. Wer sich schon vorab im Internet informieren möchte: www.atl.livorno.it.

Taxis

Auf Elba ausreichend vorhanden, aber sicherlich kein billiges Vergnügen, es sei denn, man fährt zu dritt oder viert und kann sich die Kosten teilen. Die Fahrt von Portoferraio nach Porto Azzurro kostet beispielsweise 30 €, an Sonn- und Feiertagen sowie nachts kommen Zuschläge von 20 bzw. 25 % hinzu. Taxistände gibt es in den größeren Orten der Insel, Näheres finden Sie dort. Die meisten Taxifahrer sind auch mobil auf dem *Telefonino* (Handy) erreichbar.

Pendelboote

Die *Gabbiano II* verkehrt nur von Anfang Juni bis Ende September 5–6x täglich von Portoferraio nach San Giovanni, Fabricia (Hotel), Magazzini, Ottone und Bagnaia (und retour), die einfache Fahrt kostet 3,50 €, hin und zurück 6 €, ermäßigt 3,50 €

bzw. 2 €, Kinder unter sechs Jahren fahren kostenlos. Eine echte Alternative zur Parkplatzsuche in der Inselhauptstadt! Ein weiterer Bootsshuttle besteht – ebenfalls nur im Sommer – zwischen der Naregno-Bucht bei Capoliveri und Porto Azzurro (s. S. 165).

Mit dem Scooter auf Inselerkundung

Mietwagen und -zweiräder

Die Auswahl ist groß, neben den zahlreichen Anbietern in fast allen größeren Orten oder an den Urlaubsorten kann man auch in vielen Reisebüros ein Fahrzeug mieten. Allerdings gilt auch hier: Für die Hochsaison sollte dringend reserviert werden, und das am besten einige Wochen vorher!

In der Regel sind die lokalen Vermieter für Autos günstiger als große internationale Firmen. Größter lokaler Anbieter auf der Insel ist *TWN* mit Agenturen in Portoferraio (Viale Elba 32/Busbahnhof, ✆ 0565/914666, www.twn-rent.it), Lacona und Marina di Campo. Mietfahrzeuge (v. a. Autos) werden auch von den größeren Hotels auf Elba vermittelt.

Sehr beliebte Fortbewegungsmittel auf der überschaubaren Insel sind auch Scooter bzw. Roller/Vespas und Mofas, die praktisch in jedem größeren Ort an der Küste, ausgenommen die Westküste, angeboten werden. Man sollte sich bei Anmietung vom guten Zustand des Gefährts überzeugen (v. a. Bremsen, aber auch Lenkung und Reifendruck etc.). Helme und Kartenmaterial werden bei Anmietung zur Verfügung gestellt, bei Autos kann man z. T. gegen Aufpreis auch einen Kindersitz bekommen.

Fahrräder, auch hochwertige Mountainbikes, werden in Portoferraio, Porto Azzurro, Capoliveri, Lacona, Marina di Campo und Marciana Marina angeboten.

Weitere Informationen und Adressen zu den Vermietern bei den jeweiligen Orten.

• *Einige Autoverleiher der Insel* **Portoferraio**: *TWN*, Viale Elba 32, ✆ 0565/914666; **Porto Azzurro**: *Rent Azzurro*, am Fähranleger, ✆ 0565/95115; **Capoliveri**: *Rent All'Elba* in der Via V. Veneto, ✆ 0565/968764; **Marina di Campo**: *Nuova Elba Service*, Via Donizetti 27; halblinks gegenüber der Tourist Info, ✆ 0565/976051.

• *Preise und Konditionen* Ein **Kleinwagen** ist ab ca. 40–50 €/Tag zu bekommen, wobei es einen deutlichen Unterschied macht, ob man tagsüber (9–19 Uhr) oder 24 Stunden (9–9 Uhr) mietet. Im Angebot sind meist die Marken Fiat oder Renault, **Cabriolets** sind etwa 50 % teurer. Ab 3 Tagen Mietdauer wird es günstiger.

Ein **Scooter** ist ab etwa 30 € pro Tag (9–19 Uhr) zu bekommen, allerdings sollte man darauf achten, ob das Fahrzeug nur allein oder auch zu zweit befahren werden kann, Letzteres schlägt sich nämlich noch mal kräftig auf den Preis nieder. Auf der ganzen Insel sehr teuer ist das Mieten einer **Enduro**, wofür man mindestens 55 € am Tag hinblättern muss; ein **Quad** kostet 70–80 €.

Fahrräder werden für ca. 8–12 € am Tag angeboten, bessere Mountainbikes kosten ca. 18–22 €. Die Preise verringern sich auch bei Zweirädern mit der Dauer der Mietzeit, allerdings kann man sich in der Hochsaison auf diesen Rabatt nicht immer verlassen.

Die Preise beinhalten eine **Haftpflichtversicherung**, für eine Teilkasko (i. d. R. mit 250 € Selbstbeteiligung) muss man mit weiteren 10 € pro Tag rechnen; hinzu kommt die **Kaution**: bei Scootern/Mopeds kann diese auch in bar (ca. 100–200 €) hinterlegt werden, bei Anmietung eines Autos prinzipiell nur mit Kreditkarte.

Das Fahrzeug nimmt man voll getankt in Empfang, und so muss es auch wieder abgegeben werden. **Kilometerbegrenzungen** (i. d. R. 100 Freikilometer am Tag) spielen auf Elba keine allzu große Rolle, die meisten Mietverträge laufen mittlerweile ohnehin mit unbegrenzter Kilometerzahl.

Das **Mindestalter** für die Anmietung eines Pkw liegt bei 21 Jahren, der Mieter muss seit mindestens einem Jahr den **Führerschein** besitzen. Scooter/Mopeds werden ebenfalls nur mit Führerschein vermietet!

• *Achtung* Erkundigen Sie sich beim Verleiher (v. a. bei Scootern/Mopeds), welche Regularien im Fall einer **Panne** oder eines platten Reifens gelten. Manche Anbieter schleppen kostenlos ab, es kann aber auch sein, dass man mit bis zu 50 € an den Kosten beteiligt wird!

Spartipp: Den Besitzern dieses Buches bietet *TWN* (www.twn-rent.it) *10 % Rabatt* auf alle Fahrzeuge!

Motorbootverleih

Ideal, um einsame Strände anzulaufen. Verleiher gibt es in Porto Azzurro, Sant' Andrea und Marciana Marina (Informationen und Adressen unter den jeweiligen Ortsbeschreibungen), kleinere Boote mit Außenborder können auch ohne entsprechenden Führerschein angemietet werden. Die Preise hierfür liegen um 75 € pro Tag, Platz haben darin maximal vier Personen, größere Boote für sechs Personen kommen auf etwa 100–120 €. Achtung: Auf Grund begrenzter Kapazitäten ist hier eine frühzeitige Buchung für die Hochsaison besonders wichtig!

Zu den anderen Inseln

Wer sich für den Toskanischen Archipel ein Island-Hopping à la Griechenland vorstellt, wird sicherlich enttäuscht sein: Es bestehen von Elba aus lediglich nach Capraia, Pianosa und nach Giglio regelmäßige Verbindungen, überwiegend mit Ausflugsschiffen. *Capraia* (1x wöchentlich, zuletzt freitags) wird von Portoferraio und Marciana Marina angesteuert; nach *Pianosa* kann man sich 5x wöchentlich von Portoferraio, Marina di Campo und Marciana Marina aus einschiffen, mit der Linienfähre außerdem 1x wöchentlich (dienstags, nur im Sommer) von Rio Marina nach Pianosa; zur südlich gelegenen Insel *Giglio* (1x wöchentlich, zuletzt mittwochs) legt das Ausflugsschiff nur in Portoferraio und Porto Azzurro ab. Die Überfahrten auf die kleinen Inseln dauern teilweise über zwei Stunden. Von Portoferraio aus werden von Saison zu Saison auch immer wieder *Tagesausflüge nach Korsika* angeboten (aktuelle Informationen bei der APT in Portoferraio, s. S. 98).

Die Fahrten auf die kleineren Inseln des Toskanischen Archipels sind nicht unbedingt günstig, aber attraktiv – sei es ein Nachmittag am herrlichen Strand *Cala Giovanna* mit dem kristallklaren Meer rund um Pianosa oder aber ein Besuch des idyllischen Hafens von Giglio. Die Preise liegen bei 30–35 € pro Person, Kinder zahlen etwas mehr als die Hälfte. *Montecristo* und *Gorgona* sind nur mit vorherigem Antrag (und auch dann nur bei nachgewiesenem Forschungsinteresse) zu besichtigen, Ausflüge nach *Giannutri* gibt es von Elba aus nicht (jedoch ab Porto Santo Stefano, s. S. 242).

Nähere Informationen zu den Ausflugsbooten bei den jeweiligen Orts- und Inselkapiteln.

L'Ape Elbana – das älteste Hotel der Insel

Übernachten

Über 200 Hotels (Alberghi) und Residenzhotels (Aparthotels), zahlreiche Ferienwohnungen, fast 30 Campingplätze und eine geringe Anzahl von Privatzimmern stehen auf Elba zur Verfügung – das Preisniveau ist zumindest in der Hochsaison weit oben, auch bei bescheidenen Unterkünften.

Vom Luxushotel in exklusiver Strandlage bis zum bescheidenen Dorfhotel abseits der Küste ist fast alles zu haben, vorausgesetzt man hat für ersteres das nötige Kleingeld und kümmert sich frühzeitig um eine Reservierung für die Monate Juli und August. Kein Scherz: Wer ohne vorherige Buchung in der Zeit um *Ferragosto* (15. August) auf die Insel kommt (sofern man einen Platz fürs Auto auf der Fähre ergattert hat), sollte sich auf eine Nacht im Schlafsack am Strand (offiziell übrigens verboten) oder im Auto einrichten. Es bleibt dann erfahrungsgemäß auch bei der einen Nacht, da die meisten, die auf gut Glück zu dieser Zeit übersetzen, in Anbetracht der aussichtslosen Herbergssuche am nächsten Tag entnervt wieder abreisen – sofern sie einen Platz auf der Fähre kriegen ...

Spontaneität ist für diesen Teil des Elba-Urlaubs nicht gefragt, vielmehr dagegen umsichtiges und frühzeitiges Buchen (bei besonders beliebten Hotels teilweise schon im Februar/März). Auch die Campingplätze sind im Juli/August komplett ausgebucht, ein kleines Zelt lässt sich eventuell noch irgendwo dazwischenquetschen, verlassen sollte man sich darauf aber nicht. Eine Jugendherberge gibt es auf Elba nicht.

Wer sein Hotel über einen der Reiseveranstalter **pauschal** bucht, fährt teilweise günstiger als bei individueller Buchung. Nachteil: Unter einer Woche Aufenthalt geht nichts, An- und Abreisetag sind festgelegt.

Auf Elba gibt es eine ausreichende Auswahl an wirklich sehr schönen und gepflegten Hotels im Drei- und Vier-Sterne-Bereich, oftmals in ganz herrlicher Lage am Meer bzw. Hang oder versteckt im grünen Inselinneren. Auch in unteren Kategorien kann man durchaus angenehme Überraschungen erleben – allerdings auch das Gegenteil. Alle italienischen Hotels werden von den lokalen Fremdenverkehrsämtern klassifiziert, die Preise legen die Hoteliers allerdings selbst fest. Und in der Regel werden diese Preise – zumindest im Hochsommer – bezahlt, auch wenn sie manchmal völlig überzogen sind. Der Preis muss somit nicht unbedingt eine Garantie für hohe Qualität in punkto Ausstattung, Lage und Service sein, gibt meist aber gute Anhaltspunkte. Die Klassifizierung der *Alberghi* von offizieller Seite ist übrigens nicht immer ganz nachvollziehbar, es spielen auch eher abwegige Kriterien wie Häufigkeit des Wäschewechsels, das vorhandene Radio im Zimmer oder auch einfach die Gesamtanzahl der Zimmer des Hotels eine Rolle.

Insgesamt dominieren auf der Insel gepflegte Hotels im oberen Mittelklassebereich, Bettenburgen à la Mallorca gibt es höchsten in der Lacona-Bucht oder in Marina di Campo, und auch hier nur in der äußerst dezenten Variante. Ein Mangel besteht an kleinen gemütlichen Familienpensionen, die man auf Elba kaum findet.

Die Preisangaben im Buch beziehen sich auf das Doppelzimmer in den Hochsaisonmonaten Juli und August, der *Alta stagione* und der *Altissima stagione* (die zwei oder drei Wochen Mitte August), daher ergeben sich oftmals recht große Preisspannen – für viele sind diese Höchstpreise zunächst ein Schock, wir möchten aber unbedingt darauf hinweisen, dass im Lauf der Sommermonate ein echtes Preisgefälle herrscht: Von der *Altissima stagione* zur *Alta stagione* (Juli) können das 20 % sein, zur *Media stagione* (etwa Juni und Anfang bis Mitte September) noch mal ca. 20 % und in der *Bassa stagione* (ab Ostern bis etwa Ende Mai sowie Mitte September bis zum Saisonende) zahlt man in der Regel nur etwas mehr als die Hälfte des Hochsaisonpreises. Die Preise für das Einzelzimmer (gibt es nicht überall und zu allen Zeiten) und die dazugehörigen Pensionsleistungen zu den Zimmerpreisen sind im Text jeweils einzeln aufgeführt.

******* = Obere Luxusklasse**, gibt es auf der Insel nur zweimal (das *Hermitage* in der Biodola-Bucht und das *Ottone* in der Bucht von Portoferraio), diskret nobel und sehr teuer sind sie beide (DZ ab ca. 600 €). Viele Vier-Sterne-Häuser der Insel bieten mittlerweile einen annähernd hohen Standard.

****** = Luxus-Hotels**, für gehobene Ansprüche, sehr komfortable und geschmackvoll eingerichtete Häuser in Bestlage, mit vornehmem Restaurant, diverse Sportmöglichkeiten, fast ausnahmslos auch mit Pool, gehobene Zimmerausstattung mit Aircondition, Balkon, TV, Radio, Kühlschrank etc. Die Preise fürs DZ (meist mit Halbpension) überschreiten im August auch schon mal die 300-€-Grenze pro Nacht. Es geht aber auch günstiger, mit mindestens 250 € sollte man jedoch immer rechnen.

***** = (Obere) Mittelklasse-Hotels**, eine dehnbare Rubrik, in dieser – auf der Insel vorherrschenden – Klasse sind die größten Schwankungen sowohl in Ausstattung als auch bei den Preisen zu verzeichnen. Normalerweise jedoch gute bis sehr gute Ausstattung, nicht immer in allerbester (Strand-) Lage, Zimmer mit Bad, nicht immer Balkon oder Terrasse, z. T. Aircondition. Die Preise können je nach Pensionsleistung von 150 € (mit Frühstück) bis zu 250 € und mehr reichen (mit Halbpension). Generell sollte man für ein DZ mit Frühstück mit etwa 160–190 € rechnen, bei Halbpension kommen noch mal etwa 40–50 € dazu (Richtwert). Ausreißer nach oben und unten sind besonders in dieser Kategorie möglich.

**** = Untere Mittelklasse**, auch hier sind große Schwankungen in punkto Ausstattung und Preis möglich, manchmal gepflegte Familienbetriebe, teilweise auch abgewohnte Herbergen mit wenig Komfort. Die Preisspanne liegt bei 90–140 €, je nach Ausstattung und Pensionsleistung, wobei man in einem einfachen Hotel fernab vom Meer auch schon mal für 70–80 € im DZ mit Frühstück unterkommen, ein „besseres" Zwei-Sterne-Haus am Strand und mit Halbpension aber auch 150 € und mehr kosten kann.

*** = Unterste Kategorie**, auf der Insel kaum zu finden. Die Hotels dieser Klasse bewegen sich zwischen Absteige (auf Elba selten) und netter, kleiner Pension. Preise fürs DZ (nicht immer mit eigenem Bad) um die 60–80 €, manchmal auch darunter, teilweise mit Frühstück.

Zimmerpreise: müssen an der Rezeption und in den Zimmern aushängen, und offiziell haben sich die Hoteliers natürlich auch daran zu halten. Bei längerer Aufenthaltsdauer in der Nebensaison kann man eventuell mal einen Rabatt rausschlagen, vor allem in kleineren Hotels und Pensionen. *Achtung:* Die Preise sind oftmals „per persona", manchmal aber auch für das ganze Zimmer angeschlagen, deshalb immer genau hinschauen, bevor man sich verfrüht über die vermeintlich günstige Herberge freut.

Einzelzimmer: Allein Reisende haben es nicht leicht auf Elba, EZ sind oft nur wenig günstiger als die DZ (ca. 25–30 %), außerdem nicht in jedem Hotel vorhanden. Manchmal muss man dann mit einem DZ vorlieb nehmen, der Preis reduziert sich allerdings etwa um ein Viertel. Gute Chancen hat man dagegen in den besseren Drei- und Vier-Sterne-Hotels, hier kostet das EZ nur knapp mehr als die Hälfte eines DZ.

Zustellbetten/Kinderrabatt: Eine *Culla* (Babybett) kostet für Kleinkinder bis 2 Jahre ca. 15–20 € pro Nacht, für größere Kinder kann man u. U. auch ein *terzo letto* bekommen (ca. 30–40 % Aufschlag zum DZ).

Pensionspflicht: Tendenziell eher die Regel als die Ausnahme, in der Hochsaison hat man Glück, wenn man ein Zimmer bzw. Hotel findet, in dem die Halbpension nicht obligatorisch ist. Dabei darf Halbpension offiziell gar nicht vorgeschrieben werden, viele

Hotelpool mit Meerblick, gesehen am Lido di Capoliveri

Hoteliers unterlaufen diese Vorgabe jedoch, indem das Zimmer mit Frühstück nur einen Bruchteil günstiger ist als dies mit Halbpension der Fall wäre. Außerhalb der Monate Juli/August wird in fast allen Hotels auf die Halbpensionspflicht verzichtet. Nicht unerwähnt bleiben sollte an dieser Stelle, dass die Hotels oftmals über eine sehr gute Küche verfügen – für viele italienische Gästen ist das Mittag- und/oder Abendessen in ihrem Hotel eine Selbstverständlichkeit.

Reservierungen: Wir können nicht oft genug darauf hinweisen, dass man für die Hochsaison frühzeitig buchen sollte. Am besten tut man dies übrigens per Fax oder per E Mail (schriftlicher Nachweis der Buchung). Faxnummern und Internet-Adressen finden Sie bei den jeweiligen Hotelbeschreibungen, E-Mail-Adressen sind nur dann gesondert aufgeführt, wenn sie von der üblichen Info-E-Mail-Adresse der Webseite abweichen. Oftmals wird eine **Anzahlung** in Höhe von ca. 100–150 € verlangt (am besten per Banküberweisung), manchmal reichen auch die Angaben der Kreditkarte (Kartennummer und Ablaufdatum).

Elbas Herbergen auf einen Blick: Die *APT (Azienda di Promozione Turistica)* in Portoferraio gibt kostenlos ein Unterkunftsverzeichnis (*Ospitalità*) mit allen Hotels, Appartements, Agriturismo-Betrieben, Privatzimmern und Campingplätzen der Inseln Elba und Capraia heraus. Angaben aller Leistungen und Preise, liegt bei der APT zum Mitnehmen aus.

Ferienhäuser, Appartements und Bungalows

Auch hier eine große Bandbreite, vom noblen Landhaus für zwölf Personen an der *Costa dei Gabbiani* bis hin zu vier zusammengezimmerten Holzwänden im hintersten Eck eines Campingplatzes, dazwischen natürlich auch die vielen gemütlichen Ferienwohnungen, die zum Teil auch privat vermietet werden. Bei dem Preisniveau auf der Insel v. a. im Sommer manchmal eine echte Alternative, allerdings sollte man für ein Appartement (2–4 Personen) in der Hochsaison mit mindestens 800 € und mehr pro Woche rechnen. Näheres hierzu in den jeweiligen Ortskapiteln. Ferienwohnungen bzw. Appartements sind auch über die einschlägigen Reiseveranstalter buchbar, und das teilweise sogar günstiger als vor Ort. Was für die Hotelsituation gilt, trifft für die Ferienwohnungen doppelt zu: Ohne langfristige vorherige Buchung geht gar nichts, vor allem italienische Gäste buchen schon bei Abreise „ihre" Wohnung wieder fürs nächste Jahr.

Die allermeisten Appartements sind im Sommer nur wochenweise buchbar, z. T. muss man sich sogar für zwei Wochen verpflichten. In der Nebensaison kann man je nach Auslastung mit einer Mindestmietdauer von etwa drei bis vier Tagen rechnen.

Zahlreiche Reisebüros der Insel bieten ebenfalls Appartements/Ferienwohnungen oder -häuser an, die Prospekte hierzu werden auf Wunsch auch zugesandt, die Objekte sind z. T. auch im Internet ausgestellt (Näheres bei den Ortsbeschreibungen). Wer eine Ferienwohnung auf Elba bereits von zu Hause aus buchen will, wird eventuell auch im Reiseteil der überregionalen Zeitungen fündig.

Adressen einschlägiger Unternehmen, die eine Vielzahl von Ferienhäusern und -wohnungen im Programm haben, finden Sie in diesem Buch im Kapitel „Wissenswertes von A bis Z/Reiseveranstalter", S. 88f.

Großer Beliebtheit v. a. bei italienischen Gästen erfreuen sich auch die so genannten *Residenzhotels (Residence)*, Appartement- bzw. Bungalowanlagen mit angeschlossenem Ristorante, Bar, Sportangebot, Abendunterhaltung etc. Oft nur über italienische Reiseveranstalter pauschal zu buchen.

Affittacamere (Privatzimmer) und Agriturismo (Ferien auf dem Bauernhof)

Privatzimmer sind auf Elba eher unterrepräsentiert. Meist recht schlicht, nicht immer mit eigenem Bad, dafür aber mit familiärer Atmosphäre. Oftmals werden in einem Haus gerade mal ein paar Betten angeboten, und nicht nur in der Hochsaison soll man mindestens vier Tage bleiben, das Preisniveau ist – ausnahmsweise mal – relativ moderat.

Darüber hinaus gibt es auf Elba etwa 35 Agriturismo-Betriebe (*Aziende Agrituristiche*). Doch gibt es auch hier große Unterschiede, z. B. zwischen dem noblen Weingut und dem schlichten Bauernhof. Mehr Infos und eine Auflistung einiger Mitglieder findet man im Internet unter www.agriturist.it, nur auf Elba beschränkt sich die Seite www.elba-agriturismo.it. Das komplette Angebot findet man im Unterkunftsverzeichnis der Insel (erhältlich in der APT, s. S. 98).

Camping (Campeggio)

Zur Not auch ein Bett unter einem Olivenbaum

Die Insel ist ein Eldorado für Campingfreunde, es gibt auf Elba rund 30 Plätze, und viele davon liegen wirklich sehr schön im Grünen *und* am Meer. Massenbetrieb findet man lediglich auf den dicht beieinanderliegenden Plätzen in den Buchten im Süden der Insel, die schönsten Campings liegen zweifelsohne an der Nordküste Richtung *Capo d'Enfola:* kleine, schattige Anlagen, meist terrassenartig am Hang und mit eigener Badebucht.

Die Idylle ist allerdings nicht gerade günstig, zu den in ganz Italien üblichen hohen Preisen für Camping kommt auf Elba noch mal ein kleiner Zuschlag. Pro Person bzw. Zelt sollte man in der Hochsaison mit etwa 13–16 € pro Tag rechnen, Wohnwagen und -mobile sind entsprechend teurer. In der Nebensaison purzeln die Preise, und vor dem bedauernden „tutto completo" des Besitzers braucht man sich außerhalb der Monate Juli/August auch nicht zu fürchten (Reservierung für die Hochsaison am besten einige Wochen vorher).

Viele elbanische Campingplatzbetreiber vermieten auch – eher bescheidene – Bungalows, die jedoch wie alle Unterkünfte der Insel für den Sommer frühzeitig gebucht werden sollten.

Die bei den Ortstexten angegebenen Preise beziehen sich auf die **Hochsaison**.

Die Campingsaison auf Elba beginnt in aller Regel Anfang/Mitte April (bzw. Ostern) und dauert bis etwa Oktober, bei gutem Wetter wird auch mal verlängert, ist kein Gast mehr in Sicht, schließt man gegebenenfalls vor dem offiziellen Datum. Aus gutem Grund sind nur die wenigsten Plätze ganzjährig geöffnet – Gäste gibt es fast keine, und das feuchte elbanische Winterwetter ist nur für besonders Unerschrockene geeignet.

Die Campingplätze sind kategorisiert – ein bis drei Sterne, die sich auch auf die Preise niederschlagen. Drei-Sterne-Campingplätze unterscheiden sich ansonsten oftmals jedoch kaum von ihren Konkurrenten mit zwei Sternen. Häufig sind die kleinen Plätze der unteren Kategorien gemütlicher und stimmungsvoller, wenn auch nicht ganz so komfortabel ausgestattet. Animationsprogramm bieten meist nur die großen Plätze im Zwei- bis Drei-Sterne-Bereich.

Wildzelten ist auf Elba – wie in ganz Italien – verboten, es drohen drastische Bußgelder.

Restaurant mit Blick auf das Inselchen Paolina – am gleichnamigen Strand

Essen und Trinken

Italien ist ein kulinarisches Paradies, und die Küche der Insel Elba macht hier keine Ausnahme, auch wenn sie bescheidener erscheint als in so mancher Region auf dem Festland. Dominiert wird die Speisekarte Elbas selbstverständlich von Fisch und Meeresfrüchten in zahlreichen Variationen.

In den Hafenorten sieht man morgens noch immer ein paar Fischkutter mit ihrem (zunehmend kleiner werdenden) Fang zurückkehren. Gefischt wird an den felsigen Küsten Elbas eine große Vielfalt, doch können schon lange nicht mehr alle Gäste mit dem hier angelandeten Ertrag verköstigt werden. Zum Teil kommt er per Luftfracht oder aus der Tiefkühltruhe (auf der Speisekarte mit dem Zusatz „prodotto congelato" oder „surgelato"). Fisch und Meeresfrüchte kommen in unzähligen Varianten und Gängen auf den Tisch, als köstlicher Eintopf „Cacciucco" oder als „Penne la Barca" (Nudeln nach Fischerart), oder als Hauptgerichte – dann gebraten, gegrillt, gedünstet usw.

Bei den Fleischgerichten dominieren klassische „Importgerichte" wie z. B. *Scaloppine alla milanese* (Wiener Schnitzel), aber auch viel Gegrilltes. Zur Jagdsaison steht oftmals auch Wild auf der Speisekarte.

Wirklich charakteristische Gerichte der Insel (siehe „Elba-Specials") gibt es nicht allzu viele, zudem sind die Einflüsse anderer Regionen auf der Insel durchaus spürbar. Die bodenständige, einfache Küche spiegelt das wider, was traditionell auf der Insel vorhanden war und ist: zahlreiche Fischarten und eine Reihe von Gewürzen, mit denen seit Jahrhunderten auf Elba gekocht wird: Rosmarin, Salbei, Lorbeer, Kapern, Fenchel, Wacholder und Zitronen, um nur einiges zu nennen. Nicht zu vergessen sind auch der hervorragende Elba-Honig und im Herbst die Maroni (Esskastanien).

Elbanische Spezialitäten

Cacciucco, der Fischeintopf, ist die bekannteste Spezialität der Insel: ein wahrer Berg aus verschiedenen Fischen und Meeresfrüchten in fruchtiger Tomatensoße, der locker ein Hauptgericht ersetzen kann. Cacciucco gibt es in den Restaurants übrigens nicht jeden Tag – man sollte also zuschlagen, wenn die schmackhafte Fischsuppe gerade im Angebot ist (und bereit sein, ca. 20–25 € zu investieren, darunter findet man diese Spezialität kaum). Typische Fischgerichte auf Elba sind außerdem die Fischsuppen *Sburrita* und *Acqua pazza*. Berühmt sind auch der Gemüseeintopf *Gurguglione* mit Ursprung im Bergdorf Rio nell'Elba und diverse Süßspeisen, darunter besonders erwähnenswert die *Schiaccia briaca*, ein mit Aleatico-Dessertwein getränkter Kuchen, sowie im Herbst der *Castagnaccio* (Maronenkuchen).

- **Frühstück (Prima Colazione)**: Gibt es in der mitteleuropäischen Form in Italien kaum. Man geht in die Bar, trinkt im Stehen den ersten von vielen *Cappuccini* oder – später am Tag – *Caffè* (Espresso) und sucht sich in der Vitrine eine *Pasta* (süßes Gebäck) bzw. ein *Cornetto* (Hörnchen) aus, das reicht für den Anfang. Wer morgens mehr Hunger verspürt, greift zu *Toast* oder einem *Panino* (belegtes Brötchen). Das Frühstück in den Hotels fällt hingegen oft etwas üppiger aus. Im Drei-Sterne-Bereich hat oftmals schon das mitteleuropäische Frühstücksbuffet Einzug gehalten, in einfacheren Herbergen muss man sich jedoch oft auch mit der abgepackten Form der *Prima Colazione* zufrieden geben.

- **Mittagessen (Pranzo) und Abendessen (Cena)**: Auf beides wird in Italien großer Wert gelegt, wobei das gemeinsame Abendessen noch mal üppiger ausfällt als das Mittagessen. Die Essenszeiten werden relativ genau eingehalten, Mittagessen von 13 bis 14.30 Uhr (danach ist in praktisch allen elbanischen Restaurants die Küche geschlossen), Abendessen nicht vor 20 Uhr. Nur ein einzelnes Gericht zu bestellen geht vielleicht mittags in der Pizzeria, wer abends zum Essen ausgeht, bleibt oft mehrere Stunden am Tisch sitzen und zelebriert mit seiner Tischrunde mindestens vier Gänge. Man fängt mit *Antipasti* (Vorspeisen) an, danach der erste Gang *(Primo piatto)* – meist *Pasta* oder *Risotto* (Nudel- bzw. Reisgerichte) –, der Hauptgang *(Secondo)* mit einem Fleisch- oder Fischgericht *(Carne* bzw. *Pesce)* und Beilagen *(Contorno)*. Es folgen *Formaggio* (Käse), *Frutta* (Obst) und *Dolce* (Süßes), schließlich geht man zu *Caffè* und *Grappa* über – so der vollständige und ideale Verlauf der italienischen Essenszeremonie. Dabei wird es Ihnen sicher niemand übel nehmen, wenn Sie etwas weglassen. Zumindest ein Antipasto *oder* Primo und der Hauptgang mit Beilage sowie ein Dolce *oder* Caffè *oder* Digestiv sollten aber schon dabei sein. Alternative fürs kleine Budget ist die bereits erwähnte *Pizzeria,* in der man getrost nur eine Pizza und ein Getränk bestellen kann.

- **Preise**: Das Essen in besseren *Ristoranti* bzw. *Trattorie* ist nicht billig. Für ein Menü à la carte mit drei bis vier Gängen und Wein muss man mit 25–40 € pro Person rechnen – es geht natürlich auch teurer. Viele Restaurants der Insel werben mit einem *Menù turistico* (Touristenmenü), die Preise hierfür liegen bei ca. 15–25 €. Allgemein ist im Preis bereits der Service von 15 % enthalten *(Servizio compreso),* hinzu kommen aber auf alle Fälle noch *Pane e Coperto* (Brot und Gedeck) mit ca. 1–2,50 € pro Person.

Frühstücksbuffet in einem B & B bei Portoferraio

Platzwahl: Sich beim Restaurantbesuch auf den nächstbesten freien Platz zu stürzen ist in Italien unüblich. Man wartet, bis man vom Ober einen freien Tisch zugewiesen bekommt. Selbstverständlich kann man auch Wünsche äußern. Achtung: In einigen In-Restaurants der Insel sollte man für die Abende der Hochsaison dringend einen Tisch reservieren! Die Telefonnummern der Lokale sind bei den entsprechenden Ortstexten angegeben.

Gastro-Konversation: Die in Deutschland übliche Höflichkeitsformel, ob es denn geschmeckt habe, stellt man in Italien ganz selbstbewusst nicht. Stattdessen fragt der Kellner nach dem Essen mit „Posso, signori?", ob er abräumen kann. Nachtisch, Obst, Caffè oder Grappa werden in fast allen Restaurants angeboten.

Die **Rechnung** („il conto, per favore!") kommt diskret und verdeckt auf einem Tellerchen, man legt Geld (oder Kreditkarte) darauf und erhält das Wechselgeld zurück. Trinkgeld wird – anders als in Deutschland – nicht zwingend erwartet, wer besonders zufrieden war, lässt jedoch – ebenfalls diskret – ein paar Münzen auf besagtem Tellerchen liegen, als Richtwert gelten ca. 5 % des Gesamtbetrages. Ebenso fremd ist in Italien die Zahlungsweise „jeder für sich". Wenn möglich, sollte man sich den Gepflogenheiten anpassen, zusammen bezahlen und die Rechnung danach teilen. Die Rechnung *(Ricevuta fiscale)* muss per Gesetz beim Verlassen des Lokals mitgenommen werden und bei eventuellen Kontrollen der Finanzpolizei vorgezeigt werden.

Speisekarte *(la lista* oder *menù):* In den meisten elbanischen Restaurants zweisprachig (ital./engl.), oftmals auch auf Deutsch. Bei Unklarheiten nachfragen, der Ober holt dann meist zu ausschweifenden Erklärungen aus, sodass selbst dem Sprachunkundigen das Wasser im Mund zusammenläuft. Oft sind zusätzlich zur Speisekarte auch noch einige Tagesgerichte im Angebot.

Wer ein eigenes Appartement mit Kochgelegenheit zur Verfügung hat, kommt sicherlich preiswerter weg. Doch ist auch der Einkauf von Lebensmitteln, Obst und Gemüse auf Elba teurer als auf dem italienischen Festland. In Portoferraio (siehe dort unter „Einkaufen") gibt es u. a. einen großen COOP-Supermarkt, in dem sich Selbstversorger relativ günstig eindecken können. Riesige Auswahl an Obst und Gemüse, große Fischtheke.

Die Lokale

Die Bezeichnungen *Ristorante, Trattoria, Osteria* etc. sagen noch nichts über die Qualität des Essens aus – und auch nicht über die Preise; die Unterschiede zwischen den einzelnen Gattungen verwischen sich außerdem zusehends. Lediglich bei der *Pizzeria* kann man von einem moderaten Preisniveau ausgehen. Auch der Zusatz *Cucina casalinga* (nach Hausmannsart) lässt in aller Regel auf schmackhaftes Essen zu ehrlichen Preisen schließen. Gemeinsam haben fast alle Lokale einen Ruhetag (zumindest in der Nebensaison), der am Eingang angeschlagen ist.

Ristorante: Meist das auch preislich gehobene Speiselokal mit professionellem Service, in das man zu entsprechendem Anlass seine Familie, Freunde oder Geschäftspartner ausführt. Reiche Auswahl an *Antipasti* (Vorspeisen), oft in der Vitrine zu begutachten. Geboten sind allgemeine italienische Küche und regionale Spezialitäten, Schwerpunkt oft Fisch. In der Regel große Weinkarte, jedoch nicht immer offener Wein. Ein gutes Ristorante kann sehr teuer sein, man kann aber auch angenehm überrascht werden – deshalb immer die Speisekarte am Eingang studieren.

Trattoria: Dem Ursprung nach die einfache, bodenständigere und preiswerte Variante des Ristorante. Oft Familienbetriebe, die sich der Tradition der regionalen Küche verpflichtet fühlen, und das seit Generationen. Es hat sich einiges geändert, sodass man heute die Bezeichnung nicht mehr als Garantie für preisgünstigeres Essen deuten kann – manch schicke Ristoranti nennen sich Trattoria, um eine gewisse Authentizität zu betonen. Oftmals kann man bei den Trattorien echte Volltreffer landen, was die Qualität des Essens angeht. Dann zaubert die Mamma im Verborgenen, der Padrone plauscht mit den Gästen, und der Nachwuchs bedient, alles in persönlicher, netter Atmosphäre.

Osteria: Im klassischen Sinne selten geworden, einst die volkstümliche Variante der Trattoria, traditionell das Gasthaus um die Ecke, die es auf der Insel mittlerweile jedoch überwiegend in der Schick-Variante gibt: Hinter dem Begriff verbirgt sich nicht selten ein sehr teures und gestyltes Restaurant.

Pizzeria: Taucht meist in Verbindung mit dem Zusatz Ristorante auf, was besagt, dass es neben einer großen Auswahl an Pizza auch alle anderen Gänge und Speisen gibt, in Bezug auf Preis und Qualität jedoch oft unter dem Niveau eines reinen Ristorante. Die Pizza kommt in aller Regel aus dem Steinofen, der eigens angestellte Pizzabäcker hat allabendlich alle Hände voll zu tun. Bestellungen von einzelnen Gerichten sind hier nicht unüblich, z. B. nur Pizza oder Nudeln und Salat – nicht von ungefähr ist die Pizzeria ein beliebter Treffpunkt bei jungen Leuten, die in den teureren Ristoranti höchsten im Familienverband auftauchen.

Birreria: Hier wird nicht nur getrunken, es werden auch ganze Mahlzeiten serviert. Man trifft sich zum Essen und Biertrinken. Auf Elba selten.

Enoteca/Vinaio: Weinlokal mit großem Angebot regionaler und überregionaler Weine.

Vom Küchenchef empfohlen

Man isst ein paar Snacks und trinkt sich durch die Weinkarte. Auf der Insel ebenfalls kaum vertreten.

Tavola Calda/Rosticceria: Eine Art Garküche, den ganzen Tag über warm gehaltene Speisen (viele Nudelgerichte), oft auch zum Mitnehmen. Nur wenige Tische und Stühle, meist schlichte Einrichtung, günstig.

Bar: Weit verbreitet, jedes Dorf der Insel hat eine. Tagsüber, um im Vorübergehen einen *Caffè* zu trinken, ein paar Worte zu wechseln und die Mittagspause zu genießen; abends ist die Bar allgemeiner Treffpunkt. Sitzgelegenheiten sind traditionell rar, den *Caffè* konsumiert man am chromblanken Tresen stehend. Vorher (!) muss man an der Kasse zahlen, und dann den *Scontrino* (Bon) dem Barmann vorlegen. Meist eine kleine Auswahl an *Pasta* (Gebäck) und *Panini* (belegten Brötchen) in der Vitrine.

Caffè: Entspricht am ehesten den mitteleuropäischen Vorstellungen eines Cafés, obwohl die Übergänge zur Bar fließend sind. Meist an der *Piazza* eines Ortes in exponierter Lage, mit zahlreichen Tischen und Stühlen im Freien. Wenn man Platz nimmt (auch im Caffè kann man übrigens im Stehen am Tresen trinken) sind die Preise in aller Regel ziemlich hoch, am günstigsten fährt man noch mit einem Gläschen Wein. Gelegentlich mit angeschlossener *Pasticceria* (Konditorei), z. T. wird auch *Gelato* verkauft.

Gelateria: Die Eisdiele, oftmals nur ein Straßenverkauf. Die besten Gelaterie erkennt man an der Länge der anstehenden Schlange. Unzählige Sorten an leckerem *Gelato*, oft gibt es auch *Granita*, eine Art Sorbet.

Weine und Spirituosen

Alles Wissenswerte zur Geschichte des Weinbaus und den besten Anbaugebieten der Insel finden Sie im Kapitel „Die Weine der Insel“ auf S. 26. Die Winzer der Insel machen darauf aufmerksam, dass auch Weine von außerhalb (z. B. Sizilien) auf Elba abgefüllt werden und auf dem Etikett dann den entsprechenden Vermerk tragen: *Imbottigliato all'Elba*. Echten Elba-Wein versprechen auf alle Fälle die Flaschen mit dem DOC-Etikett.

Elba Bianco DOC (Procanico): Trockener Weißwein, gelbliche Farbe. Zu Vorspeisen und Fischgerichten.

Elba Rosso DOC (Sangioveto): Trockener Rotwein. Vor allem zu Fleischgerichten.

Aleatico: Schwerer, süßer Wein von dunkelroter Farbe. Wird als Dessertwein getrunken.

Moscato: Schwerer, süßer Wein, bernsteinfarben. Als Aperitifwein oder zum Dessert.

Auf der kleinen Insel gibt es über 30 Weingüter, auf denen man z. T. auch verkosten und einkaufen kann. Die beiden bekanntesten sind die *Azienda Agricola La Chiusa* (Magazzini), ✆ 0565/933046, und die *Azienda Agricola Sapereta* (Porto Azzurro, Ortsteil Mola), ✆ 0565/95033.

Grappa & Co: Der italienische Nationalschnaps wird natürlich auch auf Elba gebrannt. Verkauft werden sowohl einjährige als auch mindestens dreijährige *(Stravecchia)*. Den *Grappa dell'Elba* bekommen Sie in den Enotheken und Feinkostgeschäften der Insel. Besondere Erwähnung verdienen an dieser Stelle auch die Liköre der Insel: *Limoncino* und *Arancino*, Zitronen- und Orangenlikör aus elbanischem Anbau. In den Weinhandlungen der Insel erhältlich.

Einer der vielen einladenden Badestrände Elbas – bei Seccheto

Elba sportlich

Elba ist die Badeinsel par excellence, aber auch Segler und Taucher finden hier optimale Bedingungen, Surfer zieht es vor allem in die Buchten im Süden. Wem der feste Boden mehr zusagt, wandert oder fährt mit dem Mountainbike.

Zahlreiche Urlauber genießen auf der Insel die Mischung aus Natur, Aktivität und entspanntem Stranddasein. Viele Segelanfänger starten von Elba aus ihren ersten Törn (Seemeilenbestätigung) und legen in der Folgewoche ihre erste Prüfung ab. Ebenso bieten die zahlreichen – teils recht renommierten – Tauchschulen Anfängerkurse an, man kann z. B. das Brevet *Open Water Diver (Padi)* erwerben. Neben den erwähnten Wanderern und Mountainbikern können vor allem auch Tennisspieler und Golfer auf Elba einen ausgefüllten Urlaub verbringen.

Baden

Die schönsten Strände befinden sich zweifelsohne im Süden Elbas: Hier warten gleich drei größere Sandbuchten (*Lido di Capoliveri*, *Lacona* und *Golfo di Campo*), die den faulen Tag am Strand ebenso wie ein straff organisiertes Wassersportprogramm ermöglichen; für Familien mit Kindern sind die meist flachen Buchten des Inselsüdens geradezu ideal. Traumhaft sind aber auch die Badestrände im Westen Elbas: Zwischen steiler Felsküste tun sich immer wieder herrliche kleine Sand- und Kiesbuchten auf, wobei hier natürlich die wunderschön gelegene Bucht von *Fetovaia* besondere Erwähnung verdient. Auch an der Nord- und Nordwestküste Elbas finden sich zahlreiche idyllische Buchten, z. B. der winzige *Cotoncello*-Strand im äußersten Nordwesten oder aber die sandige *Biodola*-Bucht ganz in der Nähe der Inselhauptstadt. Baden vor steiler Felskulisse kann man auch an der Küste gleich westlich von Portoferraio: Hier locken besonders das *Capo Bianco* und der traumhafte *Sansone*-Strand (beide Kies).

Weit weniger reizvoll präsentieren sich die Strände im Nordosten, eine Ausnahme bildet hier die überschaubare Dorfbucht von *Bagnaia*. Sehr ansprechend dagegen die vielen Strände der Halbinsel *Calamita* im Südosten: Beschauliche kleine Sandbuchten und einsame Kiesstrände um den südlichsten Punkt Elbas, die *Punta dei Ripalti*: Hier findet jeder das Passende.

Auf Elba gibt es auch einige abgelegene *FKK-Strände*, die zum Teil nur vom Wasser aus zugänglich sind, z. B. im westlichen Bereich des *Golfo Stella* und in einigen kleinen Buchten der Westküste.

Wer in den Hochsaisonmonaten Juli und August auf der Insel unterwegs ist, wird allerdings kaum die erträumte einsame Badebucht finden. Die Strände sind gut besucht bis voll, manche sind zu größeren Teilen für die angrenzenden Hotels reserviert. Schon bei der Parkplatzsuche stößt man schnell an Grenzen, überdies ist das Parken gerade bei den größeren Stränden fast immer gebührenpflichtig. Findet man doch einen kostenlosen Parkplatz, folgt meist ein längerer Fußmarsch zum Strand. An vielen Stränden werden Sonnenschirme und Liegestühle verliehen, außerdem sind häufig Tretboote, Kajaks und auch Motorboote im Angebot. Die Preise für den Strandservice sind hoch: Für einen Sonnenschirm und zwei Liegestühle muss man in der Hochsaison mit bis zu 28 € pro Tag rechnen. Die *Wasserqualität* ist im Allgemeinen sehr gut, die Strände sind in aller Regel außerordentlich sauber und gepflegt.

Die Badesaison fängt auf Elba relativ spät an, wer bereits im Mai ein – wahrhaft erfrischendes – Bad nehmen will, muss mit Wassertemperaturen von gerade mal 17 °C rechnen, dafür ist das Meer im Oktober noch über 21 °C warm. Eine Tabelle mit den durchschnittlichen Wassertemperaturen finden Sie im Kapitel „Klima und Reisezeit" (siehe S. 22).

Stichwort Quallen: Leser berichteten uns von ihren Erfahrungen mit Quallen (italienisch: *medusa*), die wir an dieser Stelle weitergeben wollen: Zu schmerzhaften Begegnungen kam es in den letzten Jahren vereinzelt an den Stränden von Innamorata und Morcone bei Capoliveri, bei Sant'Andrea und bei Nisportino, fast immer bei auflandigem Wind und oft auch während und nach dem *Scirocco*. Die gute Nachricht: Die Quallen treten meist nur vereinzelt auf, ganze „Teppiche" sind selten, ebenso wird berichtet, dass die Tiere nie länger als einen Tag zu sehen sind. Fragen Sie im Zweifel die anderen Strandbesucher, ob aktuell Quallen gesichtet wurden!

Im Mittelmeer kommen die Nesseltiere immer wieder gerade auch im seichten Wasser in Strandnähe vor. Die fast durchsichtigen Quallen mit ihren teilweise meterlangen Tentakeln sind schwer zu sehen, oft bemerkt man sie erst bei der überaus schmerzhaften Berührung. Heftige Hautreaktionen mit Schwellungen und Blasen sind die Folge, teilweise auch Schwindel, Übelkeit, Kopfschmerz und Kreislaufprobleme. Bei großflächigem Kontakt mit den Nesseln sollte man einen Arzt aufsuchen, kleinere und leichtere Verbrennungen können selbst behandelt werden: Stelle mit Meerwasser begießen (auf keinen Fall Süßwasser!), dann trocknen lassen, eventuelle Reste der Tentakel mit einer Pinzette entfernen oder mit einer Kreditkarte o. Ä. abkratzen (auf keinen Fall mit der bloßen Hand!), danach die Haut mit Eis kühlen. Die schlechte Nachricht am Schluss: Experten gehen davon aus, dass das Quallenaufkommen im Mittelmeer steigen wird. Grund dafür sei die Klima- und Meereserwärmung und das dadurch veränderte Ökosystem des Meeres.

Ausflugsboote

Gutes Angebot auf der ganzen Insel: Inselrundfahrten (auch mit dem Glasbodenboot), Ausflüge zu den Grotten und an die *Costa dei Gabbiani* sowie Fahrten zu den Inseln *Capraia, Pianosa* und *Giglio* (z. T. mit Umrundung der Insel *Montecristo),* im Sommer (nur Juli/August) werden immer wieder auch Tagesausflüge nach *Korsika* angeboten. Die Ganz- und Halbtagestrips kosten etwa 30–35 € pro Person (in der Hochsaison kann es noch teurer werden), Kinder zahlen oft nur die Hälfte. Die Boote sind in der Regel recht klein, und bei bewegter See kann es mitunter etwas schaukelig zugehen – der Kapitän hat Spucktüten dabei. Die APT in Portoferraio hält eine Liste aller Veranstalter bereit, nähere Informationen auch unter den jeweiligen Ortstexten. Bootsausflüge werden ab Portoferraio, Porto Azzurro, Marina di Campo und Marciana Marina angeboten.

Mit dem Ausflugsboot nach Giglio

Beach-Volleyball

Neben einigen Netzen an Hotelstränden außerdem Möglichkeiten an den Stränden von Rio Marina, Lacona und Marina di Campo (bei den Strandbädern *Bagni Tropical* und *Bagni Capriccio).*

Freeclimbing

Für das Klettern gibt es inzwischen auch auf Elba einen Club, mit dem man am besten Kontakt aufnimmt: *Elba Free Climbing Club,* Via Montecristo 16, 57037 Portoferraio (LI), ✆ 0565/917140, der Ansprechpartner ist Renato Bardi. Informationen auch im *Hotel Ilio* in Sant'Andrea, ✆ 0565/908018, 📠 0565/908087.

Gleitschirmfliegen

Informationen bei der *Residence Itelba,* Loc. Norsi (am Golfo Stella), 57031 Capoliveri (LI), Ansprechpartner ist Giuseppe Brotto, ✆ 0565/940096.

Golf

Etwa 7 km südöstlich von Portoferraio (Abzweig von der Straße nach Porto Azzurro) gibt es eine 9-Loch-Anlage (Par 34). Betreiber ist der *Elba Golf Club dell'Acquabona,* Loc. Acquabona, 57037 Portoferraio, ✆/📠 0565/940066, www.elbagolfacquabona.com. Spielen kann hier jeder, der in irgendeinem Golfclub der Welt Mitglied ist. Das Greenfee (18-Loch) kostet in der Hochsaison 45 € am Tag, 9-Loch 35 €, Gäste bestimmter Hotels (z. B. *Airone, Fabricia, Biodola, Hermitage* und *Mare)* erhalten Sonderkonditionen (18-Loch: 36 €). Im Sommer wird auch Einzelunterricht für Nichtmitglieder angeboten.

Belohnung für Mountainbiker – Blick auf die Bucht von Marina di Campo

In der Biodola-Bucht findet man den *Golf Club Hermitage,* eine 9-Loch-Anlage, Infos unter ✆ 0565/9740, ✆ 0565/969868, www.golfhermitage.it.

Mountainbiken

Es gibt auf Elba mehrere ausgewiesene Mountainbike-Routen, die als solche auch in der Kompass-Inselkarte (siehe „Wissenswertes von A bis Z/Landkarten und Literatur“, S. 86) gekennzeichnet sind. Routen führen z. B. um die *Halbinsel Calamita* (Schwierigkeitsgrad: leicht), von *San Martino* zum *Colle Reciso* und zurück (mittel) oder rund um den *Monte Perone* im Westen der Insel (anspruchsvoll). Details zu den Routen in der viersprachigen Broschüre „Elba, lo sport emerge dal mare“, die von der APT in Portoferraio kostenlos herausgegeben wird. Das entsprechende Gerät leiht man sich am besten (sofern man das Bike nicht bereits von zu Hause mitgebracht hat) bei den spezialisierten Vermietern in mehreren Orten der Insel (dort unter dem Stichwort „Adressen“). Auf Elba werden selbstverständlich auch „normale“ Fahrräder vermietet, jedoch sind für Ungeübte die überwiegend bergigen Strecken recht anstrengend.

Nordic Walking

Es gibt zwei Anbieter auf Elba: Il Viottolo in der Via Fucini 279, 57034 Marina di Campo, ✆ 0565/978005, ✆ 0565/977430, www.ilviottolo.com; sowie bei Evi Gürtler (Nordic-Walking-Kurse), Loc. Padreteno 2, 57039 Rio nell'Elba, ✆/✆ 0565/943101.

Reiten

Es gibt mehrere Reitställe auf der Insel, die für Touristen Ausritte anbieten. Entgegen anders lautender Aussagen der Unternehmer sollte man nicht unbedingt blutiger Anfänger sein, wenn man einen Ritt quer durch die elbanische Hügellandschaft unternimmt, oder sich zumindest das zuverlässigste und lammfrommste Pferd des Stalles zuteilen lassen. Erfahrene Reiter haben auf den gepflegten und lebhaften Maremma-Pferden allerdings ihre Freude und können wirklich herrliche Ausritte erleben. Die Preise liegen bei etwa 25–30 € für einen etwa zweistündigen Ritt.

Centro Ippico Costa dei Gabbiani, Englisch und Western, Loc. Ripalte (Costa dei Gabbiani), ✆ 0565/942408.

L. E. Farms, Western, Loc. Literno (Campo nell'Elba), ✆ 0565/979090 oder 339/3147179 (mobil).

Centro Ippico Elbano, Englisch, Loc. Monte Orello (Portoferraio), ✆ 347/6395704 oder 347/0064650 (mobil).

Sport-Events auf Elba

Elba Mare Marathon – 60 Meilen Seekajak-Regatta, Ende Juni bis Anfang Juli, Ausgangspunkt ist Marciana Marina. Weitere Infos: www.seakayakitaly.it.

Marelba – alljährlich Anfang Juli mit zahlreichen Wettbewerben rund um das Wasser: Segeln, Schwimmen, Tauchen, Schnorcheln, Angeln, Kajak, Surfen, Wasserball, Beach-Volleyball etc. Mitmachen kann jeder (Infos und Anmeldung unter: www.marelba.it), großes Rahmenprogramm, Austragungsorte sind der Strand *Le Ghiaie* (Portoferraio) sowie Marciana Marina und Capoliveri.

Elbaman – der elbanische *Ironman*, bestehend aus 3,8 km Schwimmen, 18 km Radfahren und einem vollen Marathon (42 km), immer Ende September auf der Insel, Näheres unter: www.elbaman.it.

Segeln

Die Insel Elba ist ein nahezu perfekter Ausgangspunkt für Segeltörns im Tyrrhenischen Meer: Mehrere Charterflotten sind hier genauso beheimatet wie deutschsprachige Segelschulen. Elba verfügt aber auch über gut ausgestattete und sichere Häfen mit allen Einrichtungen.

Dem erfahrenen Segler bieten sich Törns nach Giglio und Capraia, den kleineren Inseln des Toskanischen Archipels an. Auch die Halbinsel Argentario mit den Häfen Porto Santo Stefano, Porto Ercole und Cala Galera bietet lohnenswerte Törnziele. Bei guter Wetterlage reizt aber die meisten Skipper ein Törn nach *Korsika*. Nur etwa 40 Seemeilen entfernt warten die Häfen Bastia und Macinaggio auf die Segler aus Elba, wo mit Pastis und korsischem Wein eine gelungene Überfahrt zu feiern ist. Seit einigen Jahren brauchen Segler keine Zollformalitäten für Italien und Frankreich mehr über sich ergehen zu lassen. Somit steht einem Elba-Korsika-Törn fast nichts mehr im Wege.

Die *Charteryachten* sind nach italienischer Rina ausgerüstet, d. h. alle erforderliche Sicherheits- und Navigationsausrüstung ist an Bord; auch deutschsprachige nautische Literatur und Seekarten. Voraussetzung sind natürlich

Seglertreff Elba

Der Hafen von Cavo

der amtliche Sportbootführerschein See sowie der SKS (Sportküstenschifferschein, ehemals BR-Schein) und im eigenen Interesse eine größere Erfahrung in Umgang mit Hochseeyachten. Denn dieses Segelrevier sollte auch im Hochsommer nicht unterschätzt werden: Plötzliche, ohne Vorwarnung auftretende Mistral- und Sciroccowinde in Sturmstärke können auftreten und unerfahrene Segler in große Schwierigkeiten bringen. Wem die nötige Erfahrung fehlt, sollte sich lieber auf einer Yacht mit Skipper einmieten; oder man bucht direkt bei einer der Segelschulen einen Ausbildungstörn. Erfahrene Schiffsführer kennen die Gefahren, vermitteln das Segelhandwerk und laufen natürlich auch einsame Buchten und Ankerplätze an, die der Laie nicht kennt. Zu empfehlen ist das Frühjahr und der Herbst, im Juli und August ist es fast unmöglich, in den zahlreichen Häfen gute Liegeplätze zu finden.

Für *Jollensegler* bieten sich in Elba mehrere geschützte Buchten mit Sandstränden an. Hier wehen auch in den manchmal sehr windarmen Sommermonaten erfrischende thermische Winde, die für Jollensegler herrlichen Segelspaß bedeuten. An einigen Stränden im Süden finden Sie Surfbrett- und Jollenverleiher. Die größeren Strände verfügen über abgeteilte Zonen für Schwimmer. Schmale Bojengassen sind für die Jollensegler zwischen diesen Zonen zwecks Anlandung vorgesehen. Schwimmwesten sind obligatorisch.

• *Segelschulen* Es existieren allein vier deutsche Segelschulen auf Elba, alle bieten DSV-Segelscheinkurse für Jollen und Seesegeln an. Auch können auf Anfrage Jollen und Yachten gemietet werden.

Yachtschule Elba des DHH – Le Grotte del Paradiso, Loc. Le Grotte, 57037 Portoferraio, ✆ 0565/933329, ℻ 0565/933178. In Deutschland: Deutscher Hochseesportverband Hansa e. V., Rothenbaumchaussee 58, 20148 Hamburg, ✆ 040/44114250, ℻ 040/444534, www.dhh.de.

Segelzentrum Elba, Gereon Verweyen, Loc. Bagnaia, 57037 Portoferraio, ✆ 0565/961090, ℻ 0565/961184. In Deutschland: Sürther Hauptstr. 211, 50999 Köln, ✆ 02236/65505, ℻ 02236/68516, www.segelzentrum-elba.de.

Segel Club Elba, Christian Renner, Loc. Magazzini 12, 57037 Portoferraio, ✆ 0565/933288, ℻ 0565/933214. In Deutschland: Postfach 300327, D-51413 Bergisch-Gladbach, ✆ 02204/68703, ℻ 02204/962951, www.segel-club-elba.de.

Segelschule Elba Charter, Procchio, ✆ 334/3793949 (mobil), ✆ 0565/907496, www.segelschule-elba.de.

• *Charterfirmen* **Sun Charter**, Portoferraio/Werft, neue Jeanneau-Yachten (Sun Odyssey 35–49), ✆/✆ 0565/944186, ✆ 335/8132040 (mobil), www.suncharter.de.

Segelschule Elba Charter, Jeanneau- und Beneteau-Yachten, 57030 Procchio, ✆ 334/3793949 (mobil), ✆ 0565/907496, www.segelschule-elba.de.

• *Buchungsadressen in Deutschland* **Charterwelt GmbH**, Karl-Hromadnik-Str. 16, 81241 München, ✆ 089/8299880, ✆ 089/82998877, www.charterwelt.de.

Sun Charter, Am Gries 17 c, 82515 Wolfratshausen, ✆ 08171/29905, ✆ 08171/72972, www.suncharter.de.

Die alten Stadthäfen von Portoferraio, Porto Azzurro und Marciana Marina sind nicht nur für die Landurlauber ein malerischer Anziehungspunkt: Oft total mit Yachten überfüllt, muss der fremde Skipper erst einmal lernen, mit den italienischen Verhältnissen klarzukommen. Die Plätze werden hier nicht vom Hafenmeister zugewiesen; es gilt das Recht des Erstankömmlings. Auch wird hier mit Anker rückwärts angelegt. Für Nordsee- und Ostseesegler kein leichtes Manöver.

Häfen: Stadthafen Portoferraio, zwei Marinas und Bootswerften sind an der gleichnamigen Bucht gelegen. Außerdem Cavo, Rio Marina, Porto Azzurro, Marina di Campo und Marciana Marina. In diesen Häfen gibt es einige wenige öffentliche Liegeplätze (kostenlos) und kostenpflichtige Steganlagen (bis 50 €/Nacht).

Einreisebestimmungen/Papiere: Für die zeitweise Einfuhr (bis zu zwölf Monate) von Wassersportfahrzeugen bedarf es keiner offiziellen Genehmigung. Lediglich gültige Schiffspapiere, ein Versicherungsnachweis und der amtliche Sportbootführerschein See sowie der SKS sind erforderlich. Weitere Informationen über die italienischen Fremdenverkehrsämter und den Deutschen Seglerverband.

Wetterberichte: Täglich bei der Capitaneria in Italienisch, oft auch in Englisch. Auf Kurzwelle sendet die Deutsche Welle einen Seewetterbericht Mittelmeer. Hochseeyachten müssen mit UKW-Funk ausgerüstet sein, die italienischen Küstenfunkstellen senden regelmäßige Wetterberichte auf UKW auch in Englisch.

Treibstoffversorgung: Zum Teil etwas umständlich. In den Sommermonaten muss man meist sehr lange warten, oft wird der Sprit in Kanistern zum Schiff geholt. Die Wassertankstellen sind nur in Portoferraio und Porto Azzurro zu empfehlen, in Marciana Marina ist es an der Tankstelle sehr flach!

Trinkwasser: Wenden Sie sich an die Capitaneria (Hafenmeisterei).

Tauchen

Gute Möglichkeiten auf der Insel, v. a. im Westen, an der Nordküste und an der *Costa dei Gabbiani* (Halbinsel Calamita). Mehrere Tauchschulen sind auf ganz Elba verteilt (meist *Padi*), darunter auch einige deutschsprachige. Anfänger können sich relativ unkompliziert an einem Probetauchgang versuchen (z. T. im Pool), Kurse werden für Anfänger und für Fortgeschrittene angeboten. Details bei den entsprechenden Ortstexten.

• *Tauchschulen* **Unica Diving**, Loc. Magazzini, Werner Nehls, an Bord mobil erreichbar unter ✆ 348/4106761, www.unica-diving.com.

Spiro Sub, Tauchschule von Volker Kammerer in Marina di Campo, ✆/✆ 0565/976102, ✆ 338/2689379, www.spirosub.isoladelba.it.

Cavo Diving Center, Roland Heidinger, Cavo, ✆/✆ 0565/931160, ✆ 335/6571830 (mobil), www.cavo-diving.de.

Omnisub, Barbarossa-Bucht, ✆/✆ 0565/95628, ✆ 335/5735536 (mobil), www.omnisub.com.

Enfola Diving Center, Capo d'Enfola, ✆/✆ 0565/918938, ✆ 333/7609040 (mobil), www.enfoladivingcenter.it.

Diving Center Porto Azzurro, in Porto Azzurro, ✆ 0565/935166, www.portoazzurrodivingcenter.com.

Aquanautic-Elba, Morcone-Bucht, ✆ 0565/935505 oder 339/6385979 (mobil), www.aquanautic-elba.de.

Talas Centro Sub, Lido-Bucht, ✆ 0565/933482, ✆ 0565/933572, ✆ 335/8022027, www.subacquea.com.

Kanuverleih in Sant'Andrea

Diving Center Blu Immersion, Loc. Margidore, Lacona-Bucht, ✆/📠 0565/964415, ✆ 339/6591840 (mobil), www.bluimmersion.it.

Universo Acqua Diving, Lacona-Bucht, ✆/📠 0565/964329, www.universoacquadiving.it.

Elba Diving Center, Marciana Marina, ✆ 0565/904256, 📠 0565/535510, ✆ 347/0126669 (mobil), www.elbadiving.it.

Diving Service Center, Seccheto, Hotel La Stella, ✆ 335/6103592 (mobil), 📠 0565/987924, www.divingservicecenter.com.

• *Flaschenfüllstationen* Man wende sich an die Tauchschulen oder an:
Portoferraio: Time Out, Via Carducci; Caccia e Pesca, Via Manganaro 10; **Porto Azzurro**: Tankstelle; **Capo d'Enfola**: Campingplatz; **Lacona**: am Strand (beschildert); **Marina di Campo**: Ferramenta Tesci, Piazza Vittorio Emanuele 14.

Tennis

Sehr viele 3- bzw. 4-Sterne-Hotels haben eigene Tenniscourts. Die Plätze werden, wenn nicht gerade von Hotelgästen belegt, auch an Personen vermietet, die nicht im Hotel wohnen. Weitere Tennisplätze finden Sie in *Portoferraio*: Loc. San Giovanni, ✆ 0565/915366, und Loc. Schiopparello beim Agriturismo Due Palme, ✆ 0565/933017; *Porto Azzurro*: Tennis Club Porto Azzurro, Loc. Santissimo, ✆ 340/6265104 (mobil); *Marina di Campo*: Loc. Fetovaia, ✆ 0565/988037; *Marciana Marina*: Viale Aldo Moro, ✆ 329/1848237 (mobil).

„Inselerlebnisse mit Sinn für Natur“

So lautet das Motto der 2003 gegründeten Organisation *Teams 4 Nature*, die einwöchige Wanderaufenthalte auf Elba veranstaltet. Die täglichen Touren dauern 1–5 Stunden, dazwischen bleibt den Teilnehmern noch Zeit für diverse Workshops, z. B. zur Olivenernte und der Fischerei. Geleitet werden die Wanderexkursionen und Workshops von der Biologin und Geografin Marlies Moertter. Weitere Infos bei Marlies Moertter, Loc. Campitelle 16, 57037 Portoferraio, ✆ 0565/917296 bzw. 328/6781762 (mobil), www.teams4nature.com.

Wandern

Die Insel ist von vielen landschaftlich oftmals sehr reizvollen Wanderwegen durchzogen. Die Markierungen sind in der Regel gut, und man hat in den letzten Jahren viel für den Ausbau des Wegenetzes getan, z. B. die Teilabschnitte von wuchernder Macchia befreit und alte Markierungen ersetzt sowie naturkundliche Schautafeln angebracht (leider zumeist nur in italienischer Sprache).

Equipment und Vorsichtsmaßnahmen beim Wandern

- **Verpflegung**: In jedem Fall ausreichend Trinkwasser mitnehmen! Ständige sprudelnde Quellen sind auf Elba selten. Beachten Sie außerdem, dass bei längeren Wanderungen gerade im Westen der Insel auf der Strecke kaum Einkehrmöglichkeiten bestehen.
- **Kleidung**: Gutes Schuhwerk ist notwendig. Wer im Bereich des Monte Capanne oder entlang des Gebirgszuges im Osten der Insel unterwegs ist, sollte Wanderschuhe tragen. Im Sommer Sonnenschutz nicht vergessen und im Frühjahr/Herbst bei Gebirgswanderungen Windjacke oder Pullover.
- **Wetter**: Auch wenn es „nur" auf etwa 1000 m hinaufgeht, sind viele Strecken v. a. im Westen als Gebirgswanderungen zu charakterisieren. Deswegen sollte man Wetterumschwünge ernst nehmen. Wenn sich beispielsweise der Monte Capanne von der Küste aus betrachtet in malerische Wolken hüllt, kann der Nebel oben auf dem Berg die Orientierung erheblich erschweren.
- **Waldbrand**: Gerade während längerer Hitzeperioden wächst natürlich die Waldbrandgefahr. Achten Sie also bei sommerlichen Wanderungen nicht nur auf die schöne Aussicht, sondern gelegentlich auch auf Rauchentwicklung (im Notfall dann zügig einen Weg entlang windabgewandter Hänge suchen). Ebenso wichtig ist natürlich die Waldbrand-Prävention: Kein Feuer entfachen (ob im Wald oder in der Macchia), Zigaretten immer sorgfältig ausmachen und kein Glas wegwerfen.
- **Tiere**: Halten Sie sich von wild lebenden Tieren fern, nicht nur zu deren Wohl. Ein Wildschwein-Frischling mag niedlich sein, die besorgte Muttersau ist es keineswegs. Sollten Sie den scheuen Tieren also begegnen, halten Sie einen Respektabstand. Auch die frei lebenden Mufflons kreuzen friedlich die Wanderpfade, eine Kollision mit dem beachtlichen Gehörn der Böcke sollte man vermeiden. Sehr scheu ist die Aspis-Viper (zu erkennen an ihrem dreieckigen Kopf und den schwarzen Querbändern), eine Begegnung aber nicht ausgeschlossen, vor allem in feuchtem Gemäuer (Ruinen) und nach Regen, wenn die Schlangen zum Sonnenbad herauskommen. Der Biss der Aspis-Viper soll sehr schmerzhaft sein, ihr Gift aber für einen gesunden Erwachsenen keine lebensbedrohliche Verletzung darstellen. Sind sie aber mit Kindern oder Hunden unterwegs, achten Sie darauf, dass Zwei- wie Vierbeiner der Schlange nicht zu neugierig auf die Pelle rücken.
- **Orientierung**: Auf einigen Routen sind die Markierungen noch nicht optimal, sodass man auf gutes Kartenmaterial bzw. gegebenenfalls auf spezielle – auch deutschsprachige – Wanderführer zurückgreifen sollte (in guter Auswahl in den Inselbuchhandlungen vorhanden). Informationen zu Kartenmaterial finden Sie ab S. 86.

Das Niveau reicht von einfachen gemütlichen Spaziergängen bis zu anspruchsvollen Wanderwegen über Geröll im Gebiet des *Monte Capanne*. Überhaupt stellt die Besteigung des höchsten Bergs (1019 m) im Westen der Insel für viele den bergsteigerischen Höhepunkt auf Elba dar, der Westteil der Insel ist ohnehin der interes-

Der Weg ist das Ziel – einer der vielen Wanderwege im Westen der Insel

santeste für Wanderer. Einige Wanderungen sind durchaus sehr schweißtreibend, wirklich schwierige Kletterpassagen, die umfangreiche alpinistische Erfahrung erfordern, findet man auf der Insel jedoch nicht (mit Ausnahme von *Wanderweg 00*, der von Osten auf den Monte Capanne führt), gelegentlich aber einige geröllige, rutschige Stellen, die die Begehung der Pfade erschweren.

Wir haben in diesem Buch eine Reihe von Wanderungen beschrieben und auch Alternativrouten bzw. weiterführende Wege angegeben. Außerdem macht die APT in ihrer Broschüre „Elba, lo sport emerge dal mare" einige Wandervorschläge, jedoch ohne detaillierte Karten. Am besten, man besorgt sich eine der beiden folgenden Wanderkarten: *Isola d'Elba – Carta Turistica e dei Sentieri, 1:25.000, Edizioni Multigraphic, Firenze* (in Buchläden der Insel zum Preis von 6 €); oder aber die *Kompass-Karte Isola d'Elba, 1:30.000, Blatt Nr. 650* (vor Ort und im deutschen Buchhandel für 6,95 € erhältlich). Beide enthalten genaue Angaben zu den Wanderwegen und Mountainbike-Routen (mit Markierungen).

Für Wanderfreunde sicher eine der attraktivsten Möglichkeiten, Landschaft und Natur der Insel kennen zu lernen ist die *Grande Traversata Elbana (G.T.E.)*, die von der Westküste (Pomonte) nach Cavo im äußersten Nordosten der Insel führt. Der Pfad ist insgesamt über 60 km lang und war noch bis ins 20. Jh. – vor dem Ausbau des elbanischen Straßennetzes – eine wichtige Ost-West-Verbindung, die v. a. mit Eseln bzw. Maultieren begangen wurde.

Der gut beschilderte Wanderweg ab *Pomonte* (ein Nebenpfad der G.T.E. beginnt in *Patresi* im äußersten Nordwesten der Insel) führt über den *Monte Capanne* und den benachbarten *Monte Perone* durch das *Valle Literno* (südlich von Procchio) und im Süden an *San Martino* vorbei zum *Cima del Monte* im Nordosten der Insel. Von hier, westlich an *Rio nell'Elba* vorbei, in Richtung Norden nach *Cavo*. Die gesamte Strecke ist in etwa vier Tagesetappen zu bewältigen, der Pfad wurde erst vor einigen Jahren neu hergerichtet und markiert, auch geben Schautafeln über Naturkundliches Auskunft. In näherer Zukunft soll der Weg um zusätzliche Abschnitte erweitert werden.

Achtung: Entlang der G.T.E. gibt es weder Einkehr- noch Einkaufs- und auch keine Übernachtungsmöglichkeiten, also ausreichend Proviant mitnehmen und eventuelle Abstecher (z. B. nach Marciana Alta, Procchio, San Marino oder Rio nell'Elba) in die Planung einbeziehen!

Fußball am Strand von Marina di Campo

Windsurfen

Zum Teil sind die Surfschulen den Segelschulen der Insel angeschlossen. An den Stränden der Insel finden sich jedoch noch wesentlich mehr Surfschulen, manche bieten eine ganz hervorragende Ausbildung und bestes Equipment, es gibt aber auch provisorisch errichtete Buden am Strand – im Prinzip oft nur ein besserer Bretterverleih! Details zu Verleihern und Schulen bei den jeweiligen Ortstexten.

Elba mit Kindern

Die feinen, flachen *Sandstrände* im Süden der Insel sind ein wahres Kinderparadies, trutzige Sandburgen findet man allerorten, Tretboote werden an fast jedem größeren Strand vermietet. Für angehende Freischwimmer (und alle anderen): Als Grenze zwischen dem seichten und dem tieferen Wasser sind an den größeren Stränden auf Höhe von 1,60 m Wassertiefe weiße Bojen angebracht, rote Bojen befinden sich 200 m von der Strandlinie und markieren die Schifffahrtsgrenze.

Darüber hinaus bietet die Insel neben der „Piccola Miniera“, der kindgerecht aufbereiteten Stollenfahrt in Porto Azzurro (s. S. 155), auch noch einige *Kinderparks* mit Angeboten wie Minigolf, Gokart, Streichelzoo, Trampolin, Spielplatz etc. Zu finden u. a. in La Pila (*Go Kart*, tägl. 16-24 Uhr), Marina di Campo (*Arcobaleno*, tägl. 17-23.30 Uhr), Porto Azzurro (*Amadeus*, nur Sa/So ab 15 Uhr) und Lacona (*Duna Park*, ganztägig). Die zahlreichen *Sommerkinos* der Insel bieten in der Regel auch ein Kinderprogramm (Flyer hierzu bei der APT).

Wer mit ganz kleinen Kindern nach Elba fährt, findet in den großen Supermärkten in Portoferraio (u. a. *Conad*) eine ausreichende Auswahl an Säuglingsnahrung wie z. B. Humana. Größere Kinder bekommen im Restaurant oft ein günstiges Kindermenü angeboten, in vielen Hotels schläft der Nachwuchs bis zu einem gewissen Alter umsonst mit im Zimmer der Eltern.

Wissenswertes von A bis Z

Ärztliche Versorgung

Der offizielle Weg zu ärztlicher Hilfe führt für gesetzlich Versicherte zunehmend über die European Health Insurance Card (EHIC), die den Auslandskrankenschein in den nächsten Jahren komplett ersetzt haben soll. Mit der EHIC kann man im europäischen Ausland direkt zum Arzt gehen, ohne dabei die Kosten vorstrecken zu müssen. Theoretisch zumindest, denn viele Ärzte behandeln nicht im Rahmen des staatlichen Gesundheitssystems, sodass man die Behandlung oftmals bar bezahlen muss. Gegen Vorlage einer detaillierten Quittung *(ricevuta)* des behandelnden Arztes einschließlich Übersetzung werden die Kosten allerdings zu Hause erstattet. Nähere Auskünfte erteilen die Krankenversicherungen. Wer ganz sicher gehen will, sollte eine – in der Regel sehr günstige – *private Auslandskrankenversicherung* abschließen. Sie deckt neben den Arzt- und Arzneimittelkosten auch den Rücktransport nach Hause ab.

Im akuten Fall ist für Bürokratie ohnehin keine Zeit und man ist gezwungen, die Kosten vorzustrecken. Erste-Hilfe-Behandlungen in staatlichen Krankenhäusern sind kostenlos. In größeren Touristenorten (v. a. an der Küste) gibt es in den Hochsommermonaten oft auch eine Erste-Hilfe-Station der *Guardia Medica Turistica*, bei der man Bagatellfälle gegen einen geringen Betrag behandeln lassen kann. Diese Erste-Hilfe-Stationen wechseln jährlich, man wende sich im jeweiligen Ort an die Tourist-Information (oder die Hotelrezeption etc.), dort wird Ihnen die aktuelle Adresse genannt.

Apotheken: Die *Farmacia* kann bei kleineren Problemen den Arzt ersetzen. Viele Medikamente sind rezeptfrei erhältlich. Die Apotheken sind in der Regel Mo–Fr 9–12.30 Uhr und 16–19.30 Uhr geöffnet (oder 17–20.30 Uhr).

Farmacia di turno: die Not- und Wochenenddienste sind an jeder Apotheke angeschlagen.

Erste-Hilfe-Station (Soccorso medico urgente): Nur in Portoferraio, Ospedale Loc. San Rocco, ✆ 0565/926111. Nur wenige Ärzte sprechen Englisch (oder Deutsch), sodass man gerade im Notfall jemanden dabei haben sollte, der auch Italienisch spricht, zumindest aber ein Wörterbuch.

In den anderen Gemeinden stehen unter der Woche die niedergelassenen Ärzte zur Verfügung (Infos hierzu in den Tourist-Informationen oder an der Hotel-/Campingplatzrezeption), am Wochenende und an Feiertagen gilt die Notrufnummer ☎ **0565/222230**, hier kann man Ihnen den nächstgelegenen diensthabenden Arzt nennen.

Ein deutschsprachiger **Arzt** auf Elba ist Dr. Mario Prignacca in Porto Azzurro, ☎ 0565/95055.

Einen deutschsprachigen **Zahnarzt** gibt es in Portoferraio: Dr. Wolfgang Kremser, Calata Italia 26, ☎ 0565/914498.

Notruf (Soccorso pubblico di emergenza): ☎ **112** wählen (in ganz Italien inkl. Elba), die Adresse nennen und um Hilfe *(Pronto soccorso)* bitten – die Polizia am anderen Ende der Leitung schickt dann die Ambulanz. Notarzt und Krankenwagen unter ☎ **118**.

Baden siehe S. 69/70.

Geöffnet, wenn vorgefahren – mobiler Verkaufsstand in Capoliveri

Diplomatische Vertretungen

Im akuten Notfall (z. B. beim Verlust sämtlicher Reisefinanzen) helfen die Botschaften und Konsulate weiter, meist wird man jedoch aufgefordert, sich das nötige Geld für die Heimreise von zu Hause schicken zu lassen. Wenn allerdings gar nichts mehr geht, wird weitergeholfen – Bahnkarte plus etwas Verpflegungsgeld für unterwegs. Selbstverständlich sind alle Auslagen unverzüglich zurückzuzahlen. Die Vertretungen sind in der Regel Mo–Fr 9–12 Uhr geöffnet.

Deutsche Botschaft, Via San Martino della Battaglia 4, 00185 Roma, ☎ 06/492131, ℻ 06/49213319, www.rom.diplo.de.

Deutsches Honorarkonsulat: Corso dei Tintori 3, 50122 Firenze, ℻ 055/2343543.

Österreichische Botschaft, Via Pergolesi 3, 00198 Roma, ☎ 06/8440141, ℻ 06/8543286, www.aussenministerium.at/rom

Schweizer Botschaft, Via Barnaba Oriani 61, 00197 Roma, ☎ 06/809571, ℻ 06/8088510, www.eda.admin.ch/roma.

Einkaufen

Nicht gerade günstig, egal, was man auf der Insel erstehen möchte, ein Schnäppchen lässt sich nicht so einfach machen, und auch für kulinarische Mitbringsel zahlt man in der Regel nicht wenig. Noble Bekleidungs- und Schuhgeschäfte sowie Seglerausstatter findet man vor allem in Portoferraio, Porto Azzurro und Marina di Campo. Günstiger wird es nur bei den *Saldi* (Schlussverkauf) im Juli/August, Kleidung und Schuhe sind dann oftmals bis zu 50 % reduziert.

Laut Gesetz muss man beim Einkauf, aber auch im Restaurant bzw. Hotel den *Scontrino* (Kassenzettel) bzw. die *Ricevuta fiscale* (Quittung) immer mitnehmen und auch (zumindest kurzfristig) aufheben, um sie bei etwaigen Kontrollen der Finanzpolizei vorzeigen zu können. In der Praxis ist man als Tourist von dieser Vorschrift jedoch kaum betroffen – Ausnahmen bestätigen die Regel.

Das *Handeln* ist in den Geschäften übrigens völlig unüblich, bei Straßen- und vielmehr noch Strandhändlern allerdings gang und gäbe.

Der *Inselmarkt* durchreist quasi ganz Elba und macht jeden Tag woanders Station. Verkauft werden jeweils von 9 bis 13 Uhr Schuhe, Kleidung, Haushaltswaren sowie Obst und Gemüse. Der Wochenplan sieht folgendermaßen aus:

Montag: Rio Marina (Via Palestro)
Dienstag: Marciana Marina (Via Vada) und Rio nell'Elba (Piazza dei Cavatori)
Mittwoch: Marina di Campo (Piazza dei Granatieri) und Cavo (Lungomare Kennedy)
Donnerstag: Capoliveri (Piazza Garibaldi) und Procchio (Via del Mare)
Freitag: Portoferraio (Viale Zambelli)
Samstag: Porto Azzurro (Piazza de Santis)
Im Sommer außerdem am **Sonntagmorgen** in Lacona (Via del Mare) und Bagnaia (Piazzetta).

Acqua dell'Elba

Das herb-frische Inselparfüm eignet sich ideal als Souvenir für Daheimgebliebene – zu haben sowohl als Herren- und Damenduft, Badesalz, Duschgel, Bodylotion, Seife etc. Acqua dell'Elba-Parfümerien gibt es in Marciana Marina, Capoliveri, Porto Azzurro, Marina di Campo und Portoferraio. Weitere Infos unter: www.acquadellelba.it.

Eintrittspreise

So wahnsinnig viel gibt es auf Elba nicht zu besichtigen, und die Eintrittspreise für die wenigen Highlights halten sich erfreulicherweise im Rahmen. *Ermäßigungen* erhalten Rentner über 65 Jahren und Schüler unter 18 Jahren, Studentenermäßigung gibt es in der Regel nicht. In Kirchen ist der Eintritt generell frei, für eines der Freilichtkinos der Insel (Flyer hierzu in Tourist-Informationen und Reisebüros) muss man mit ca. 7 € rechnen. Richtig teuer kann es in Diskotheken werden: Eintrittspreise ca. 10–15 €, z. T. ist ein Getränk im Preis inbegriffen.

Feste und Feiertage

Am 15. August, an Mariä Himmelfahrt, wird in ganz Italien *Ferragosto* (siehe „Italien macht Urlaub", S. 22) gefeiert. Dieses Hauptfest der Marienverehrung ist außerdem das größte Familienereignis in Italien und Höhepunkt der Urlaubssaison – an diesem Tag sind alle öffentlichen Einrichtungen geschlossen!

- *Gesetzliche Feiertage* **Weihnachten** (Natale), **Neujahr** (Capodanno) und **Dreikönigstag** (Epifania, 6.1.) wie zuhause. **Karfreitag** (Venerdì santo) ist kein Feiertag, **Ostermontag** (Lunedì di Pasqua) jedoch wie gewohnt. Am **25. April** ist *Anniversario della Liberazione*, Tag der Befreiung (von der deutschen Wehrmacht). **1. Mai**, selbstverständlich auch hier *Festa del Lavoro*. **Pfingsten** (Pentecoste) – nur der Sonntag. **2. Juni**, Tag der Republikgründung (Fondazione della Repubblica). **15. August**, Ferragosto (s. o.) – absolutes italienisches Hauptfest! **1. November**, Allerheiligen (Ognissanti), wie bei uns. **8. Dezember**, Mariä Empfängnis (Immacolata Concezione).
- *Regionale Feiertage und Veranstaltungen* **29. April**, San Cristino in Portoferraio. **1.–3. Mai**, kleine Wallfahrt zur Madonna del Monte (Marciana Alta). **5. Mai**, Messe zum Todestag Napoleons in der Chiesa della Misericordia in Portoferraio. **Mitte Mai**, Festa del Cavatore (Fest der Minenarbeiter) in Capoliveri. **Ende Juni**, Premio Letterario Isola d'Elba – Literaturpreisverleihung in Portoferraio. **15. Juli**, San Giacomo e San Quirico in Rio nell'Elba. **7. August**, San Gaetano in Marina di Campo. **12. August**, Santa Chiara in Marciana Marina. **15. August**, große Wallfahrt zur Madonna del Monte (Marciana Alta). **16. August**, San Rocco in Rio Marina. **29. August**, Prozession der Misericordia-Bruderschaft in Portoferraio. **8.–15. September**, Wallfahrten zur Madonna del Monserrato (Porto Azzurro). **Ende September**, Weintraubenfest in Capoliveri.

Weitere Feste und Veranstaltungen bei den jeweiligen Ortstexten.

Geld

Wer aus Sicherheitsgründen keine größeren Summen mit auf die Reise nehmen oder sich nicht ausschließlich auf die Geldautomaten verlassen will, sollte zu *Traveller-Cheques* greifen, die u. a. von American Express, Thomas Cook und Visa angeboten werden (die Kaufquittung ist aus Versicherungsgründen getrennt aufzubewahren, bei der Auszahlung in der Bank wird ein Ausweisdokument verlangt). Wer nicht aus der Eurozone kommt, wechselt nach wie vor am besten bei der Bank. Wechselstuben gibt es nur noch vereinzelt, in Hotels und auf Campingplätzen werden für den Geldwechsel oft hohe Gebühren erhoben.

Wechselkurs Schweiz: 1 € = 1,51 CHF   1 CHF = 0,66 € (Stand: Dez. 2009)

Öffnungszeiten der Banken: Mo–Fr 8.30–13.30 Uhr und 14.45–16.30 Uhr.

Geldautomat (Bancomat): Mit EC-Karte oder Kreditkarte bekommt man Bargeld bis ca. 400 € rund um die Uhr (Gebühren pro Abhebung zurzeit 4,75 €, bei Kreditkarten 4 % des Betrags, mindesten aber 5 €). *Achtung*: Der Bancomat sollte nicht der letzte Notnagel sein – manchmal ist er kaputt oder einfach leer, und gerade in ländlichen Gebieten oder auf den kleineren Inseln sind Geldautomaten nicht gerade an jeder Ecke zu finden.

Kreditkarten werden in vielen Hotels, gehobeneren Restaurants und Geschäften sowie an großen Tankstellen akzeptiert, z. B. *Visa*, *Mastercard* und – seltener – *American Express*.

Sperrung bei Verlust/Diebstahl: Bei Verlust der Kreditkarte kann man sich an folgende einheitliche Notrufnummer (in Deutschland) wenden: ✆ 0049-116116; man wird dann an die jeweilige Bank weitergeleitet. Für in Österreich ausgestellte EC-/Maestro-Karten gilt ✆ 0800-2048800. Schweizer UBS-Karten sperrt man unter ✆ 0041-848888601, Credit-Suisse-Karten unter ✆ 0041-800800488. Weitere Sperrnummern für Österreich: Visa, ✆ 0043-1-71111-770; MasterCard, ✆ 0043-1-717014500; Diners Club, ✆ 0043-1-501350. Für die Schweiz: Diners Club, ✆ 0041-44-8354545; Visa und MasterCard, ✆ 0041-44-2008383.

▸ **Postbank**: Mit der *Postbank SparCard 3000 plus* im Kreditkartenformat kann man von allen Geldautomaten mit Visa-Plus-Zeichen und bei der italienischen Post abheben kann. Zehn Abhebungen im Ausland sind pro Jahr gebührenfrei.

▸ **Geldanweisung**: Die Möglichkeit einer telegrafischen Geldanweisung bietet der *Western Union Service* (hohe Gebühren!). Weitere Infos und Adressen von Partnerbanken in Italien unter www.westernunion.com.

Hunde

Wohlerzogene, gepflegte und freundliche Hunde sind auf Elba und den anderen toskanischen Inseln gern gesehene Gäste und dürfen in aller Regel mit ins Gartenrestaurant, auch auf Campingplätzen gibt es kaum Probleme. In Hotels und Appartements werden Hunde nur teilweise akzeptiert. An Stränden mit Strandservice sind Hunde verboten, man muss an einen „freien" Strand ausweichen. Ebenso verboten sind Hunde in der Regel in gehobeneren Restaurants (außer auf der Terrasse, aber auch hier sollte man vorher nachfragen). Leine und Maulkorb muss man immer dabei haben.

Bei der Einreise nach Italien braucht das Tier ein Tollwut-Impfzeugnis, das mind. 30 Tage und max. zwölf Monate vor Einreise ausgestellt sein muss, ebenso einen EU-Heimtierausweis und eine *Identitätskennung*: entweder Mikrochip unter der Haut oder Tätowierung im Ohr. Generell besteht im Süden Italiens eine erhöhte Ansteckungsgefahr mit der gefährlichen *Leishmaniose*, einer von Sandflöhen über-

Der freundliche Vierbeiner wird Bolanos Skulptur aus anderen Gründen zu schätzen wissen

tragenen Parasiten-Erkrankung, die in fast allen Mittelmeerländern vorkommt.

Sollten Sie vorhaben, in Italien mit der Bahn zu reisen, sollte Ihr Hund (oder auch Katze) möglichst weniger als sechs Kilo wiegen – dann darf er nämlich im geschlossenen Transportkörbchen auf ihrem Schoß reisen. Wiegt er mehr, wird es kompliziert: Hund und Halter dürfen nur in einem gesonderten Abteil reisen (i. d. R. im letzten Waggon, extra ausgewiesene Plätze), der Hund muss angeleint sein und einen Maulkorb tragen. Neben dem Internationalen Impfpass (EU-Heimtierausweis) ist auch eine Steuerbescheinigung (bzw. Steuermarke) für den Hund mitzuführen. Das Hundeticket kostet die Hälfte des regulären Fahrpreises, Blindenhunde fahren kostenlos. Während der Hauptpendlerzeiten (Mo–Fr 7–9 Uhr) sind Hunde nicht gestattet. Generell nicht mitfahren dürfen Kampfhunde und als gefährlich eingestufte Rassen (u. a. Mastino, Rottweiler, Pitbull, Bullterrier, amerikanische Bulldogge).

Informationen/Fremdenverkehrsämter

▸ **Information von zu Hause aus**: Für erste allgemeine Anfragen wende man sich an die *Italienische Zentrale für Tourismus ENIT (Ente Nazionale Industrie Turistiche)*. Von allen europäischen Fremdenverkehrsämtern veröffentlicht ENIT wohl das meiste deutschsprachige Prospektmaterial. Zu jeder Provinz der Toskana gibt es stapelweise Broschüren, Listen, Landkarten und Verzeichnisse – alles kostenlos, auch der Versand.

Für die Bestellung des Info-Materials sind zwei ENIT-Büros in Deutschland und je ein Büro in Österreich und der Schweiz zu erreichen. Selbstverständlich ist die Tourismusorganisation auch im Internet vertreten, für Deutschland unter www.enit-italia.de, in Österreich www.enit.at und in der Schweiz www.enit.ch. Konkrete Anfragen können auch per E-Mail an unten stehende Adressen gerichtet werden.

ENIT in Deutschland, Neue Mainzer Straße 26, 60311 Frankfurt, ✆ 069/237434, 📠 069/232894, enit.ffm@t-online.de.

Prinzregentenstr. 22, 80538 München, ✆ 089/531317, 📠 089/534527, enit-muenchen@t-online.de.

ENIT in Österreich, Kärntner Ring 4, 1010 Wien, ✆ 01/5051639, 📠 01/5050248, info@enit.at.

ENIT in der Schweiz, Uraniastraße 32, 8001 Zürich, ✆ 043/4664040, 📠 043/4664041, info@enit.ch.

Lassen Sie sich am besten allgemeine Informationen über die Inseln schicken, die sie besuchen wollen, eine Landkarte und bei Bedarf das Hotel- bzw. Campingverzeichnis. Vor Ort kann man gezielter fragen und sein Prospektmaterial noch aufstocken. Oft sind hier ebenfalls deutschsprachige Broschüren erhältlich. Im Reiseteil sind alle Touristenbüros unter den jeweiligen Orten aufgeführt.

Elba im Internet

Wer sich über das Internet informieren will, findet zahlreiche Websites, die meist sehr gut aufgebaut sind und Informationen überwiegend auch in deutscher Sprache präsentieren.

www.aptelba.it: Website der regionalen Tourismusorganisation APT, auch in deutscher Sprache, sehr hilfreich, viele Infos, Veranstaltungshinweise, Wettervorhersage, Sportangebot, Geschichte und Mineralien, besonderes Plus: alle Unterkünfte sind nach Orten sortiert gelistet (mit Preisangaben!). Auch Infos zu Capraia.

www.elbaforum.it: Deutschsprachige Seite von Elvira Korf (sie gibt den Elba-Spiegel heraus, s. S. 86), überaus informativ, auch Archiv, fundierte praktische Infos, Fotos und Hintergründe. Sehr empfehlenswert!

www.elba-online.com: Ausführliche Website, ebenfalls komplett in deutscher Sprache, sehr informativ, nicht allzu viele Hotels, Ferienhäuser/-wohnungen etc., die wenigen aber mit Link zur entsprechenden Unterkunft. Große Fotogalerie, viele Zusatzinfos.

www.elbalink.it: Hier finden sich die meisten Informationen zu Hotels. Zum Großteil in deutscher Sprache, Restauranttipps, viele Bilder, sehr detaillierte praktische Infos, Fährfahrpläne (Online-Reservierung möglich), Anreisetipps, Verleiher und Reiseagenturen der Insel, Veranstaltungskalender, Webcam in Portoferraio etc.

www.elbatuttanatura.com: Website des *Hotels Ilio* (Sant'Andrea), dessen Besitzer, Maurizio Testa, den gleichnamigen Newsletter herausgibt. Komplett in deutscher Sprache, ausführliche Infos über das Hotel und den Ort Sant'Andrea, aber auch Insellegenden, Kochrezepte, Wandertouren und Fotoalbum. Fähren, Züge, Mietwagen etc. können hier online reserviert werden.

www.enit.it: Website des italienischen Fremdenverkehrsverbands. Informationen zu Italien allgemein, auch in deutscher Sprache, reichlich Adresslisten, für spezielle Information zu Elba und die toskanischen Inseln allerdings wenig hilfreich, dafür aber mit großer Linksammlung.

www.toremar.it und **www.moby.it** sind die Internetadressen der beiden Fährgesellschaften, die nach Elba übersetzen, Toremar zusätzlich nach Capraia und Giglio.

Sofern vorhanden, finden Sie bei den Angaben zu den Unterkünften im Reiseteil auch immer die entsprechende Web-Adresse, E-Mail-Adressen werden nur angegeben, wenn sie von der Webadresse abweichen.

▸ **Informationen vor Ort**: Auskunftsbüros der *APT (Azienda di Promozione Turistica)* gibt es auf Elba in Portoferraio, Marina di Campo und Marciana Marina, in den anderen Orten übernehmen oftmals Reisebüros diese Funktion. Kleinere Informationsbüros, *Pro Loco* genannt, findet man auch auf den Inseln Capraia und Giglio. Ausgegeben werden u. a. kostenlose Unterkunftsverzeichnisse, Inselkarten, Stadtpläne und reichhaltiges Prospektmaterial. Gelegentlich spricht jemand hinter dem Schalter Deutsch oder Englisch.

Die Öffnungszeiten schwanken von Ort zu Ort; in der Regel gelten jedoch großzügige Auskunftszeiten: Mo bis Fr von 9 bis 13 und von 15 bis 19 Uhr, Sa und So oft nur vormittags, in der Hochsaison teilweise durchgehend 9–19 Uhr geöffnet.

Landkarten und Literatur

Optimal für Wanderer ist die **Reise- und Wanderkarte Insel Elba** (Nr. 502), 1:25.000, Edizioni Multigraphic, Florenz; für 6 € im Buchhandel der Insel erhältlich (z. B. bei *Il Libraio* in Portoferraio, s. S. 101).

Eine **Kompass-Karte Isola d'Elba** im Maßstab 1:30.000 gibt es ebenfalls vor Ort bzw. im deutschen Buchhandel (6,95 €). Recht detailliert sind darauf Schotterstraßen, Mountainbike-Strecken und z. T. auch Wanderwege eingezeichnet.

Elba-Spiegel, deutschsprachige Urlauberzeitschrift mit hilfreichen (Hintergrund-)Informationen über die Insel. Erscheint einmal pro Jahr. Für 3 € an den Kiosken und in Buchhandlungen der Insel erhältlich. Von der Herausgeberin Elvira Korf stammt auch die Sonderausgabe **15 Jahre Elba Spiegel – 1982–1996**. Eine Auswahl der interessantesten Artikel der Zeitschrift, vereinzelt noch in den Buchhandlungen der Insel zu kaufen oder bei www.elbaforum.it zu bestellen.

Pierangela Pellizza Piras, **Kochbuch der Insel Elba**, Lecco 1982. Ein tolles Souvenir und sehr nützlich für Selbstversorger, leider nur noch vereinzelt im Buchhandel und an größeren Kiosken/Zeitungsständen zu haben.

Nicht nur wer einen Bootsausflug Richtung Montecristo plant, sollte sich diesen Klassiker der Literatur auf keinen Fall entgehen lassen: **Der Graf von Monte Christo** von Alexandre Dumas (d. Ä.), 1845/46 entstandener, spannender Abenteuerroman über den jungen Seefahrer Edmond Dantès, der nach 14 Jahren unschuldiger Kerkerhaft fliehen kann und den berühmten Schatz von Monte Christo hebt.

Für Napoleon-Fans empfiehlt sich die 1995 erschienene Biografie des großen Korsen: **Napoléon, Stratege und Staatsmann**. Der bekannte britische Biograf Vincent Cronin zeichnet ein menschliches Bild des Kaisers, der private Napoléon steht im Vordergrund – von der Kindheit auf dem benachbarten Korsika bis zu seinem Ende auf der Insel Sankt Helena. 652 spannende Seiten. Heyne-Taschenbuch.

Ralf Gréus, **Mit dem Wohnmobil durch die Toskana und nach Elba**, Mittelsdorf/Rhön 2009. Neben einer detaillierten Inseltour rund um Elba (mit vielen ebenso detaillierten Stellplatz-Empfehlungen) bietet dieser Guide auch zahlreiche praktische Informationen für Wohnmobilisten.

Speziell für (Hobby-) Geologen: **Die Insel Elba und die kleineren Inseln des Toscanischen Archipels. Sammlung geologischer Führer, Bd. 64**, von Hans Waldeck. Recht trocken, aber sehr ausführliche und präzise Abhandlung über die elbanische Gesteinswelt mit Exkursionsvorschlägen. Verlag Bornträger, Stuttgart, 1986, 19 €.

Mostri di Pietra (die Steinmonster von Elba), von Nello Anselmi, ein ungewöhnlicher Bildband mit Aufnahmen belebt erscheinender elbanischer Steine und Felsen. In elbanischen Buchhandlungen und im Hotel Cernia in Sant'Andrea (siehe S. 200ff.), 19 €.

Lisola, italienischsprachige Wochenzeitschrift (Informationen, Sport, Kultur) des Toskanischen Archipels, mit aktuellem Veranstaltungs- und Kinoprogramm, vielen Kleinanzeigen (u. a. Immobilien), Bus- und Fährfahrplänen sowie Zugverbindungen ab Piombino. Erscheint freitags, an Kiosken für 1,55 € zu kaufen.

ProntoElba, zweisprachige (it./dt.), monatlich erscheinende Informationszeitung für Touristen. Vor allem Reklame, aber auch Veranstaltungskalender, Fähr- und Busfahrpläne. Für 2 € bei der APT in Portoferraio, an Kiosken und in den meisten Hotels zu haben.

Die italienischen Tageszeitungen **Il Tirreno** und **La Nazione** haben einen Elba-Regionalteil. Die dünne Traditionszeitung **Corriere Elbano** (1 €) erscheint monatlich.

Öffnungszeiten

Grundprinzip ist die Mittagspause, die Siesta. Dafür hat man abends oft länger geöffnet, wenn die Hitze nachgelassen hat.

Apotheken: siehe „Wissenswertes von A bis Z / Ärztliche Versorgung", S. 80.

Geschäfte: meist Mo–Fr 8.30/9–12.30/13 Uhr und ca. 16–19.30/20 Uhr, Sa 9–13 Uhr. Vor allem Souvenirläden und andere Geschäfte mit touristischem Bedarf schließen ihre Pforten aber erst wesentlich später – je nach Kundeninteresse. Gerade in Ferienorten läuft abends (z. T. bis Mitternacht) ein Großteil vom Umsatz.

Kirchen: von ca. 7–12 Uhr und 16/17–20 Uhr, z. T. auch durchgehend geöffnet. Sonntags während der Messen ist natürlich keine Besichtigung möglich.

Museen: grundsätzlich 9–12 Uhr und 16–19 Uhr, im Sommer oft durchgehend 9–19 Uhr, z. T. So geschlossen.

Banken: meist Mo–Fr 8.30–13.30 Uhr und 14.45–16.30 Uhr.

Postämter: Mo–Fr 8.15–13.30 Uhr, Sa nur bis 12 Uhr.

Post

Die italienische Post genießt nicht den besten Ruf. Die Karte an die Lieben kann länger unterwegs sein als Sie selbst, Briefe laufen etwas schneller. Der Vermerk „per Eilpost“ *(posta prioritaria)* bringt bei Karten und Briefen nichts, da sie generell im Flugzeug befördert werden. Dauer nach Deutschland etwa fünf bis sechs Tage. Briefmarken *(Francobolli)* kauft man nicht nur bei der Post, sondern in autorisierten Tabacchi-Läden, Souvenirshops und Bars. Das *Porto* für eine Postkarte bzw. einen Standardbrief in das europäische Ausland beträgt derzeit 0,65 €.

Poste restante: Jedes Postamt nimmt postlagernde Sendungen an. Diese können mit Personalausweis/Reisepass und gegen eine kleine Gebühr abgeholt werden. Ein Brief wird bis zu zwei Monate aufbewahrt. Den Empfängernamen (Nachnamen unterstreichen!), das Zielpostamt und „Poste restante“ auf den Umschlag schreiben. Tipp – falls der Beamte beim Abholen unter dem Familiennamen nicht fündig wird, auch unter dem Vornamen nachschauen lassen.

Postcard: siehe „Wissenswertes von A bis Z/Geld“, S. 83.

Im Käfig geht es bequem hinauf zum Monte Capanne und auch wieder hinab

Radio und Fernsehen

Die Zahl der privaten regionalen Radiostationen in Italien geht in die Hunderte, die Frequenzbereiche liegen entsprechend nah beieinander, die Reichweite ist in der Regel sehr gering, was besonders beim Autofahren durchaus ärgerlich sein kann. Folgende deutsche Radioprogramme können im Kurzwellenbereich empfangen werden: *Deutsche Welle* auf 6075 kHz, *Deutschland-Radio* auf 6005 kHz, *Bayern 1* auf 6085 kHz, *Radio Bremen* auf 6190 kHz und *SWR* auf 7265 kHz.

Wer einen Fernseher auf dem Hotelzimmer hat, wird bei *RAI 1* mit Politik und Unterhaltung im weitesten Sinne versorgt, bei *RAI 2* oftmals mit Filmen und Serien und bei *RAI 3* mit Regionalprogrammen. Darüber hinaus empfängt man fast überall die privaten Sender *Rete 4*, *Canale 5* oder *Italia 1*, die unter dem Namen *Mediaset* alle zu Berlusconis Medienkonzern *Fininvest* gehören. Zudem gibt es noch den Fernsehsender *La 7*.

Rauchen

Seit 2005 ist in Italien das Rauchen in öffentlichen Räumen strikt verboten. Zu öffentlichen Räumen zählen Restaurants, Bars, Züge, Krankenhäuser, Post, Museen, Wartehallen aller Art (also auch Flughafen und Bahnhöfe), der Arbeitsplatz an sich und Büros mit Publikumsverkehr. Die Zigarette zur falschen Zeit am falschen Ort kann zwischen 27,50 und 275 € Strafe kosten. Wer neben einer Schwangeren oder Kindern raucht, muss sogar mit dem doppelten Bußgeld rechnen. Einziger Lichtblick für Raucher sind Restaurants mit einem abgeschlossenen Nebenraum mit eigener Lüftung, über den allerdings nur die wenigsten Lokale verfügen. Übrigens: Wird ein Gastwirt mit rauchenden Gästen erwischt, zahlt er selbst ebenfalls ein Bußgeld, das zwischen 220 und 2200 € liegt.

Rechnungen

Was Sie auch kaufen, Sie bekommen immer eine Rechnung (*ricevuta fiscale*) oder einen Bon (*scontrino*). Den Beleg muss man laut Gesetz bis 50 m nach Verlassen des Geschäftes behalten. Kontrollen sind zwar äußerst unwahrscheinlich, aber nicht grundsätzlich auszuschließen.

Reisedokumente

Trotz des Schengener Abkommens sollte man für die Einreise nach Italien einen Personalausweis *(Carta d'Identità)* oder Reisepass (*Passaporto*) dabeihaben, das Gleiche gilt für Schweizer. Kinder unter 16 Jahren benötigen einen *Kinderausweis* oder müssen im Pass der Eltern eingetragen sein. Kinder und Jugendliche, die ohne Erwachsene reisen, benötigen außer ihrem Ausweis eine schriftliche *Vollmacht* der Erziehungsberechtigten.

Bei Diebstahl oder Verlust: in jedem Fall sofort zur Polizei gehen. Falls dies der einzige Ausweis war, den man dabei hatte, bekommt man ein Formular, das zur Heimreise berechtigt. Kopien des verloren gegangenen Papiers sind nützlich und helfen der Polizei bei der Identitätsüberprüfung (Nummer des Passes, ausstellende Behörde etc.).

- **Einreise mit dem Kfz**: Nationaler Führerschein *(Patente di guida)* und Fahrzeugschein *(Libretto di circolazione)* genügen, die internationale grüne Versicherungskarte *(Carta verde)* ist keine Pflicht mehr, aber sehr hilfreich bei der Schadensregulierung. Wer noch kein EU-Kennzeichen hat, muss ein Nationalitätenkennzeichen am Fahrzeug anbringen.
- **Einreise mit dem Boot**: siehe „Sport und Freizeit/Segeln", S. 73ff.

Reiseveranstalter

Neben den bekannten großen Pauschalveranstaltern wie beispielsweise TUI (www.tui.com) und Neckermann (www.neckermann-reisen.de), über die man in jedem Reisebüro wochenweise Hotels oder Ferienwohnungen buchen kann – im Pauschalpaket übrigens oftmals günstiger als bei individueller Buchung bzw. vor Ort –

Am Strand von Marciana Marina

gibt es noch eine ganze Reihe von Unternehmen, die hauptsächlich Ferienwohnungen und -häuser anbieten. Eine Auswahl:

Natours, mehrere Varianten von Wander- und Radtouren sowie Kanutouren. Anreise per Bus, das eigene Fahrrad kann mitgenommen werden. Natours-Reisen, Untere Eschstr. 15, 49179 Ostercappeln, ✆ 05473/922966, ✆ 05473/8219, www.natours.de.

Siglinde Fischer, Hotels und Appartements, Ahornweg 10, 88454 Hochdorf, ✆ 07355/93360, ✆ 07355/933666, www.siglinde-fischer.de.

Aki-tours Villen, Hotels und Ferienhäuser, schicke – und teure – Villen für bis zu 12 Pers., Fremersbergstr. 109, 76530 Baden-Baden, ✆ 07221/2072, ✆ 07221/2073, www.aki-tours-villen.de.

Toscana à la carte, kleine Auswahl an Hotels und Appartements (Residence), Touristikservice Schenk, Stahlgruberring 36, 81829 München, ✆ 089/29160505, ✆ 089/29160498, www.toscanaalacarte.de.

Toscana Reisedienst, relativ großes Angebot an Ferienhäusern, Appartements und Villen, Feichthofstr. 149, 81247 München, ✆ 089/8545521, ✆ 089/8545522, www.toscanareisedienst.de.

Sprache

Viele Elbaner sprechen Englisch, einige auch ein wenig Deutsch, sodass die Verständigung eigentlich kein Problem ist. Dennoch: Ein paar Worte Italienisch sollte sich jeder aneignen, die gängigen Begrüßungsfloskeln und Höflichkeitsformeln sitzen relativ schnell. Eine Hilfe dabei kann Ihnen unser kleiner Sprachführer am Ende dieses Buchs sein. Wer es langfristig ernst meint mit dem Italienischlernen, sollte einen Intensivkurs vor Ort in Erwägung ziehen, Kurse werden auch auf Elba angeboten (siehe unten). Umfangreiche Informationen zum Thema Sprachreisen erhalten Sie auch bei der *Aktion Bildungsinformation (ABI)*, Lange Straße 51, 70174 Stuttgart, ✆ 0711/22021630, ✆ 0711/22021640, www.abi-ev.de. Die Broschüre heißt „Italienisch lernen in Italien" und kostet inkl. Versand 16 € (innerhalb Deutschlands, ins Ausland 21 €).

Sprachkurse

Egal, ob Sie erste Kenntnisse erwerben wollen oder Ihr Italienisch perfektionieren möchten, vor Ort geht das sicher am besten. Eine Möglichkeit ist z. B. das *A.B.C. – Centro Lingua & Cultura Italiana,* Loc. Bocchetto 1, 57036 Porto Azzurro, ✆ 0565/ 920155, 📠 0565/920166 (im Winter: ✆/📠 055/7326261), www.abcelba.com. Ein zweiwöchiger Gruppenkurs (vier Unterrichtseinheiten pro Tag, Mo–Fr) kommt hier auf ca. 350 €, Unterkünfte werden vermittelt oder im Paket mit dem Kurs angeboten

Eine Alternative ist die Sprachschule *Centro Fiorenza,* sie veranstaltet zweiwöchige Kurse (Gruppen-, Einzel- und Konversationskurse), die z. T. auch als Bildungsurlaub anerkannt werden. Sitz der Schule ist in Marciana Marina, es werden auch Unterkünfte vermittelt. Mehr darüber bei Centro Fiorenza, Via Santo Spirito 14, 50125 Firenze, ✆ 055/2398274, 📠 055/287148, www.centrofiorenza.com.

Strom

Fast überall 220 Volt, allerdings passen die deutschen Schukostecker nicht immer. Adapter *(Spina di adattamento* bzw. *Spina Schuko)* kann man überall kaufen bzw. im Hotel ausleihen, am besten aber schon zu Hause besorgen.

Telefonieren

Fast jeder in Italien hat ein Handy *(telefonino* oder *cellulare),* mit dem auch pausenlos telefoniert wird. Italienische Mobilnummern sind dreistellig und beginnen mit 3 (z. B. 347, 333 etc.). Achten Sie im Reiseteil darauf – diese Nummern anzurufen, kostet Sie deutlich mehr als ein Anruf ins italienische Festnetz. Funklöcher gehören in aller Regel der Vergangenheit an, nur in abgelegenen Berggegenden kann es mal passieren, dass man mit dem Handy kein Netz hat. Ansonsten gibt es noch immer flächendeckend öffentliche Telefonzellen, die mittlerweile fast ausnahmslos mit *Telefonkarten* funktionieren. Die *carta telefonica* kann man für 5 € in Tabacchi- und Zeitschriftenläden und in Bars kaufen. Vor Gebrauch muss die obere, perforierte Ecke abgebrochen werden. Die *Tarife* für Gespräche (Festnetz) von Italien nach Deutschland, Österreich und die Schweiz sind höher als umgekehrt. Am günstigsten telefoniert man werktags nach 22 Uhr und sonntags.

Seit Juli 2009 gelten folgende neue EU-Richtlinien für Roaming-Gebühren: Netz- und betreiberunabhängig kosten abgehende Anrufe maximal 0,43 €/Minute, eingehende Anrufe 0,19 €/Minute, abgehende SMS 0,11 € (ankommende SMS gebührenfrei), hinzu kommt jeweils noch die Mehrwertsteuer.

Internationale Vorwahlen von Italien nach Deutschland: ✆ 0049, nach Österreich: ✆ 0043, in die Schweiz: ✆ 0041. Nach Italien aus dem Ausland: ✆ 0039.

Die **italienische Auskunft** ist unter ✆ 12 erreichbar (Auslandsauskunft ✆ 176).

Die Null in der **italienischen Vorwahl** (z. B. 0565 für Elba) muss aus dem Ausland mitgewählt werden, und auch in Italien ist die Vorwahl immer obligatorisch, auch bei einem Ortsgespräch.

Zeitungen/Zeitschriften

Die meistgelesenen italienischen Tageszeitungen sind der mailändische *Corriere della Sera* (eher konservativ), die römische *La Repubblica* (gemäßigt links) und *La Stampa* (politische Mitte) aus Turin; größte Sportzeitung ist die täglich erscheinende, rosafarbene *Gazzetta dello Sport.* Auf Elba liest man außerdem *Il Tirreno* und die nur einmal monatlich erscheinende Traditionszeitung *Corriere Elbano*. Wir halten es an dieser Stelle für erwähnenswert, dass sich diese Presseerzeugnisse – im Gegensatz zu fast allen italienischen TV-Kanälen – *nicht* im Besitz von Silvio Berlusconi befinden und somit zu den unabhängigen Medien zählen.

Typische Boulevardblätter gibt es fast nicht (diesen Part übernehmen wöchentlich erscheinende Regenbogenblätter wie *Gente*, *Di Più* und *Oggi*), und auch die Vertriebsstruktur unterscheidet sich erheblich von den Gepflogenheiten nördlich der Alpen: Die meisten Zeitungen gehen per Straßenverkauf an ihre Leser, der Anteil der Abonnements liegt bei unter 10 %. Der traditionelle Zeitungskiosk (*edicola*) hat vor ein paar Jahren übrigens sein Monopol verloren, Zeitungen gibt es jetzt auch an Tankstellen, in Bars, Supermärkten und Buchhandlungen.

Überregionale deutsche Zeitungen wie die *Süddeutsche* und die *FAZ* gibt es in größeren Orten meist am Erscheinungstag, und auch der *Spiegel* kommt in den elbanischen Zeitschriftenläden und Buchhandlungen pünktlich am Montag heraus.

Zoll

Im Zuge des Binnenmarkts gelten großzügige Richtlinien für die Einfuhr italienischer Waren nach Deutschland oder Österreich. Im privaten Reiseverkehr innerhalb der EU dürfen Waren zum eigenen Verbrauch unbegrenzt mitgeführt werden. Um diese vage Formulierung zu präzisieren und eine Abgrenzung zwischen privater und gewerblicher Verwendung vorzunehmen, gelten folgende Richtmengen pro Person:

800 Zigaretten, 400 Zigarillos, 200 Zigarren, 1 kg Rauchtabak, 10 l Spirituosen, 20 l Zwischenerzeugnisse bis 22 % Alkoholgehalt (z. B. Campari), 90 l Wein, davon max. 60 l Schaumwein und 110 l Bier.

Bei den vorgesehenen stichprobenartigen Kontrollen muss den Zollbeamten im Falle einer Mengenüberschreitung glaubhaft gemacht werden, dass die Waren tatsächlich nur für den privaten Konsum gedacht sind!

Da die *Schweiz* nicht zur Europäischen Union gehört, ist beim Transit eine freiwillige Deklaration der mitgeführten Waren fällig, wenn die in der Schweiz geltenden Freimengen (200 Zigaretten, 50 Zigarren, 2 l Wein und 1 l Spirituosen) überschritten werden. Für Waren, die das Limit überschreiten, muss eine Kaution in Landeswährung hinterlegt werden, die man bei der Ausreise zurückerhält.

▲ Rio nell'Elba

Elba und die kleinen Inseln des Toskanischen Archipels

Blick auf Portoferraio

Portoferraio

Die quirlige Inselhauptstadt liegt auf einer Landzunge im Nordwesten der großen Bucht von Portoferraio. Sie ist die wichtigste Anlaufstelle der Fähren, Neuankömmlinge landen zunächst in der wenig attraktiven und hektischen Neustadt. Die ruhigere Altstadt, das Centro storico, erstreckt sich hinter der Porta a Mare am alten Hafen Darsena den Hang hinauf. Auf der Nordseite der Landzunge laden saubere Kiesstrände zum Baden ein.

In der Stadt leben etwa 11.500 Elbaner, das ist mehr als ein Drittel der Gesamtbevölkerung der Insel. Portoferraio ist etwa stündlich mit der Hafenstadt Piombino an der etruskischen Küste verbunden, im Sommer herrscht reger Fährverkehr, aber auch Kreuzfahrtschiffe und Yachten legen hier an. Letztere ankern im romantischen, hufeisenförmigen alten Hafen *Darsena,* der durch einen von den Medici erbauten Torbogen, die *Porta a Mare,* mit der Altstadt verbunden ist. Die Grenze zwischen der modernen, wenig ansprechenden Neustadt und der idyllischen Altstadt mit ihren winkeligen Gassen bildet das ebenfalls von den Medici errichtete *Forte Falcone,* die Falkenfestung, mit deren Bau im Jahr 1548 begonnen wurde.

Vor allem in den Urlaubsmonaten Juli und August ist die Inselhauptstadt mehr als gut besucht. Kein Wunder, denn an historischen Sehenswürdigkeiten ist Portoferraio überdurchschnittlich gut ausgestattet, neben den zahlreichen Medici-Hinterlassenschaften sind dies vor allem die Napoleon-Residenz *Villa dei Mulini,* die *Pinacoteca Foresiana* und schließlich das *Archäologische Museum* mit den Resten einer römischen Villa am Meer. Auch als attraktives Etappenziel für Kreuzfahrtschiffe hat sich Portoferraio mittlerweile herumgesprochen – an Tagesgästen herrscht kein Mangel.

In Sachen Shopping hat das Inselstädtchen viel zu bieten, zahlreiche schicke Geschäfte befinden sich an der lang gezogenen Hafenpromenade und in der Altstadt rund um die *Piazza Cavour*. Hier und am Yachthafen *Darsena* spielt sich auch das Nachtleben von Portoferraio ab. Und das heißt wie in ganz Italien: flanieren bis spät in die Nacht hinein. Die Straßen werden zu diesem Zweck abends für den Verkehr gesperrt, fliegende Händler bauen ihre Stände auf, Straßencafés und Bars sind bis auf den letzten Platz besetzt, und vor jeder Gelateria bildet sich eine lange Schlange.

Dennoch lohnt sich ein längerer Aufenthalt in Portoferraio nur bedingt, denn die wenigen Hotels im Zentrum bestechen nicht unbedingt durch Romantik und Komfort. Badefreunde sollten sich daher eine Bleibe an der *Spiaggia delle Ghiaie* oder noch weiter westlich an der *Spiaggia Padulella* suchen: zentrumsnah und dennoch am Strand. Das Preisniveau ist hier jedoch in der Regel eher hoch.

Geschichte

An der Stelle des heutigen Portoferraio siedelten vermutlich bereits die Etrusker und die Griechen. Letztere nannten ihren Ort *Argoos,* da hier der Mythologie zufolge die Argonauten gelandet sein sollen. Unter den Römern entstand dann die Stadt *Fabricia* (von lat. „faber" = Handwerker, Schmied), die zum bedeutenden Handelszentrum wurde. Neben der Verhüttung und Verschiffung von Eisenerz nach Populonia auf dem gegenüberliegenden italienischen Festland spielte die Stadt als geschützter Naturhafen auch eine strategisch wichtige Rolle. Ab dem 1. Jh. v. Chr. verlor die Eisenverhüttung an Bedeutung, u. a. durch die Ausdehnung des Römischen Reiches, wodurch andere Eisenabbaugebiete auf dem nördlicheren Festland erschlossen werden konnten. Fabricia wurde berühmt als Sommerresidenz der römischen Kaiserfamilie. Von dieser glanzvollen Epoche zeugen noch die beiden römischen Villen aus dem 1. Jh. v. Chr.: an der „Linguella", der Landzunge von Portoferraio (gehört zum Archäologischen Museum) und bei „Le Grotte" auf der gegenüberliegenden Seite der Bucht von Portoferraio.

Anglerglück am Hafen – mit Torre del Martello im Hintergrund

Nach dem Ende des Weströmischen Reichs kamen im 6. Jh. die Langobarden und zerstörten zahlreiche Dörfer der Insel. Während des Mittelalters wurde Fabricia in *Ferraia* umbenannt. Die Pisaner, die im 11. Jh. die Macht über Elba ergriffen, setzten den Eisenerzabbau wieder in Gang und gründeten bei Ferraia die Festung Luceri.

Portoferraio – in der Gesamtanlage von den Medici befestigt

Ein Medici als Stadtplaner

Man schreibt das Jahr 1548. *Cosimo I.,* Spross aus dem Florentiner Geschlecht der Medici und Herzog von Florenz, ist erst seit wenigen Tagen im Besitz der elbanischen Hafenstadt Ferraia, als auf seinen Befehl über 1000 Soldaten unter Anleitung der berühmten Baumeister Giovanni *Battista Belucci* und *Giovanni Camerini* ans Werk gehen, um aus dem neuen Besitz eine uneinnehmbare Festung zu machen. Wenige Jahre später – der Bauherr herrschte mittlerweile im Prinzip über die ganze Toskana – reiste Cosimo I. höchstpersönlich zur Einweihung seiner Stadt auf die Insel, die zunächst nach ihrem Gründer benannt werden sollte: „Cosmopoli", was ja auch so viel wie „Weltstadt" bedeutet. Der Name wurde jedoch später verworfen, und die Stadt erhielt den Namen, den sie bis heute behalten hat: Portoferraio, der „Eisenhafen".

In rascher Folge entstanden die Befestigungen *Forte Falcone* (Falkenfestung) und *Forte Stella* (Sternenfestung). Die Bauwerke waren durch mächtige Schutzmauern, die bald das gesamte Stadtgebiet durchzogen, miteinander verbunden. Am Ostende des mittlerweile befestigten Hafenbeckens *Darsena* entstand ein achteckiger Turm, die *Torre del Martello* (Hammerturm), von dem aus die Kontrolle sämtlicher ein- und ausfahrender Schiffe möglich war. Zusätzlich zur Sicherung wurden die beiden Stadttore *Porta a Mare* und *Porta a Terra* gebaut, damals die einzigen Zugänge zur Stadt.

Cosimos militärischer Stadtbau, der in nur zehn Jahren quasi aus dem Nichts herausgestampft wurde, hatte weitreichende Folgen für die weitere Geschichte von Portoferraio: Während Piratenüberfälle – inzwischen unter dem berühmtberüchtigten *Dragut* – andere Teile der Insel nach wie vor verwüsteten, galt Portoferraio schon nach wenigen Monaten mediceischer Bautätigkeit als uneinnehmbar. Die Stärke der Stadt hatte sich unter den Piraten bald herumgesprochen und zog nun die Bewohner anderer Teile der Insel (z. B. aus Capoliveri und Rio nell'Elba) wie auch vom toskanischen Festland zunehmend an. Die Bevölkerung stieg schlagartig an, was von Cosimo u. a. durch Steuervergünstigungen und andere Privilegien unterstützt wurde.

Die Zeit der Pirateneinfälle war ab Mitte des 16. Jh. zumindest für Portoferraio vorbei, und die florierende Stadt lebte überwiegend vom Export von Eisenerz und Wein.

Anfang des 17. Jh. war die Insel in drei Herrschaftsbereiche unterteilt: Portoferraio war noch immer im Besitz der Medici, *Porto di Longone*, das heutige Porto Azzurro, gehörte zum Einflussbereich der Spanier, und die anderen Teile der Insel besaßen die *Appiani*, die Fürstendynastie von Piombino. Als *Leopold I.* 1765 das Großherzogtum Toskana übernahm, begann für Portoferraio eine Zeit der militärischen und wirtschaftlichen Schwächung: Große Teile der Marine wurden auf das Festland bei Livorno verlegt, und beinahe wäre die Stadt sogar an die Engländer verkauft worden. Die kamen aber erst 31 Jahre später, und zwar als Antwort auf die 4000 Mann umfassende französische Truppe aus Toulon, die 1794 ihrer englisch belagerten Heimatstadt entflohen und nach Portoferraio gekommen war. Unter Admiral Nelson nahmen die Engländer die Stadt zwei Jahre später ein. 1802 übernahmen die damals verhassten Franzosen die ganze Insel, aus den drei Herrschaftsbereichen wurde erstmals einer.

Oft recht steil sind die Gassen im Centro storico von Portoferraio

Als *Kaiser Napoleon* am 3. Mai 1814 in seinem Exil auf der kleinen Insel eintraf, wurde er im Hafen von Portoferraio mit großem Jubel empfangen, und Elba erreichte unverhofft den Höhepunkt seiner Geschichte, von dem die Insel noch heute zehrt (vgl. „Geschichte Elbas“, S. 37f.). Nach Napoleons endgültiger Niederlage bei der legendären Schlacht von Waterloo wurde die Insel 1815 dem Großherzogtum Toskana angegliedert und vereinigte sich 1860 schließlich mit dem neuen Königreich Italien.

Bedeutung erlangte Portoferraio erst wieder im Jahr 1900 mit dem Bau der großen Hochofenanlagen auf dem Gelände, wo sich heute die Schiffswerften befinden. Rund 2000 Arbeiter waren in der Eisen verarbeitenden Industrie beschäftigt, und als es 1910 aufgrund mangelnder Nachfrage zu ersten Entlassungen kam, antworteten die Industriearbeiter mit Streiks. Während der beiden Weltkriege erfuhr die Eisenindustrie nochmals einen Aufschwung; die Hochöfen wurden jedoch durch Luftangriffe der Alliierten 1943 und 1944 weitestgehend zerstört und 1949 endgültig geschlossen. Ein alliierter Luftangriff am 16. September 1943 traf auch Teile der Altstadt und forderte über 100 Todesopfer. Nach dem Zweiten Weltkrieg kam es mangels Arbeitsplätzen zu einer großen Abwanderungswelle, die erst in den 1960er Jahren durch den im großen Stil einsetzenden Tourismus gestoppt werden konnte. Seitdem sind die Einwohnerzahlen stabil, zuletzt leicht steigend.

Information/Vorwahl

• *Information* **Azienda per il Turismo dell'Arcipelago Toscano (A.P.T.)**, Calata Italia 43 (nahe der Anlegestelle von Moby Lines). Sehr umfangreiche allgemeine Informationen über Elba, viele Broschüren, Inselkarten und Stadtplan zu Portoferraio kostenlos, englisch und deutschsprachig (Sonia spricht Deutsch). Von 1. Juni bis 30. Sept. tägl. 9–19 Uhr, in der Nebensaison Mo–Sa 9–19 Uhr und So 9–13 Uhr, im Winter nur Mo–Fr 9–13 Uhr sowie Di und Do 15–17 Uhr. 57037 Portoferraio (LI), ✆ 0565/914671, 📠 0565/914672, www.aptelba.it.

Infobüro des Nationalparks, Viale Elba Ecke Calata Italia, hier auch diverse Souvenirs sowie die vom Nationalpark herausgegebene Wanderkarte und einige Bücher über Elba, geöffnet im Sommer Mo–Do 9.30–13.30 und 15.30–19.30 Uhr, Fr–So 9.30–20 Uhr.

• *Reisebüros* An der Calata Italia, z. B. **Tesi Viaggi** (Calata Italia 8). Flug- und Fährtickets, kostenlose Zimmervermittlung, Autoverleih (s. u.), hier können sämtliche auf der Insel angebotenen Ausflüge (überwiegend per Schiff) gebucht werden; das Reisebüro gibt ebenfalls ein Hotelverzeichnis heraus. Mo–Sa 9–13 Uhr und 15.30–19.30 Uhr (im Sommer auch sonntags). Hilfsbereiter Service, auch deutschsprachig, ✆ 0565/930222, 📠 0565/915368, www.elbatravel.com.

• *Telefonieren* Die **Vorwahl** für die ganze Insel lautet ✆ 0565 und muss auch vor Ort immer mitgewählt werden.

Verbindungen/Bootsausflüge/Sonstiges

Portoferraio verfügt über ausgezeichnete Busverbindungen, zahlreiche Ausflugsboote warten im Hafen, um Tagesausflügler zu den umliegenden Inseln zu bringen. Auch die Auswahl an Leihwagen, Mopeds und Fahrrädern ist ausreichend. Achtung: Wer im Monat August kommt (vor allem um den 15. herum), sollte in jedem Fall reservieren, das gilt besonders für Leihwagen, aber auch für Mopeds bzw. Scooter.

Forte Stella – die „Sternenfestung" vom Meer aus gesehen

• *Fähre* Im Sommer bestehen von 5 bis 22 Uhr fast stündliche Verbindungen zwischen Portoferraio und Piombino an der toskanischen Küste, Fahrtdauer 1 Std., mit dem **Aliscafo** (Tragflächenboot, nur Personenbeförderung) etwa 35 Min.

Preise (einfache Fahrt): Pro Pers. 7,10 € (an Wochenenden in der Hochsaison ca. 10,50 €), mit dem Aliscafo 9,40 €. Autos bis 5 m Länge 31–36 € (an Hochsaison-Wochenenden bis 36–41 €), Wohnwagen/Wohnmobil 10,20 € pro Meter, Motorrad 11,50 €, Fahrrad 5 €. Hinzu kommt die Hafentaxe von 4,80 € pro Pers. und 9,36 € pro Fahrzeug (Motorrad/Scooter 5,36 €). Außerhalb der Hochsaison werden interessante Spezialtarife angeboten, z. B. Auto und Fahrer für 35 €, Wohnwagen/-mobil bis 6 m und Fahrer 49 €. Die Spezialtarife (gibt es hauptsächlich bei Moby Lines) sind kontingentiert und daher frühzeitig zu buchen, rechtzeitige Buchung ist auch für die Wochenenden der Hochsaison dringend anzuraten!

Bei den Normaltarifen ist die staatliche Toremar etwas günstiger als die Privatgesellschaft Moby Lines. Die Ticketbüros der beiden Fährlinien befinden sich nahe der Anlegestellen.

Toremar: Calata Italia 42, ✆ 0565/960131, ℻ 0565/914717, www.toremar.it. Immer 30 Minuten vor Abfahrt der Fähren hat auch die Ticketbude an Molo 7 geöffnet.

Moby Lines: Viale Elba 12 (beim Busbahnhof), ✆ 0565/914133, ℻ 0565/917652, www.moby.it.

Achtung! Nach 20 Uhr fahren fast keine Busse mehr ab Portoferraio. Denken Sie daran, wenn Sie mit der Fähre ohne eigenes Fahrzeug ankommen!

• *Inselbus* Große Busstation der **A.T.L.** (Azienda Trasporti Livornese) auf dem Viale Elba 20 (beim Hochhaus), ✆ 0565/914392 oder 0565/914783. Im Sommer täglich 7.30–20 Uhr geöffnet. Der *Orario* (Busfahrplan) ist hier erhältlich, entsprechende Angaben findet man auch im Elba-Teil der italienische Tageszeitung „Il Tirreno" und in „Pronto Elba". Von Portoferraio bestehen Verbindungen zu allen größeren Orten: 5x tägl. Bagnaia, 9x Capoliveri, 9x Cavo, 9x Fetovaia, 6x Lacona, 11x Porto Azzurro, etwa stündl. nach Marciana Alta, Marciana Marina und Marina di Campo, ca. halbstündlich nach Pomonte (im Wechsel via Marina di Campo oder Marciana Alta), etwa halbstündlich nach Procchio, 9x nach Rio nell'Elba und weiter nach Rio Marina sowie 6x nach Sant'Ilario und San Piero in Campo (meistens mit Umsteigen in Marina di Campo). Darüber hinaus verkehrt während der Hochsaison (Juli bis Anfang Sept.) die **Lineablu 2** alle eineinhalb Stunden zu den Stränden von Biodola und Viticcio (Letztere über Padulella, Capo Bianco und Acquaviva). Die Busverbindungen an Sonntagen sind erfreulicherweise kaum eingeschränkt.

Die **Preise** für eine Busfahrt zu den Inseldörfern liegen bei 1–3,40 €, im Bus gekaufte Tickets sind etwas teurer. Weitere Infos unter www.atl.livorno.it.

• *Stadtbus* Die Busse pendeln zwischen Piazza Cavour und Hafen durch die Innenstadt, mit der **Linea 1** außerdem etwa stündlich nach San Martino (Napoleon-Villa), Abfahrt an der Calata Italia; mit der **Linea 2** ca. stündlich nach San Giovanni, ebenfalls ab Calata Italia.

• *Touristenbähnchen* Gibt es auch in Portoferraio, der **Elba Express Train** verkehrt von 15. Juli bis 15. Sept. zwischen Banchina (dem großen Parkplatz am Neustadthafen an der Piazza Citi) und Linguella, dem äußersten Zipfel des Darsena-Hafens (Altstadt). Abfahrt gegenüber der Gelateria Zero Gradi, Dauer ca. 30 Minuten, Kostenpunkt 5 €, Kinder bis 12 Jahre 3 €. Tickets an der Banchina Alto Fondale, ✆ 0565/95350.

• *Parken* Großer Parkplatz an der Banchina Alto Fondale, von hier nicht weit in die Altstadt, Parkgebühr von 9–24 Uhr 0,60 €/Std. Wer umsonst parken will, findet gegenüber der Busstation am Viale Elba einen kostenlosen Parkplatz (leider oft voll). Der Parkplatz auf der Piazza della Repubblica mitten im historischen Zentrum ist nur für Kurzparker (max. 2 Std.) interessant, danach wird es sehr teuer! Nah an der Altstadt parkt man auch beim Archäologischen Museum (0,80 €/Std.).

• *Taxi* Taxistand am Molo Massimo (am unteren Ende des Viale Elba, beim Hochhaus), ✆ 0565/915112, die Fahrer sitzen oft in der „Residence Bar" gegenüber. Preise: Porto Azzurro 30 €, Capoliveri 35 €, Lacona 24 €, Marina di Campo 33 €, Marciana Marina 38 €, Enfola 16 €, Biodola 20 €, Rio nell' Elba 35 €, Flughafen La Pila 29 € (laut Liste der Comune). Hinzu kommen 20 % Feiertagszuschlag und 25 % Nachtzuschlag.

• *Pendelboote* Von Anfang Juni bis Ende Sept. nur tagsüber etwa stündlich mit der **Gabbiano II** zwischen Portoferraio und San Giovanni (einfache Fahrt 2 €) sowie zwischen Portoferraio und Magazzini, Ottone und Bagnaia (einfach 3,50 €, hin und zurück 6 €, Kinder unter 6 Jahre gratis). ✆ 339/2439465 oder 349/0914658 (mobil). Tickets an Bord.

• *Bootsausflüge* Mit „Aquavision" von Mai bis Sept. täglich außer Mi/Fr ganztägig nach **Pianosa** (Zwischenstopp in Marciana Marina), pro Pers. 34 €, Kinder bis 12 Jahre 20 €. Mit demselben Anbieter jeden Freitag ganztägiger Ausflug zur **Insel Capraia** (Zwischenstopp in Marciana Marina), pro Pers. 25 € (Kinder 15 €), außerdem immer mittwochs ganztägig – vorbei an Montecristo – nach **Giglio** (Zwischenstopp in Porto Azzurro), pro Pers. 30 €, Kinder 15 €; im Sommer finden außerdem täglich (immer vormittags) 2,5-stündige Ausfahrten mit dem Glasbodenboot („Nautilus") von Portoferraio zur Bucht von Viticcio und retour statt, pro Pers. 15 €, Kinder bis 12 Jahre 8 €. Informationen/Buchungen unter ✆ 328/7095470 (mobil) oder abends an der Anlegestelle (nahe Molo Gallo). Tickets an Bord.

Adressen/Mietfahrzeuge

• *Adressen* Das **Ospedale** von Portoferraio befindet sich in der Neustadt (Loc. San Rocco) an der Via G. Carducci, ✆ 0565/926111, **Notruf** unter ✆ 118. Vom 15. Juni bis 15. Sept. gibt es im Ospedale auch die *Guardia Medica Turistica*, einen eigens für Touristen eingerichteten medizinischen Service, ✆ 0565/222230 (auch sonn- und feiertags).

Deutscher Zahnarzt: Dr. Kremser, Calata Italia 26 (Hochhaus am Molo Massimo, Ecke Viale Elba), ✆ 0565/914498.

Tierärzte: Servizio Veterinario A.S.L. (Dr. Pieri), Via Manganaro 19, ✆ 0565/926793, ✆ 0565/926790; Dr. Elisabetta Maestrini, Loc. San Giovanni 37 bis, ✆ 0565/916009 und 347/1914654 (mobil); Dr. Marco Mugnai, Via Montecristo 20, ✆ 347/9119627 (mobil).

Banken: im Zentrum ausreichend vorhanden, fast alle mit EC-Automat (akzeptiert werden auch die gängigen Kreditkarten), z. B. die *Banca dell'Elba* am Molo Massimo (Hochhaus) oder die *Cassa di Risparmio di Firenze* an der Piazza Cavour. Die Banken sind in der Regel Mo–Fr 8.30–13.30 Uhr geöffnet.

Hafenamt: *Capitaneria di Porto* in der Calata Buccari (Linguella Richtung Torre del Martello), ✆ 0565/914000.

Polizei: Die *Carabinieri* finden Sie auf dem Viale Elba 52, ✆ 0565/922200, **Notruf** unter ✆ 112. Die *Polizia Stradale* (zuständig u. a. für Unfälle) befindet sich in der Via della Cementeria, ✆ 0565/918950, **Notruf** unter ✆ 113.

Post: Hauptpost der Insel in der Via Manganaro 7, weit außerhalb der Innenstadt.

Tauchbedarf: Flaschenfüllung im Sport- und Tauchgeschäft *Time out* in der Via Manganaro (Verlängerung der Via Carducci stadtauswärts) oder bei *Nautica-Sport* am Hafen, Calata Italia 3.

• *Autoverleih* Bei **TWN** (→ „Mopeds & Motorräder"), Fiat Panda für 50 € am Tag (9–19 Uhr), 24 Std. 59 €, 3 Tage 120 €; bei **Rent Mondo** (→ „Mopeds & Motorräder") kostet ein Fiat Panda ab 40 € pro Tag (24 Stunden: 50 €, 3 Tage 135 €). Jeweils ohne Kilometerbegrenzung, Preise inkl. Kasko mit 300 € Selbstbeteiligung. Bei allen Anbietern gibt es auch Cabrios zu mieten (ca. 30 % teurer).

• *Fahrräder* Mountainbikes werden bei **TWN** (→ „Mopeds & Motorräder"), dem größten Anbieter der Insel, für 15–18 € pro Tag vermietet, bei **Rent Mondo** (→ „Mopeds & Motorräder") ab 15 € am Tag.

• *Mopeds & Motorräder* **Rent Mondo**, Scooter (50 ccm) 26 € pro Tag (9–19 Uhr), 100-ccm-Scooter 40 €, 125-ccm-Scooter 45–50 €; unbegrenzte Kilometer. Wer hier 15 Tage im Voraus bucht, bekommt einen Rabatt von 15 %. März–Nov. tägl. 8.30–20 Uhr, Via R. Fucini 6, ✆/✆ 0565/917276 oder ✆ 338/2088604 (mobil), www.rentmondo.it.

Bei **TWN** kostet ein 50-ccm-Scooter 35 € am Tag (24 Std.), ein 100- bis 125-ccm-Scooter (für 2 Pers.) 45–55 €. Rabatte bei längerer Mietdauer und 10 % für die Besitzer dieses Buches! In der Nebensaison generell ca. 15 % günstiger. Viale Elba 32 (neben dem Busbahnhof), Anfang April bis Ende Okt. tägl. 9–14.30 Uhr und 15.30–19 Uhr, ✆/✆ 0565/

Bei Seglern äußerst begehrt – die Liegeplätze im Darsena-Hafen

Portoferraio
Karte Umschlagklappe vorne

914666, mobil unter 329/2736412 zu erreichen, im Internet: www.twn-rent.it. Filialen in Lacona und Marina di Campo. Die Fahrzeuge können bei allen Filialen zurückgegeben werden, ab drei Tage Mietdauer geht das auch kostenlos.

Einkaufen

Portoferraio ist ohne Zweifel das Shoppingparadies der Insel. Zahlreiche, auch noble Bekleidungsgeschäfte, Juweliere und Antiquitätengeschäfte befinden sich entlang der Calata Mazzini (am Hafen Darsena), hier auch Souvenirshops. Bekleidungsläden ebenfalls an der Calata Mazzini und an der Piazza Cavour sowie in den umliegenden Altstadtgassen. An der Piazza Cavour werden außerdem allabendlich zahlreiche Verkaufsstände aufgebaut: viel Schmuck und Esoterisches, aber auch Kleidung etc.

Supermarkt COOP, Viale Tesei (vom Fährhafen stadtauswärts, auf der rechten Seite), großer Supermarkt, ideal für Selbstversorger. Mo–Sa 8–20.30 Uhr, So 8.30–13 Uhr. Der **CONAD-Supermarkt** schräg gegenüber ist nicht weniger groß und sogar bis 20.30 Uhr geöffnet.

Inselmarkt an der Einfallstraße Richtung Hafen (Viale Zambelli) jeden Freitag 8–13 Uhr.

Naturkosmetikladen, *Le Erbe*, Via Garibaldi 37 (nahe dem Rathaus).

Bücher und Zeitschriften, *Il Libraio*, gut sortierte Buchhandlung an der Calata Mazzini 9 (Hafenpromenade). Große Auswahl an deutschsprachiger Literatur zur Insel, Kartenmaterial, englisch- und deutschsprachige (Trivial-)Literatur, deutsche Tageszeitungen (vom gleichen Tag) sowie Magazine und Zeitschriften, auch Segel-, Surf-, und Tauchmagazine.

Musikgeschäft: Für Freunde italienischer Pop- und Schlagermusik bietet der Laden an der Piazza Repubblica eine große Auswahl an CDs, z. T. auch Vinyl, außerdem internationale Musik, Poster etc. Bis spät abends geöffnet.

Feste & Veranstaltungen

Alljährlich am 29. April findet am Hafen die große **Prozession** zu Ehren des Stadtpatrons *San Cristino* statt.

Am 5. Mai jedes Jahres **Gedenkgottesdienst** zum Todestag von Napoleon Bonaparte in der Chiesa della Misericordia.

Ende Juni bis Anfang Juli Mediterraneo Jazz Festival Elba.

Festival Oltremare, von Mitte Juli bis Anfang August.

Musica del Mondo, internationales Festival am ersten Augustwochenende.

Le Notti dell'Archeologia, die „Nächte der Archäologie", jedes Jahr in der ersten Juliwoche in der ganzen Toskana. Auf Elba finden neben Sonderausstellungen (im Archäologischen Museum von Portoferraio und in der Torre del Martello) auch diverse Vorträge statt. Nähere Infos im Archäologischen Museum, s. S. 112.

Festival Elba Isola Musicale d'Europa, Anfang bis Mitte Sept. Hauptsächlich Klassik, aber auch Jazz und Tanz, die Veranstaltungen finden zumeist im *Teatro dei Vigilanti*, im *Duomo* in der Altstadt und auf der Freilichtbühne *Auditorium Linguella* (bei der Torre Martello) statt, einige auch in der *Pisanischen Festung* von Marciana Alta und im *Duomo* von Rio nell'Elba. Ankündigungen u. a. in „ProntoElba", Informationen unter ✆ 0565/960157, ℻ 0565/917632 (*Consorzio Elba Promotion*).

Wechselnde Kunstausstellungen in der *Torre del Martello*, ansonsten ist der Turm nur von außen zu besichtigen.

Centro Arti Figurative e Visive Telemaco Signorini, städtische Ausstellungsräume an der Calata Mazzini (Hafenpromenade Richtung Darsena-Hafen). Wechselnde Ausstellungen zeitgenössischer elbanischer Künstler. Öffnungszeiten wechseln je nach Ausstellung, Eintritt frei.

Übernachten (siehe Karte Umschlagklappe vorne)

Die angegebenen Preise gelten für die Hochsaison (August). Wie auch in den meisten anderen Hotels der Insel sind die Zimmer außerhalb der Hauptsaison um 30–40 % billiger. Die Auswahl an Unterkünften im Stadtzentrum ist bescheiden, empfehlenswert ist es, zu den Hotels an den beiden Stränden *Le Ghiaie* und *La Padulella* auszuweichen. Frühzeitige Reservierung für die Hochsaison ist auch bei Hotels in der Hauptstadt absolut notwendig. Wenn Sie ein **Privatzimmer** suchen, wenden Sie sich entweder an die A.P.T. (→ siehe „Information", S. 98) oder an das Reisebüro Tesi Viaggi (→ „Information/Reiseagenturen", S. 98). Dort bekommen Sie ein komplettes Verzeichnis aller Privatzimmer und Appartements auf der Insel (mit Preisangaben).

** **L'Ape Elbana (8)**, das älteste Hotel Elbas, mitten im alten Zentrum an der Piazza della Repubblica und dabei nur wenige Minuten vom Stadtstrand Le Viste entfernt. Altmodische Einrichtung, hohe Räume, von den 24 renovierten Zimmern (alle mit Bad, die meisten auch mit Aircondition) z. T. netter Blick. Ristorante mit überdachter Terrasse, mittags und abends geöffnet, relativ günstig. DZ 110 €, Frühstück 10 € pro Pers. Salita Cosimo de'Medici (zwei Häuser neben dem Dom), 57037 Portoferraio (LI), ✆ 0565/914245, ℻ 0565/945985, apelbana@elba2000.it, www.ape-elbana.it.

*** **Massimo (24)**, am Fährhafen neben dem einzigen Hochhaus. Alle Zimmer mit Bad, Aircondition und TV, teilweise auch mit Balkon und Blick auf den Hafen. Freundlicher Service. EZ 95 €, DZ 170 €, Dreibett-Zimmer 210 €, Vierbett-Zimmer 240 €, Frühstück jeweils inklusive (mit Halbpension in der Hochsaison nur geringfügig teurer), in der Vorsaison bis zu 50 % günstiger. Calata Italia 23, 57037 Portoferraio (LI), ✆ 0565/91476, ℻ 0565/93011, www.elbahotelmassimo.com.

• *Außerhalb des Zentrums* * **Albergo Le Ghiaie (2)**, unser *Tipp* fürs kleinere Budget! Direkt am gleichnamigen Stadtstrand, überdachte Terrasse übers Meer gebaut, im Café (Snackbar) ist immer ziemlich viel los, zum Hotel gehören die Bagni Elba (Sonnenschirm- und Liegestuhlverleih). Recht schlicht, nette Atmosphäre, freundlich-resolute Besitzerin, eher jüngeres Publikum, ca. 500 m vom Zentrum. Nur wenige einfache und saubere Zimmer, alle mit Bad, TV und Terrasse (einige zum Meer hin), oft ausgebucht. Geöffnet 1. Mai bis 30. Sept. Im Zentrum ab Via Carducci/Piazza Citi beschildert. Für Portoferrraio geradezu günstig: EZ 65 €, DZ 90 €, Extrabett 16 € pro Pers. Frühstück gibt es in der dazugehörigen Bar (Cappuccino und Brioche). Via de Gasperi 6, Loc. Le Ghiaie, 57037 Portoferraio (LI), ✆/℻ 0565/915178, htleghiaie@elbalink.it.

*** **Acquamarina (3)**, verdient eigentlich ein extra Sternchen, unser Tipp! Im Ortsteil Padulella, gut 1 km vom Zentrum auf der rechten Seite (Straße an der Nordküste Richtung Enfola). Privates Ambiente, modern

Italo Bolanos Sextant am Hafen von Portoferraio

und geschmackvoll eingerichtete Zimmer, geräumig, alle mit Bad und Balkon (herrlicher Blick auf die grüne Bucht). Besonders schöne Terrasse, Bar, netter Service, gutes Preis-Leistungs-Verhältnis, ein Haus zum Wohlfühlen. Fußweg (ca. 200 m) zum Padulella-Strand mit Bar und Strandservice. März bis Okt. geöffnet. EZ 99–119 €, DZ 188–198 €, jeweils inkl. Frühstück (in der Nebensaison etwa die Hälfte). Wer Halbpension gebucht hat, nimmt das Abendessen in der dazugehörigen Villa Ombrosa (s. unten) ein. Loc. Padulella, 57037 Portoferraio (LI), ✆/℻ 0565/914057, www.hotelacquamarina.it.

*** **Villa Ombrosa (4)**, gegenüber vom Albergo Le Ghiaie, 30 m vom Strand (privater Abschnitt). Gepflegtes Haus mit gemütlicher Terrasse unter Schatten spendenden Bäumen, alles nicht mehr ganz neu. Komfortable, aber recht kleine Zimmer mit Bad, TV und Balkon (teilweise zum Meer). Gediegenes Hotel mit Ristorante, ganzjährig geöffnet. DZ mit obligatorischer Halbpension 224–244 €, EZ 132–142 €, in der Nebensaison erheblich günstiger. Loc. Le Ghiaie, 57037 Portoferraio (LI), ✆ 0565/914363, ℻ 0565/915672, www.villaombrosa.it.

Camping

Die Campingplätze liegen alle etwas außerhalb, die schönsten findet man westlich der Hauptstadt um das Capo d'Enfola. Pflanzenliebhabern sei der Platz **Rosselba le Palme** bei Magazzini/Ottone auf der anderen Seite der Bucht von Portoferraio empfohlen. Siehe die Abschnitte „Capo d'Enfola" (ab S. 121) und „Die Bucht von Portoferraio" (ab S. 126).

Essen & Trinken (siehe Karte Umschlagklappe vorne)

Stella Marina (18), was auf den ersten Blick nach überteuertem Touristenlokal aussieht, erweist sich als ausgezeichnetes und sehr beliebtes Fischrestaurant mit Tradition. Hervorragende Muschelsuppe mit Kräutern und frischer Petersilie, leckere Pasta (z. B. Ravioli mit Auberginen, Penne mit Meeresfrüchten usw.), gute Weine. Regionale Produkte sind in Slow-Food-Manier mit der Schnecke gekennzeichnet. Mittleres bis leicht gehobenes Preisniveau, Fischgerichte um 20 €. Einziges Manko ist die wenig idyllische Lage zwischen zwei Parkplätzen am Hafen – Blick auf die anlegenden Fähren inklusive. Mittags und abends geöffnet, Mo geschlossen. Via V. Emanuele II 1 (Banchina Alto Fondale), für abends Reservierung unter ✆ 0565/915983 empfehlenswert.

Da Lido (7), eines der besten Restaurants im Centro storico von Portoferraio, schöne, kleine Terrasse, gepflegter und überaus stilvoller Innenraum, zuvorkommender Service. Schwerpunkt Fisch, hervorragende Weinauswahl, gehobene Preisklasse. Nur wenige Tische auf der Terrasse, deshalb sollte man dringend reservieren. Nur abends geöffnet, Mo geschlossen. Salita Falcone 2, ✆ 0565/914650.

Trattoria La Barca (15), gediegenes Traditionsrestaurant der leicht gehobenen Preisklasse, in der ruhigen Via Guerrazzi gelegen. Von den Bewohnern der Stadt sehr geschätzt, besonders für Fisch und Meeresfrüchte. Große Weinauswahl. Nur abends geöffnet, Mi Ruhetag (nicht in der Hochsaison). Oft bis auf den letzten Platz besetzt, daher am besten reservieren unter ✆ 0565/918036. Via Guerrazzi 60-62.

Osteria Pepenero (19), neu eröffnetes Lokal in der Via dell'Amore und unser *Tipp*! Sehr freundliches Besitzerpaar, das sich um das Wohl seiner Gäste bemüht, unprätentiös und einfach nett. Wir probierten einen leckeren lauwarmen Polpo-Salat, Antipasti mit fünf Sorten Fisch und Tonatelli (dicke, tubenartige Nudeln) mit Scampi, Lauch und Safransauce – alles köstlich! Dazu wurde ein frischer weißer Hauswein serviert. Mittleres Preisniveau. Mittags und abends geöffnet, für abends besser reservieren, da nur wenige Tische draußen in der Gasse. Via dell'Amore 48, ✆ 0565/916240.

Osteria Libertaria (23), junges und ambitioniertes Lokal am Darsena-Hafen – mit gerade mal zwei Tischen zum Yachthafen und kleiner Terrasse gegenüber der ehemaligen Markthalle. Empfehlenswert fanden wir das Carpaccio di Pesce Spada (Schwertfisch) mit Birne, außerdem die Farfalle mit Langusten und Zucchini, das Thunfischfilet im Sesammantel ein Gedicht. Gute Küche und guter Hauswein, frische Salate, köstliche Nachspeisen wie z. B. die Crem Catalan, sehr freundlicher Service, wenn auch etwas teurer als das Pepenero: pro Pers. muss man für das Menü mit Hauswein ca. 30–35 € rechnen. Mittags und abends geöffnet. Calata Matteotti 12, ✆ 0565/914978.

Caffescondido (5), neben dem Teatro dei Vigilanti (Piazza Gramsci), etwas abseits vom Rummel. Nennt sich *EnOsteria*, also eine Mischung aus Enoteca und Osteria. Diverse Weine, auch glasweise, dazu eine überschaubare Karte mit Schwerpunkt Fisch, man kann hier auch ein ganzes Menü essen (ca. 25 €). Mittleres bis leicht gehobenes Preisniveau. Von der Terrasse Blick über die Stadt. Mittags und abends geöffnet, So mittags geschlossen. Via del Carmine 65, ✆ 340/3400881 (Handy).

Da Zucchetta (10), in dem stets gut besuchten Lokal in einem Eckhaus der Piazza della Repubblica wird neben der üblichen guten (und relativ günstigen!) Fisch- und Fleischküche auch echt neapolitanische Pizza aus dem Holzofen serviert (schon ab 5 €). Mittags und abends geöffnet, für abends besser reservieren unter ✆ 0565/915331. Piazza della Repubblica 40.

Il Garibaldino (13), neues Ristorante mit Pizzeria nahe der Porta a Mare, erfreut sich großer Beliebtheit. Hier gibt es auch mittags Pizza. Relativ günstig. Mittags und abends geöffnet, Calata Mazzini 1, ✆ 0565/914751.

• *Pizzerien* **L'Ombelico del Mondo (14)**, der „Nabel der Welt" liegt am Anfang der Via Carducci bei der Piazza Citi (Neustadt). Nur abends geöffnet, winzige Pizzeria und Bar, die Fototapete auf den Tischen macht Lust auf Strandleben. Schlichte Einrichtung, gute Musik, leckere *Schiaccine* (gefüllte Pizzafladen), günstig. Der Pizzaofen ist hier bis spätabends in Betrieb (nur abends bis 3 Uhr geöffnet).

Pizzeria La Cisterna (6), ein Stück unterhalb des Theaters in einer dunklen Seitengasse gelegen, von der Piazza Cavour geht es die steile Treppengasse hinauf. Urige, schlichte Einrichtung, mit überdachter Holzterrasse, günstige Holzofenpizza, auch Salate, Schiaccine, Calzoni. Netter Service, täglich nur abends ab 19 Uhr geöffnet, Via delle Conserve 8, ✆ 0565/918661.

• *Enoteche* **GustaVino (16)**, nicht sehr idyllisch liegt diese Enoteca in der Via Carducci 70. Ein Besuch lohnt dennoch, sei es zum Mittagssnack (Panini, wechselnde kalte und warme Gerichte, Salate, dazu ein Glas Wein) oder zum Einkauf toskanischer Weine (mit Schwerpunkt Elba versteht sich), darüber hinaus sind Grappa, Limoncino u. a. im Angebot. Angenehme, gemütliche Einrichtung (klimatisiert), freundlicher Service, nicht ganz billig. Tägl. 11–15 Uhr

Treffpunkte in der Altstadt: Porta a Mare und Piazza Cavour

Portoferraio
Karte Umschlagklappe vorne

und 17.30–23.30 Uhr geöffnet, So mittags geschlossen, ✆ 0565/918100.

Enoteca della Fortezza (21), im kühlen Gemäuer am unteren Ende des Forte Falcone, in einem Schießpulverlager von 1548, werden Weine und prodotti tipici der Insel angeboten: Degustation mit drei Weinen und Bruschetta 10 €; Flaschenweine ab 9 €, Grappa 20–25 €, Aleatico 20–30 €, Olivenöl ab 7 €, auch Liköre, Honig und Fisch, gleiche Preise wie beim Erzeuger. Einige Tische auch draußen. Di–So 11–15 und 18–24 Uhr geöffnet, im Winter eingeschränkt. Via Scoscesa (am oberen Ende der Porta a Terra die Straße hoch, dann links ab und durch das Tor), ✆ 335/8393722 oder 347/2741778 (mobil), www.enotecadellafortezza.com.

• *Cafés/Gelaterie* Man trifft sich abends in den zahlreichen Cafés an der Flaniermeile Calata Mazzini und an der Piazza Cavour.

Caffè Roma (11), das Traditionscafé der Stadt mit Eingängen von der Calata Mazzini (vom Hafen) und von der Piazza Cavour aus. Cocktailbar, Gelateria und Café, zum Aperitif werden kleine Snacks gereicht. Morgens bis spät abends geöffnet.

Ebenso zentral liegt die **Bar Kursaal (12)** an der Piazza Cavour 48. Schattige Terrasse mitten im Geschehen und einige ruhigere Plätze an der Rückseite des Hauses in der Via del Mercato Vecchio, in der Bar gibt es auch einige Snacks, Panini etc., überaus freundlicher Service.

Bar Bonini/Bar Centrale (17), in der Porta a Mare. Ganz hervorragendes Eis, wirklich typisch italienische, winzig kleine Café-Bar (es gibt auch zwei Tische), ideal für den Cappuccino zum Frühstück mit *Pasta* (süßes Gebäck).

Ausgezeichnetes Eis und Granita (Halbgefrorenes mit Fruchtpüree, z. B. Pfirsich, Erdbeere, Limone) gibt es auch beim Straßenverkauf **Zero Gradi (22)** am großen Hafenparkplatz an der Auffahrt zum Forte Falcone (Via Vittorio Emanuele II). Zu erkennen an der allabendlich langen Schlange davor.

• *Bars/Nachtleben* **Il Baretto (9)**, Calata Mazzini 21, tagsüber Café, abends eine der angesagtesten Cocktailbars der Stadt. Hochwertige Whiskys (6–8 €), Margaritas, Caipirinha etc. Bis spät nachts geöffnet, erfreut sich aber auch zum Aperitif allergrößter Beliebtheit. Draußen einige Tische, man sitzt gemütlich am Yachthafen, junges, überwiegend schickes Publikum.

Bar La Vela (20), nahe der Porta a Mare, tagsüber Café und abends Bar, zurzeit „place to be", Cocktails zu 6,50 €, oft bis auf den letzten Platz besetzt. Calata Matteotti 6, ✆ 0565/918817.

Sehenswertes in der Altstadt von Portoferraio

Beim Rundgang durch das *Centro storico* der Inselhauptstadt fallen zahlreiche historische Gebäude auf, die zumeist aus der Zeit der Medici stammen. Im Großen und Ganzen ist der Grundriss der Altstadt noch immer mit dem aus dieser Zeit identisch, dramatische Veränderungen im Erscheinungsbild haben – sieht man einmal von den wenigen Napoleonischen Bauwerken ab – nicht stattgefunden. Lediglich die breite Uferpromenade, die Calata am *Darsena-Hafen*, ist ein Werk aus der Mitte des 18. Jh.; das Hafenbecken war ab Mitte des 16. Jh. durch eine hohe Mauer begrenzt, die die Stadt somit geradezu hermetisch gegen Angriffe der von den Franzosen unterstützten türkischen Flotte schützte. Auch von dem Kanal, der sich westlich des Forte Falcone befand und die heutige Altstadt vom Rest der Insel trennte, ist nichts mehr zu sehen.

Der Zugang von der Meerseite, die *Porta a Mare*, stammt aus dem Jahr 1549 und liegt fast genau in der Mitte des Hafenbeckens. An Stelle der Uhr über dem Torbogen waren früher die Wappen der jeweils Herrschenden angebracht: zuerst das der Medici, später das der Lothringer und für kurze Zeit auch das Napoleons. Das Gegenstück zur Porta a Mare bildet die *Porta a Terra* aus demselben Jahr, die noch heute als tunnelartiger, etwa 30 m langer Durchgang unterhalb des Forte Falcone zu besichtigen ist.

Von der Porta a Mare gelangt man auf die lang gezogene *Piazza Cavour* und von hier rechter Hand zur ehemaligen Markthalle, in der sich unter den Medici die *Arsenali*, die militärische Schiffswerft, befanden. In dem 1575 entstandenen Bauwerk waren zwei *Galeazze* (Kriegsschiffe) untergebracht, drum herum siedelten sich Handwerksbetriebe und Fischhändler an. Später wurde das Gebäude mehrfach umgebaut, zuletzt vor einigen Jahren, als man hier den *Mercato Coperto* (Markthalle) der Stadt modernisierte und ihm dabei leider auch jeglichen Charme raubte. Mittlerweile steht die Markthalle leer und verödet.

Von der Markthalle über die Via dell'Amore und dann links ab in die Via Roma gelangt man zur – heute als Parkplatz genutzten – *Piazza della Repubblica*, an deren östlicher Stirnseite sofort der apricotfarben gestrichene *Duomo La Pieve* ins Auge fällt. Die Grundsteinlegung der Kirche geht auf das Jahr 1549 zurück. Unter *Cosimo I* diente das ehemals einschiffige Gotteshaus zunächst als Garnisonskirche, sein heutiges Erscheinungsbild erhielt es durch zahlreiche Anbauten im 17. und 19. Jh. Nach umfangreichen Restaurierungsarbeiten wurde die Kirche 1993 wieder eröffnet (ganztägig bis spätabends geöffnet).

Von der Piazza della Repubblica in westliche Richtung stößt man auf das *Municipio* (Rathaus) im *Palazzo Comunale*. In dem großen rosa Gebäude sind heute Stadtverwaltung und Polizei untergebracht. Unter dem Medici-Architekten Camerini entstand das imposante Bauwerk in den Jahren 1559–61 und diente zunächst als Warenlager und Zwieback- und Brotbäckerei, daher auch der Beiname „Biscotteria“. Im Innenhof des Rathauses sind zahlreiche Gedenktafeln angebracht, die an große Männer erinnern, die sich um Elba und ganz Italien verdient gemacht haben – oder zumindest mal einen Fuß auf die Insel gesetzt haben: der Revolutionär *Francesco Domenico Guerrazzi* (1804–1873), der in den Kerkern des Forte Falcone als politischer Gefangener einsaß; Freiheitskämpfer *Giuseppe Garibaldi* (1807–1882), der im Jahr 1849 dem Ort Cavo im Nordosten der Insel einen kurzen Besuch abstatte-

Autofrei und sehr beschaulich – am Hafen Darsena

Portoferraio
Karte Umschlagklappe vorne

te; *Giuseppe Mazzini* (1805–1872), neben Garibaldi einer der wichtigsten Unabhängigkeitskämpfer zur Zeit des *Risorgimento* und Vordenker des modernen italienischen Staats; der französische Dichter *Victor Hugo* (1802–1885), der einige Jahre seiner Kindheit auf der Insel verbrachte, sowie viele andere Inselpersönlichkeiten.

Vom Municipio führt die *Via Garibaldi,* früher wegen zahlreicher Gaststätten auch „Via del Buon Gusto" (Straße des guten Geschmacks) genannt, bergan. Gleich auf der Linken befindet sich die unscheinbare *Chiesa del Santissime Sacramento,* die ebenfalls unter Cosimo I. im Jahr 1551 entstand. Die Kirche befindet sich noch heute in Besitz der Sacramento-Bruderschaft und wurde 1945 in Teilen nach altem Vorbild rekonstruiert. Im überraschend prachtvoll ausgestatteten Inneren des Gotteshauses befindet sich eine Gedenktafel für die Kriegsgefallenen.

Auf der Via Garibaldi weiter die Treppen nach oben stößt man auf der rechten Seite auf die schlichte, aber dennoch elegante *Chiesa della Misericordia* (Kirche der Ehrwürdigen Barmherzigkeit) aus dem Jahr 1677. Das Gotteshaus gehörte einer Bruderschaft, deren Gründung auf das Jahr 1566 zurückgeht. Auffällig im Inneren die prachtvolle Orgel aus dem ausgehenden 18. Jh. und die Trompe-l'œil-Decke, die unseren Augen eine Kuppel vorspielt. Sehenswert außerdem die marmorne Balustrade, an der sich einst Napoleon in seiner Sommerresidenz in San Martino erfreute. Unter dem Altar liegen die Gebeine des Stadtpatrons *San Cristino*. Ein kleines Schmuckstück in Sachen Madonnenverehrung ist in der Seitenkapelle der Kirche untergebracht: Hier befindet sich eine Kopie der berühmten „Schwarzen Madonna" aus der *Casa Santa* von Loreto, eines der wichtigsten Pilgerziele Italiens bei Ancona in den Marken. Übrigens: Dem großen Bonaparte huldigt man hier alljährlich am 5. Mai mit einem Gedenkgottesdienst zu seinem Todestag. Die Kirche ist ganztägig geöffnet.

Museo della Misericordia

Das kleine Museum neben der gleichnamigen Kirche beherbergt vor allem Exponate, die an den Aufenthalt Napoleons erinnern. Hier hängt zum Beispiel eine der Drei-Bienen-Flaggen, die zu Ehren des Verbannten gehisst wurden. Weiterhin sind in den drei liebevoll hergerichteten Räumen unter anderem Hand und Totenmaske Napoleons aus Bronze zu sehen. Die Totenmaske wurde der Stadt im Jahr 1852 von *Anatoli Demidoff* (s. S. 116ff.) vermacht. Die Stücke wurden nach Gipsabdrücken gefertigt, die der Leibarzt von der Leiche des Kaisers genommen hatte. Ausgestellt ist auch der Sarg, in dem der große Kaiser von St. Helena nach Paris überführt wurde – es handelt sich allerdings um eine Kopie.

Sehenswert sind aber auch die Exponate, die nichts mit dem Kaiser und seinem Elba-Aufenthalt zu tun haben. Im ersten Raum finden sich nicht nur ein prächtiges Antiphonar (Liturgiebuch mit Wechselgesängen) von 1676 und die Gründungsurkunde des Ordens der Barmherzigkeit (Misericordia) aus dem Jahr 1566, sondern auch die aus Carrara-Marmor gefertigte „Madonna mit dem Kind", die *Tino Camaino* (14. Jh., Pisaner Schule) zugeschrieben wird.

Öffnungszeiten/Eintritt Von Ostern bis Ende Sept. Mo–Sa 9.30–12.30 Uhr, So geschlossen, Eintritt 1,50 €, Kinder unter 10 Jahren frei.

Von der Via Garibaldi in westliche Richtung gelangt man unweigerlich auf die Via Victor Hugo, die auf die kleine Piazza Antonio Gramsci führt. Von hier bietet sich der Blick auf touristisch wenig besuchte Altstadtgassen. Auffälligster Bau an der Piazza ist das rosa gestrichene *Teatro dei Vigilanti* (Theater der Wächter), das von Napoleon in Auftrag gegeben wurde. Ursprünglich befand sich hier eine Kapelle aus dem Jahr 1618, später eine größere Kirche. Diese wurde für das Theater geopfert, das Napoleon angeblich gar nicht gefallen hat, denn er soll zu dem Neubau bemerkt haben: „Ihr habt eine wunderschöne Kirche ruiniert, um ein hässliches Theater zu bauen". Auch der feierlichen Eröffnung des Theaters am 24. Januar 1815 blieb er fern und schickte stattdessen seine Schwester Paolina zu dem pompösen Ball. Dennoch, einen letzten Ball im Teatro dei Vigilanti gab der Exilkaiser vor seiner Abreise am 26. Februar 1815.

Bis 1954 wurden Opern und Operetten aufgeführt; nachdem die Stadt das Gebäude gekauft und restauriert hatte, finden hier heute Konzerte des *Festival Elba Isola Musicale d'Europa* (→ „Feste & Veranstaltungen", S. 101f.) statt. Das Theater kann aber auch außerhalb der Aufführungen besichtigt werden: Über drei Stockwerke kann man fast 65 Logen betreten, der Bühnenvorhang zeigt Apoll, ansonsten bleibt das Haus recht unspektakulär.

Öffnungszeiten Mitte April bis Ende Okt. Mo–Sa 9–13 Uhr, Eintritt 3 €, ermäßigt 2 € bzw. Biglietto cumulativo, s. unten; ✆ 0565/944024.

Mediceische Festungsanlagen (Fortezze Medicee)

Im Jahr 1548 begann *Cosimo di Medici* damit, sein „Cosmopoli", das spätere Portoferraio, zu errichten. Die Kernstücke der militärischen Stadtanlage waren die beiden Festungen Forte Stella (Sternenfestung) und Forte Falcone (Falkenfestung), die im gleichen Jahr begonnen wurden. Die Arbeiten waren nach nur rund zehn Jahren im Wesentlichen abgeschlossen; Ende des 17. Jh. fanden lediglich einige Erweiterungen statt.

Das *Forte Stella* in erhöhter Lage am östlichen Ende der Altstadt war durch eine in Teilen noch erhaltene Befestigungsmauer mit dem wesentlich größeren Forte Falcone verbunden. Ihren Namen erhielt die Sternenfestung durch den gezackten Grundriss, heute befinden sich innerhalb der Mauern private Wohnhäuser und der Leuchtturm von Portoferraio aus dem 18. Jh. Der Besuch lohnt nur bedingt – ein paar schöne Aussichtspunkte auf Portoferraio, auf Napoleons Villa Mulini und auf die Bucht, das war's. Dazwischen hängt Wäsche zum Trocknen auf der Leine, Kinderspielzeug liegt herum – innerhalb der Festungsmauern wird hauptsächlich gewohnt.

Öffnungszeiten Von April bis Okt. müssen Auswärtige zwischen 9.30 und 18.30 Uhr 1,50 € Eintritt bezahlen (Kinder unter 12 Jahren frei), abends und nachts ist die Anlage ihren Bewohnern vorbehalten.

Forte Stella von oben – der Leuchtturm

Die Besichtigung des *Forte Falcone*, das die Trennungslinie zwischen Alt- und Neustadt markiert, beschränkt sich auf den äußeren Verteidigungsring. Die Festung selbst, das Kernstück auf dem höchsten Punkt der Mediceischen Anlage, wird derzeit renoviert und ist dementsprechend nicht zu besichtigen; der Aufstieg zum ehemaligen Haupttor über die *Via del Falcone* lohnt nur bedingt (wenn, dann der Aussicht wegen). Gut erhalten und durchaus besuchenswert sind hingegen die trutzigen Außenmauern der Festung. Der Pirat *Dragut* sah übrigens nach der Begutachtung des Bollwerks vorsorglich von einem Angriff auf die Festung ab. Auf dem Gelände der Festung befindet sich eine kleine Parkanlage, von der sich immer wieder schöne Blicke über die Altstadt und den Hafen sowie die Buchten an der Nordküste der kleinen Halbinsel von Portoferraio bieten. Auf einer der unteren Terrassen gibt es einen kleinen Spielplatz und weiter oben Tische und Bänke, die zum Picknick oder einfach nur zum Relaxen einladen. In die Festungsanlage gelangt man vom modernen Hafen aus durch die *Porta a Terra*, Zugang am oberen Ende der Via Guerazzi (beschildert).

Öffnungszeiten März–Okt. tägl. 9.30–19.30 Uhr, 15.6.–15.9. 9–20 Uhr, Eintritt 3 €, ermäßigt 2 €, Kinder frei.

Kombiticket: Das **Biglietto Cumulativo** zum Preis von 5,50 € erlaubt Ihnen freien Eintritt zu folgenden Sehenswürdigkeiten: Forte Stella, Forte Falcone, Archäologisches Museum (Linguella), Teatro dei Vigilanti. Erhältlich bei den jeweiligen Kassen.

Villa dei Mulini/Palazzina dei Mulini (Museo napoleonico)

Seine Stadtresidenz wählte Napoleon in allerbester Lage in der Oberstadt zwischen den beiden Festungen. An der Stelle von ehemals vier mediceischen Mühlen (= Mulini) befanden sich bei Ankunft des Exilkaisers die heruntergekommenen Offiziersquartiere des Pionierkorps. Nicht die Baulichkeiten, sondern die exponierte und gleichzeitig geschützte Lage war der Grund, dass Napoleon sich hier häuslich niederließ; zudem hatte er nach seiner Ankunft am 4. Mai 1814 zunächst in einem eiligst hergerichteten Appartement im heutigen Rathaus untergebracht werden müssen, einer Unterkunft, die dem kaiserlichen Standard in keiner Weise gerecht wurde. Die *Villa dei Mulini* wurde in nur zwei Wochen Renovierung und Erweiterung so weit hergerichtet, dass Napoleon einziehen konnte, endgültig abgeschlossen waren die Arbeiten an dem Gebäude allerdings erst im September 1814. Während Napoleon selbst im Erdgeschoss der Villa residierte, wurden die Räumlichkeiten des oberen Stockwerks von seiner Lieblingsschwester *Paolina Borghese* bewohnt. Vom ursprünglichen Mobiliar der Villa, das zum Großteil von Napoleons Schwester *Elisa* aus Piombino gestiftet wurde, ist nur noch wenig Originales erhalten. Die meisten Möbelstücke stammen zwar aus Napoleons Zeit, jedoch nicht aus seinem persönlichen Besitz; ausgestellt sind außerdem einige Kopien.

Im Garten der Villa dei Mulini – Napoleons Stadtresidenz

Rundgang: Die Besichtigung der Villa dei Mulini beginnt im *Empfangsraum* der Offiziere, von dem aus man in die verhältnismäßig prachtvoll ausgestattete *Galerie* gelangt, den Empfangsraum für inoffizielle Besucher. Neben dem Arbeitszimmer Napoleons und der Bibliothek mit über 2000 Büchern – darunter auch Boccaccios „Decamerone“ und Rousseaus „Nouvelle Heloïse“ – ist auch das Schlafzimmer des Kaisers zu besichtigen. Zu Napoleons Zeit befanden sich hier außerdem Portraits seiner engsten Familienangehörigen. Im *Vorzimmer* schließlich eine Reihe von Gemälden aus dem Ersten Kaiserreich und Stiche von Portoferraio.

Eindrucksvollster Raum im Obergeschoss ist der große *Salon,* den Paolina selbst entscheidend mitgestaltet hat. Von hier bietet sich ein schöner Blick sowohl auf die Altstadt als auch auf den kleinen Garten der Villa und das Meer. Im Salon befindet sich auch das prunkvolle kaiserliche Bett, dessen Kopfende von einem goldenen

Baldachin überdacht ist – Napoleons Mutter hat es aus Sorge um die angemessene Bettruhe ihres Sohnes eigens aus Paris nach Elba schaffen lassen. Die Verzierungen am Bett sind übrigens „nur" vergoldet. Die Marmorbüsten im Salon stellen Paolina und den Kaiser als 30-Jährigen dar. In den Nebenräumen weitere Büsten und Portraits von Verwandten, in einem kleinen Nebenzimmer des großen Salons ist das eher bescheidene „Feldbett" des Kaisers samt Schlachtgepäck zu besichtigen.

Wirklich herrlich ist der schattige *Garten* der Napoleonischen Stadtresidenz: eine Terrasse hoch über der steil abfallenden Küste mit Blick auf den Leuchtturm des Forte Stella, das Inselchen Scoglietto und bis zum toskanischen Festland. Sehr gepflegte, grüner Parkanlagen, Steinbänke laden zum Sitzen ein. Der Kaiser soll von der kleinen Steinbank an der Mauer immer wieder wehmütig zu seiner Heimatinsel Korsika hinübergeblickt haben.

• *Öffnungszeiten* März bis Mitte Okt. tägl. 9–19 Uhr, an Sonn-/Feiertagen 9–13 Uhr, dienstags geschlossen. Im Winter eingeschränkte Öffnungszeiten. Eintritt 3 €, unter 18 und über 65 Jahren frei, Jugendliche zwischen 18 und 25 Jahren zahlen 1,50 €. Das **Kombiticket** für die beiden Napoleon-Museen Villa dei Mulini und Villa San Martino (siehe S. 116ff.) kostet 5 € (ermäßigt 2,50 €) und ist drei Tage gültig. ✆ 0565/915846.

Portoferraio
Karte Umschlagklappe vorne

Pinacoteca Foresiana im Centro Culturale De Laugier

Die Pinakothek ist im ersten Stock eines ehemaligen Franziskanerklosters von 1558 untergebracht, dessen Gründung ebenfalls auf *Cosimo I di Medici* zurückgeht. Anfang des 19. Jh. wurde es zur Kaserne umfunktioniert, die später nach *Cesare de Laugier*, einem der Offiziere Napoleons, benannt wurde. Mittlerweile ist hier die Privatsammlung von *Mario Foresi* (1849–1932) untergebracht, einem bedeutenden Literaten und Mäzen der Insel, der der Stadt neben seinen Bildern auch noch eine Privatbibliothek mit rund 40.000 Bänden vermacht hat. Die Foresis spielten im kulturellen Leben in der Toskana des 19. Jh. eine nicht unbedeutende Rolle und machten sich v. a. als Kunstsammler einen Namen.

Zu sehen sind in der Pinacoteca im ersten Stock des Centro De Laugier zahlreiche Landschaftsansichten von Elba und Portoferraio, Portraits der Familie Foresi, zeitgenössische Kopien großer Meister (z. B. von *Botticelli*), Karikaturen des florentinischen Malers *Emilio Lapi* (1814–1898) sowie weitere, z. T. romantische Landschaftsbilder und Stadtansichten von Rom, Florenz, Livorno etc. Interessant ist im letzten Raum die große Darstellung des Forte Falcone aus dem 17. Jh. Die Gemälde stammen zum Großteil aus dem 18. und 19. Jh., des Weiteren zählen zu den Exponaten einige religiöse Darstellungen aus dem 16. Jh. Die Pinakothek besitzt außerdem zahlreiche Bilder der elbanischen Maler *Pietro Senno* (1831–1905) und *Giuseppe Mazzei* (1867–1944). Hübsche Möbel aus dem 19. Jh. und Radierungen runden die äußerst sehenswerte und sorgfältig aufgebaute Ausstellung ab, die eine gute Vorstellung von Elba in früheren Jahrhunderten vermittelt. Einen Blick wert sind auch die alten Ansichten von Portoferraio und der ganzen Insel aus der Frühzeit der Fotografie: In der *Sala San Salvatore* im Erdgeschoss des Centro Laugier hat man hier eine sehenswerte Fotosammlung arrangiert, z. B. die Bucht von Lacona mit exakt einem Haus darauf, Abbildungen von den Anfängen des Badebetriebes von Le Ghiaie oder aber dem Thunfischfang bei Enfola.

Öffnungszeiten **Pinacoteca Foresiana**: Di undDo 9–12 Uhr, Eintritt 3 €, ermäßigt 2 €; **Biblioteca Foresiana**: Mo, Mi, Fr 9–12 Uhr und Di, Do 15–18 Uhr, Eintritt frei. ✆ 0565/937371. **Sala San Salvatore**: Mo–Fr 8–13 Uhr und Di und Do 15–17.30 Uhr, Eintritt frei.

Römische Villa und Torre del Martello

Archäologisches Museum (Museo Civico Archeologico)

Das Archäologische Museum befindet sich auf dem Gelände der ehemaligen *Fortezza della Lingua* an der *Linguella,* dem „Zünglein" von Portoferraio. Zu Zeiten der Medici im 16. Jh. befand sich an der Landzunge neben Forte Falcone und Forte Stella die dritte Festung der Stadt, einziges Überbleibsel davon ist die wuchtige *Torre del Martello* (Hammerturm) aus dem Stadtgründungsjahr 1548, der Turm erhebt sich unübersehbar am östlichen Hafenende (bei Ausstellungen im Turm tägl. 18–24 Uhr geöffnet). Die Befestigungsmauern der Medici wurden im Zweiten Weltkrieg durch das Bombardement der Alliierten zerstört. Neben dem Martello-Turm sind die äußerst spärlichen Reste einer römischen Villa aus dem 1. Jh. v. Chr. zu sehen. Die Besichtigung lohnt nur für speziell Interessierte.

Besichtigung: Das großzügig auf zwei Etagen untergebrachte Museum beherbergt u. a. Funde aus der nahe gelegenen zweiten römischen Villa *Le Grotte* (s. S. 128f.), außerdem Mosaikfragmente und marmorne Dekorationsstücke sowie Amphoren aus dem 7.–5. Jh. v. Chr. aus der Gegend um Elba, Montecristo und Capraia. Die Amphoren, wichtigste Gefäße der Antike, stammen z. T. aus gestrandeten oder gesunkenen Handelsschiffen griechischer, phönizisch-punischer und römischer Seefahrer – Elba lag an einer wichtigen Handelsroute der damaligen Zeit. Die schönsten und am besten erhaltenen Amphoren sind im oberen Stockwerk effektvoll unter Arkaden ausgestellt und beleuchtet.

Des Weiteren sind Kleinfunde aus etruskischer und römischer Zeit zu sehen, auch Schmuck, Kochgeräte und kleinere (Trink-)Gefäße. Neben den antiken Überresten der Insel Elba, u. a. eine Grabstele aus Seccheto (2. Jh. n. Chr.) sowie verschiedene Funde aus der Gegend um Procchio, Sant'Andrea, Chiessi, Capoliveri und Porto

Azzurro, sind hier auch Funde römischer Siedlungen auf den Nachbarinseln Montecristo und Capraia ausgestellt (1.–3. Jh. n. Chr.).

Ein großes Lob an die Ausstellungsregie: Schautafeln führen anschaulich in das Transportwesen der Antike und die wichtigen Handelswege ein. Man erfährt viel über den Mittelmeerhandel im Allgemeinen, aber auch Spezielles, z. B. über den antiken Weinhandel oder die Eisenverarbeitung bei den Etruskern und den Römern. Die Exponate sind detailliert beschrieben und gut ausgeleuchtet, die Erklärungen sehr ausführlich – allerdings leider nur auf Italienisch. Interessierten sei der Kauf des englischsprachigen Museumsführers empfohlen.

• *Öffnungszeiten/Eintritt* Das Museum ist von Ostern bis 31. Okt. geöffnet: 10–13 Uhr und 15.30–19 Uhr, Do geschlossen. In der Hochsaison von 15. Juni bis 15. Sept. täglich 9–14.25 Uhr und 18–24 Uhr. Eintritt 3 €, Kinder unter 12 Jahren 2 €. Calata Buccari, ✆ 0565/944024 oder 0565/945528.

Die Umgebung östlich von Portoferraio finden Sie im Abschnitt „Die Bucht von Portoferraio" ab S. 126, nach Nordwesten zum Baden kommen Sie beim „Capo d'Enfola/Viticcio" auf S. 121, und die westliche Nachbarschaft von Portoferraio ist unter der Überschrift „Biodola-Bucht/Scaglieri-Buch" ab S. 124 zu finden.

Spiaggia Le Viste, der kleine Stadtstrand von Portoferraio

Baden in und um Portoferraio

Portoferraio ist zwar nicht gerade ein Badeort, aber die beiden Stadtstrände an der Nordküste sind so schlecht nicht. Der Hauptstrand *Le Ghiaie* (nordwestlich der Stadt), heißt auf Deutsch „die Kiesel", und der Name ist durchaus zutreffend. Abends ist die breite Promenade mit ihren Restaurants und Bars (nebst kleinem Park) ein beliebter Treffpunkt, der Strand liegt schließlich nur knapp 500 m vom Zentrum entfernt.

Attraktiver, aber weniger besucht ist der kleine Stadtstrand *Le Viste* (Sand und Kiesel) direkt unterhalb der mediceischen Festungsmauern. Mit einfachem Terrassenrestaurant (Ristorante-Bar Le Viste, ✆ 0565/914405, nur im Sommer) und Strandservice, von der Altstadt aus erreicht man den Strand über einen steilen Fußweg unweit der Villa dei Mulini. Blick auf die vorgelagerte Insel Scoglietto – das „Klippchen".

Strände westlich von Portoferraio: Etwa 800 m vom Zentrum entfernt liegt, beidseitig von steilen Felsen eingerahmt, die ruhige Kiesbucht *La Padulella*. Glasklares, türkis schimmerndes Wasser, allerdings wird häufig doch recht viel Seetang angeschwemmt. Mit Sonnenschirm- und Liegestuhlverleih, allerdings ohne Strandbar.

Weitere Bademöglichkeiten finden sich in den vielen kleinen Kiesbuchten entlang der teils steilen Nordküste in Richtung Capo d'Enfola, z. B. am *Capo Bianco*: Etwa 200 m nach dem Hotel Acquamarina (Straße Richtung Enfola) geht es rechts ab (beschildert), vom gebührenpflichtigen und an Sommerwochenenden meist hoffnungslos überfüllten Parkplatz (5 €/Tag, halber Tag 3 €) führen Stufen links hinunter zum sauberen Strand vor der steil aufragenden Felswand des Capo Bianco (vom Parkplatz rechts hinunter geht es zur Spiaggia Padulella). Große, weiße Kiesel, man sollte sich daher eine weiche Unterlage mitbringen, am Strand gibt es einen Sonnenschirm- und Liegestuhlverleih, des Weiteren werden Tretboote und Kanus angeboten, leider fehlt auch hier eine Bar. Das Meer am Capo Bianco ist türkis und glasklar, ideal für Schnorchler.

Es folgen in westlicher Richtung die Buchten *Sottobomba*, *Seccione (Prunini)*, *Acquaviva* und *La Sorgente (Acquavivetta)*, die beiden Letzteren recht klein und durch die angeschlossenen Campingplätze relativ stark frequentiert (zu den Campings siehe auch S. 122f.).

Eine der schönsten Buchten westlich von Portoferraio ist die etwas größere *Sansone-Bucht*: weißer Kies und türkisblaues Wasser. Zu erreichen von La Sorgente über einen Fußpfad an der Steilküste entlang (in westlicher Richtung). Die Bucht ist nur selten überfüllt, Vorsicht jedoch mit Kindern: der Pfad zum Strand ist nicht gesichert. Sonnenschirm- und Liegestuhlverleih, Tretboote und Kanus, ein kleiner Verkaufsstand für Getränke und Eis befindet sich am unteren Ausgang des Camping La Sorgente.

• *Anfahrt* Auf der Straße Richtung Enfola geht es zwischen den Campingplätzen Acquaviva und La Sorgente rechts auf einer schmalen Straße hinunter zur Spiaggia Sansone (beschildert). **Parken** muss man allerdings schon weiter oben am Straßenrand, dann gut 15 Minuten zu Fuß: zunächst auf besagter schmaler Straße an einer Handvoll Häuser vorbei, dann links hinunter auf einen staubigen Pfad, der schließlich die Bucht von Sorgente erreicht. Hier links den Pfad weiter am Camping vorbei und über einen schmalen Pfad an der Steilküste entlang zur Nachbarbucht Sansone.

Portoferraio/Umgebung
Karte S. 114/115

Sehenswertes im Hinterland von Portoferraio

Museo Italo Bolano/Giardino dell'Arte

Eine Symbiose zwischen Kunst und Natur herzustellen ist die Idee, die hinter dem Open-Air-Museum des zeitgenössischen Künstlers *Italo Bolano* steht. In einem kleinen Park im Tal von San Martino hat der gebürtige Elbaner quasi sein gesamtes Lebenswerk ausgestellt: 19 große Keramik-Konstruktionen, deren mediterraner Charakter nicht zu übersehen ist und die sich kontrastreich und harmonisch zugleich in das verschwenderische Grün des schönen Kunstparks einfügen. Nach den Worten ihres Schöpfers Italo Bolano sollen die Keramikarbeiten in der mediterranen Kulturlandschaft „erblühen" und im jahreszeitlichen Wechsel in jeweils neuen Perspektiven erscheinen.

Bolanos abstrakte Werke sind von Kandinsky, Picasso und Paul Klee inspiriert, den größten Einfluss auf seine Arbeit aber nimmt nach eigenen Aussagen seine Heimatinsel Elba selbst, deren Mittelmeerflair er in intensiven Farben künstlerisch umsetzt. Weitere große Keramiken von Bolano sind auch auf Plätzen der Inselorte Portoferraio, Porto Azzurro, Capoliveri, Marciana Marina und Marina di Campo ausgestellt. Zu den bedeutendsten Arbeiten des 1936 in Portoferraio geborenen Künstlers zählen seine Zyklen über das Leben Napoleons und zu den Werken des Dichters Mario Luzi.

Zum 1993 eröffneten Giardino dell'Arte, der an ein bereits im Jahr 1965 gegründetes *International Art Center* angeschlossen ist, gehört auch eine kleine Galerie mit Aquarellen, Öl- und Acrylbildern, eine Keramikwerkstätte (hier werden im Sommer auch Kurse angeboten) sowie das Atelier von Bolano, in das alle Interessierten gerne einen Blick werfen dürfen – Kunst zum Anfassen.

Ein wenig Sonne, ein wenig Mond: Keramik in Italo Bolanos Giardino dell'Arte

Den bekannten Künstler selbst trifft man im Sommer meist in seinem Kunstgarten an, und im Juli und August hat man jeden Donnerstagabend (ab 21 Uhr) sogar die Gelegenheit, ihn persönlich kennen zu lernen und in kleiner Runde über Kunst und Kultur zu diskutieren – allerdings nur auf Italienisch, was den Kreis der potenziellen Gesprächsteilnehmer leider etwas einschränkt. Gelegentlich ist jedoch jemand dabei, der zumindest ins Englische übersetzt.

- *Öffnungszeiten* 1. Juni bis ca. 15. Sept. 10–13 Uhr und 16–19.30 Uhr, So geschlossen. Eintritt frei.
- *Keramikkurse* Werden von 1. Juli bis ca. 10. Sept. angeboten, Abendkurse (L'Esperienza Raku) zu 15 €, weitere Kurse auf Anfrage. Infos unter ✆ 0565/914570 oder 347/6434610 (mobil).
- *Anfahrt* Von Portoferraio kommend gleich nach der Abzweigung von der Straße nach Procchio zur Villa San Martino (Villa Napoleone) weist ein gelbes Schild zum Open-Air-Museum. Über kleine Feldwege geht es weiter (dabei immer der Beschilderung folgen).
- *Einkaufen* Man kann kleinere Keramiken (5–25 €), Glasarbeiten/Mosaiken sowie Öl-, Acryl- und Aquarellbilder (Letztere ab ca. 300 €) des Künstlers kaufen – große Auswahl in verschiedenen Preislagen. Weitere Informationen über Bolano finden Sie im Internet unter www.italobolano.com.

Die Villa Napoleons in San Martino

Eines vorneweg: Das Reizvollste an Napoleons Sommerresidenz im hinteren Teil des Tales San Martino ist sicherlich die idyllische Lage, leicht erhöht und mit fürstlichem Blick über die Insel bis zum Meer. Die kleine Landvilla selbst wird von der unterhalb angebauten *Galerie Demidoff* bei weitem in den Schatten gestellt. Auch die prachtvolle Auffahrt zu dem Anwesen und das gusseiserne Tor mit den vergoldeten kaiserlichen Adlern lässt mehr erwarten, als Napoleons Sommerfrische schließlich zu bieten hat.

Ein bescheidenes Landhaus: Napoleons Residenz im Valle San Martino

Napoleon wurde es im Sommer 1814 in Portoferraio zu heiß, ein Landsitz musste her. Vermutlich beim Ausreiten entdeckte er den nur 6 km entfernten ehemaligen Bauernhof im kühlen und wasserreichen *Valle San Martino,* kaufte ihn für 180.000 Francs und ließ das Gebäude flugs zur repräsentativen Landvilla umbauen.

Besichtigung: Vorzimmer, Schlafzimmer und Studierzimmer wirken etwas dürftig. Vom ehemaligen kaiserlichen Luxus ist heute beim Rundgang nicht mehr viel zu spüren. Beim Mobiliar handelt es sich größtenteils um Imitationen, da fast der ganze Besitz von den Erben verkauft wurde. Die einzige Überraschung ist das Speisezimmer, der etwas kitschige *ägyptische Saal:* antikisierende Trompe-l'œil-Gemälde, gemalte ägyptische Skulpturen und die Darstellung des Ägypten-Feldzugs aus glorreicheren Tagen des Kaisers. Über der Tür der vergoldete Original-Schild Napoleons mit dem Adler als Symbol der kaiserlichen Macht, die Decke des Speisesaals schmückt ein gemalter Himmel, in der achteckigen Vertiefung in der Mitte des Raums waren Blumen angeordnet. Zur Besichtigung der Villa gehört auch das ansprechende kleine Badezimmer im Untergeschoss mit Wanne, Kamin und dem Wandbild einer Badenden (nur durch das Fenster einsehbar). Die derzeit laufenden umfangreichen Restaurierungsarbeiten des Landsitzes sollen im Jahr 2010 abgeschlossen sein.

Weit prachtvoller als die Villa von San Martino ist – zumindest von außen – das ihr vorgelagerte Gebäude, die *Galerie Demidoff.* Anatoli Demidoff, bedeutender Kunstsammler im 19. Jh., war ein glühender Verehrer des Kaisers. Ob die Bewunderung für Napoleon der Grund für die Heirat mit dessen Nichte Matilde (der Tochter von Jerome Bonaparte) war, sei dahingestellt; die Ehe, die Demidoff nebenbei auch noch einen Fürstentitel einbrachte, hielt jedenfalls nur sechs Jahre, und nach der Trennung von Matilde im Jahr 1846 erwarb Anatoli die Villa San Martino und ließ hier die Galerie im neoklassizistischen Stil errichten. Das Gebäude ist einem dorischen Tempel nachempfunden, sein einziger Schmuck am Fries ist ein skulptiertes Band

Auffahrt zur Galerie Demidoff

aus lauter „N"s (für Napoleon) im Wechsel mit dem Bienenwappen (für die fleißigen Elbaner). 1859 wurde die Galerie nach achtjähriger Bauzeit eröffnet, zu den Exponaten zählten bereits damals Erinnerungsstücke aus dem Privatbesitz Napoleons, die Demidoff schon während seiner Ehe mit Matilde erstanden hatte, die jedoch später von seinen eigenen Erben zum Großteil wieder verkauft wurden. Das letzte Stück der Napoleon-Sammlung fiel in den 1960er Jahren bei Sotheby's in London unter den Hammer.

1932 erwarb der italienische Staat das repräsentative Gebäude und brachte hier zwischenzeitlich die Collezione Foresiana (jetzt *Pinacoteca Foresiana* im Centro de Laugier siehe „Portoferraio/Sehenswertes", S. 111) unter, heute bildet das feierliche Ambiente der Galerie den Rahmen für klassische Konzerte. Des Weiteren sind hier immer wieder wechselnde Ausstellungen zum Thema Napoleon zu sehen.

Zu den ständigen Ausstellungsstücken der Galerie zählen alte Stiche aus der Zeit des Kaisers (Napoleon im Krönungsornat, aber auch bei der verheerenden Schlacht von Waterloo) sowie zahlreiche Karikaturen des kleinen Korsen. Prachtstück der Ausstellung ist zweifelsohne die von *Antonio Canova* (1757–1822) aus weißem Marmor gearbeitete „Galatea", für die Napoleons Lieblingsschwester Paolina persönlich Modell saß.

Am Parkplatz bieten zahlreiche Souvenirstände Napoleon-Souvenirs an, in den Imbissbuden nebenan werden Erfrischungsgetränke und Panini verkauft.

• *Verbindungen/Anfahrt* Etwa stündlich **Busse** von und nach Portoferraio (Linea 1 bzw. Lineablu), Abfahrt an der Calata Italia. Die Napoleon-Residenz liegt ca. 10 Autominuten von Portoferraio entfernt, zunächst Richtung Procchio, dann links ab (Beschilderung San Martino). **Parken** kostet pauschal 2 € (9–19 Uhr).

• *Öffnungszeiten Villa & Galerie* Di–Sa 9–19 Uhr, So 9–13 Uhr, Mo geschlossen. Eintritt 3 €, Kinder und Jugendliche unter 18 sowie Rentner über 65 Jahren frei, 18- bis 25-Jährige 1,50 € (gilt nur für EU-Bürger). Die kombinierte Eintrittskarte für beide Napoleon-Museen (siehe „Portoferraio/Villa dei Mulini", S. 110f.) kostet 5 € (ermäßigt 2,50 €) und ist drei Tage gültig. Fotografieren ohne Blitz ist erlaubt, Filmen verboten.

In der Biglietteria kann man auch einen Museumsführer zu den Napoleon-Residenzen kaufen.

• *Übernachten* Gleich neben der Auffahrt zur Villa befindet sich das luxuriöse **** **Park Hotel Napoleone**, das nach einer langen Phase der Renovierung wieder seine Pforten geöffnet hat – der Kaiser würde heute sicherlich lieber hier nächtigen als in dem bescheidenen Landhaus oberhalb. Wuchtiger Palazzo im Stil der Neorenaissance, umgeben von einem schattigen Park, mit Pool und Ristorante (für Hausgäste); am noblen Biodola-Strand ist ein Abschnitt für das Hotel reserviert (im Sommer 4x tägl. Shuttle-Bus). In der Hochsaison Mindestaufenthalt 7 Nächte. EZ 125 €, DZ 227–262 €, Dreibett-Zimmer 360 €, Frühstück inkl. Anfang April bis Mitte Okt. geöffnet. 57037 San Martino di Portoferraio (LI), ✆ 0565/911111, 📠 0565/917836, www.parkhotelnapoleone.it.

*** **Il Caminetto**, gegenüber vom Parkplatz, angenehme Zimmer mit Bad, TV, Terrasse oder Balkon, zum Hotel gehört ein Pool mit Liegewiese (Stühle und Schirme vorhanden), angeschlossenes Restaurant mit gemütlich-rustikalem Speisesaal, dazu eine nette Terrasse mit Blick auf die Bucht von Portoferraio. Geöffnet Anfang April bis Ende Okt. DZ mit obligatorischer Halbpension in der Hochsaison 188 € (EZ 110 €), das DZ mit Frühstück kostet im Juli 104 €. Loc. San Martino, 57037 Portoferraio (LI), ✆ 0565/915700, 📠 0565/915271, www.hotelilcaminetto.it.

Casa Castiglioncello, Appartements in einsamer Lage auf dem Hügel – rustikale und gemütliche Einrichtung, absolut ruhig, genau das Richtige für Erholungssuchende, die die Natur dem Strandrummel vorziehen. Anfahrt: Die Straße zur Villa Napoleone (San Martino) nehmen, nach der Abzweigung zum Museo di Italo Bolano die erste Möglichkeit links ab (bei einer Mülltonne, nicht beschildert), auf einen Feldweg, kurz darauf (bei den Briefkästen) nach rechts, von hier 900 m auf holprigem Feldweg den Berg hinauf – die Straße ist für tiefer gelegte Autos ungeeignet. Das 4er-Appartement (zwei Schlafzimmer und große Wohnküche) kostet im August 90 €/Tag, das 2er-Appartement 70 €, das 6er-Appartement 120 €, Hund einmalig 15 €. Loc. San Martino, 57037 Portoferraio (LI), ✆ 0565/933560, www.casacastiglioncello.com.

Wanderung 1: In den Hügeln um San Martino

Überwiegend im Wald verläuft diese einfache Rundwanderung über die Hügel rund um die Napoleon-Villa von San Martino, dazwischen eröffnen sich immer wieder herrliche Blicke auf das Tal von San Martino und auf die Bucht von Procchio.

Mittels **GPS kartierte Wanderung**
Waypoint-Dateien zum Downloaden unter:
www.michael-mueller-verlag.de/gps/homepage.html

Anfahrt: wie zur Villa Napoleone. Von Portoferraio Richtung Procchio, dann rechts ab nach San Martino (beschildert) und geradewegs in das Tal hinein.

Versorgungsmöglichkeit: teure Bars am Ausgangs- bzw. Endpunkt der Wanderung, ansonsten keinerlei Versorgungsmöglichkeiten.

Kurzbeschreibung: Leichte Wanderung überwiegend im Schatten des Mischwaldes, meist auf Waldpfaden und Forstwegen, als Mountainbikestrecke nur bedingt geeignet. Nach zunächst etwas anstrengendem Aufstieg geht es auf der Höhe an Monte Barbatoia und Monte San Martino entlang und schließlich über den Monte Pericoli zurück hinunter ins Tal. Gesamtdauer: ca. 2,5 Std., Länge: ca. 7 km, Höhenunterschied: ca. 480 m.

Karte: s. S. 120, zu empfehlen außerdem: Reise- und Wanderkarte Insel Elba (Nr. 502), 1:25.000, Edizioni Multigraphic, Florenz. Für 6 € im Buchhandel der Insel erhältlich (z. B. bei *Il Libraio* in Portoferraio, siehe S. 101).

Ausgangspunkt der Wanderung ist das Park Hotel Napoleone **(WP 01)**. Gegenüber dessen Einfahrt führt zwischen Souvenirständen eine asphaltierte Straße in südwestliche Richtung und geht in einen Schotterweg über. Eine Abzweigung nach 200 m ignorierend, geht es auf einem Steinweg leicht bergauf und in den Wald hinein. Nach ca. 15 Min. gelangt man zu einer Weggabelung **(WP 02)** mit Rastplatz, Tischen und Bänken (rechter Hand eine zugewachsene Brücke), hier geradeaus weiter und an der Schranke vorbei den Waldweg hinauf, der bald darauf in Serpentinen steiler bergauf führt. Nach weiteren 30 Minuten stetigen Aufstiegs erscheint eine Infotafel **(WP 03)** mit einigen Sitzbänken, von der aus man den rechten Pfad bergauf einschlägt. Auf schmaler werdendem Waldpfad

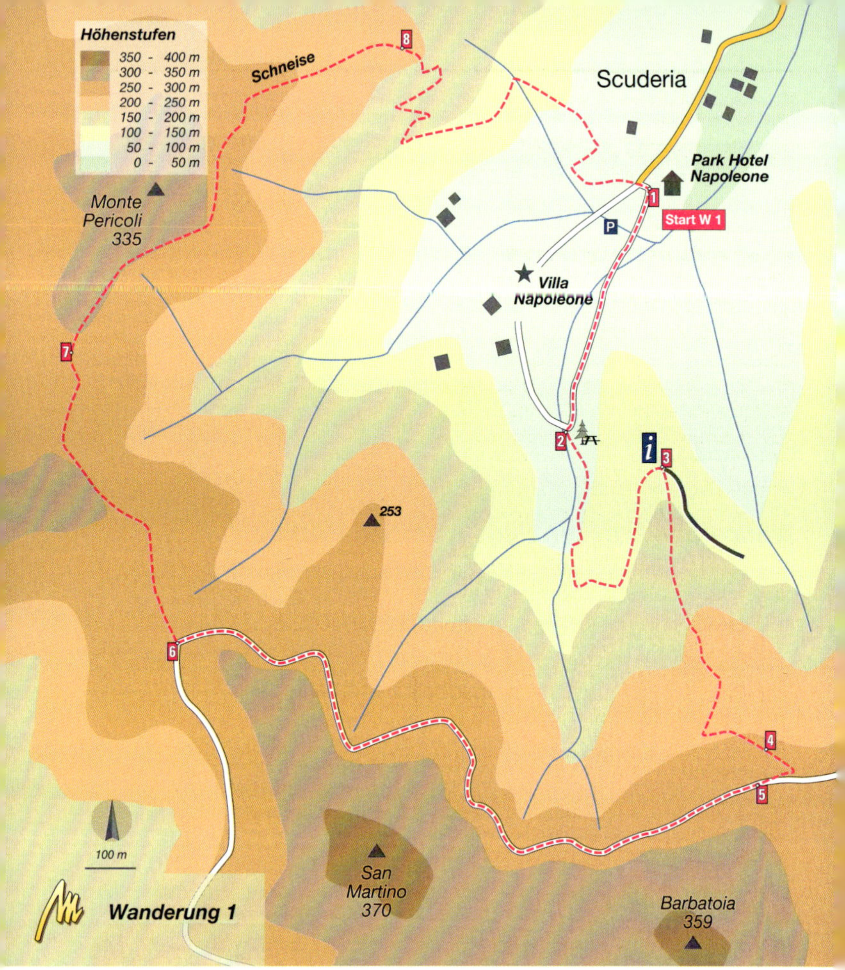

geht es nun in Kehren weiter bergan, nach ca. 15 Minuten (ab Infotafel) erreichen Sie eine Rechtskehre **(WP 04)**, an der man in die Abzweigung nach halblinks einbiegt und auf schmalem, etwas verwachsenem Pfad aufsteigt. Nach ca. 100 m erreicht man wiederum eine Rechtskehre (die Abzweigung nach links ignorieren) und gelangt nach ca. 10 Minuten ab der unteren Rechtskehre **(WP 04)** auf einen breiten Forstweg **(WP 05)**, in den man nun rechts einbiegt (Gesamtdauer bis hier knapp 1 Std.).

Der zunächst recht breite Forstweg verläuft am Hang entlang und wird bald etwas schmaler, gelegentlich erlaubt die üppige Vegetation einen kurzen Blick auf die Bucht von Portoferraio. Nach knapp 30 Minuten auf diesem Forstweg erreicht man ein große Kreuzung **(WP 06)** – hier kreuzt auch der G.T.E. Geht man von der Kreuzung ein Stück geradeaus die Schneise hinauf, öffnet sich der Blick auf den Westen der Insel und den Monte Capanne.

Von der Kreuzung folgt man nun nach rechts dem beschilderten Weg 48/45 in den Wald, der Pfad führt nun im Wechsel zwischen Wald und einer Feuerschneise hin und her. Bald eröffnet sich der Blick auf die Bucht von Procchio und hinüber zum Monte Capanne, kurz darauf geht es wieder in den Wald hinein **(WP 07)**. Der Markierung 45 folgend, umgeht man nun den Gipfel des Monte Pericoli an seiner östlichen Seite. Bereits nach wenigen Minuten trifft man erneut auf besagte Schneise (und wieder ein schöner Weitblick, diesmal auf die Bucht von Portoferraio) und folgt ihr geradewegs bergab, bevor es wieder in den Wald geht **(WP 08)**.

Mit der Markierung 45 (rot-weiß, San Martino) verläuft der schmale Pfad durch lichten Wald die letzten 20 Minuten stetig und meist in Serpentinen hinab (teilweise etwas rutschig durch Geröll). An einer Hausruine vorbei erreicht man bald eine betonierte Straße und sieht das Park Hotel Napoleone schon vor sich. Hinten um das Hotel herum erreicht man nach wenigen Minuten den Ausgangspunkt **(WP 01)**.

Capo d'Enfola/Viticcio

Wie ein grüner Kegel ragt die 8 km westlich von Portoferraio gelegene Landzunge aus dem Meer heraus. Außer zum Badeausflug etwas abseits des großen Rummels lädt das Capo d'Enfola auch zur Rundwanderung an der unzugänglichen Felsküste ein.

Bereits auf dem Weg zum Capo d'Enfola kann man an sauberen Kiesbuchten vor der steil abfallenden Felskulisse der elbanischen Nordküste Zwischenstopps einlegen, z. B. am *Acquaviva-* und am kleineren *La-Sorgente-Strand* (*Acquavivetta*) sowie der besonders schönen *Sansone-Bucht* (siehe S. 114). An der Landenge des Capo d'Enfola befindet sich ein weiterer, größerer Kiesstrand mit herrlichem Blick auf die westelbanische Bergwelt. Das Wasser ist glasklar, und Camper kommen auf den drei Plätzen an der Küste voll auf ihre Kosten. Außerdem bietet eine Tauchschule ihre Dienste an. Parken ist am Capo d'Enfola zwar kostenlos, allerdings ist es fast unmöglich, hier im Sommer einen Parkplatz zu finden (daher möglichst früh am Morgen kommen).

Von der Straße zweigt eine kleine Stichstraße links ab nach *Viticcio*, einem kleinen, abgeschiedenen Badeort, der eigentlich nur aus drei Hotels und einer Hand voll Privathäusern besteht. Einzige Bademöglichkeit hier sind einige winzige Kiesstrände mit terrassenförmigen Felsen, vor der ruhigen Bucht gehen zahlreiche Yachten vor Anker. Ein Trampelpfad verbindet Viticcio mit der südlich gelegenen Bucht von Scaglieri und Biodola.

• *Verbindungen* Keine Busse direkt zum Capo d'Enfola, allerdings verkehrt die **Lineablu 2** in der Hochsaison ca. alle eineinhalb Stunden nach Viticcio, und man kann an der Abzweigung nach Enfola aussteigen (ab hier ca. 1 km zu Fuß bergab auf der Straße). Taxi ab Portoferraio 16 €.

• *Übernachten* *** **Acquaviva Park Hotel**, schönes Hotel in herrlicher Lage auf einer Anhöhe mitten im Wald, 1 km vom Acquaviva-Strand, sehr ruhig. Toller Blick aufs Meer, mit einladendem Pool, schöner Terrasse und Bocciabahn. Kleine, aber äußerst gemütliche Zimmer mit Bad und Balkon. Viele italienische Familien mit Kindern. 3 km von Portoferraio, auf der Straße nach Enfola gegenüber der Abzweigung zum Camping Acquaviva links ab (beschildert). Geöffnet Anfang April bis Mitte Okt. DZ mit Halbpension 190 € (in der Nebensaison 90–164 €), EZ 110 € (Nebensaison 60–97 €). Loc. Acquaviva 1, 57037 Portoferraio (LI), ✆ 0565/915392, ✆ 0565/916903, www.acquavivaparkhotel.com.

*** **Viticcio**, bestes Haus in Viticcio, auf den ersten Blick ein unschöner Betonklotz, innen jedoch schickes Ambiente. Zuvorkommender Service, ausgezeichnete Küche, elegant eingerichtete Zimmer, relaxte Atmosphäre – ideal zum Ausspannen. Zum Hotel gehört ein schattiger Garten über dem Meer, Fußweg zur kleinen Kiesbucht (Einstieg ins Wasser etwas steinig). April bis Ende Sept. geöffnet. Frühbucherrabatt 10%. DZ mit Halbpension 200–250 € (Nebensaison 30–50 % günstiger), EZ 100 €. Loc. Viticcio, 57037 Portoferraio (LI), ✆ 0565/939058, ✆ 0565/939032, www.hotelviticcio.it.

*** **Paradiso**, in Viticcio, terrassenförmig angelegtes und sehr gepflegtes Hotel mit Pool und Tennisplatz, nette Hotelbar, professionell geführt, freundlicher Service. Zimmer mit Bad, TV und Terrasse/Balkon (mit teilweise ganz herrlichem Blick über die Bucht und zu den Bergen im Westen), eigener kleiner Strandabschnitt (unterhalb gelegen). Das Hotel liegt gleich am Ortsanfang von Viticcio auf der linken Seite. Mitte April bis Anfang Okt. geöffnet. DZ mit Halbpension 210–240 €, in der Nebensaison kostet das DZ mit Frühstück 100–190 €, EZ auf Anfrage. Frühzeitige Reservierung ist empfehlenswert. Loc. Viticcio, 57037 Portoferraio (LI), ✆ 0565/939034, ✆ 0565/939041, www.elbaturistica.it.

Schroffe Felsküste am Capo d'Enfola

** **Scoglio Bianco**, in Viticcio am Ende der Straße, günstigste Unterkunft des Orts. Hübsch gelegen, schöner Innenhof und Restaurant mit Blick aufs Meer. Fußweg hinunter zu den Badefelsen, alle Zimmer mit Bad und Terrasse oder Balkon, Ca. 20. April bis Ende Sept. geöffnet. DZ (mit obligatorischer Halbpension) 170–190 €, in der Nebensaison 100–150 €, Übernachtung mit Frühstück nur unwesentlich günstiger. Loc. Viticcio, 57037 Portoferraio (LI), ✆ 0565/939036, ✆ 0565/939031, www.scogliobianco.it.

• *Camping* ** **Camping Acquaviva**, ca. 5 km westlich von Portoferraio in Richtung der Halbinsel Enfola. Netter Platz, die gleichnamige Kiesbucht ist sehr schmal und nicht besonders attraktiv. Schattige Stellplätze am Hang mit Blick aufs Meer. Nette Atmosphäre, kein Massenbetrieb, sanitäre Einrichtungen von vorbildlicher Sauberkeit. Kinderplanschbecken und Spielplatz, Minimarket, Ristorante/Pizzeria und Bar am Platz, im Sommer spielt manchmal eine Band. Der Platz ist von der Straße in Richtung Enfola beschildert. Anfang April bis Anfang Okt. geöffnet. Pro Pers. 13,70 €, Zelt 13–15 €, Wohnwagen 16 €, Wohnmobil 17 €, Auto 3,50 €, es werden auch wochenweise Zimmer (DZ 560 €/Woche), Bungalows (4–5 Pers., 1080–1160 €/Woche) und Wohnwagen (3–4 Pers., 630–735 €/Woche) vermietet. Frühzeitige Reservierung für Zimmer/Bungalows ist ratsam. 57037 Portoferraio (LI), ✆ 0565/919103, ✆ 0565/915592, www.campingacquaviva.it.

** **Camping La Sorgente**, gepflegter, schattiger Platz, sehr netter Besitzer, ca. 6 km von Portoferraio Richtung Capo d'Enfola rechts ab auf einen Schotterweg, beschildert. Den Gästen stehen zwei schöne Kiesbuchten (La Sorgente und die traumhafte Sansonse-Bucht), durch Felsen unterbrochen, zur Verfügung. Kostenlose Leihfahrräder für Campinggäste, W-LAN am ganzen Platz. Einziger Nachteil: kein Ristorante, nur eine Bar mit Gastronomie (Snacks und Kleinigkeiten) und Supermarkt. Geöffnet Anfang April bis Ende Okt. Etwa gleiche Preise wie der Camping Acquaviva, auch Bungalows mit Aircondition für 4 Pers. (150 €/Tag). 57037 Portoferraio (LI), ✆/℻ 0565/917139, www.campinglasorgente.it.

*** **Camping d'Enfola**, am Ende der Straße, 8 km von Portoferraio. Terrassenförmig an einen Hang gebaut, sehr schattig, direkt bei der Kiesbucht von Enfola. Kleiner Platz, nur wenige Stellplätze, besonders nett sind die Zeltplätze ganz oben – teilweise mit eigener Terrasse über dem Meer. Netter Service, Tauchschule nebenan, die sanitären Einrichtungen sind okay. Mit Ristorante, Bar und Market. Geöffnet Ostern bis Mitte Okt. Etwas teurer als Camping Acquaviva (s. oben), es werden auch einige Bungalows (2 Pers. 107 €/Tag, 4–5 Pers., 160 €/Tag) vermietet, diese sollte man so früh wie möglich buchen. Loc. Enfola, 57037 Portoferraio (LI), ✆ 0565/939001, ℻ 0565/918613, www.campingenfola.it.

• *Essen & Trinken* **Ristorante Emanuel**, am Ende der Straße in Enfola. Angenehmes, sehr beliebtes Strandrestaurant (tagsüber auch Bar) unter schattigen Bäumen mit Blick auf die Bucht. Ausgezeichnete Küche (fast ausschließlich Fisch und Meeresfrüchte, oft gegrillt), auch kleine Gerichte, das Ganze mehrfach von Michelin, Veronelli und anderen prämiert. Abends Cocktailbar, gehobenes Preisniveau, freundlicher Service, mittags und abends geöffnet. ✆/℻ 0565/939003.

Ristorante-Pizzeria Da Giacomino, in Viticcio, Familienbetrieb mit netter Terrasse zwischen weißen Häusern am Meer, auch mittags Pizza (aus dem Holzofen). Mittags und abends geöffnet, Di mittags geschlossen, ✆ 0565/915381.

• *Wassersport* **Enfola Diving Center**, Padi-Tauchschule an der Landzunge von Enfola (neben Ristorante Emanuel) gelegen. Getaucht wird hauptsächlich an der Nordküste um Enfola und Marciana Marina. Geführter Tauchgang inkl. Ausrüstung 40–50 €, Open Water Diver, mit Zertifikat 340 €, Flaschenfüllstation, auch Ausrüstungsverleih, Bungalows des benachbarten Campingplatzes können vermittelt werden (im Paket mit einem Tauchkurs). Die Tauchlehrer sprechen Englisch, Kursmaterial auch auf Deutsch. Geöffnet Ostern bis Anfang Nov., ✆/℻ 0565/918938 oder ✆ 339/6791367 bzw. 333/7609040 (mobil), www.enfoladivingcenter.it.

Wanderung 2: Zum Capo d'Enfola

Die in weiten Teilen einfache, anfangs aber recht schweißtreibende Wanderung führt über die kleine Halbinsel zum Capo d'Enfola, wo die absolute Ruhe am Aussichtspunkt auf einer Felsnase über dem Meer nur durch das Geschrei der Möwen unterbrochen wird.

Mittels **GPS kartierte Wanderung**
Waypoint-Dateien zum Downloaden unter:
www.michael-mueller-verlag.de/gps/homepage.html

Anfahrt: Die Halbinsel liegt ca. 9 km nordwestlich von Portoferraio, Näheres zu Bus- und Taxiverbindungen auf S. 121, Parkmöglichkeiten an der Landenge am Capo d'Enfola (an Sommerwochenenden oft überfüllt).

Länge/Dauer: ca. 5 km, Gesamtdauer ca. 2,5 Std., Höhenunterschied: ca. 400 m.

Versorgungsmöglichkeit: Bar und Ristorante am Strand an der Landenge (Emanuel).

Kartenmaterial: s. Karte unten, weiteres Kartenmaterial ist nicht nötig, der Weg ist gut beschildert und nicht zu verfehlen.

Ausgangspunkt für die knapp zweistündige Rundwanderung zum Kap ist die „Tonnara" **(WP 01)**, die alte Thunfischfabrik an der Landenge, deren Restaurierung und Wiedereröffnung als *Museo del Mare* schon seit Jahren auf sich warten lässt. Rechts von dem Gebäude folgt man einem breiten Schotterweg in Serpentinen hinauf in Richtung *Monte Enfola* (135 m) – schattenlos geht es stetig bergauf, der anstrengendste Teil der Wanderung. Hier finden sich bereits einige Aussichtspunkte, der Blick reicht, je höher man kommt, immer weiter Richtung Osten bis hin

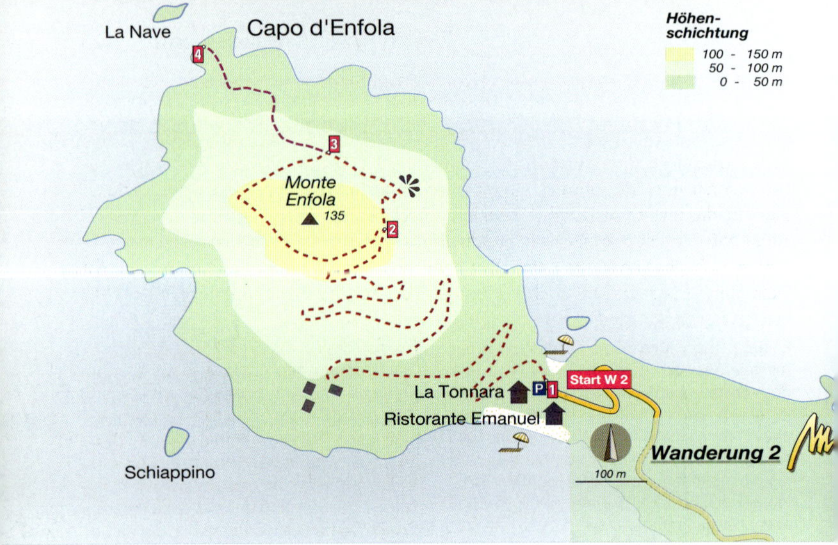

zur Medici-Festung in Portoferraio. Nach gut 30 Minuten erreicht man eine Abzweigung **(WP 02)**, hier geht es rechts ab auf den „Anello" (Ringweg) in Richtung Kap, der aber zu ignorieren ist. Es geht geradeaus weiter auf dem Schotterweg, der knapp unter dem Monte Enfola in einen Waldpfad übergeht. Hier sind noch einige Bunker aus dem Zweiten Weltkrieg zu sehen, die man wegen Einsturzgefahr jedoch keinesfalls betreten sollte. Von hier oben bietet sich ein herrlicher Blick auf die Nordküste und auf die Bucht von Procchio mit dem *Monte Capanne* im Hintergrund. Nun auf schmalem Pfad geht man ca. 15 Minuten an der Westseite der Enfola-Halbinsel entlang, bis man an einer Abzweigung **(WP 03)** den beschilderten Pfad nach links hinunter zum Kap einschlägt. Bereits nach wenigen Metern verlässt man den lichten Wald, es folgt ein steiler und schattenloser Abstieg (ca. 15 Minuten) teilweise über Felsstufen, die eine gewisse Trittsicherheit erfordern. Über einen ca. 20 m langen und auf ca. 3 m Breite begehbaren Grat (links steiler Absturz) gelangt man zum Capo d'Enfola **(WP 04)** mit Sitzbank im Schatten: absolute Ruhe und das Geschrei der Möwen, die hier zahlreich zu Hause sind. Vor dem Kap liegt die kleine Felseninsel *La Nave*.

Zurück zur Abzweigung **(WP 03)** geht es nun geradeaus auf dem Rundweg in östliche Richtung weiter. Bereits nach 10 Minuten auf überwiegend schattigem, aber steil bergauf führendem Pfad ist man zurück auf der breiten Schotterstraße des Hinwegs **(WP 02)**, die man nun weitaus weniger anstrengend hinunter zum Ausgangspunkt bzw. Endpunkt **(WP 01)** einschlägt. Dauer des Abstiegs: ca. 25 Minuten.

Biodola-Bucht/Scaglieri-Bucht

Die traumhafte Nachbarbucht südlich von Viticcio ist mit dem Fahrzeug nur von Portoferraio aus zu erreichen, einzige direkte Verbindung entlang der Küste ist ein Wanderpfad. Die Biodola-Bucht mit ihrem breiten Sandstrand – verständlicherweise sehr begehrte Liegeplätze – ist mehr oder weniger in der Hand zweier Luxushotels: das „Biodola" und an der Westseite das „Hermitage". Neben der Asphaltstraße führt ein kurzer Fußweg in Richtung Osten über die Klippen nach *Scaglieri*. Durch eine vorspringende Felsnase hat sich hier eine winzige Bucht gebildet, die etwas ruhiger als die Hauptbucht ist, allerdings ist der Strand hier meist nur handtuchschmal und im Sommer entsprechend überfüllt. Knapp 1 km weiter gelangt man in die zweite, winzige Seitenbucht nach *Forno*. Hier findet man exklusive Abgeschiedenheit mit ein paar bunten Häusern (überwiegend private Ferienhäuser), man bleibt lieber unter sich. Der handtuchschmale Strand lässt ohnehin nicht allzu viele Gäste zu, und auch Parkmöglichkeiten sind fast keine vorhanden (Abzweigung von der Straße hinunter nach Biodola, beschildert).

• *Verbindungen/Parken* Nur im Sommer mit der **Lineablu 2** ca. alle 1,5 Stunden von Portoferraio nach Biodola, Abfahrt in Portoferraio an der Calata Italia. Die **Parkplatzsuche** kann während der Hochsaison zum echten Problem werden, das betrifft auch die Nachbarbucht Scaglieri. Daher am besten schon früh am Morgen kommen oder aber in Kauf nehmen, dass man ziemlich weit oben an der Straße parken muss und ein gutes Stück zu laufen hat.

• *Übernachten/Camping* ***** **Hermitage**, Luxushotel mit allen nur erdenklichen Einrichtungen, u. a. auch ein 9-Loch-Golfplatz, verschiedene Pools, gepflegte Liegewiese, Schatten spendende Bäume, traumhafter Sandstrand, Tennisplätze, verschiedene Restaurants und Piano-Bar, sehr nobles Ambiente. Erwartungsgemäß komfortable Zimmer, das DZ mit obligatorischer Halbpension kostet in der Hochsaison ab 480 €. La Biodola, 57037 Portoferraio (LI), ✆ 0565/9740, ℻ 0565/969984, www.hotelhermitage.it.

**** **Biodola**, ebenso nobel und komfortabel, dabei aber etwas günstiger. DZ hier ab 360 € (obligatorische Halbpension). Via Biodola 21, 57037 Portoferraio (LI), ✆ 0565/974812, ℻ 0565/969852, www.biodola.it.

*** **Danila**, das überaus geschmackvolle Hotel liegt in der benachbarten Scaglieri-Bucht, nur wenige Meter vom Strand entfernt. Ruhige Lage in schönem Garten, freundlicher Service. Voll klimatisiert. Geöffnet Anfang April bis Mitte Okt. DZ mit obligatorischer Halbpension 188 € (in der Luxusvariante 278 €), EZ ca. 160 €, in der Nebensaison DZ um 140 € (mit Halbpension). Für die Hochsaison ist frühzeitige Buchung ratsam.

Sehr einladend und oft überfüllt: die Scaglieri-Bucht

Loc. Scaglieri 21, 57037 Portoferraio (LI), ✆ 0565/969915, 📠 0565/969865, www.hoteldanila.it.

*** **Casa Rosa**, hübsche Lage, das Hotel ist auf verschiedene Häuser am Hang ca. 300 m oberhalb des Biodola-Strandes verteilt. Pool, Tennisplatz, Restaurant, zum hoteleigenen Strandabschnitt führt ein Fußweg (unten am Strand die zum Hotel gehörige Pizzeria/Bar „Taverna dei Pirati"). Geräumige, nette Zimmer mit Bad, Balkon und Blick auf die Bucht, die meisten mit eigenem Zugang von außen. Anfang April bis Mitte Okt. geöffnet. Das Hotel hat eine eigene Zufahrtsstraße: noch ein gutes Stück vor Biodola geht es links ab, der Weg ist beschildert. DZ 182–214 €, EZ die Hälfte, Vollpension inklusive (bei Halbpension oder Übernachtung/Frühstück verringern sich die Preise minimal). La Biodola, 57037 Portoferraio (LI), ✆ 0565/969919, 📠 0565/969857, www.elbasolare.it.

Camping Scaglieri, schattige, terrassenförmige Anlage, einer der schönsten Plätze der Insel, aber relativ teuer. Den Gästen stehen fast schon luxuriöse Sanitäranlagen zur Verfügung, außerdem ein kleiner und gepflegter Pool, Animation, Market, Bar, Ristorante etc. Vom untersten Teil ist es ein Katzensprung (über die Straße) ins Meer. Einige Stellplätze bieten allerdings relativ wenig Schatten. Mit über 40-jähriger Geschichte einer der ältesten Campingplätze Elbas. Geöffnet von Ostern bis Ende Okt. Pro Pers. 14,50 €, Stellplatz 21–25 €. Auch Bungalows und Appartements (um 150 € für 4 Pers. pro Nacht), die man für die Hochsaison frühzeitig buchen sollte. Loc. Scaglieri, 57037 Portoferraio (LI), ✆ 0565/969940, 📠 0565/969834, www.campingscaglieri.it.

• *Essen & Trinken/Nachtleben* **Da Luciano**, Scaglieri-Bucht. Restaurant und Bar mit einer schattigen Terrasse direkt am Meer, tolle Lage, Pizza aus dem Holzofen, mittags und abends geöffnet, Mi Ruhetag. ✆ 0565/969952. Freundlicher und günstiger ist das **Due Pini** zwei Häuser weiter.

Piccolo-Bar, Scaglieri-Bucht, schöne Strandbar. Badekabinen, Sonnenschirm- und Liegestuhlverleih (15 €/Tag), außerdem Tretboote.

L'Ostrica, in der Nachbarbucht *Forno*. Nur wenige, aber erlesene Gerichte, fast ausschließlich Fisch, auch wechselnde Tagesgerichte. Besonders schön ist die Terrasse am Meer. Mittags und abends geöffnet, teuer. Für abends sollte man besser reservieren unter ✆ 0565/969922. Von der Straße nach Biodola rechts ab, beschildert.

Club 64 heißt die große Diskothek oberhalb von Biodola an der Straße Richtung Procchio: z. T. Openair, schickes Ambiente, nicht nur junges Publikum. Es gehört zum guten Ton, nicht vor 23 Uhr hier aufzutauchen. Nur im Sommer (ca. Mitte Juli bis Ende August) jeden Abend geöffnet, ansonsten nur zu besonderen Events. ✆ 0565/969988, www.club64.net.

Die Bucht von Portoferraio

An der großen Reede der Inselhauptstadt *(Rada di Portoferraio)* befinden sich gleich drei deutsche Segelschulen. Wer einen reinen Badeurlaub verbringen möchte, ist hier allerdings am falschen Küstenabschnitt. Abgesehen von Bagnaia mit seinem relativ schönen Dorfstrand am östlichen Ende der Bucht sind die Strände eher dürftig und teilweise auch nicht ganz sauber. Kulturelles Highlight an der Bucht ist die römische Villa *Le Grotte,* weithin überragt wird die Gegend von der verfallenen Festung *Volterraio.* Es bestehen ausgezeichnete Busverbindungen nach Portoferraio, neben zahlreichen Hotels und Appartements (fast) aller Kategorien gibt es hier auch einen großen Campingplatz. Weinliebhaber sollten sich einen Besuch im herrlich gelegenen Weingut *La Chiusa* nicht entgehen lassen.

San Giovanni/San Giovanni Terme

Die Ortschaft San Giovanni ist ein gemütliches, kleines Dorf am Meer geblieben, ohne Strand zwar, aber mit Hafen und einem kleinen, etwas verwahrlosten Park an der Uferpromenade. Wenig Tourismus, einen schönen Blick auf das gegenüberliegende Portoferraio und zwei empfehlenswerte Restaurants – das bietet San Giovanni. Eine Eukalyptusallee führt von der Hauptstraße Portoferraio – Porto Azzur-

Die Bucht von Portoferraio, von Volterraio aus gesehen

ro zur benachbarten Kuranlage *San Giovanni Terme,* einem abgenutzten Flachdachbau älteren Baujahres, in dem die Kureinrichtungen untergebracht sind (beschildert). Im Kräuterladen nebenan werden Kosmetika auf Meeresalgen- und Kräuterbasis verkauft, aber auch Tees, Kräuter, Honig und Gewürze (Ostern bis Ende Okt. Mo–Sa 9–12.30 Uhr geöffnet, So geschlossen).

• *Information* Wer hier eine richtige Kur unter medizinischen Gesichtspunkten machen möchte, kann sich an das **Kurzentrum** unter ✆ 0565/914680, ℻ 0565/918791 wenden. In Verbindung mit einer Kur werden auch Unterkünfte vermittelt. Weitere Informationen unter www.termelbane.com.

• *Verbindungen* Mit dem **Stadtbus** (Linea 2) etwa stündlich von und nach Portoferraio (Calata Italia).

Nur im Sommer verkehren tagsüber mehrmals täglich **Personenfähren** vom Ort San Giovanni nach Portoferraio und retour (einfache Fahrt 2 €).

• *Übernachten* **** **Airone del Parco e delle Terme**, an den Thermalanlagen, 85 moderne Zimmer und elf 3-Sterne-Appartements. Noble Ausstattung, zwei Swimmingpools mit Meerwasser, aufgeschütteter, privater Sandstrand, Tennisplätze, Kinderspielplatz und ein 8000 qm großer Garten. Das Hotel verfügt über eine eigene Thermalabteilung, Massage, türkisches Bad etc. Anfang April bis Anfang Okt. geöffnet. DZ mit Halbpension ca. 380 € (in der Nebensaison erheblich günstiger). Die Preise für ein Appartement im ca. 300 m vom Hotel entfernten Nebengebäude liegen in der Hochsaison bei ca. 1000–1300 € pro Woche (2 Pers.). Loc. San Giovanni, 57037 Portoferraio (LI), ✆ 0565/929111, ℻ 0565/917484, www.tivigest.com.

Le Stanze del Casale, B & B in einem hübschen Landhaus vor Pinienwäldchen, kurz vor den Ausgrabungen von *Le Grotte* auf der rechten Seite. Privates Ambiente, nur vier Zimmer und ein Appartement, die mit viel Geschmack und Liebe zum Detail hergerichtet sind. Im Erdgeschoss Salon und Gemeinschaftsküche mit Terrasse, wo man sich zum Frühstück trifft. Nette und entspannte Atmosphäre, freundliche Hunde. Einziges Manko ist die Straße, die doch relativ nah vorbeiführt. Geöffnet Mitte März bis Anfang Nov. Anfahrt: Von Portoferraio Richtung Porto Azzurro, kurz nach der Abzweigung nach San Giovanni (links) geht es rechts ab, unauffälliges Holzschild. EZ 110 €, DZ 160 €, reichhaltiges Frühstück inkl. Loc. San Giovanni 99, 57037 Portoferraio (LI), ✆/℻ 0565/944340, www.lestanzedelcasale.com.

• *Essen & Trinken* **Pizzeria 2001**, im alten Ortskern von San Giovanni. Ausgezeichnete Pizza und obendrein preiswert und freundlich, man sitzt ausgesprochen gemütlich unter großen Sonnenschirmen in einer schmalen Gasse. Der Holzofen wird nur abends befeuert, mittags bietet sich dagegen eines der empfehlenswerten Fischgerichte an. Via Damiani 24, von der Durchgangsstraße beschildert. Im Winter Di geschlossen. ✆ 0565/915903.

La Rada, gute elbanische Küche und sehr leckere Pizza aus dem Holzofen. Das Restaurant besticht außerdem durch die Panoramalage am kleinen Hafen von San Giovanni, schöner Blick auf die Bucht und hinüber nach Portoferraio. Bei Elbanern geschätztes Restaurant, günstig. Mittags und abends geöffnet. ✆ 0565/915652.

▸ **Kuren in San Giovanni**: Es gibt hier eine seltene Form von Lagunenschlamm, die als Allheilmittel wahre Wunder bewirken soll. Die geschmeidige, fettig wirkende Substanz kommt aus den ehemaligen Salinen der Bucht, in deren Sammelbecken sich der mit Mineralien und organischen Bestandteilen angereicherte Meeresschlamm niedergeschlagen hat. Seine Besonderheit ist u. a. der Gehalt von Eisen und Schwefel, die sich zur Zeit der Hochöfen in der Bucht von Portoferraio hier abgelagert hatten. Nachdem der Meeresschlamm eine Zeitlang in konzentriertem Salzwasser aufbewahrt wurde, kommt er zur Anwendung gegen alle erdenklichen Leiden. In jüngster Zeit erfreut sich die dunkle Substanz auch größerer Beliebtheit als kosmetisches Mittel gegen frühzeitige Hautalterung. Die Behandlungen erfolgen entweder durch direktes Auftragen auf die Haut oder durch Inhalation, Bäder und Spülungen.

• *Öffnungszeiten* Vom 20.4.–31.10. Mo–Fr 8–12.30 Uhr und 16–19 Uhr, Sa nur vormittags, So geschlossen. Der angeschlossene Kosmetikladen ist Mo–Sa 9–12.30 Uhr geöffnet (So geschlossen). Hier werden u. a. auch die Thermalprodukte verkauft, die nebenan zur Anwendung kommen.

• *Anwendungen* Die Preise für eine **kosmetische Behandlung** (z. B. Massage oder Gesichtsmaske) liegen bei 12–22 €, Fangotherapie 23 €.

Fantastische Lage mit weitem Blick – die römische Villa Le Grotte

Le Grotte/Villa Romana

Auf der Anhöhe bei der *Punta delle Grotte* wurden im Jahr 1960 die Reste einer römischen Villa ausgegraben (siehe auch das Foto auf S. 30). Gebaut wurde das Anwesen am Ende des 1. Jh. v. Chr., vermutlich vom Präfekten *Publius Acilius Attianus,* aber bereits im 1. Jh. n. Chr. hatte man die Villa wieder aufgegeben. Die Mauerfundamente lassen eine Rekonstruktion der ehemals luxuriösen „Villa rusticana" (Landvilla) zu, eine weitläufige Anlage mit vielen Wohnräumen, Dienstboten- und Vorratskammern – die Villa von Le Grotte war die größte auf dem Toskanischen

Archipel. Zu sehen sind außerdem noch die spärlichen Überreste einer *römischen Badeanlage* mit Caldarium, Frigidarium und dem Wasserleitungssystem. Einige Teile der erhaltenen Mauerreste sind auffallend schön: Quaderförmig behauene Steine, dunkelgrüner Serpentinit und grauweißer Kalk wurden zu einem mosaikartigen Mauerwerk abwechselnd neben- und aufeinander gesetzt. Vom Areal aus genießt man einen phantastischen Rundblick auf Portoferraio und die westelbanische Bergwelt.

• *Öffnungszeiten* Von April bis Juni und im Sept. tägl. 9.30–13 und 15–19 Uhr, im Juli/August tägl. 9.30–13 und 16–20 Uhr, Okt. bis März geschlossen. Eintritt 2 €, ermäßigt 1 €. Mit Buchladen am Eingang.

• *Übernachten/Wassersport* ** **Grotte del Paradiso**, Zufahrt ab der gleichnamigen Ausgrabungsstätte durch ein parkähnliches Wäldchen. Nur 24 schlichte, recht kleine Zimmer mit Bad und Terrasse, In einem riesigen Park mit uralten Bäumen und direkt am Meer gelegen. Restaurant mit großer Terrasse, schöner Blick auf die Bucht. Segelschüler der DHH-Schule genießen hier Sonderkonditionen. DZ mit Frühstück 70–94 € (Nebensaison), in der Hochsaison mit obligatorischer Halbpension 146–158 €, EZ auf Anfrage. Haustiere sind ausdrücklich erlaubt (kein Mehrpreis). Loc. Le Grotte, 57037 Portoferraio (LI), ✆ 0565/933057, ℻ 0565/940754, www.elbalink.it/hotel/grottedelparadiso.

Yachtschule Elba des DHH – Le Grotte del Paradiso, dem Hotel angeschlossen. Alle Scheine, Grundkurse, Kinderkurse, Jollensegeln (ohne Schein), Skippertraining und 1- bis 2-wöchige Hochseetörns. Kurse werden von Anfang April bis Ende Okt. veranstaltet. In Deutschland: Deutscher Hochseesportverband „Hansa" e.V. Rothenbaumchaussee 58, 20148 Hamburg, auf Elba: ✆ 0565/933329, ℻ 0565/933178, www.dhh.de.

Magazzini

Nur wenige Häuser entlang der Durchgangsstraße nach Bagnaia und am Hang, das kleine Zentrum von Magazzini befindet sich an der befestigten Mole in der beschaulichen Bucht. Hier befindet sich auch das *Albergo Mare* mit gemütlichem, aber relativ teurem Restaurant. Von der Terrasse kann man bei Sonnenuntergang die Rückkehr der Segelboote der deutschen Segelschule von Magazzini verfolgen, alles in allem recht idyllisch. Weniger schön ist allerdings der etwa 200 m lange Kiesstrand, der westlich vom kleinen Hafen anschließt – schmal und viele angeschwemmte Wasserpflanzen.

Wichtigste Sehenswürdigkeit der Umgebung ist neben dem herrschaftlichen *Weingut La Chiusa* (s. u.) die Kirche *Santo Stefano alle Trane*, etwas landeinwärts und in unmittelbarer Nähe des gleichnamigen Hotels gelegen (Beschilderung „Hotel S. Stefano" folgen). Das Gotteshaus im romanischen Baustil stammt aus dem 12.–13. Jh. und erinnert an die Epoche der pisanischen Herrschaft auf Elba. Das Innere ist noch sehr gut erhalten und mit reichen Ornamenten (Blütenblätter, Adler, Pferde, Köpfe von Fabelwesen) versehen, Charakteristikum der damaligen Bauweise ist auch hier die halbkreisförmige Apsis. Die Kirche ist nur sonntags zum Gottesdienst geöffnet.

Bademöglichkeit findet man in der nördlichen Nachbarbucht von Magazzini beim Hotel „Villa Ottone": ein kleiner, nicht allzu gepflegter Sand-Kies-Strand, aber immer noch besser als der Dorfstrand von Magazzini: der nämlich ist handtuchschmal und ganz und gar nicht sauber. Besser badet man auf alle Fälle im benachbarten Bagnaia (siehe S. 132ff.).

• *Verbindungen* **Busse** verkehren 5x tägl. auf der Strecke Portoferraio–Bagnaia mit Halt in Magazzini. Vom Hafen gibt es im Sommer außerdem einen **Bootstransfer** (mit der „Gabbiano II"., 6x tägl.) nach Portoferraio: einfach 3,50 €, hin und zurück 6 €.

• *Übernachten* ***** **Villa Ottone**, Straße Richtung Bagnaia, zweifelsfrei eines der nobelsten Hotels der Insel. Herrschaftliche Villa aus dem 19. Jh. mit stilvollem Salon, gepflegtem Park, Pool, Tennisplatz, im Angebot außerdem Yoga, Meditation, Wellness, Fitness und MTB-Exkursionen. Direkt am schmalen Strand gelegen, schickes und gut situiertes Publikum. Herrliche Terrasse mit Blick auf die Bucht, wirklich schönes Ambiente, dazu eine äußerst einladende Bar. Geöffnet Ende April bis Mitte Okt. Die Ausführungen der luxuriösen Zimmer reichen von „Classic" mit Balkon und Parkblick (DZ mit obligatorischer HP in der Hochsaison 360–410 €) bis „Prestige" (630 €), Suiten deutlich teurer. EZ nur auf Anfrage, Hotelgäste erhalten beim benachbarten Golfclub Acquabona 20 % Rabatt. Loc. Ottone, 57037 Portoferraio (LI), ✆ 0565/933042, 📠 0565/933257, www.villaottone.com.

Luxusherberge Villa Ottone

**** **Fabricia**, schönes Ferienhotel im Grünen, etwas zurückversetzt von der Straße nach Magazzini auf der linken Seite, beschildert. Schon etwas ältere, aber sehr gepflegte Anlage, sehr weitläufig, schöner Garten, ruhige Lage, großes Schwimmbad, Whirlpool, eigener gepflegter Strand, Tennisplätze, für die Gäste stehen Fahrräder zur Verfügung. Nicht mehr ganz junges Publikum, freundlicher Service. DZ mit obligatorischer Halbpension 222–350 €, EZ ab 166 €. Loc. Magazzini, 57037 Portoferraio (LI), ✆ 0565/933181, 📠 0565/933185, www.hotelfabricia.it.

*** **Mare**, am Hafen von Magazzini, hübsch gelegen an einem schattigen Hang mit Blick zum Meer, frisch renoviert und recht nobel, mit Swimmingpool, Bar und Ristorante mit netter Terrasse direkt am Hafen. Alle Zimmer mit Aircondition, Kühlschrank, Bad, TV, Terrasse oder Balkon. DZ mit Frühstück 148–186 €, in der Nebensaison ist das DZ mit Frühstück schon für 91–142 € zu haben – günstig! EZ nur in der Nebensaison 53–95 €. Halbpension ist hier nicht wesentlich teurer, Mindestaufenthalt 3 Tage. Geöffnet Anfang April bis Anfang Okt. Loc. Magazzini, 57037 Portoferraio (LI), ✆ 0565/933069, 📠 0565/933408, www.hotelmare.org.

** **Tirrena**, von der Straße nach Magazzini links ab auf einen Feldweg, beschildert. Sympathischer Familienbetrieb, mit Garten und Pool, Ristorante für Hausgäste, ruhige Lage, kinderfreundlich, nette Atmosphäre, 200 m zum nur mäßig attraktiven Strand. Zum Teil frisch renovierte Zimmer mit Bad und Balkon oder Terrasse, In einem etwa 100 m entfernten, gepflegten Landhaus werden ebenfalls Zimmer vermietet. Geöffnet April bis Okt. DZ mit obligatorischer Halbpension 156–178 €, EZ 117–130 €. In der Nebensaison kostet das DZ mit Frühstück 66–130 € (in der Dependance 60–112 €). Loc. Schiopparello 4, 57037 Portoferraio (LI), ✆ 0565/933002, 📠 0565/933452, www.hoteltirrena.com.

* **Santo Stefano**, gut 1 km landeinwärts von Magazzini (beschildert), bei der gleichnamigen Kirche. Eine der günstigsten Übernachtungsmöglichkeiten der Gegend: 20 ansprechende, schlicht gehaltene Zimmer, frisch renoviert. Geöffnet von Anfang April bis Mitte/Ende Okt. DZ mit Frühstück 122 €, in der Nebensaison 78–104 €. Via Santo Stefano 8, 57037 Portoferraio (LI), ✆ 0565/933161, 📠 0565/933383, www.elba-hotel-santostefano.de.

• *Camping* *** **Rosselba le Palme**, etwa auf halbem Weg zwischen Magazzini und Bagnaia gelegen, ca. 10 Fußminuten vom kleinen Ottone-Strand. Inmitten des 2 ha großen Geländes befindet sich auch ein botanischer Garten, der gegen 1,50 € täglich von 8–20 Uhr besichtigt werden kann. Viele exotische Gewächse aus der ganzen Welt spenden hier Schatten. An der Rezeption ist eine Beschreibung der interessantesten Pflanzen erhältlich. Am Pool mit Kinderbecken und Rutsche herrscht dagegen Freibadatmosphäre; Tennisplätze, Restaurant, Bar, zahlreiche Abendveranstaltungen, die Ruhesuchende etwas beeinträchtigen dürften. Professionelle Leitung, komfortable, sehr große Anlage, W-LAN vorhanden. Geöffnet von Mitte/Ende April bis Mitte Okt. Mehrere Bungalow-Hütten für 4 Pers. zu mieten (150–185 €/Tag), außerdem Zimmer und Appartements in der stilvollen Villa „Le Palme“: für 2 Pers. 90 €/Tag, das 6er-Appartement kostet 190–202 € am Tag, Mindestaufenthalt jeweils 1 Woche. Camping: pro Pers. 14,40 €, Zelt 14,10–17,20 €, Wohnwagen und Wohnmobil je 19,70 €, Auto 5,20 €. Loc. Ottone 3, 57037 Portoferraio (LI), ✆ 0565/933101, 📠 0565/933041, www.rosselbalepalme.it.

• *Essen & Trinken* **Ristorante-Pizzeria La Carretta**, preiswerte und gute Pizza, bekannt vor allem aber auch für die hervorragende elbanische Fischküche (zu gehobenen Preisen) und die köstlichen hausgemachten Desserts. Aus Portoferraio kommend, rechts an der Straße gelegen (gegenüber der Einfahrt zum Weingut La Chiusa). Nur abends geöffnet, Reservierungen unter ✆ 0565/933223.

• *Wassersport* **Segelschule des Segelclubs Elba (SCE)**, geleitet von Christian Renner. Alle Scheine, 8 Optimisten, 30 Jollen, 5 Katamarane, 6 Yachten für Törns mit Skipper, 6 Motorboote. Bootsvermietung, Hotel- und Appartementvermittlung, Tauchkurse, Ausflugsprogramm. Geöffnet von Ostern bis Mitte Okt. Loc. Magazzini 12, 57037 Portoferraio (LI), ✆ 0565/933288, 📠 0565/933214. In Deutschland: PF 300327, D-51413 Bergisch-Gladbach, ✆ 02204/68703, 📠 02204/962951, www.segel-club-elba.de.

Agriturismo mit Stil – im Weingut La Chiusa

Weingut La Chiusa

Hinter einer hohen Mauer und von außen kaum einsehbar liegt „La Chiusa“ – die Eingeschlossene. Eine lange Schotterstraße führt durch Olivenbäume und entlang der Weinstöcke zu der herrschaftlichen toskanischen Villa mit eigener Hauskapelle.

Allein schon das imposante Anwesen aus dem 18. Jh. – inmitten der Weinberge und trotzdem fast direkt am Meer gelegen – lohnt einen Besuch. La Chiusa ist aber auch geschichtsträchtig: Napoleon wartete hier nach seiner Ankunft auf der Insel, bis man die gegenüberliegende Inselhauptstadt für ihn vorbereitet hatte, und 1815 wurde in der noblen Villa den Ministern der Heiligen Allianz, die nach dem Wiener Kongress mit dem Auftrag zur Wiederherstellung alter Machtverhältnisse in Italien unterwegs waren, eine angemessene Herberge bereit gestellt. Heute steht La Chiusa für stilvollen Agriturismo: Hier kann man sich in einem der neun Appartements des Anwesens einmieten und wirklich ruhige Urlaubstage in herrlicher Umgebung verbringen.

▸ **Einkaufen auf dem Weingut**: Das eindrucksvolle elbanische Landgut befindet sich im Besitz der römischen Familie Corradi. Weinliebhaber können sich bei ihr mit hochwertigen Weiß-, Rot- und Roséweine der Rebsorten *Trebbiano Toscano* und

Sangioveto eindecken, daneben werden hier auch der bekannte *Aleatico*, ein roter Dessertwein, Grappa und Olivenöl verkauft. Die Preis für eine Flasche *Elba Bianco DOC* liegt bei 9 €, den *Elba Rosso DOC* gibt es für 10 €, Aleatico und Grappa kosten 19 bzw. 21 € pro Flasche, ein dreiviertel Liter Olivenöl 17 €.

• Öffnungszeiten April bis Okt. Mo–Sa 8.30–12.30 und 16–20 Uhr, sonn- und feiertags geschlossen. Tenuta „La Chiusa", Loc. Magazzini 93, 57037 Portoferraio (LI), ✆ 0565/933046, ℻ 0565/940782, www.tenutalachiusa.it.

• Anfahrt Von der Straße nach Magazzini geht es etwa auf Höhe des Ristorante „La Carretta" links ab zum Weingut.

• Übernachten Zur Villa gehören neun abgetrennte, über Außentreppen erreichbare **Appartements** für 2–4 Pers., die Räume im Erdgeschoss verfügen zusätzlich über einen eigenen kleinen Garten/Terrasse. Die Preise sind für das Gebotene angemessen: in der Hochsaison für 2 Pers. 850–1050 € pro Woche, 4er-Appartement 1050–1300 € (in den Monaten Juni/Sept. 600–900 €). Adresse s. oben unter „Öffnungszeiten".

Bagnaia

Gemütliches ehemaliges Fischerdorf mit einladendem Kiesstrand, sehr hübsch in einer kleinen Bucht gelegen, umgeben von üppigem Grün. Für Badefreunde sicher der einladendste Ort in der weiten Bucht von Portoferraio.

Der ursprünglich stille Charakter des Orts hat sich durch die riesige Feriensiedlung knapp oberhalb des Dorfs stark verändert: Bagnaia ist mittlerweile zum familienfreundlichen und lebhaften Badeort mit autofreier Promenade geworden. Dennoch geht es hier noch vergleichsweise ruhig zu, und in den schicken Strandbars und Ristoranti lässt es sich aushalten – vor allem abends, wenn die Badegäste Bagnaia wieder verlassen haben und die Sonne hier tiefrot ins Meer eintaucht. Im Ort befindet sich eine der drei deutschen Segelschulen der Bucht von Portoferraio, am etwas groben Kiesstrand gibt es einen Sonnenschirm- und Liegestuhlverleih, außerdem werden Tretboote, Kajaks und Surfbretter vermietet.

• Verbindungen 5x tägl. **Busse** nach Portoferraio. Im Sommer außerdem etwa stündlich **Pendelboote** von und nach Portoferraio, einfach 3,50 €, hin und zurück 6 €.

• Übernachten/Appartements *** **Hotel La Feluca**, etwas oberhalb vom Ort in Hanglage, sehr ruhig. Schöner Garten mit kleinem Pool, an dem einmal pro Woche stilvoll diniert wird. Gepflegt und komfortabel, sehr netter Service, mit Bar, 10 Min. zu Fuß vom Strand entfernt. DZ mit Halbpension 150 € in der Hochsaison, im Juli und Sept. 88–120 € (mit Halbpension), EZ mit Halbpension 75 € im August. Loc. Bagnaia, 57037 Portoferraio (LI), ✆ 0565/961084, ℻ 0565/961085, www.hotellafeluca.it.

Residenza Sant'Anna del Volterraio, riesige Appartementanlage, die aber außerordentlich gekonnt in die Landschaft eingefügt wurde und fast schon in ihr verschwindet – das unschöne Bild parzellierter Wohnanlagen fehlt hier erfreulicherweise. Im Halbrund hat man um eine große Wiese mit zwei einladenden Pools gebaut, daneben Bar und Restaurants. Autos und sonstige Logistik verschwinden in einer großen Tiefgarage hinter den Appartements (alle mit Terrasse zur Wiese hin). Zur Anlage gehört auch das kleine **** **Hotel Locanda del Volterraio** mit nur 18 Zimmern, Anfang April bis ca. Mitte Okt. geöffnet. In der Residenza: 2er-App. 700–1000 € pro Woche, 4er-App. 950–1300 €, für 6 Pers. 1200–1700 €. Wer Pool, Liegestühle und Sauna benutzen möchte, muss noch mal 30 € pro Pers. und Woche zahlen. Im Hotel: Das DZ mit Frühstück kostet 150–200 €, mit Halbpension (wird im Restaurant *Il Giardino degli Aranci* eingenommen) 194–244 €. Loc. Bagnaia, 57039 Rio nell'Elba (LI), ✆ 0565/961219, ℻ 0565/961289, www.volterraio.it.

*** **Residence-Hotel Villa Mare**, schöne, alte Villa mit einigen Anbauten und Garten. An der Strandpromenade im Zentrum, alle Zimmer mit Bad, TV und Balkon bzw. Terrasse, Appartements zusätzlich mit Kochnische, Parkplatz vorhanden. Zur Villa Mare gehört auch das ** **Hotel Punta Pina**, gleiche Preise

Der Strand von Bagnaia

wie Hotel Villa Mare. Geöffnet ca. Ostern bis Anfang Okt. DZ 130–160 €, EZ 90–120 €, jeweils inkl. Frühstück, Halbpension 20 € pro Pers. extra, Mindestaufenthalt 1 Woche. Appartement für 2–7 Pers. 1100–2100 € pro Woche. Loc. Bagnaia 3, 57037 Portoferraio (LI), ✆ 0565/961009, im Winter 0565/914677, 📠 0565/961191, im Winter 0565/914677, www.bagnaia.com.

Le Palme, Ristorante-Bar im Zentrum von Bagnaia (am Strand) mit angeschlossener Pension. Eine der günstigsten Übernachtungsmöglichkeiten im Ort. DZ mit Bad und Gemeinschaftsdachterrasse 90 € (inkl. Frühstück), EZ 50 €. Es gibt nur fünf Zimmer, also frühzeitig reservieren. Via del Mare 25, Loc. Bagnaia, 57037 Portoferraio, ✆ 0565/961096.

• *Essen & Trinken* **Il Giardino degli Aranci**, überaus stilvolles und gemütliches Gartenrestaurant mit Pizzeria in der Ferienanlage Sant'Anna (beschildert), etwas versteckt gelegen. Man speist in gepflegter Umgebung unter Orangenbäumen, die Preise für dieses gelungene Ambiente sind erstaunlich moderat. April bis Okt. abends, nur am Wochenende auch mittags geöffnet, in der Hochsaison sollte man reservieren, ✆ 0565/961069.

• *Wassersport* Am nördlichen Ende des Strandes befindet sich das **Segel-Zentrum Elba**. Geleitet wird diese überaus sympathische Segelschule von Gereon und Helga Verweyen. Ebenso empfehlenswert wie die Schulen von Le Grotte und Magazzini. Auch hier alle gängigen Segelscheine und Törns (auch mit Skipper); Kindersegeln, Schnupperwochen etc. Das Zentrum organisiert auch Tauchkurse, Reitausflüge, Grillpartys usw., für Kinderbetreuung ist gesorgt. Beginn der einwöchigen Kurse ist immer montags (An- und Abreise sonntags), Yachtcharter wird mit und ohne Skipper angeboten, für Segelschüler werden auch Unterkünfte organisiert. Ostern bis Mitte Okt. geöffnet. Segel-Zentrum Elba, Gereon Verweyen, Loc. Bagnaia, 57037 Portoferraio (LI), ✆ 0565/961090, 📠 0565/961184. Adresse in Deutschland: Sürther Hauptstr. 213, 50999 Köln, ✆ 02236/65505, 📠 02236/68516, www.segelzentrum-elba.de.

Wanderung 3: Von Bagnaia nach Rio nell'Elba

Sehr schöne, nicht besonders anstrengende Wanderung ohne jegliche Schwierigkeiten, vorbei am Monte Capanello (496 m) zu dem beschaulichen Bergdorf Rio nell'Elba.

Anfahrt: Vom Ortseingang von Bagnaia der Beschilderung zum Hotel Feluca folgen.

Kartenmaterial: siehe S. 136; außerdem: Reise- und Wanderkarte Insel Elba (Nr. 502), 1:25.000, Edizioni Multigraphic, Florenz, für 6 € im Buchhandel der Insel erhältlich (z. B. bei *Il Libraio* in Portoferraio, s. S. 101).

Kurzbeschreibung: Nicht schwierig und kaum anstrengend, Gesamtdauer ca. 2–2,5 Std., keine Versorgungsmöglichkeit auf der Strecke, Bars/Restaurants in Bagnaia und Rio nell'Elba. Auf dem letzten Stück vor Rio nell'Elba fällt die Orientierung nicht immer ganz leicht, da man ein Stück querfeldein laufen muss.

Ausgangspunkt ist in Bagnaia das Hotel Feluca (hier parken). An der letzten Linkskurve der Hotelzufahrtsstraße geradeaus weitergehen und dann links hoch (man passiert gleich eine gelb gestrichene Appartementanlage linker Hand), dann zwischen einem roten Haus und dem dazugehörigen Taubenschlag geradeaus den unmarkierten Pfad bergauf. Nach ca. 20 Min. erreicht man die Schotterstraße nach Nisporto, dieser ca. 300 m in nördliche Richtung folgen, dann bei einem braunen Gatter (Hausnr. 79) wieder auf den Pfad (Beschilderung: Nr. 53), der zunächst parallel zur Fahrstraße verläuft. Der Pfad wird im Verlauf steiniger, zur Linken bieten sich ganz herrliche Ausblicke auf die Bucht von Nisporto und die kaum besiedelte Küste. Nach ca. 45 Min. Gehzeit gelangt man zu einer Kreuzung (Wanderweg Nr. 62 G.T.E.), hier geradeaus und gleich darauf rechts hinunter in einer Schleife zu der Straße, die von Volterraio nach Rio nell'Elba führt. Alternativ kann man den linken Pfad nehmen, der zunächst ein Stück am Hang entlang führt, dann rechts vom ersten Zaun querfeldein den Berg hinunter. An dem kleinen Gehöft unterhalb rechts auf den Feldweg biegen, der nach Rio nell'Elba führt. Gleicher Weg zurück nach Bagnaia.

Die etruskische Küste zum Greifen nah: bei Cavo am nördlichsten Punkt Elbas

Der Nordosten der Insel

Der Nordostzipfel Elbas ist nicht unbedingt ein Badeparadies: Zu schroff ist weitgehend die Küste, sodass sich nur einige kleinere Buchten auftun.

Der Nordosten Elbas war – zusammen mit der südlich anschließenden Halbinsel Calamita – quasi die Erzkammer der Insel, wovon auch nach der Stilllegung der Bergwerke noch einiges zu sehen ist: verlassene Minen, gepaart mit der herben Romantik von Industrieruinen, an der Ostseite die schwarzen Strände und immer wieder bizarre Abbruchlandschaften.

Prägend für diesen Teil von Elba ist ein von Nord nach Süd verlaufender Bergkamm, dessen höchster Gipfel mit 516 m der *Cima del Monte* südlich von Rio nell' Elba ist. Der Nordosten der Insel ist vor allem in der hügeligen und nahezu menschenleeren Gegend um *Cavo* ziemlich waldreich, zahlreiche Bergquellen versorgen die Täler von *Nisporto, Nisportino* und *Monserrato* mit ausreichend Wasser, sodass man hier auch im Sommer ein relativ üppiges Grün vorfindet. Ein großer Teil der Küste der Halbinsel ist steinig (besonders an der Ostseite) und nur selten durch kleine Buchten unterbrochen, größere Badestrände findet man lediglich nördlich von *Rio Marina,* in *Cavo* und um *Porto Azzurro.*

Touristisches Zentrum ist unangefochten *Porto Azzurro* mit seinem lebhaften Hafen, während *Cavo* ganz im Norden Elbas, einer der ältesten Badeorte, touristisch mittlerweile keine bedeutende Rolle mehr spielt. *Rio Marina,* einst wichtiges Zentrum in Sachen Eisenerz, bietet ein interessantes Mineralienmuseum und wenig besuchte Strände nördlich des Orts. Auf keinen Fall entgehen lassen sollte man sich einen Besuch im beschaulichen Bergdorf Rio nell'Elba und den Ausflug zur Wallfahrtskirche *Madonna di Monserrato,* in einem sehr idyllischen Tal bei Porto Azzurro gelegen.

Cavo, Rio Marina und *Porto Azzuro* sind durch Fähren mehrmals täglich mit Piombino auf dem Festland verbunden.

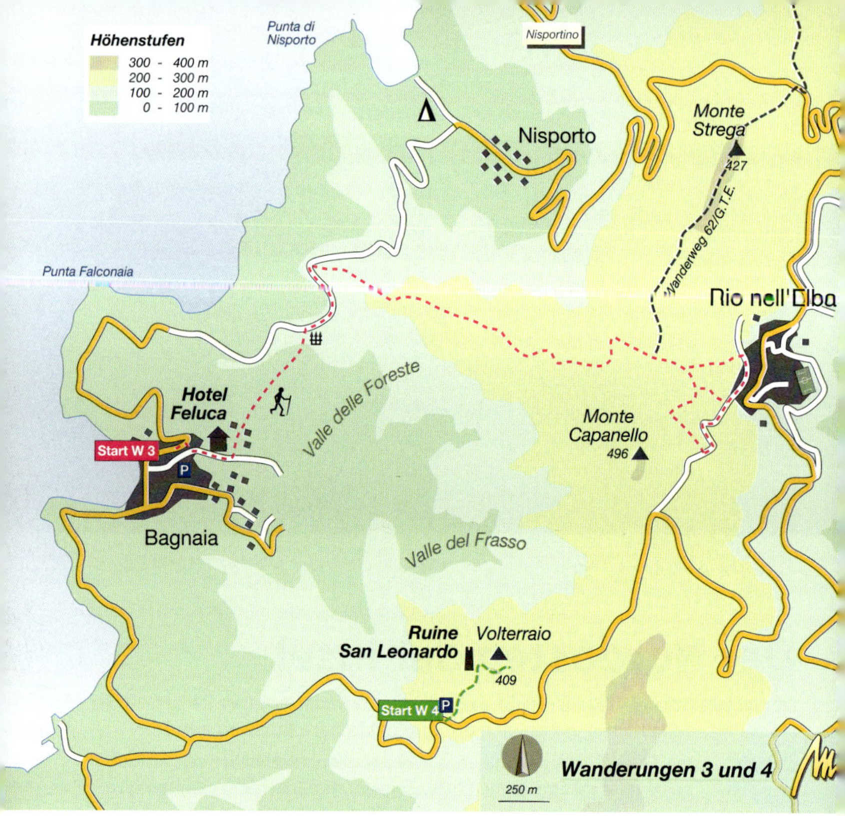

Castello del Volterraio

Hoch und mächtig thront die Ruine der Festung auf einem Felsklotz in 409 m Höhe am Rand der nordelbanischen Hügellandschaft, quasi als Wahrzeichen über der Bucht von Portoferraio.

Über die Herkunft des Namens Volterraio kursieren gleich mehrere Versionen: Er könnte vom lateinischen „vultur" (Geier) herrühren, was dann so viel wie Geiernest bedeuten würde, oder aber von dem älteren etruskischen Begriff „ful tur" (hoher Felsen). Eine dritte Version beruht auf der simplen Annahme, dass der Name mit der toskanischen Stadt *Volterra* in Zusammenhang steht, da die Pisanerfestung von einem Architekten aus Volterra gebaut wurde. Auch über die Zeit der ersten Besiedlung des schroffen Burgbergs ist man sich im Unklaren: Der Mythologie zufolge soll hier bereits unter der legendären etruskischen Prinzessin *Ilva* eine Befestigung entstanden sein, später haben die Römer die strategisch günstige Lage des Burgbergs genutzt. Fest steht jedenfalls, dass Volterraio auch zu Zeiten massiver Piratenüberfälle niemals eingenommen wurde. 1281 gründeten die Pisaner hier auf dem Fundament einer bereits bestehenden Burg aus dem 11. Jh. eine Festung, aus deren großartiger Panoramalage die feindlichen sarazenischen Piraten frühzeitig erspäht werden konnten. Volterraio war dabei Teil eines Systems von Wachposten, die – in

Sichtweite zueinander liegend – mittels Feuersignalen die Nachricht von feindlichen Schiffen binnen kürzester Zeit über die Insel verbreiten konnten. Außerdem war die Festung während der Piratenenfälle im 15. und 16. Jh. der wichtigste Zufluchtsort der Inselbewohner, und selbst die gefürchteten Piraten *Khayr al-Din*, der jüngere der *Barbarossa*-Brüder, und *Dragut* mussten hier auch nach längerer Belagerung wieder abziehen. Als die Medici ab 1548 Portoferraio als Festungsstadt aufbauten, verlor Volterraio an Bedeutung, diente aber noch immer als Wach- und Kontrollstation. Im 17. und 18. Jh. wurde Volterraio zur Garnison und fungierte weiterhin als Kommunikationsposten: Aus Portoferraio abgeschickte Blinksignale wurden von hier über das Inselchen *Palmaiola* zur italienischen Küste und von dort nach Florenz weitergeleitet. Von der ehemaligen Zugbrücke, den Unterkünften der Soldaten und der Kapelle im Inneren der Burg ist fast nichts mehr zu sehen, das alte Castello verfällt zusehends.

Uneinnehmbar: Volterraio

Wanderung 4: Zum Castello del Volterraio

Anfahrt: Von der Straße Magazzini–Bagnaia rechts ab in Richtung Rio nell'Elba und Volterraio (beschildert). Nach 1,7 km ein Parkplatz auf der linken Seite, oberhalb davon beginnt der anfangs noch gut erkennbare (aber nicht markierte) Pfad.

Ausrüstung/Dauer: Festes Schuhwerk ist unbedingt notwendig, man sollte auf jeden Fall die Mittagshitze meiden, und etwas zu trinken mitnehmen. Eine Taschenlampe ist bei der Besichtigung der Ruine hilfreich. Der Aufstieg dauert 30–45 Min., man überwindet dabei ca. 200 Höhenmeter.

Die Uneinnehmbarkeit der Festung kommt nicht von ungefähr, der Weg dorthin ist ziemlich anstrengend (wenn auch ungefährlich). Zunächst auf einem gut erkennbaren Pfad bis zur Ruine der ehemaligen *Kapelle San Leonardo*. Diese links liegen lassen, ab hier ist der Pfad kaum noch auffindbar, es geht mühsam über steinigen, z. T. auch rutschigen Boden den steilen Berg hinauf. An der Ruine angekommen, belohnen ein grandioser Ausblick und herrliche Sonnenuntergänge für die Mühe, man trifft auf andere, ebenfalls schweißgebadete Wanderer.

Nördlich von Bagnaia

▸ **Nisporto**: Die Bucht mit ihren wenigen Häusern ist eine der beiden auch vom Land zugänglichen Badestellen an der schroffen Küste nördlich von Bagnaia. Nisporto liegt etwa 5 km nördlich von Bagnaia und ist von dort über eine Schotterpiste (anfangs noch Asphalt) zu erreichen, bequemer ist aber die Anfahrt auf dem schmalen Asphaltsträßchen über Rio nell'Elba. Neben dem unten genannten Campingplatz findet man hier einige größere Appartementanlagen, die sich den Hang hinauf erstrecken und das nüchterne Ortsbild entscheidend prägen – und es wird weiter gebaut. Im „Dorf" ein Supermarkt, eine Pizzeria sowie Ristorante und Bar am sauberen Kiesstrand (steiniger Einstieg), der durch meterhohes Schilf begrenzt wird. Der relativ ruhige Ort wird hauptsächlich von italienischen Touristen besucht und ist generell ein teures Pflaster. Am Strand werden Sonnenschirme, Liegestühle, Tretboote und Kanus vermietet.

• *Übernachten* **Camping Sole e Mare**, schattiges Gelände mit großzügigen Stellplätzen nur wenige Meter vom Strand entfernt. Sehr freundlicher Service, Restaurant, Laden, Bar, Tennisplatz. Außerdem Wohnwagen- und Bungalowvermietung. Allerdings ist der Platz ziemlich teuer: pro Pers. 15 €, Kinder (4–14 Jahren) 12 €, kleines Zelt 15–20 € (Hauszelt 23 €), Wohnwagen und -mobil 25 €, Mietwohnwagen für 3–5 Pers. 480–720 € pro Woche, Bungalow/Appartement (4–5 Pers.) 820–1400 € wöchentlich, in der Nebensaison günstiger. Loc. Nisporto, 57039 Rio nell'Elba (LI), ✆ 0565/934907, 📠 0565/961180, www.soleemare.it.

▶ **Nisportino**: Der Ort liegt von Nisporto aus weitere 4,5 km Richtung Norden. Von der Asphaltstraße an den Westhängen des Monte Strega und hoch über der Küste eröffnen sich teilweise herrliche Ausblicke. Kleiner Kiesstrand, Ristorante-Pizzeria „La Battigia" (ganztägig geöffnet, auch Bar, abends Pizza) am Strand. Ansonsten gibt es keine Bars, nur noch ein Residenzhotel mit ein paar uniformen Bungalows, die die Gegend völlig dominieren. Eine weitere Bungalowanlage ist gerade im Verfall begriffen. Nisportino ist ein sehr abgeschiedenes Retortendorf, extrem ruhig, man könnte auch sagen: langweilig, bietet aber eine schöne Bucht.

• *Lesertipp* Das **Ristorante La Battigia** vermietet auch Appartements. Direkte Strandlage, mit zwei Liegen und einem Sonnenschirm je Wohnung. Sauber und gepflegt, die Küche ist sehr gut ausgestattet. Die Vermieter sprechen Englisch und sind sehr freundlich. Kontakt: Luigi Nardelli, Loc. Nisportino, 57039 Rio nell'Elba, ✆ 0565/917355, www.appartamentilabattigiaelba.it.

Rio nell'Elba

Auf knapp 180 m über dem Meer liegt das urelbanische Bergdörfchen mit seinem mittelalterlichen Kern. Wenn am Abend die letzten Tagesausflügler verschwundenen sind, gehört Rio nell'Elba wieder seinen Bewohnern, und die idyllische Piazza del Popolo wird zum großen Wohnzimmer für alle.

Der weite Ausblick, den man von hier oben genießt, war im Mittelalter oft lebensrettend, herannahende Feinde konnten rechtzeitig ausgemacht werden. Die Pisaner bauten im 12. Jh. eine Stadtmauer, um den Schutz zusätzlich zu verstärken. 1534 wurde Rio nell'Elba dennoch vom Piraten Barbarossa eingenommen, und große Teile der Bevölkerung wurden als Sklaven nach Tunis verschleppt.

Der Ort soll bereits in der Antike ein bedeutendes Zentrum des Eisenerzabbaus gewesen sein, der heutige Stadtkern mit der nach Überfällen mehrfach wieder aufgebauten Kirche *Santi Giacomo e Quirico* geht auf eine pisanische Gründung im 11. Jh. zurück. Rio war im Mittelalter überaus bedeutend, man verlegte sogar kurzzeitig die Inselverwaltung hierher.

Rio hat von allen Gemeinden der Insel die stärkste Abwanderung erfahren, nicht zuletzt auch wegen der Schließung der unrentabel gewordenen Eisenerzminen der Umgebung. Waren es Ende des 18. Jh. noch 5000 Einwohner, so sind es heute nur noch etwa 950, meist alte Menschen.

Der Nordosten der Insel
1 km
Capo Vita
Isola dei Topi
Capo Castello
Piombino
Cavo
Spiaggia Le Fornacelle
Monte Grosso
346
Cala Seregola
Spiaggia I Topetti
G.T.E.
Nisportino
Monte Serra
422
Torre del Giove
352
Santa Caterina
Nisporto
Monte Strega
427
Piombino
Rio Marina
Monte Capanello
496
Rio nell'Elba
Portoferraio
Pianosa
Bagnaia
Castello del Volterraio
409
Magazzini
Portoferraio
Cima del Monte
516
Ortano
Spiaggia Ortano
G.T.E.
Madonna di Monserrato
Monte Castello
390
Portoferraio
292
Monte Mar di Capanna
Laghetto di Terranera
Punta delle Canelle
Spiaggia Reale
Porto Azzurro
Spiaggia di Barbarossa
Baia di Mola
Capoliveri

Das verschwundene Dorf

Rio nell'Elba (von lat. „rivus" = Fluss) hat seine Gründung einer Quelle zu verdanken. Die Bewohner des etwa 2 km nordöstlich gelegenen, älteren Dorfes *Grassera,* das auf eine römische Siedlung zurückging, kamen hierher, um Wasser zu holen, bis es ihnen zu mühselig wurde und die ersten Häuser an der Quelle selbst entstanden. Rio blühte und gedieh, Grassera versank mehr und mehr in die Bedeutungslosigkeit. Bei dem verheerenden Piraten-einfall von 1534 wurden Rio und Grassera von den Piraten um den jüngeren der beiden Barbarossa-Brüder verwüstet. Die Bewohner der Orte, so sie nicht in die Berge geflohen waren, verteidigten sich noch einige Zeit in der nahe gelegenen Festung *Giogo,* mussten sich aber der erdrückenden Übermacht ergeben und wurden nach Tunis verschleppt. Die Überlebenden konnten zwar im darauf folgenden Jahr von den Spaniern befreit werden, doch waren es zu wenige, um beide Dörfer wieder zu bevölkern: Während sich Rio nell'Elba von der Heimsuchung durch die sarazenischen Piraten erholte, blieb der antike Nachbarort Grassera seither von der Landkarte verschwunden.

Ein Ausflug nach Rio nell'Elba lohnt allein schon wegen der exponierten Lage, die einen reizvollen Gegensatz zu den umliegenden Badeorten bildet. Sehenswert die Kirche *Santi Giacomo e Quirico* an der Piazza mit ihrer Renaissancefassade und barocken Stilelementen im Inneren sowie *I Canali,* das ehemalige Waschhaus, an dessen Wänden heute alte Ansichten von Rio nell'Elba zu sehen sind (ganztägig geöffnet, an der unterhalb des Dorfes verlaufenden Verbindungsstraße nach Cavo gelegen). Neben dem Waschhaus, das man auch über Treppen vom Zentrum aus erreichen kann, befindet sich die *Casa del Parco,* ein Informationszentrum des Nationalparks Toskanischer Archipel (nur im Sommer Do-Sa 10-13 Uhr und 16-22 Uhr geöffnet, ✆ 0565/943399). In Rio gibt es außerdem ein sehenswertes archäologisches Museum, in dem auch die Exponate des ehemaligen Mineralienmuseums ausgestellt sind (siehe „Sehenswertes in und um Rio nell'Elba").

Rio nell'Elba

- *Verbindungen* 4x tägl. mit dem **Bus** nach Capoliveri, 12x über Rio Marina nach Cavo (So und feiertags 10x), 11x nach Porto Azzurro und weiter nach Portoferraio (So und feiertags 9x).
- *Parken* Gebührenpflichtiger Parkplatz (0,50 €/Std.) am Ortseingang (aus Porto Azzurro kommend). Das Gebäude der Polizei befindet sich direkt daneben, es ist daher dringend geraten, ein Ticket zu ziehen.
- *Adressen* **Bank** mit Bancomat gegenüber der Kirche an der Piazza, im Zentrum außerdem **Post** und **Ambulanz**.
- *Essen & Trinken* **La Cipolla**, die „Zwiebel" liegt an der Piazza del Popolo im Zentrum.

Einladende Trattoria mit großer Auswahl und guten Fischgerichten, mittleres bis gehobenes Preisniveau, im Sommer stehen auch ein paar Tische draußen zur Piazza hin. Ganztägig geöffnet, auch Bar und Tabaccheria. Unbedingt einen Blick hineinwerfen: Hier findet sich ein Foto der Bar La Cipolla aus dem Jahr 1948 – das typische Bild eines elbanischen Bergdorfs in der Nachkriegszeit.

Bar International, freistehendes, eindrucksvolles Gebäude an der Piazza, typische italienische Bar, liegt quasi gegenüber von La Cipolla.

• *Feste & Veranstaltungen* **Festa dei Santi Giacomo Apostolo e Quirico**, am letzten Wochenende im Juli findet das traditionelle Dorffest zu Ehren der beiden Ortsheiligen statt.

Sehenswertes in und um Rio nell'Elba

Museo Archeologico del Distretto Minerario e Collezione „I Minerali Elbani della Gente di Rio“ (Archäologisches Museum und Mineraliensammlung Alfeo Ricci): Direkt unter der Terrazza Giuliano Cignoni befindet sich die Ausstellung auf und unter einer Galerie in einem modernen, lichtdurchfluteten Saal. Zu sehen sind in der archäologischen Sektion Fundstücke, die die Besiedlung und Erzverarbeitung auf Elba von prähistorischer Zeit bis ins frühe Mittelalter belegen: Pfeilspitzen und Schmuck aus der Grotta di San Giuseppe (2000–1800 v. Chr.), etruskische Werkzeuge aus Porto Argoo (Portoferraio) oder Terrakotta-Wasserleitungen aus der römischen Villa von Capo Castello (Cavo). Ergänzt werden die Exponate durch informative Schautafeln, diese allerdings nur in italienischer Sprache. Daneben ist die sehenswerte Mineraliensammlung von *Alfeo Ricci* (1924–1964) zu besichtigen. Der mineralogische Autodidakt verdiente seinen Lebensunterhalt bei der elbanischen Eisenminengesellschaft, aber die Mineralien blieben seine lebenslange Passion, die ihn sogar dazu brachte, elbanische Mineralien von internationalen Museen zurückzutauschen oder zu kaufen. Die im Museum ausgestellten Stücke stammen ausnahmslos von der Insel und wurden von Ricci in jahrelanger Arbeit zusammengetragen. Zu sehen sind z. T. sehr große Pyrite, Hämatite, Quarze, Turmaline etc., auch in diversen Verbindungen. Schaubilder zur Mineralgeschichte der Insel runden die gelungene Ausstellung ab.

• *Öffnungszeiten und Eintritt* Ostern bis Ende Okt. tägl. außer Mi 15–21 Uhr. Von Nov. bis Ostern geschlossen. ✆ 349-6360790. Eintritt 2,50 €, ermäßigt 2 €. Zum Museum gelangt man, wenn man die Piazza del Popolo an ihrer nordöstlichen Ecke verlässt und von der Aussichtsterrasse die rechte Treppe hinunter nimmt.

I Canali: Rios ehemaliges Waschhaus

Eremo di Santa Caterina

▸ Eremo di Santa Caterina: Etwas nördlich des Orts, am Hang des *Monte Serra* und mit schönem Blick auf Rio nell'Elba, liegt diese verlassene Einsiedelei. Der ursprünglich romanische Bau wurde 1634 umgebaut, im Innenraum der einschiffigen Kirche erinnert eine Gedenktafel an die heilige Caterina, darüber hinaus sind einige Werke moderner Kirchenkunst zu sehen. Seit einiger Zeit finden im Kloster Kulturveranstaltungen statt, und ein Verein kümmert sich um den Erhalt der Gemäuer. Neben der Einsiedelei befindet sich der hübsche, kleine botanische Garten *Orto dei Semplici Elbano* (nur im Sommer Di–So 13–19 Uhr, Mo geschlossen, Eintritt 3 €, ermäßigt 1 €). In dem sehenswerten Garten ist die Flora der Insel ohne Eingriff durch den Menschen zu erahnen, darüber hinaus gibt es einen Obstgarten, einen Heilkräutergarten etc., Schautafeln auch in deutscher Sprache erläutern die Pflanzen. Ruhe und Idylle pur, nicht nur für Hobby-Botaniker ein lohnenswerter Besuch!

Anfahrt An der Straße nach Nisporto/Nisportino geht es nach ca. 3 km rechts ab auf einen Feldweg (beschildert), hier parken. Es führt ein schöner Panoramaweg an Zypressen entlang zum alten Kloster (etwa 10 Min. zu Fuß). Weitere Infos: www.ortoelbano.it.

Rio Marina

Der Hafenort mit seinen rund 2100 Einwohnern ist alles andere als eine Touristenhochburg, wohl auch, weil es hier an schönen Stränden mangelt. Auch Fischerromantik sucht man am funktionalen Hafen, wo früher das Eisenerz verschifft wurde, vergeblich.

Der Eisenabbau in der Umgebung (v. a. am nördlich gelegenen *Monte Giove)* geht bis in die Antike zurück. Den achteckigen Wachturm am südlichen Ende des großen Hafenbeckens bauten im 16. Jh. die Appiani, im 19. Jh. wurde noch ein kleinerer Uhrturm draufgesetzt. Im 18. Jh. erlangte Rio Marina als Hafen von Rio nell'Elba größere wirtschaftliche Bedeutung – in Rio Marina befand sich auch der Verwaltungssitz des Eisenbergwerks – und erklärte sich 1882 schließlich zur unabhängigen Gemeinde. Das so entstandene Konkurrenzverhältnis zwischen den beiden Orten steigerte sich bis zur Feindseligkeit, sodass man untereinander nicht mehr heiratete und sich bei Kirchweihfesten mit Steinen bewarf. Am 16. August findet in Rio Marina das Fest zu Ehren des Ortspatrons *San Rocco* statt.

Fiori di Ferro – Mineralien und mehr

Im *Palazzo del Burò*, dem ehemaligen Sitz der Bergbaudirektion, ist Rio Marinas neues und überaus sehenswertes *Museo Minerali dell'Elba e Arte Mineraria* untergebracht. Auf rund 400 qm und verteilt über acht Säle ist eine gelungene Mischung aus Mineraliensammlung, Museum für Bergbaugeschichte und Ausstellung für zeitgenössische Kunst entstanden. Hier sind sämtliche auf Elba gefundenen Mineralienarten – über 170 an der Zahl – ausgestellt, unter ihnen auch der *Ilvait*, den es nur auf Elba gibt. Die annähernd 800 Exponate sind übersichtlich in 24 Vitrinen angeordnet, z. T. sehr schöne Pyrite, Hämatite und Calcite, u. a. auch Pyrit-Hämatit- und Pyrit-Quarz-Verbindungen sowie Alabaster, der aber nicht von der Insel stammt. Wichtigste Fundorte für Mineralien auf Elba sind die Gegend um Rio Marina (die Gruben von *Bacino* und *Valle Giove)* und die Halbinsel Calamita.

Daneben sind in der aufwändig gestalteten Umgebung Ausstellungsstücke zu sehen, die die harte Arbeit der Eisengewinnung und -verarbeitung dokumentieren; in einer kleinen „Mine" kann sogar am eigenen Leib erfahren, wie dunkel, staubig und eng die Grabungsschächte waren. Fotomaterial aus einer Zeit, als auf Elba noch gegraben wurde, bietet darüber hinaus ästhetische „Außenansichten" des Bergbaus.

Riesiger Pyrit im Museo Minerali

Abgerundet werden die Exponate durch Gemälde, Skulpturen und Fotografien der deutschen Wahlelbaner Helga, Kurt und Stefan Mergenthal, deren Arbeiten sich rund um den elbanischen Bergbau drehen.

Vom Museum werden Führungen in den *Parco Minerario*, das Bergbau-Freilichtmuseum des Ortes, angeboten, wo noch einige beeindruckende Monumente der Industriegeschichte zu sehen sind. Der Rundgang führt durch ein altes Bergarbeiterdorf, zu einer restaurierten Erzwäsche und schließlich in die Halde. Nach einer Einführung in den Tagebergbau haben Besucher die Möglichkeit, selbst nach Pyriten und Hämatiten zu „klopfen".

• *Öffnungszeiten des Museums* Ostern bis Juni und Sept./Okt. tägl. 9.30–12.30 und 15.30–18.30 Uhr, im Juli und August 9.30–12.30 und 16.30–19.30 Uhr. Eintritt 2,50 €, ermäßigt 1,50 €, Kinder bis 8 Jahre frei. Zum Museum geht es von der zentralen Piazza Vittorio (dem kleinen „Stadtpark") in die schmale Via Magenta, das Museumsgebäude befindet sich am Ende der Gasse, nur wenige Meter von der Piazza entfernt (Via Magenta 26).

• *Führungen durch den Bergbaupark* Von Juni bis Sept. werden mit dem Trenino (Bähnchen) je nach Nachfrage Exkursionen in den Bergbaupark angeboten, meist 1x am Vormittag und 1x am Nachmittag, bei mangelnder Nachfrage jedoch nicht. Im Juli/August finden die Touren immer morgens um 11 Uhr und nachmittags um 15.30 und 17 Uhr statt, Dauer 80 Min., Anmeldung obligatorisch! Pro Pers. 11,50 €, Kinder bis 12 Jahre 6 €. Im Juli und August finden immer Di, Do und Sa um 18 Uhr 2-stündige Touren zum Mineraliensuchen (mit Führer) statt, in der Nebensaison bei Bedarf Di, Do, Sa um 10 Uhr, pro Pers. 5 €, ermäßigt 2,50 €. Anmeldung und Treffpunkt für alle Touren ist im Museum, hier gibt es auch Informationen zu weiteren Exkursionen. Die Touren sind auch telefonisch zu buchen. Palazzo del Burò, Via Magenta 26, ✆ 0565/962088, www.parcominelba.it.

Angesichts der langen Bergbautradition Rio Marinas ist es nicht verwunderlich, dass die Sehenswürdigkeiten des Ortes sich vor allem um das drehen, was aus den umliegenden Bergen zu Tage gefördert wurde: Im *Parco Minerario* wird der Besucher durch die Halden und Erzwäschen eines Tagebergwerks geführt, und im *Museo Minerali* in der Via Magenta lässt sich nicht nur die Ausstellung „Fiori di Ferro" bewundern (Näheres s. u.). Wer sich auf eigene Faust auf die Suche begibt, kann mit etwas Glück am 6 km nördlich gelegenen Strand *Le Fornacelle* noch kleinere Malachite und Calcite finden.

In den letzten Jahren hat Rio Marina deutlich an Attraktivität gewonnen, das Städtchen hat sich herausgeputzt, der kleine Park oberhalb des Hafens und die Promenade laden zum Flanieren ein. Darüber hinaus sind in Rio Marina mittlerweile zwei empfehlenswerte Restaurants (s. unten) beheimatet. Seit 2009 ist der Ort der einzige Fährhafen im Osten der Insel (nicht mehr Porto Azzurro), auch die Fähren nach Pianosa starten ab Rio Marina.

• *Information* **Pro Loco di Rio Marina**, am unteren Ende des winzigen Parks im Zentrum Richtung Hafen. Im Sommer täglich 9–19.30 Uhr geöffnet, Mi nachmittags geschlossen. Lungomare G. Marconi 2, ✆ 0565/962004.

• *Verbindungen* Im Sommer ca. 6x tägl. **Fähren** der *Toremar* nach Piombino, 45 Min. Fahrtzeit, pro Pers. 3,50 €, Auto 29–34 €, Wohnwagen/-mobil 10,20 € pro Meter, Moped/Motorrad 7,90 €, Fahrrad 5 €; außerdem die Hafentaxe von 4,80 € pro Pers. und 9,36 € pro Fahrzeug (Motorrad/Scooter 5,36 €). Tickets bei Toremar am Hafen, geöffnet täglich 8.45–12.30 Uhr und 16–19 Uhr sowie zu den Abfahrtszeiten außerhalb der Öffnungszeiten. Hier hängen auch die Abfahrtszeiten aus. Calata Voltoni 20, ✆ 0565/962073, ℻ 0565/962568, www.toremar.it.

Fähren nach Pianosa: mit Toremar ganzjährig jeden Di 9.20 Uhr ab Rio Marina, an Pianosa 11 Uhr, zurück ab Pianosa um 14.10 Uhr, Ankunft Rio Marina 15.50 Uhr. Preis hin und zurück inkl. obligatorischer Führung: 29,60 €, ermäßigt 22,80 € (Kinder). Für die Hochsaison wird empfohlen, das Ticket einige Tage vorher bei der Toremar-Agentur hier in Rio Marina zu kaufen.

Busse, 4x tägl. nach Capoliveri, jeweils 12x nach Cavo und Rio nell'Elba (So und feiertags 9x), 10x über Porto Azzurro nach Portoferraio (So und feiertags 9x).

• *Adressen* **Bank**, mit EC-Bancomat im Erdgeschoss des Rathauses, Via Principe Amedeo.

Post, an der Hauptstraße (Ortseingang aus Rio nell'Elba) neben der Kirche Santa Barbara, Mo–Fr 8.30–13.30 Uhr, Sa 8.30–12.30 Uhr.

Hafenmeisterei, ✆ 0565/962109.

Polizei (Carabinieri), Via Principe Amedeo, ✆ 0565/924223.

• *Tauchen* **Rio Diving Center**, Tauchgang 35 €, Kurs 330 €, Via Scappini 13, 57038 Rio Marina (LI), ✆ 335/5709947, www.riodiving.it.

• *Übernachten* *** **Rio sul Mare**, an der zentralen Piazza, Alle Zimmer mit Bad und TV, nur einige wenige im obersten Stock auch mit Balkon. Mittelklasse in Hafennähe, im Inneren etwas dunkel, die Zimmer teilweise renoviert, freundlicher und hilfsbereiter Service. April bis Ende Okt. geöffnet. DZ 158–173 €, EZ nur in der Nebensaison, Frühstück inklusive, bis Ende Juli und ab Anfang Sept. kostet das DZ hier 84–113 € (EZ 60–75 €). Via Palestro 31, 57038 Rio Marina (LI), ✆ 0565/924225, ℻ 0565/924162, www.hotelriomarina.com.

*** **Mini-Hotel Easy Time**, am Hang oberhalb von Rio Marina, mit Bar und Ristorante. Fantastischer Blick von der Terrasse, nur acht Zimmer, alle mit Bad, TV und Balkon. *Anfahrt*: vom Ort auf der Straße Richtung Rio nell'Elba, links abbiegen, Beschilderung „Via panoramica del porticiolo" (Aussichtspunkt), nach 300 m rechts ab (Beschilderung Hotel), dann extrem steil bergauf (schmale Straße, mit Ampel). DZ (mit Frühstück) 104–144 €, EZ 68 € (in den Hochsaisonwochen im August nicht). Via Panoramica Porticciolo, 57038 Rio Marina (LI), ✆ 0565/962531, ℻ 0565/925691, www.minihoteleasytime.it.

• *Camping/Agriturismo/Außerhalb* **Camping Canapai**, etwa 5 km von Rio Marina, sehr abgeschieden am Rand der Bucht von Ortano gelegen (ca. 500 m vom Meer). Bescheidene, schattige Terrassenanlage inmitten üppigen Grüns, mit Pool, freundliche und um die Gäste bemühte Leitung, aber doch recht weit abgelegen. Mit Bar, Ristorante und Mini-Market. Geöffnet Mitte April bis Ende Sept. *Anfahrt:* Von Rio Marina zu-

Von der Erzgrube zur Badebucht – die Strände um Rio Marina

nächst Richtung Rio nell'Elba, dann links ab zur Ortano-Bucht (beschildert). In der Bucht (die zu großen Teilen vom hermetisch abgeriegelten Venta Club in Beschlag genommen wird) geht es rechts ab zum Camping, beschildert, das letzte Stück auf Feldweg. Pro Pers. 12,80 €, Zelt 13,50 €, Wohnwagen/Wohnmobil 15 €, ein einfacher, kleiner Bungalow für 4 Pers. kommt auf 130 € am Tag. Loc. Ortano 14, 57038 Rio Marina (LI), ✆/℻ 0565/939165, www.campingcanapai.it.

Agriturismo Le Sughere, mitten in den Weinbergen in absoluter Ruhe und Abgeschiedenheit liegt das neue, rote Haus, von dessen Terrasse man einen herrlichen Ausblick genießt. Einladender Pool, nur neun mit Geschmack eingerichtete Zimmer (alle mit Bad und TV), Mai bis Okt. geöffnet. Anfahrt: Von Rio Marina Richtung Rio nell'Elba, am Ortsausgang links ab auf die Panoramica, nach 800 m geht es steil rechts hoch und dann 400 m auf Asphalt steil bergauf, nach dem hässlichen Hochhauskomplex rechts ab und noch 600 m auf kurviger, schmaler Schotterpiste. Durchgehend beschildert. Nur wochenweise Vermietung: DZ mit Frühstück, zwei Abendessen und Weindegustation 840–960 €/Woche, Kinder 100 € pro Woche, EZ 480 €. Das üppige Frühstück wird auf der Terrasse serviert. Loc. Monte Fico, 57038 Rio Marina (LI), ✆ 347/0849947 (mobil), ℻ 0565/924140, www.lesughere.it.

• *Essen & Trinken* **La Canocchia**, einladender, kleiner Speiseraum im Souterrain, gepflegtes Ambiente. Bekannt für hervorragende und oft recht extravagante Fischgerichte, ein Tipp für Liebhaber von Fisch und Meeresgetier. Von diversen Restaurant-Guides ausgezeichnet. À la carte deutlich gehobenes Preisniveau, allerdings gibt es ein recht günstiges Menù di Mare für 25 €. Mittags und abends geöffnet, in der Nebensaison Mo Ruhetag. Via Palestro 3, ✆ 0565/962432.

Da Oreste la Strega, ebenfalls am oberen Ende des winzigen Parks im Zentrum (Eckhaus auf der gegenüberliegenden Seite von La Canocchia), klassische Trattoria mit rustikalem Ambiente, sehr einladend. Nett auch die überdachte Terrasse, die allerdings direkt an der Durchgangsstraße liegt (stört kaum). Verfeinerte elbanische Traditionsküche zu mittleren Preisen, Schwerpunkt natürlich Fisch. Mittags und abends geöffnet. Via Vittorio Emanuele 6, ✆ 0565/962211.

• *Cafés* **Caffè Centrale**, Tische direkt an der zentralen Piazza Vittorio mit Blick auf den kleinen Park und exzellentem Eis.

Weitere Cafés befinden sich am Hafen bzw. an der Flanierterrasse oberhalb des Hafens.

• *Spezialitäten/Einkaufen* **Pasticceria Muti & Lupi**, Via Palestro 13. Als lokale Spezialität gilt die *Schiaccia briaca*, zu Deutsch „die Betrunkene" – ein Mürbeteiggebäck, zu dessen Ingredienzien neben Pinienkernen,

Rosinen und Nüssen vor allem der Süßwein Aleatico gehört. Weitere köstliche Kalorienbomben sind in der Vitrine aufgetürmt.

Markt: in Rio Marina jeden Montagvormittag in der Via Palestro.

• *Wein* **Azienda Agricola Le Sughere**, die Cantina des obigen Agriturismo bietet relativ günstige elbanische Weine, der Elba Bianco (DOC oder IGT) kommt auf ca. 6 €, der Elba Rosso DOC kostet 8 €, Aleatico 18 €, Grappa 20 € und Passito Bianco 15 €. Geöffnet Mo–Fr 10.30–12.30 Uhr und 16.30–19.30 Uhr, Sa nur 10.30–12.30 Uhr, So geschlossen, im Winter nur vormittags. ✆ 0565/1935260, ℻ 0565/924140, www.lesughere.it. *Anfahrt*: Von Rio Marina Richtung Rio nell'Elba, dann links ab Richtung Ortano, dann wieder links und das letzte kurze Stück auf Schotter (Beschilderung: Le Sughere del Montefico).

Baden in Rio Marina und Umgebung

An der Hafenmole führt eine Treppe zum kleinen *Kieselstrand* beim Uhrturm hinunter. Zum Baden besser geeignet sind aber die hier genannten Strände nördlich von Rio Marina:

▸ **Spiaggia Topinetti**: Etwa 3 km nördlich vom Ort, von der Straße Richtung Cavo rechts ab, ausgeschildert, etwa 300 m auf einem Feldweg zum Strand hinunter. Schwarzer Sand vor roten Felsen, dazwischen große, weiße Kieselsteine. Sauber und nicht übermäßig besucht, mit Bar, Sonnenschirm- und Liegestuhlverleih.

Die schroffe Ostküste Elbas

▸ **Cala Seregola**: Kurz nach der Abzweigung zum Topinetti-Strand passiert man rechter Hand ein längst stillgelegtes und verfallenes Eisenbergwerk. Gleich darauf rechts ab über eine Schotterpiste zum Strand (500 m von der Hauptstraße, beschildert). Nicht besonders idyllisch, aber bestens frequentierter Sand-/Kiesstrand, getrübt wird der Blick durch das alte Eisenwerk (Achtung: Einsturzgefahr!) mit Verlademole. Riesiger Parkplatz am Strand, Snackbar, Sonnenschirm- und Liegestuhlverleih (je 7 €/Tag).

▸ **Spiaggia Le Fornacelle**: Kurz vor Cavo geht es rechts ab (beschildert) und dann eine steile Betonpiste hinunter. Kaum attraktiver Strand, viel Kiesel, wenig Sand. Badende genießen den Blick auf die Industrieschlote von Piombino und ein vorgelagertes, kleines Inselchen. Pluspunkt ist allerdings das *Ristorante Le Fornacelle* (✆ 0565/931105) mit netter Terrasse. Pizza, Pasta und relativ günstige Fischgerichte. Von dem Restaurant rechter Hand am Strand entlang stößt man nach ca. 100 m auf eine Halde, hier lassen sich mit Glück vereinzelt noch kleinere Mineralien finden.

Cavo

Einer der ältesten Badeorte der Insel. Von den heutigen Elba-Touristen wird Cavo allerdings ziemlich vernachlässigt, es fehlt an attraktiven Stränden, und auch sonst wirkt der Ort ziemlich verschlafen. Dabei ist Cavo in nur 15 Minuten mit dem Tragflächenboot vom Festland aus zu erreichen.

Prächtige Villa der Minendirektoren am Strand von Cavo

Im nördlichsten Ort Elbas finden sich einige prächtige Villen der vorletzten Jahrhundertwende, die früher im Besitz der Eisenminenbetreiber waren. Mehrheitlich sind es aber bescheidene Privathäuser, die das Bild des gleichförmig in der flachen Bucht angelegten Dorfes bestimmen.

In Cavo gibt es einen kleinen Hafen mit langer Mole und einen mit Kiesel durchsetzten, lang gezogenen Sandstrand mit Sonnenschirm-, Liegestuhl- und Tretbootverleih. Piombino auf dem Festland scheint von hier zum Greifen nah. Vom Hafen aus hat man auch einen schönen Blick auf die kleine, karge *Isola dei Topi* („Mäuseinsel"), ihren verwitterten Leuchtturm und den vorgelagerten Felsen *Il Frate*, den „Bruder". An der Uferpromenade befinden sich einige Pizzerie und Bars, im Dorf selbst auch eine einfache Rosticceria. Im Hafen liegen zwar einige Yachten, aber ein schicker Seglertreff ist das abgelegene, fast langweilige Cavo sicherlich nicht. Einmal im Jahr – am zweiten Juliwochenende – trifft man sich hier zur Regatta mit großem Publikum.

Sein historisches Highlight erfuhr Cavo 1849, als Freiheitskämpfer Garibaldi hier auf seinem Weg nach Capraia einen kurzen Zwischenstopp einlegte. Unweit des Orts liegt mitten in der Macchia das *Mausoleum Tonietti*, das der gleichnamige Bergwerksbetreiber im 19. Jh. als Familiengrabstätte errichten ließ. Der Spaziergang zum Mausoleum dauert etwa 20 Minuten. Tonietti gehörte auch das *Castello*, eine festungsartige Villa, die von der Uferpromenade aus zwischen Bäumen zu erspähen ist.

Der Ausflug an den Nordostzipfel der Insel lässt sich mit einer netten Wanderung verbinden: vom *Capo Castello*, der Landzunge am nördlichen Ende der Bucht, wo sich die spärlichen Reste einer römischen Villa befinden (nicht zugänglich), geht es zum *Capo Vita*, dem nördlichsten Punkt Elbas – Macchia und Strandkiefern, so weit das Auge reicht.

• *Verbindungen* Von Cavo aus besteht die kürzeste **Fährverbindung** zum Festland. Im Sommer bis zu 5x tägl. mit dem *Aliscafo* (Tragflächenboot) der Toremar von und nach Piombino, nur Personenbeförderung, Fahrtzeit nach Piombino 15 Minuten, pro

Pers. 4,80 € plus 4,80 € Hafentaxe. Das Boot fährt weiter nach Portoferraio (20 Minuten). Toremar-Agentur in Hafennähe, Via Michelangelo 54, ✆/℻ 0565/949871.

Busse, 4x tägl. nach Capoliveri, 11x über Rio Marina, Rio nell'Elba und Porto Azzurro nach Portoferraio (So und feiertags 9x).

• *Sonstiges* In Cavo gibt es **Bank**, **Post**, **Tankstelle**, diverse kleine Lebensmittelläden und einen **Supermarkt**. Am Mittwochvormittag findet der **Inselmarkt** hier statt. Im Hochsommer Open-Air-Kino in der Via De Gasperi (*Arena Cinema*).

• *Tauchen* **Cavo Diving**, am Hafen, Tauchgang 35 €, Kurs mit Zertifikat 310 €. Roland Heidinger, 57030 Cavo (LI), ✆/℻ 0565/931160, ✆ 335/6571830 (mobil), www.cavo-diving.de.

• *Übernachten/Camping* *** **Pierolli**, in zweiter Reihe vom Hafen, nicht mehr ganz neu. Mit Restaurant und schattiger Bar, Hollywood-Schaukel im Garten. Geöffnet Anfang April bis Ende Sept. DZ mit Bad, Balkon und Halbpension ca. 180 €, EZ nur auf Anfrage. Lungomare Kennedy 1, 57030 Cavo (LI), ✆ 0565/931188, ℻ 0565/931044, www.hotelpierolli.it.

*** **Maristella**, gleich daneben, ähnliches Niveau, ebenfalls nicht mehr ganz neu, aber gut in Schuss. Sympathischer Service, Restaurant angeschlossen. Geöffnet Ostern bis Ende Sept. Das DZ mit obligatorischer Halbpension kostet hier 168 €, außerhalb der Hochsaison ist auch Übernachtung mit Frühstück möglich (DZ ca. 100 €), alle Zimmer mit Bad, TV und Kühlschrank. Lungomare Kennedy 3, 57030 Cavo (LI), ✆ 0565/949859, ℻ 0565/931109, www.hotelmaristella.com.

** **Ginevra**, ruhig, im hinteren Teil des Orts, 300 m zum Strand. Ebenfalls nicht mehr ganz taufrisches Hotel. In der Hochsaison nur wochenweise, DZ mit Bad und obligatorischer Halbpension 980–1144 €, EZ die Hälfte. Via De Gasperi 63, 57030 Cavo (LI), ✆ 0565/949845, ℻ 0565/931084, www.albergoginevra.it.

• *Appartements* **Residence Villa Pineta**, neun neue und sehr komfortable Appartements mit gehobener Ausstattung in einem Pinienwäldchen, unweit des Strandes beim Capo Castello. Für 4 Pers. 1000–1100 € pro Woche, 6–8 Pers. 1700 €, in der Nebensaison deutlich günstiger. Via Capocastello 2, 57030 Cavo (LI), ✆/℻ 0565/949696, www.villalapineta.it.

• *Essen/Trinken/Nachtleben* **Mokambo-Bar**, bei Paolo Conte, dem italienischen Chansonnier mit der rauchigen Stimme, bleibt die Mokambo-Bar Poesie, in Cavo ist sie hand- und trinkfeste Wirklichkeit. In dem beige getünchten Haus mit Neonreklame am Meer gibt es nicht nur ein großes Whiskey- und Bierangebot, sondern auch hausgemachtes Eis, leckere Panini und eine absolut überzeugende Antipasto-Vitrine.

Sehr einladend auch die **Bar Rendez-vous** am Hafen: nette Atmosphäre, überzeugende Auswahl in der Vitrine, mit Crêperie, auch Pizzeria, man kann hier auch ein ganzes Menü essen. Ganztägig geöffnet.

Leckeres Eis (wenn auch recht teuer) gibt es beim **Chiosco del Gelato** schräg gegenüber der Mokambo-Bar.

Weitere Bars, Restaurants und Pizzerie an der Uferpromenade.

▸ **Baden**: Der Dorfstrand (Sand-Kies) von Cavo ist so schlecht nicht und erstreckt sich auf einer Länge von fast 500 m entlang der Uferpromenade. Großer Beliebtheit erfreut sich auch die *Bucht von Frugoso*: Der Kiesstrand liegt an der Nordseite der Landzunge Capo Castello. Es wird relativ viel Seegras angespült, der schöne Blick auf die kleine Insel *Dei Topi* entschädigt dafür. Schattiger Parkplatz (gebührenpflichtig), hier befindet sich auch eine mobile Bar mit Erfrischungsgetränken.

Der Yachthafen von Cavo

Blick auf den Hafen von Porto Azzurro

Porto Azzurro
Karte S. 153

Porto Azzurro

Einer der schönsten Häfen der Insel. Zwischen zahlreichen Segel- und Motoryachten dümpeln noch immer bunte Fischkutter, an der Uferpromenade mit der großen Piazza Matteotti herrscht in den vielen Cafés und Restaurant reges Leben. Der „Blaue Hafen" erfreut sich besonders bei italienischen Gästen allergrößter Beliebtheit.

Das Städtchen an der Nordseite der großen, geschützten *Bucht von Mola* ist mit rund 3200 Einwohnern (bis zu 6000 im Sommer) einer der größten Orte Elbas. Die Häuser ziehen sich zu beiden Seiten des Hafens fast wie ein Amphitheater die grünen Hänge hinauf. Überragt wird Porto Azzurro von der Festung *San Giacomo* aus dem 17. Jh., in der heute noch immer ein Gefängnis untergebracht ist. Alljährlich am 24. Juli findet das Fest des Ortspatrons und Namensgebers der Festung statt.

Hinter der großen Hafenpiazza befindet sich das *Centro storico* – das alte Viertel von Porto Azzurro mit teilweise recht verwinkelten Gassen und zwei- bis dreigeschossigen Häusern aus dem 17. und 18. Jh. Heute ist die Altstadt Fußgängerbereich für die flanierenden Touristen. Straßenhändler und Schnellporträtisten finden sich allabendlich ein, die Geschäfte bleiben oft bis Mitternacht geöffnet. Der spanische Einfluss in Porto Azzurro, dem früheren *Porto (di) Longone*, ist noch immer sichtbar, schließlich geht die Stadtgründung auf Philipp III. von Spanien zurück. Noch immer gibt es spanische Straßennamen wie z. B. die Via d'Arlacon, und die Kirche *Sacro Cuore di Maria* wurde 1727 von spanischen Architekten vollendet.

Die Häuser des historischen Zentrums sind mittlerweile begehrte Objekte der Immobilienbranche. Die Quadratmeterpreise kommen denen einer deutschen Großstadtlage nahe – bis zu 2000 € pro Quadratmeter Wohnfläche werden für ein Prestigeobjekt gezahlt.

Von Porto Azzurro werden zahlreiche Bootsausflüge zu den umliegenden Inseln veranstaltet, es gibt zwei Tauchschulen, diverse Bootsverleiher und eine Segelschule. Im Zentrum gibt es auch einige Hotels, die Auswahl ist allerdings nicht allzu groß. Campingplätze finden Sie in den umliegenden Buchten, deren saubere Strände in jedem Fall dem Dorfstrand *La Rossa* an der Durchgangsstraße von Porto Azzurro vorzuziehen sind: schmal, meist überfüllt und nicht unbedingt sauber. Besser badet man in Porto Azzurro an dem schönen, aber sehr kleinen Kiesstrand *La Pianotta* bei der Mole am südöstlichen Ende der Hafenpromenade. Seit einiger Zeit stellt sich Porto Azzurro gänzlich auf den Tourismus ein: Der Fährhafen wurde nach Rio Marina verlegt, denn man verspricht sich als reiner *Porto Turistico* mehr Gäste – vor allem durch die Segeltouristen. Auch die große Piazza Matteotti am Meer wurde zuletzt umgestaltet und besucherfreundlicher hergerichtet.

Porto Azzurro – die zentrale Piazza Matteotti

Geschichte

Vor einigen Jahren fand man in der Bucht auf dem Meeresboden die Überreste eines römischen Hafens, nähere Informationen über eine Ansiedlung der Römer gibt es jedoch nicht. Der berühmte Genueser *Andrea Doria* soll es gewesen sein, der bereits Mitte des 16. Jh. den Spaniern unter Karl V. den guten Rat gab, hier einen Gegenpol zum schnell wachsenden *Cosmopoli* (Portoferraio) der Medici zu schaffen. Gebaut wurde Porto Longone jedoch erst ab 1603 unter Philipp III. von Spanien. Zunächst entstand die *Piazza di Longone,* die Festung auf dem Hügel oberhalb der Bucht. Das bald darauf entstandene kleine Fischer- und Handelsdorf nannte man zunächst *Porto di Longone.* Der Ort wuchs rasch, neben den über 2000 Soldaten der Garnison siedelten sich hier immer mehr Händler, spanische Gefolgsleute und Fischer aus dem damals ebenfalls spanischen Neapel an. In den folgenden Jahrhunderten wechselten sich spanische und französische Herrscher ab, während des Spanischen Erbfolgekriegs (1701–1713) hatten kurzzeitig auch einmal die Österreicher das Sagen. Ende des 18. Jh. stellten sich die Bewohner der Stadt geschlossen gegen die Franzosen, die die Insel 1794 erstmals besetzt hatten. Als Elba 1802 erneut französisch wurde und damit zum ersten Mal nur einen Regenten hatte, musste sich auch Porto Longone unterwerfen. Napoleon schließlich sollte dem Hafenort die entscheidende Niederlage beibringen, und das nicht einmal mit Waffengewalt: Er schlug sein Lager in Portoferraio auf und leitete somit den wirtschaftlichen Niedergang des einst so mächtigen Porto Longone ein. 1815 wurde die ganze Insel an das Großherzogtum der Toskana angeschlossen, aus der Garnison wurde ein Gefängnis. Erst 1947 änderte man den Namen der Stadt in „Porto Azzurro". Der Verweis auf das blaue Meer sollte vom über 100-jährigen Straflager-Image ablenken.

Information/Verbindungen/Bootsausflüge

• *Information/Reisebüros* Das kleine private **Reisebüro Mantica** in der Via dei Martiri ist eine gute Anlaufstelle in Porto Azzurro. Vermittlung von Hotelzimmern, Appartements und Leihfahrzeugen in und um Porto Azzurro, Bootsauflüge, Busse nach Mailand sowie Fährtickets für Moby Lines. Mo–Fr 9.30–13.30 Uhr und 17–19 Uhr, Sa nur vormittags, So geschlossen. Via dei Martiri 20 (Seitenstraße des Viale Italia), 57036 Porto Azzurro (LI), ✆ 0565/95351, ℻ 0565/95443, www.manticaviaggi.it.

Reisebüro Arrighi, Banchina IV Novembre (südöstliches Ende der Hafenpromenade). Fährtickets für Moby und Toremar, Hotel- und Ferienhausvermittlung, Bootsausflüge, darüber hinaus Tickets für den Direktbus nach Mailand. Geöffnet Mo–Sa 9–12.30 Uhr und 16–19.30 Uhr, So 9.30–12.30 Uhr. 57036 Porto Azzurro (LI), ✆ 0565/95000, ℻ 0565/958245, arrighi@elbalink.it, www.agenziaarrighi.it.

• *Verbindungen* **Busse**, 6x tägl. nach Capoliveri (So und feiertags 5x), 11x über Rio nell'Elba und Rio Marina nach Cavo (So und feiertags 9x), 13x nach Portoferraio (So und feiertags 11x).

Taxis, am Ende der Hafenpiazza (Richtung Fähranleger), die Fahrt nach Portoferraio kostet 30 €, nach Capoliveri ca. 20 €, ✆ 338/8609896 oder 338/9250734 (mobil).

Parken, Hafenpromenade und das *Centro storico* sind autofrei oder mit Parkverbot belegt. Der große Parkplatz am Viale Italia (Straße Richtung Rio nell'Elba) ist gebührenpflichtig und auch oft überfüllt. Folgt man dem Viale Italia weiter stadtauswärts, befindet sich linker Hand ein großer, kostenloser Parkplatz.

• *Bootsausflüge* Die Auswahl ist groß: 3-stündige Fahrten mit dem Motorboot „Dollaro II" zur Costa dei Gabbiani, pro Pers. 15 €, Kinder bis 10 Jahre 5 €, Infos beim Reisebüro Mantica (s. oben) oder unter ✆ 328/6890227 (mobil), das Schiff liegt abends nahe beim Ristorante Delfino. Gleiches Angebot und gleiche Preise mit der „Cristincardo", ✆ 360/454083 (mobil). Außerdem immer mittwochs ganztägig mit *Aquavision* zur Insel Giglio (auf dem Weg wird Montecristo umrundet), 30 € pro Pers., Kinder 15 €, Infos und Buchungen unter ✆ 328/7095470 (mobil). Die Ausflüge sind am einfachsten über eines der Reisebüros (s. oben) zu buchen.

Porto Azzurro Karte S. 153

Adressen/Mietfahrzeuge

• *Adressen* **Erste Hilfe**, ✆ 0565/920202, *Guardia Medica* 0565/222230. Es gibt in Porto Azzurro auch einen deutschsprachigen **Arzt**: Dr. Mario Prignacca, Piazza de Santis Pasquale 3, ✆ 0565/95055.

Bank, mehrere im Zentrum, z. B. am kleinen Parkplatz im Zentrum (Viale Italia) beim Hafen, mit Bancomat.

Hafenamt, Banchina IV Novembre 18, ✆ 0565/95195.

Polizei, im Rathaus (neben dem Hotel Belmare), ✆ 0565/95005, Notruf unter ✆ 113.

Post, am großen Parkplatz an der Ausfallstraße in Richtung Rio nell'Elba auf der rechten Seite, Mo–Fr 8.15–13.30 Uhr, Sa bis 12.30 Uhr.

Waschsalon, *Easy Wash*, Selfservice, Vicolo Marignano (nahe Hafenpiazza, s. a. Stadtplan S. 153), Waschen 5 €, Trocknen 4 €, Mo-Fr 8.30–19.30 Uhr geöffnet, Sa/So 10–19.30 Uhr.

• *Autos und Zweiräder* Bei **Rent Azzurro** im Erdgeschoss des unansehnlichen Wohnblocks am östlichen Hafenende. Mountainbike um 20 € pro Tag, auch Trekkingräder, Moped/Scooter ab 35 € (50 ccm), Kleinwagen ab ca. 50 €. *Achtung*: Leser berichteten uns über schlechten Service und nicht idealen Zustand der Fahrräder. Geöffnet Anfang Mai bis Ende Dez., in der Hochsaison unbedingt einige Tage vorher reservieren! Lungomare De Gasperi 10, ✆ 0565/95115.

• *Boote* **Spazio Mare**, Bude gegenüber dem Hotel Arrighi am Dorfstrand. Motorboot (25 PS) für max. 4 Pers. ca. 80 € am Tag (halber Tag 60 €), auch größere Motorboote, auf Anfrage werden auch Yachten verchartert. ✆ 0565/95112 oder 348/6017863 (mobil), www.spaziomare.it.

Wassersport/Einkaufen

• *Tauchen* **Diving Center Porto Azzurro**, Banchina IV Novembre 19, etwas zurückversetzt neben dem Rathaus. Tauchgang 32 €, auch ganztägige Ausfahrten zum Capo di Fonza (bei Lacona), Ende März bis Anfang Dez. täglich 9–13 Uhr und 15–20 Uhr geöffnet, ✆ 347/5473585 oder 335/7050660 (beide mobil), www.portoazzurrodivingcenter.com.

• *Einkaufen* Einige **Mineraliengeschäfte** werben um Kundschaft. Im Angebot sind meist zu kitschigen Figuren verarbeitete (Halb-)Edelsteine wie Türkis, Lapislazuli oder Malachit, dazwischen aber auch immer wieder Hochwertiges. Angeschlossen sind oftmals private Ausstellungsräume (daher bezeichnen sich einige Läden auch als „Museo") mit gigantisch großen Quarzen, Pyriten etc.

Des Weiteren im Zentrum zahlreiche **Bottiglierie** (Weinhandlungen) mit riesiger Auswahl, jedoch vergleichsweise teuer, und diverse **Sport- und Seglerbekleidungsgeschäfte**.

Markt: jeden Samstag 8–13 Uhr (Piazza de Santis).

Übernachten

• *Hotels* *** **Cala di Mola (13)**, ca. 1 km außerhalb (Straße Richtung Portoferraio), oberhalb der Mola-Bucht am Hang, rustikaler Stil, Pool am Meer (Strand nicht zum Baden geeignet). 44 geräumige Zimmer mit großem Balkon und eigenem Eingang – wie in einem kleinen Reihenhaus. Hübsche, großzügige Anlage mit viel Grün dazwischen. Schöner Blick auf die Bucht. Im oberen Teil der Anlage Appartements, Geöffnet Anfang Mai bis Ende Sept. DZ/Halbpension 240 €, Appartements für 2 Pers. 167 €, für 4 Pers. 204 €. Via Provinciale Ovest 131, Loc. Mola, 57036 Porto Azzurro (LI), ✆ 0565/95225, ℻ 0565/958395, www.caladimola.it.

*** **Due Torri (3)**, in einer Nebenstraße des Viale Italia (beschildert), ruhige, aber zentrale Lage, gepflegte Mittelklasse, angenehme Einrichtung, freundlicher Service. DZ mit Bad, TV und inklusive Frühstück 130 €, EZ 80 €, DZ mit Halbpension 160 €. Via XXV Aprile, 57036 Porto Azzurro (LI), ✆ 0565/95132, ℻ 0565/957797, www.elbaresidence.net.

*** **Belmare (11)**, am südöstlichen Ende der Hafenpromenade. Netter Service, schlichte, aber gepflegte Zimmer mit Bad, TV und teilweise auch Balkon. Relativ günstig: DZ 120–150 €, EZ 60–70 €, jeweils mit Frühstück. Frühzeitig reservieren. Banchina IV Novembre 21, 57036 Porto Azzurro (LI), ✆ 0565/95012 oder 0565/95181, ℻ 0565/921077, www.elba-hotelbelmare.it.

** **Villa Italia (2)**, für Porto Azzurro eine der preisgünstigsten Übernachtungsmöglichkeiten, man sollte daher frühzeitig buchen. Direkt an der Hauptstraße in Richtung Rio nell' Elba, daher laut – fragen Sie nach einem rückwärtigen Zimmer. DZ mit Bad und TV 90–94 € (inkl. Frühstück). Vom Hotel werden auch Appartements (2 km außerhalb) vermietet, der Wochenpreis für 2 Pers. liegt bei ca. 750–800 €. Viale Italia 41, 57036 Porto Azzurro (LI), ✆/℻ 0565/95119, www.villaitaliahotel.it.

** **Baia Blu (12)**, am westlichen Hafenende. DZ 106 € (mit Frühstück), EZ nur in der Nebensaison. Wegen des Preises und der Lage sind die 18 recht schlichten Zimmer (mit Bad und Balkon zum Hafen) trotz Straßenlärms schnell ausgebucht. Via V. Veneto 18, 57036 Porto Azzurro (LI), ✆ 0565/95315, www.hotelbaiablu.it.

• *Appartements/Studios* Zu buchen über die Reiseagenturen *Arrighi* und *Mantica* (siehe „Information/Reisebüros").

• *Außerhalb/Camping* siehe „Baden in der Umgebung von Porto Azzurro", S. 156f.

Essen & Trinken/Nachtleben

• *Essen/Trinken* **Paride – Il Delfino Verde (9)**, Traditionsrestaurant in Porto Azzurro – in den Hafen hineingebauter Pfahlbau, schönes Panorama. Der große Speisesaal ist oft bis auf den letzten Platz besetzt, vor allem bei italienischen Touristen beliebt. Bekannt ist das Lokal wegen seines *Cacciucco* – ein riesiger „Suppentopf" mit Weißfischen, Red mullets etc. in einer Tomatensoße. Die berühmte Vorspeise ist für ca. 25 € zu haben und wurde auch von Lesern schon gelobt. Viel Betrieb, leicht gehobenes Preisniveau, mittags und abends geöffnet, für abends sollte man zumindest in der Hochsaison reservieren. Via Vitaliani 1, ✆ 0565/95197.

Porto Azzurro
Karte S. 153

La Caravella (10), die Alternative gleich daneben, ebenfalls überm Wasser, ähnlich beliebt wie der Klassiker nebenan, aber etwas günstiger, sympathisches Lokal. Sehr freundlicher Service, mittags und abends geöffnet, Via Vitaliani 3, ✆ 0565/95066.

La Tavernetta (8), unser *Tipp* an der Uferpromenade. Schräg gegenüber vom Caravella gelegen, Terrasse zur Straße hin, was aber nicht stört. Ambitionierte und feine Küche zu moderaten Preisen – wir probierten die köstlichen Fischröllchen (Involtini) und das hervorragende Risotto mit Languste. Die Portionen sind allerdings nicht allzu groß. Freundlicher und aufmerksamer Service, mittags und abends geöffnet. Via Vitaliani 42/44, ✆ 0565/95110.

Osteria dei Quattro Gatti (4), an der ruhigen Piazza del Mercato im Centro storico. Wer sich in Porto Azzurro etwas gönnen will, kommt hierher. Gehobenes Preisniveau – Primi ab ca. 9–12 €, Secondi um 15–18 €, ausgefallene Küche, z. B. Ravioli in Nusssoße und Tintenfisch in Mangoldsoße, viel Fisch und Meeresfrüchte. Gemütliche, überdachte Holzveranda, nur abends geöffnet, Reservierung unter ✆ 0565/95240 empfohlen, Mo Ruhetag.

Taverna Corto Maltese (5), schräg gegenüber der Osteria dei Quattro Gatti, ebenfalls mit gemütlicher Holzterrasse. Freundlicher Service, leicht gehobenes Preisniveau (Antipasti und Primi je um 10 €, Secondi 15–18 €), nur abends geöffnet. Via Cavour 15, ✆ 0565/95227.

Osteria La Botte Gaia (1), etwas außerhalb der Flaniermeilen von Porto Azzurro gelegen, an einem verkehrsreichen Eck, was aber nicht stört. Überdachte Terrasse seitlich der Straße, innen sehr geschmackvoll eingerichtet, freundlicher und prompter Service. Einige gute Weine werden auch glasweise serviert (3 €), bei den Antipasti können wir die *Fantasia di Mare* (fünf verschiedene Meeresvorspeisen, 12 €) wärmstens empfehlen, auch bei den Hauptgerichten mit Fisch und den Primi stimmte einfach alles. Sehr empfehlenswert, wenn auch nicht gerade günstig. Nur abends geöffnet, Viale Europa 5–7, ✆ 0565/95607.

Pizzeria La Taverna (7), Piazza Matteotti 19 (Hafenplatz). Spezialität des bei Touristen beliebten Lokals sind die *Schiaccine* – heiße, gefüllte Fladenbrote. Auch Pasta und Salate, mittags und abends geöffnet. ✆ 0565/957885.

Il Sottoscala (6), im Centro storico nahe der Piazza Matteotti. Kleines, nettes Kellerrestaurant (und Kneipe), nur abends ab 19 Uhr geöffnet, Küche bis 23 Uhr. Via Ricasoli 11, ✆ 0565/958006.

• *Nachtleben* **Morumbi**, ein paar Kilometer außerhalb an der Straße Richtung Portoferraio (bei der Abzweigung nach Capoliveri, erkennbar am großen Parkplatz). Brasilianische Großdisco (teilweise Open-Air) mit drei Dance-Areas, Samba, Churrascaria etc. Loc. Mola, ✆ 0565/920191.

Sehenswertes in und um Porto Azzurro

▸ **Festung**: Höchste Erhebung von Porto Azzurro ist die von den Spaniern 1603 erbaute Burg, in der sich heute noch immer ein Gefängnis befindet, wenn auch mit nicht mehr allzu vielen Insassen. Bis zum inneren Mauerring ist die Anlage öffentlich zugänglich. Außer den Mauern gibt es kaum etwas zu sehen, und auch der vielleicht erwartete Panoramablick bleibt einem durch die vielen Bäume und dichtes Gestrüpp verwehrt. Von der Straße Richtung Rio nell'Elba geht es rechts ab auf die Fahrstraße hinauf zur Festung. Man kann aber auch vom Zentrum aus durch die Gassen hinauf laufen.

Führungen/Information Zuletzt wurden in den Sommermonaten Führungen durch das Festungsgelände angeboten, pro Pers. 5 € (3,50 €), nähere Informationen unter ✆ 0565/95444.

▸ **La Piccola Miniera**: Am nördlichen Ortsausgang von Porto Azzuro auf der rechten Seite liegt die „kleine Mine“: Auf einer Strecke von rund 250 m geht es in die „Unterwelt“ Elbas – mit dem *Trenino*, einem kleinen Personenzug. Hier wird ein Eindruck vom Leben der Minenarbeiter unter Tage vermittelt. Außerdem sind auch einige Fundstücke in Sachen Mineralogie zu sehen (Erläuterungen zu den Exponaten auch in deutscher Sprache). Neu ist das „Etruskische Mineralienmuseum“, in dem neben Reproduktionen von antiken Öfen und mehr oder minder dekorativen Fresken ebenfalls Mineralien ausgestellt sind.

• *Öffnungszeiten und Information* Täglich 9–13 Uhr und 14.30–20 Uhr, zwischen dem 1.7. und dem 31.8. auch von 21 bis 23.30 Uhr, der *Trenino* fährt alle halbe Stunde. Fahrt mit dem Trenino plus Mineralienmuseum 7 € pro Pers. (Kinder 5–12 Jahre 5,50 €, unter 5 Jahre frei). Im Erdgeschoss werden auch Mineralien und diverse Souvenirs verkauft. Porto Azzuro, Loc. Pianetto, ✆ 0565/95350, www.lapiccolaminiera.it.

Madonna di Monserrato

Ein unbeschreiblich schön gelegener und stiller Platz, den man mit eigenen Augen sehen und vor allem auf sich wirken lassen muss. Madonna di Monserrato zählt sicherlich zu den stimmungsvollsten Orten auf ganz Elba.

Die Wallfahrtskirche liegt auf einem Felsklotz über dem nach hinten immer enger werdenden grünen Tal vor den schroffen, steil aufragenden Felsen des *Monte Castello*. Unterhalb plätschert ein Bach, der steile Weg hinauf zur Kapelle ist von Agaven gesäumt, die Terrasse vor dem Gotteshaus wird von zwei eleganten Zypressen flankiert.

Gegründet wurde Madonna di Monserrato 1606 von *José Pons y Leon*, seinerzeit spanischer Gouverneur von Porto Longone. Bei einem Unwetter nur knapp dem Schiffbruch entgangen, stiftete er zum Dank die Kirche in Anlehnung an das gleichnamige katalonische Bergkloster bei Barcelona. Er war es auch, der der Kir-

Der Nordosten der Insel
Karte S. 139

Madonna di Monserrato – wunderschöne Wallfahrtskirche bei Porto Azzurro

che eine Marmorkopie der Schwarzen Madonna von Monserrat schenkte. Später ließen sich in der Umgebung der Kirche Eremiten nieder.

Monserrato ist noch immer ein beliebter Wallfahrtsort, auf der kleinen Terrasse werden Rosenkränze verkauft, das Innere der Kirche (man beachte den Altar) kann besichtigt werden, ebenso wie die Nebenräume mit Obergeschoss. Hier ist außer einigen prunkvollen alten Möbelstücken allerdings nichts mehr zu sehen. Überhaupt ist es in erster Linie die idyllische und weltabgeschiedene Lage, die den Besuch lohnenswert macht. Von der Wallfahrtskirche hat man eine herrliche Aussicht auf die Barbarossa-Bucht und das Meer. Am 18. September findet in Porto Azzurro alljährlich das Fest zu Ehren der Madonna statt.

• *Öffnungszeiten* Von Mitte Juni bis Ende Sept. tägl. 9.30–12 und 15–19 Uhr geöffnet.

• *Anfahrt/Fußweg* Von Porto Azzurro Richtung Rio nell'Elba, nach ca. 1 km Abzweigung links (beschildert). Kurz darauf gelangt man zu einem **Parkplatz** mit riesiger Schirmpinie. Von hier zu Fuß auf Asphalt und dann auf einem Feldweg weiter, das letzte Stück geht relativ steil in Serpentinen und Treppen bergauf (Kreuzweg). Die Kirche liegt insgesamt 1,6 km von der Hauptstraße entfernt.

Baden in der Umgebung von Porto Azzurro

▸ **Mola-Bucht**: Die tiefe Baia di Mola findet man (aus Portoferraio kommend) kurz vor Porto Azzurro. Zum Baden ist die Bucht nicht geeignet – ein verschmutzter kleiner Strand (auf Höhe des Hotels *Cala di Mola*), der immer mehr mit Wasserpflanzen und Seegras zuwächst. Vor einigen Jahren entstand hier ein Yachthafen, durch den die Bademöglichkeiten zusätzlich eingeschränkt werden.

▸ **Barbarossa-Bucht**: Etwa 1 km nordöstlich von Porto Azzurro gelegen, die einladende, kleine Bucht ist vor allem bei Campern und Wassersportlern sehr beliebt. Schöner und sauberer Sand-Kies-Strand mit Ristorante/Bar, Sonnenschirm- und Liegestuhlverleih, auch Tauchschule, Kanu-, Tretboot- und Surfbrettverleih am Platz. Der Name der Bucht kommt nicht von ungefähr: Hier soll der gefürchtete Pirat Khayr al-Din, genannt *Barbarossa*, an Land gegangen sein.

• *Übernachten/Camping* ** **Camping Da Mario**, größeres, schattiges Gelände am Strand, eher einfacher, aber familiärer und gemütlicher Platz mit Minimarket, Bar und Ristorante. Anfang April bis Mitte Nov. geöffnet. Für Elba relativ günstig: pro Pers. 13,50 €, Kinder 2–9 Jahre 9,50 €, Zelt 11,50–19 €, Auto 3 €, Wohnwagen/Wohnmobil 19 €. Zum Platz gehören auch einige Appartements oberhalb am Hang: für 2 Pers. 70 €/Tag, 4–5 Pers. 100 €. Loc. Barbarossa, 57036 Porto Azzurro (LI), ✆/℻ 0565/958032, www.damario.it.

** **Camping Arrighi**, gleich neben „Da Mario". Der Platz ist gut in Schuss. Empfehlenswertes Ristorante/Pizzeria, Strandbar, kleiner Laden, netter Service. Ende März bis Anfang Nov. geöffnet. Ein wenig teurer als nebenan: Pro Pers. 13,80 € (Kinder 0–3 Jahre 5 €, 3–9 Jahre 9,50 €), Zelt 11,50–20 €, Auto 3 €, Wohnwagen/Wohnmobil 20 €. Es werden auch einige Appartements für 2–4 Pers. (85–160 €), Bungalows für 3–5 Pers. (110–160 €) und Wohnmobile (2–4 Pers., 67–95 €) vermietet, die man für die Hochsaison allerdings frühzeitig reservieren sollte. Loc. Barbarossa, 57036 Porto Azzurro (LI), ✆ 0565/95568, ℻ 0565/957822, www.campingarrighi.it.

Camping Gabbiano, 400 m vom Meer. Klein, bescheiden, schattig. Der günstigste Platz in der Barbarossa-Bucht: pro Pers. 8–10 €, Stellplatz um 15 €. Ein Tipp fürs kleinere Budget ist die angeschlossene **Pension Barbarossa**, Geöffnet 1.4.–31.10. 18 frisch renovierte Zimmer mit Bad und TV, DZ 75 € (Halbpension möglich), außerhalb der Monate Juli/August schon deutlich günstiger zu haben, oft ausgebucht, daher frühzeitig reservieren! Zu Campingplatz und Pension gehört ein nettes **Terrassenrestaurant**, auch Bar. Loc. Barbarossa, 57036 Porto Azzurro (LI), ✆ 0565/95087 oder 0565/95692.

• *Wassersport* Deutsches **Tauchzentrum Omnisub** unter der Leitung von Markus

Schempp in der Bucht von Barbarossa. Schnuppertauchgänge, Grundkurse mit CMAS-Zertifikat oder auch Einzeltauchgänge. Sehr kundige und sympathische Leitung, geöffnet von April bis Ende Okt. Loc. Barbarossa 23, 57036 Porto Azzurro (LI), ✆/℻ 0565/95628, mobil unter 335-5735536, www.omnisub.com.

▸ **Reale-Bucht**: Etwas weiter östlich von der Barbarossa-Bucht gelegen, 3 km von Porto Azzurro entfernt. Ruhiger und kleiner als Barbarossa, ebenfalls ein einladender Strand mit kleinen Kieselsteinen und etwas Sand, Felsen zu beiden Seiten. Sonnenschirm- und Liegestuhlverleih sowie Surfschule (auch Brettverleih), gemütliche Strandbar mit Karibik-Atmosphäre (abends Cocktailbar). Hier werden auch Tretboote und Kanus verliehen. Begrenzte Parkmöglichkeiten, diese aber kostenlos.

• *Übernachten* *** **Residence Capo Bianco**, am Hang südlich oberhalb des Strandes, unser Tipp! Die wunderschöne und sehr gepflegte Anlage thront hoch über dem Meer, traumhafter Blick, sattgrüne Liegewiese unter schattigen Pinien und ein ebenso traumhafter Pool. Selfservice-Bar für die Gäste, Barbecue. Die herrliche Lage tröstet darüber hinweg, dass die Appartements (alle mit Terrasse/Balkon zumeist zum Meer hin, Bad, TV, Küchenecke) nicht allzu groß sind. Sehr freundliche und um das Wohl der Gäste bemühte Besitzerin, Fußweg zum Strand. Geöffnet Anfang März bis Ende Okt. Anfahrt: Von der Straße zur Reale-Bucht geht es rechts den Berg hinauf, beschildert. 2er-Appartement 186–200 € pro Tag, 4er 215–258 €, 6er 272–286 €, Juli/August nur wochenweise buchbar, außerhalb der Hochsaison deutlich günstiger (bis zu 60 %) und auch tageweise zu buchen (mind. 3–4 Tage). Loc. Reale, 57036 Porto Azzurro (LI), ✆ 0565-957781, ℻ 0565-958284, www.capobianco.isoladelba.it.

• *Camping* **Reale**, netter, kleiner, schattiger Campingplatz im Grünen, mit Palmen und Eukalyptusbäumen, direkt am Strand, Bar, Ristorante, Mini-Market. Geöffnet Mitte/Ende März bis Ende Okt. Pro Pers. 12 €, Kinder 2–11 Jahre 9 €, Zelt 9–13 €, Auto 3 €, Wohnwagen 13 €, Wohnmobil 15 €. Oberhalb vom Camping befinden sich einige Bungalows/Wohnwagen mit Bad und Kochnische, Appartements für 2–4 Pers. 770 € pro Woche (in der Nebensaison deutlich günstiger!). Loc. Reale, 57036 Porto Azzurro (LI), ✆ 0565-95678, ℻ 0565-920127, www.isolaelbacampingreale.com.

• *Windsurfen* **Makani**, Windsurf- und Segelschule am Strand, Kindersegeln 150 €, Erwachsene ab 220 €, Windsurfkurs 150 €. Auch Brettverleih. Während der Saison täglich 8–12 Uhr und 13–19 Uhr geöffnet, ✆ 338-8919213 (mobil).

▸ **Laghetto di Terranera**: Geht man vom Camping Reale in nordöstliche Richtung den Strand entlang, kommt man zu der ehemaligen Mine *Miniera Terra Nera* (siehe aber Hinweis weiter unten im Text). Tolle Farbpalette: schwarzer, glitzernder Sand auf roter Erde, dazu die Grüntöne des Schilfs! An der Mine vorbei in der nächsten Bucht liegt der ovale Süßwassersee Laghetto di Terranera, nur durch einen schmalen Strandstreifen vom Meer getrennt. Das schwefelhaltige Wasser ist giftgrün, das Baden ist in dem kleinen See strikt verboten. In der Bucht laden neben zwei kaum besuchten Stränden außerdem Felsen zum Sonnenbad ein.

Dahinter, in den Bergen, steht ein halb verfallenes Haus abgewanderter, weil arbeitslos gewordener Bergarbeiter. In den alten Stollen ringsum fand man zahlreiche der schillernden Gesteine der Insel (Hämatit, Pyrit und z. T. auch Magnetit).

• *Hinweis* Der Zugang über den Pfad von der Reale-Bucht zum Laghetto di Terranera ist *eigentlich* verboten, da das heute staatliche Gebiet der alten Mine hier wegen Einsturzgefahr gesperrt ist. Als einzig legaler Weg zur Bucht mit ihrem grünen See bleibt somit der Zugang von der Meerseite. Nur so viel: Die zahlreichen Verbotsschilder werden von den ebenso zahlreichen Badegästen seit Jahren mit aller Konsequenz ignoriert, Erfahrungsberichte über eventuelle Kontrollen liegen uns nicht vor.

Innamorata – die „Bucht der Verliebten"

Die Halbinsel Calamita

Südlich der tief eingeschnittenen Mola-Bucht liegt die Halbinsel, deren höchste Erhebung bis auf 413 m ansteigt – der Monte Calamita, was nichts anderes heißt als Magnetberg.

Durch die Magnetitvorkommen im Inneren des Berges herrscht hier ein magnetisches Feld, das schon so manche Kompassnadel auf vorbeifahrenden Schiffen in Aufruhr versetzt haben soll. Die Bewohner dieses südlichsten Teils der Insel hatten jahrhundertelang ihr Auskommen durch das Eisenerz. Noch sehr gut erkennt man das an der Südseite der Halbinsel, hier wurde die Erde aufgebrochen und in Stufen abgetragenen; noch immer ist der Boden durch den Eisengehalt rot verfärbt, und noch immer sind die verlassenen Industrieanlagen zu sehen.

An der Ostseite von Calamita findet man einige Waldgebiete, der Süden der Halbinsel mit seiner unberührten *Costa dei Gabbiani* („Möwenküste") gehört zum *Parco Nazionale dell'Arcipelago Toscano*. Eine Fahrradtour oder Wanderung um die Halbinsel lohnt auf jeden Fall, Schatten ist allerdings Mangelware, und aufgrund der relativ langen Strecke kann es auch durchaus anstrengend werden. Entschädigung für diese Mühen bieten immer wieder herrliche Ausblicke und einsame kleine Kiesbuchten v. a. an der Ostseite der Halbinsel.

Schöne Badebuchten finden sich hauptsächlich an der Westseite der ansonsten kaum zugänglichen Küste der Halbinsel und im Nordosten. Der einzige größere Ort ist das auf einem Plateau gelegene *Capoliveri,* dessen Bewohner sich – der Geschichte und zahlreichen Geschichten nach zu urteilen – im Lauf der Jahrhunderte als die freiheitsliebendsten und unbeugsamsten der ganzen Insel erwiesen haben.

Capoliveri

Das malerische Bergdorf thront weithin sichtbar in traumhafter Lage auf einer lang gezogenen Terrasse 167 m hoch über dem Meer. Nicht minder malerisch das Zentrum mit seinen äußerst engen, oft durch steile Treppen miteinander verbundenen Gassen und der Piazza Matteotti, der guten Stube des Dorfs mit herrlichem Blick auf die Umgebung.

Capoliveri zählt jährlich etwa 800.000 Besucher, und das bei gerade mal 3100 Einwohnern. Auch wenn es alles andere als ein Geheimtipp ist, wirkt das Bergdorf beim abendlichen Spaziergang durch die Gassen trotz zahlreicher Souvenirshops sehr idyllisch – zumindest in der Nebensaison. In der Hauptsaison gleicht ein Bummel auf der Hauptgasse *Via Roma* eher dem Besuch des Nürnberger Christkindlmarktes an einem Adventssonntag. Die vielen schicken Restaurants und Cafés an der *Piazza Matteotti* und um die besagte Via Roma sind an den lauen Sommerabenden bis auf den letzten Platz besetzt, wer nicht reserviert hat, muss sich in die Warteschlange einreihen. In Capoliveri herrscht nobler Tourismus, viele Ausländer und Römer haben sich hier ein Haus zugelegt, fast 50 % dieser „Ferienhäuser" befinden sich in deutschem Besitz. Die meisten glücklichen Eigentümer einer Residenz in dem einst so idyllischen Bergdorf kommen aus dem süddeutschen Raum.

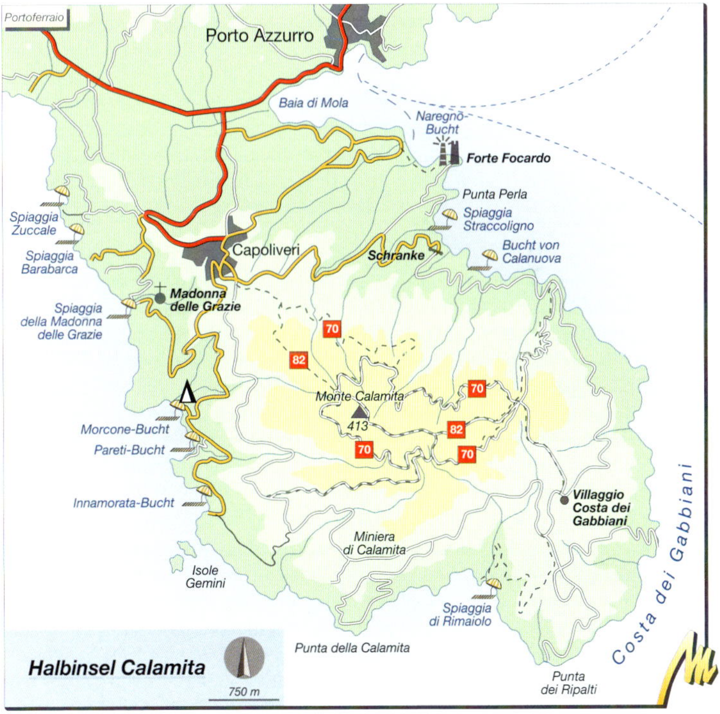

Die Halbinsel Calamita
Karte S. 159

Blumenregen in der Via Roma

Im Kern bestand der Ort einst aus ca. 20 Häusern mit dazugehörigem Grundstück. Über Generationen wurde an die jeweiligen Elternhäuser angebaut. So entstanden die winklig ineinander verschachtelten Häuser und *Vicoli* (Treppengässchen), die den Charme Capoliveris ausmachen.

Die *Piazza Matteotti* ist übrigens unterkellert. An dem Platz stand ursprünglich eine Kirche, von deren Kellergewölben aus unterirdische Fluchtwege zum Meer führten. Sie sollen noch gut erhalten sein, doch wurden die Eingänge zugemauert. Die Bewohner von Capoliveri waren seit jeher für ihre Unbeugsamkeit gegenüber der Obrigkeit bekannt, doch gingen sie auch nicht gerade zimperlich miteinander um: Die berüchtigte *Vendetta,* die Blutrache, war einst auch hier üblich.

Mit Übernachtungsmöglichkeiten ist Capoliveri nicht gerade reich gesegnet, es gibt nur ein kleines und recht einfaches Hotel direkt im Zentrum, und auch in der näheren Umgebung sieht es eher dünn aus. Zahlreiche Unterkünfte finden sich allerdings in den Buchten der Umgebung.

Geschichte

Capoliveri ist einer der ältesten Orte Elbas. Das strategisch so günstig gelegene Gebiet mit hervorragendem Ausblick wurde bereits von den Etruskern besiedelt. Es ist jedoch nicht auszuschließen, dass hier die Phönizier auf ihrer Schifffahrtsroute in Richtung Westen schon vorher einen Stützpunkt eingerichtet hatten. Der Name Capoliveri ist jedenfalls lateinischen Ursprungs – „Caput Liberum“ –, und hier werden zwei mögliche Lesarten angegeben: zum einen als „Stadt der Freien“, denn Capoliveri war einst ein Verbannungsort römischer Schuldner und Gesetzesbrecher, die sich allerdings innerhalb der Mauern frei bewegen durften. Zum anderen als „Stadt des Libero“, der identisch mit dem römischen Weingott Bacchus war, und für seinen Wein war Caput Liberum bereits in der Antike berühmt.

Im 12. Jh. errichteten die Pisaner hohe Schutzmauern um das alte Bergdorf, um so der Piraten, die den Ort schon seit dem 10. Jh. immer wieder heimgesucht hatten, Herr zu werden. Im 16. Jh. verwüstete *Barbarossa* den Ort, und während des Spanischen Erbfolgekrieg knapp zwei Jahrhunderte später, im Jahr 1708, waren es die spanischen Bourbonen, die Capoliveri auf der Seite der verfeindeten Habsburger aus Wien vermuteten und die mittelalterlichen Stadtmauern dem Erdboden gleichmachten. Zu dieser Zeit war Capoliveri an das benachbarte *Porto Longone* (Porto Azzurro) angeschlossen, das kurzzeitig ebenfalls zu Österreich gehörte. Als die Insel 1802 an Frankreich ging, mussten sich auch die Capoliveresen wohl oder übel beugen.

Gelebt hatten die Bewohner des Dorfes seit jeher vom Abbau des Eisenerzes und vom Weinbau. Erste Abwanderungstendenzen – v. a. nach Südamerika – gab es zur Zeit der großen Reblausplage Ende des 19. Jh. Nach dem Zweiten Weltkrieg und der Schließung der Industrieanlagen von Portoferraio wanderten viele Capoliveresen nach Australien aus. Als in den 1970er Jahren auch die Minen bei Calamita geschlossen wurden, setzte wie in anderen Inseldörfern auch der Wandel ein: Aus dem Bergarbeiterdorf wurde eines der beliebtesten Urlaubszentren der Insel.

Information/Verbindungen/Parken

• *Information/Reisebüro* Ein **Stadtplan** auf Kacheln befindet sich neben der Bar La Fortezza an der Piazza Matteotti, ein weiterer beim Rathaus.

Reisebüro Ideamare, gute Anlaufstelle in Capoliveri, Fährtickets, Bootstrips, Hotel- und Appartementvermittlung, die Unterkünfte sind im Internet zu besichtigen. Mo–Fr 9–12.30 Uhr und 15.30–18.30 Uhr, Sa (im Hochsommer zuweilen auch So) 9–12.30 Uhr geöffnet, im Winter kürzer. Via Mellini 9, 57031 Capoliveri (LI), ✆ 0565/935117, ℻ 0565-967321, www.ideamareelba.com.

Reisebüro Pianeta Elba, ähnliches Angebot wie Ideamare: Vermittlung von Appartements und Häusern, Inselrundfahrten, Flugtickets und Tourist-Info (Auskünfte auch auf Deutsch). Flotter und hilfsbereiter Service, allerdings nicht ganz so zentral gelegen wie Reisebüro Ideamare. Geöffnet im Sommer Mo–Fr 9.30–12.30 Uhr und 15.30–19.30 Uhr, Sa 9.30–12.30 Uhr, im Winter eingeschränkt. Via Roma 93, 57031 Capoliveri (LI), ✆ 0565/935482, ℻ 0565/935421, www.pianetaelba.it.

• *Verbindungen* **Busse**, 9x tägl. über Porto Azzurro, Rio nell'Elba und Rio Marina nach Cavo (So und feiertags 7x), 10x nach Portoferraio (So und feiertags 8x), davon 2x mit Umsteigen an der Abzweigung zur Hauptstraße Portoferraio – Porto Azzurro und 2x Umsteigen in Porto Azzurro. Abfahrt der Busse am Rathaus (Piazza del Cavatore), Tickets bei der Tabaccheria.

Strandbus, im Sommer gibt es vom Zentrum aus einen Shuttle-Service zu den umliegenden Stränden: etwa alle 2 Stunden nach Naregno und fast stündlich nach Morcone, Pareti und Innamorata (beide auch bis spät abends), 5x tägl. zur Lido-Bucht und nach Lacona, 4x am Tag auch Verbindungen nach Madonna delle Grazie sowie 4x tägl. nach Straccoligno. Rückfahrten teils bis spät abends, günstig: hin und zurück 1 €.

• *Parken* Einige größere und teils kostenlose Parkplätze am Ortsrand (zumeist ein Stück zu laufen, in der Regel bergauf). Das Zentrum ist autofrei bzw. Fahrzeugen mit Sondergenehmigung vorbehalten.

Adressen/Mietfahrzeuge/Einkaufen/Feste & Veranstaltungen

• *Adressen* **Apotheke**, in der Via Appiani, beschildert. Hier und in den Reisebüros kann man auch die aktuelle Adresse und Sprechzeiten der diensthabenden Ärzte (bzw. der Guardia Medica) erfahren.

Bank, zahlreiche Banken im Zentrum (z. B. Piazza Garibaldi), alle mit Bancomat.

• *Auto-/Scooter-/Fahrradverleih* **Taxi Rent**, relativ günstig: Kleinwagen ab ca. 40 € pro Tag, Scooter ab 35 €, wochenweise günstiger. Via Menotti 6, ✆ 0565/968533 oder (besser zu erreichen) mobil 338-2689417. Unter den gleichen Nummern kann man auch ein Taxi bestellen.

Rent all Elba, an der Via V. Veneto, der Zufahrtsstraße nach Capoliveri, Kleinwagen ab 55 €/Tag, Scooter ab 30 €/Tag, MTB 10 €/Tag (auch Bootsverleih), ✆ 339-4761975, www.rentallelba.it.

• *Taxis* **Taxi Rent**, Via Menotti 6, ✆ 338-2689417.

• *Einkaufen* **Markttag** ist der Donnerstag (Piazza Garibaldi).

Wer in Capoliveri durch die Gassen schlendert, v. a. durch die Via Roma und die Via Corsi, stößt auf zahlreiche Bekleidungs- und Sportgeschäfte, kleine Galerien, Schmuckgeschäfte und natürlich Souvenirshops. Die Auswahl ist riesig, das Preisniveau relativ hoch.

• *Feste & Veranstaltungen* Ende Mai feiert man in Capoliveri die **Festa del Cavatore**, das Fest der Minenarbeiter.

Die Halbinsel Calamita
Karte S. 159

Festa dell'uva, das traditionelle Fest der vier Stadtteile *Il Baluardo, La Torre, Il Fosso* und *La Fortezza* wird am letzten Sonntag im September veranstaltet.

Im Sommer finden auf der Piazza Matteotti zahlreiche kulturelle **Veranstaltungen** statt: Jazz, Cover-Bands, Theater, Kabarett, Musicals, Tanz, Open-Air-Disco etc. Programme liegen überall im Ort aus, der Eintritt ist frei!

Cinema Celeste, Open-Air-Kino im Ortsteil „Il Pino", Ende Juni bis Sept. allabendlich um 21.30 Uhr Aufführungen, in der Regel Hollywood.

Übernachten

Ein einfaches Hotel im Zentrum, ein weiteres in Laufweite und einige wenige Möglichkeiten in der näheren Umgebung von Capoliveri (hauptsächlich Appartements). Viele Gäste reservieren sich ihre „Stammwohnung" bereits bei Abreise für das nächste Jahr – wegen der beschränkten Kapazitäten daher unbedingt frühzeitig buchen! Wir empfehlen, sich an eines der beiden oben genannten Reisebüros zu wenden.

* **Albergo Santa Petronilla (1)**, *Lesertipp*: „Kleines Hotel mit Top-Aussicht und außerordentlich aufmerksamem, freundlichem und hilfsbereitem Service. Liegt nur etwa 5–10 Minuten Fußweg vom Ortszentrum und sehr ruhig. Angeschlossen ist das hervorragende Ristorante *Araba Fenice* (auch Pizzeria), auch hier ein phantastischer Blick Richtung Porto Azzurro. Hotelgäste erhalten Rabatt, ansonsten Reservierung empfehlenswert." Nur 5 DZ mit Bad und TV für 125 € inkl. Frühstück; außerdem 3 Appartements. Zum nächsten Strand sind es knapp 2 km. Loc. Santa Petronilla, 57031 Capoliveri (LI), ✆ 0565/968351, www.albergo-petronilla.com.

* **Albergo Golfo Azzurro (8)**, nur fünf Zimmer, sympathisch altmodisch, freundlicher Besitzer, mit Garten und nur wenige Schritte zur Piazza Matteotti. Am Ortseingang der Beschilderung zur Apotheke (farmacia) folgen, das Hotel liegt gegenüber. EZ 70 €, DZ mit Bad 120 €, mit Bad auf dem Flur 80 €, kein Frühstück. Via C. Appiani 5, 57031 Capoliveri (LI), ✆/📠 0565/968167, www.golfoazzurro.it.

• *Außerhalb* *** **Residenze Le Grazie Est**, sehr gepflegte Ferienanlage unter freundlicher Leitung, mit Bar, Tennisplatz und großem Pool (auf der anderen Straßenseite). Ziemlich ruhig, wer sich hier einmietet, sollte ein Auto dabeihaben – nach Capoliveri sind es ca. 2,5 km bergauf. An der Straße zur Kirche Madonna delle Grazie auf der linken Seite, ganzjährig geöffnet. Insgesamt 16 Appartements, das 2er-Appartement mit Küche, Bad und Terrasse ca. 900 € pro Woche, 4er-Appartement um 1400 €, Hunde willkommen. Loc. Madonna delle Grazie, 57031 Capoliveri (LI), ✆ 0565/939129 (Rezeption), zur Buchung auch ✆/📠 0565/935161, www.legrazieest.com.

Weitere Übernachtungsmöglichkeiten und **Camping** in der Gegend → „Baden in der Umgebung von Capoliveri" ab S. 165 und „Die Buchten im Süden der Insel" ab S. 172.

Essen & Trinken/Nachtleben

Osteria dei Quattro Rioni (2), gleich bei der Piazza Matteotti. Hier sitzt man wahrhaftig im Herzen von Capoliveri. Genau an dieser Stelle befand sich die im Mittelalter erbaute *Fortezza* mit ihren vier Wachtürmen. Heute spannt sich zwischen den Überresten der Festungsmauern die Terrasse des Restaurants. Spezialität sind Fischgerichte und Filets vom Holzkohlengrill. Obere Preisklasse, zuvorkommender Service. Mittags und abends geöffnet, Mo geschlossen. Via della Fortezza 1, ✆ 0565/935022 (zur Vorbestellung auch ✆ 328-2280576).

Osteria delle Grazie (4), von der Piazza Matteotti die Treppen runter, ausgeschildert. Leckere Pasta (v. a. mit Meeresfrüchten). Freundlicher und zuvorkommender Service, sehr gemütlich zum Sitzen, Tische und bunte Stühle auf der Treppe in einer schmalen Gasse. Nur abends geöffnet, mittleres Preisniveau. Via delle Grazie 2, besser reservieren: ✆ 0565/968044.

Il Chiasso (5), gleich um die Ecke von obiger Osteria. Ebenfalls schön gelegenes, mehrfach ausgezeichnetes Restaurant auf einer Minipiazza zwischen den Gässchen. Das traditionelle Cacciucco gibt es für 22 €, ansonsten leicht gehobenes Preisniveau, ab 19.30 Uhr geöffnet. Via Cavour 32–34, ✆ 0565/968709, mobil 335-332634.

Summertime (3), sehr beliebtes Restaurant in der zentralen Flaniermeile Via Roma, allabendlich bis auf den letzten Platz besetzt, man sollte reservieren oder mittags kom-

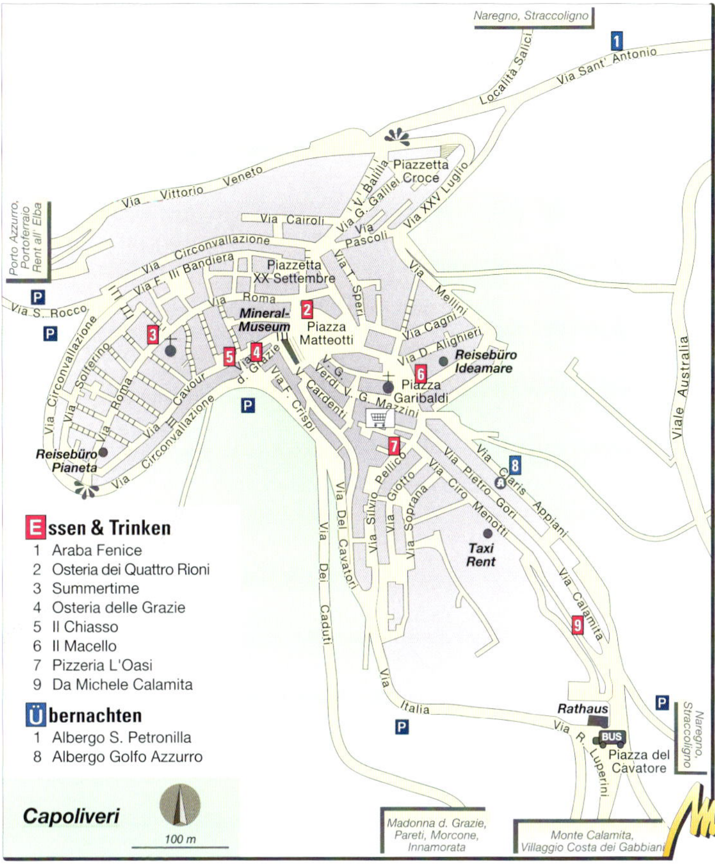

Die Halbinsel Calamita
Karte S. 159

men, da ist weniger los. Etwas gehobenes Preisniveau. Mittags und abends geöffnet (April bis Okt.), Mo mittags geschlossen. Via Roma 56, ✆ 0565/935180.

Il Macello (6), die recht kleine Trattoria/Pizzeria liegt noch vor dem Rummel der Piazza Matteotti an der Pizza Garibaldi. Nur wenige Tische, günstig. Wir probierten vorneweg den frischen *Insalatone*, dazu warmes Pizzabrot, als Hauptspeise erwiesen sich als empfehlenswert die *Totani alla Diavola* (zarte Tintenfischringe mit scharfer Tomatensauce) sowie das *Risotto del Marinaio.* Günstige Pizza und guter Hauswein. Sehr freundlicher Service. Auch Leser waren begeistert. Mittags und abends geöffnet, Piazza Garibaldi 9, ✆ 380-5153006.

Pizzeria L'Oasi (7), nahe der Piazza Garibaldi im Zentrum. Gemütliche, kleine Pizzeria mit Orangenbaum im Innenhof, bodenständig geblieben, hebt sich angenehm von der schicken Umgebung ab, zudem ausgesprochen günstig: Pizza ab 5 €, Primi ca. 7 €, die Fischspezialität Cacciucco gibt es hier schon für günstige 18 € (nur freitags). Bei Touristen sehr beliebt und bestens besucht, nur abends geöffnet, erkennbar an der langen Schlange davor. Via S. Pellico 4, ✆ 0565/968841.

Da Michele Calamita (9), bodenständiges Ristorante mit Pizzeria in der Via Calamita, Pizza, Fischgerichte und Meeresfrüchte. Günstig (*antipasti* und *primi* meist unter 8 €, *secondi* auch unter 10 €, Pizza etwa 5–7 €)

und beliebt. Täglich abends, zur Saison Do–So auch über Mittag geöffnet, ✆ 0565/ 935197.

In der *Via Roma*, der Hauptstraße mit ihren zahlreichen Andenkenläden, finden sich außerdem mehrere **Imbisse**. Günstige Pizza vom Blech, Softdrinks etc., die preisgünstige Alternative zu den vielen Restaurants.

• *Essen/Außerhalb* **Mickey Mouse**, an der Straße nach Porto Azzurro, die Hinweistafel mit der berühmten Figur ist kaum zu übersehen – bei der Weggabelung rechts und dann rechts auf den Parkplatz. Etwas versteckte, aber idyllische Lage im Grünen, gemütliche Terrasse mit Meerblick. Bei der Einrichtung steht alles im Zeichen der Maus, v. a. die Kinder vieler Leser waren begeistert von dem Restaurant. Mittleres Preisniveau (Fischgerichte ca. 13–15 €, Fleisch um 10 €), netter Service, nur abends geöffnet. ✆ 0565/967020.

• *Nachtleben* Musikclub **Sugar Reef**, knapp 1 km außerhalb an der Straße nach Morcone. Seit vielen Jahren eine Garantie für gute Abendunterhaltung. Breites Programm, während der Saison täglich Livebands, bei größeren Auftritten ca. 5 € Eintritt, ansonsten frei.

Unterhalb von Capoliveri nahe der Straße nach Portoferraio liegt die brasilianische Großdisco **Morumbi**, (Näheres unter Porto Azzurro, S. 154).

In Capoliveri gibt es auf und um die Piazza Matteotti diverse Cafés, Bars und Weinstuben, z. B. die Weinbar **Da Peter** (Via Cavour 20) oder das **Fandago** (Via Cardenti 1), beide unterhalb genannter Piazza Matteotti.

Sehenswertes in und um Capoliveri

In erster Linie bezaubert natürlich der Ort selbst. Beim Spaziergang durch die engen Gassen öffnen sich immer wieder herrliche Ausblicke auf die Landschaft der Calamita-Halbinsel und das Meer. Vielleicht eines der schönsten Sträßchen von Capoliveri ist die *Via Solferino* (parallel zur Via Roma), die sich vom Tourismus noch immer völlig unbeeindruckt zeigt und ein Stück des alten Capoliveri verkörpert. In der Via Roma findet sich mit der *Chiesa San Michele* die älteste Kirche des Ortes (12./13. Jh.). Sie wurde im Stil der pisanischen Romanik gebaut und war ehemals eine der wichtigsten Kirchen der Insel. Nach vielen Umbauten ist vom ursprünglichen Bau außer der Apsis und einigen Mauern nichts mehr erhalten. Papst *Gregor XI.* soll in San Michele eine Messe gelesen haben, als er auf seinem Weg von Rom nach Avignon wegen eines Unwetters auf der Insel Halt machen musste.

Vormittägliche Ruhe in Capoliveri

Geht man die Via Roma von der Piazza Matteotti bis ganz zum Ende durch, gelangt man zur *Piazzetta Belvedere* bzw. *Piazza G. Marconi* mit wunderbarem Ausblick. Hier hat sich auch der zeitgenössische elbanische Künstler Italo Bolano mit einer Skulptur und einer Wandkeramik verewigt. Auch die unterhalb verlaufende (allerdings nicht autofreie) Via Circonvallazione lädt dank der herrlichen Aussicht zu einem kleinen Spaziergang ein und rundet die Ortserkundung im wahrsten Sinne des Wortes ab.

▸ **Museo Minerali Elbani Collezione „Alfeo Ricci“**: Die Stadt Capoliveri und

Gianfranco Ricci (Erbe des Mineraliensammlers Alfeo Ricci) haben sich zusammengetan, um mit dieser Ausstellung die Arbeit Alfeo Riccis fortzuführen (s. auch S. 141). Das im Sommer 2002 eingeweihte Museum befindet sich unterhalb der Piazza Matteotti in der ehemaligen Zisterne des Ortes. Die Sammlung dokumentiert die komplette Vielfalt der auf Elba vorkommenden Mineralien und weist einige besonders schöne Exemplare auf.

• *Öffnungszeiten/Eintritt* Zuletzt war das Museum geschlossen, wann es wieder geöffnet sein wird, war unklar. Bislang galten folgende Öffnungszeiten: Mitte April bis Ende Okt. 10–12.30 Uhr, 18–20 Uhr, und 21–23 Uhr. Eintritt 2,50 €, ermäßigt 1,50 €. Via Palestro, ✆ 0565/962088.

Madonna delle Grazie

▶ **Madonna delle Grazie**: Die kleine Wallfahrtskirche aus dem 16. Jh. liegt westlich von Capoliveri fast am Meer. Von außen eher unscheinbar, beeindruckt das Gotteshaus im Inneren mit schöner Decken- und Wandbemalung sowie einem eindrucksvollen Marmoraltar. In dessen Zentrum prangt das Ölgemälde einer Madonna mit Kind, von dem man annimmt, dass es von einem Schüler Michelangelos als Kopie eines Marienbilds des Meisters entstanden ist. Leider ist die Wallfahrtskirche in der Regel nur zu den Messen geöffnet.

• *Anfahrt/Baden* Von Capoliveri die Straße Richtung Morcone/Innamorata nehmen, nach 800 m rechts ab (beschildert) und 2 km auf der Straße bergab. Die Straße führt weiter zur **Spiaggia delle Grazie**: kleiner, nur mäßig attraktiver Kies-Sand-Strand (steiniger Einstieg) mit Bar/Ristorante und wenigen Parkplätzen.

Baden in der Umgebung von Capoliveri

▶ **Naregno-Bucht**: Auf Luftlinie fast gegenüber von Porto Azzurro gelegen, das im Sommer etwa alle eineinhalb Stunden (auch am Abend, hin und zurück 5 €) von hier aus bequem per Pendelboot erreichbar ist – man spart sich den Umweg entlang der Mola-Bucht. Des Weiteren verkehren in der Hochsaison (Juli/August) etwa alle zwei Stunden Busse nach Capoliveri. Der einladende, bis zu 20 m breite Kies-Sand-Strand ist zum Großteil für die Hotels in der Bucht reserviert.

Naregno kann für die Lösung des Übernachtungsproblems in Erwägung gezogen werden. Die meisten Hotels bestehen auf der in der Hochsaison üblichen obligatorischen Halbpension (allerdings oft vergleichsweise preiswert). Ruhige Lage ist gewährleistet. Am Strand gibt es eine italienische Segel- und Surfschule und eine Tauchschule.

• *Übernachten* *** **Frank's**, nettes Strandhotel mit Tennisplatz und Ristorante/Pizzeria, freundlicher und hilfsbereiter Service. Recht komfortable Zimmer mit Bad, die meisten auch mit Balkon. Mitte Mai bis Ende Sept. geöffnet. DZ mit obligatorischer Halbpension 190–218 €, ein Appartement für 2–3 Pers. kostet 910 € pro Woche. Loc. Naregno, 57031 Capoliveri (LI), ✆ 0565/968144, 📠 0565/968405, www.frankshotel.com.

*** **Villa Rodriguez**, sympathische und dabei relativ günstige Familienpension mit 36 Zimmern. Zimmer im alten Gebäude oder in einem neueren Bau dahinter (große Balkons). Gemütlicher Garten mit Palme, hoteleigener Strandabschnitt, netter Service, Tauchausflüge können vom Hotel organisiert werden. Geöffnet Anfang April bis ca. Mitte Okt. Halbpension (DZ 178–186 €, EZ 101–105 €) ist in der Hochsaison zwar Pflicht, bei der vorzüglichen Küche aber auch lohnenswert, in der Nebensaison kostet das DZ mit Frühstück ca. 122 € (EZ 73 €). Loc. Naregno, 57031 Capoliveri (LI), ✆ 0565/968423, ℻ 0565/935024, www.villarodriguez.it.

*** **Le Acacie**, das 94-Zimmer-Hotel liegt etwas zurückversetzt vom Strand und ist auch bei Pauschaltouristen beliebt. Mit Pool und Tennisplatz, alle Zimmer mit Bad und Balkon, ruhige Lage. Anfang/Mitte Mai bis Ende Sept. geöffnet. DZ mit obligatorischer Halbpension ab 258 €, EZ 193,50 €, es werden auch Appartements (2–5 Pers.) angeboten: Die Preise liegen hier je nach Größe bei 1477–1771 € pro Woche. Loc. Naregno, 57031 Capoliveri (LI), ✆ 0565/966111, ℻ 0565/967062, www.acacie.it.

• *Wassersport* **Centro Velico Naregno**, im hinteren Bereich des Strands. Segelkurse und Surfkurse, auch Wochenendkurse. Kurssprache ist Englisch. Tauchschule **Tuffo Diving** angeschlossen, hier kostet der Tauchgang 35 € (mit Equipment), der Open-Water-Diver-Kurs 380 €. Geöffnet Ostern bis Ende Sept., Loc. Naregno, 57031 Capoliveri (LI), www.centroveliconaregno.it (✆ 0565-968764, ℻ 0565/935805), www.tuffodiving.com (✆ 335/6852323).

▸ **Punta Perla und Capo Straccoligno** (3 km östlich von Capoliveri): Die Punta Perla selbst ist mehr oder weniger in Privatbesitz, am schroffen Kap gibt es keine Bademöglichkeit. Eine Fahrstraße führt zum *Forte Focardo*, der sternförmig ummauerten spanischen Festung, die 1678 als Gegenstück zum *Forte Longone* von Porto Azzurro errichtet wurde. Die Anlage ist seit 1863 im Besitz der italienischen Marine, aus dem gleichen Jahr stammt auch der Leuchtturm der Festung (nicht zugänglich). Von der Festung führt linker Hand ein Pfad hinunter zur Naregno-Bucht.
Südlich schließt eine kleine Sand-Kies-Bucht an (statt der Abzweigung zur Punta Perla 1 km weiter Richtung Capo Straccoligno fahren, dann rechts ab, beschildert). An der *Spiaggia Straccoligno* findet man Bar/Pizzeria, Camperstellplatz, Tretbootverleih, Sonnenschirme und Liegestühle. Fährt man bei letzterer Abzweigung zum Strand auf staubiger Schotterpiste geradeaus weiter, gelangt man nach etwa 1 km zu einer weiteren Abzweigung, die hinunter zur *Spiagga di Ferrato* führt. Hier finden sich ein einfacher, winziger Waldcamping (www.bioelba.it) und ein Camperstellplatz mit Bar. Die Spiagga di Ferrato besteht aus drei versteckten, idyllischen Stränden, die nur über enge Pfade zu erreichen sind.
Zurück zur Abzweigung zur Spiagga di Ferrato und der schlechter werdenden Schotterstraße folgend, gelangt man zum südlich benachbarten *Calanuova-Strand* mit gleichnamigem Ristorante: sehr ruhige, kleine Kiesbucht mit Bootssteg und schönem Blick aufs Forte Focardo.

▸ **Zuccale- und Barabarca-Bucht**: Die beiden benachbarten Strände liegen etwa 3 km westlich von Capoliveri (von der Zufahrtsstraße zum Ort rechts ab, beschildert). Zwei hübsche, durch Felsen getrennte Buchten (Sand und feiner Kies), die nur zu Fuß zu erreichen sind, wobei die kleinere, sandige Zuccale-Bucht dank der schönen Lage zwischen Felsen sicher die attraktivere der beiden ist. Am Ende der asphaltierten Straße befinden sich zwei Parkplätze: Zunächst liegt rechter Hand ein großer, gebührenpflichtiger Parkplatz mit viel Schatten, von dem aus man über einen Treppenweg hinunter zum Zuccale-Strand gelangt (mit Strandbar, bei der man sich auch Tretboote, Sonnenschirme und Liegestühle ausleihen kann). Etwas weiter die Straße entlang erreicht man den zweiten, kleineren Parkplatz, er liegt links

Der Zuccale–Strand bei Capoliveri

Der Strand von Barabarca

der Straße, ist gebührenfrei und schattenlos. Von hier aus geht es linker Hand auf einem staubigen Pfad und über eine Treppe (ca. 5 Min.) zur Barabarca-Bucht: feiner Kies, am Strand ebenfalls Bar, Tretboot- und Liegestuhlverleih.

▸ **Morcone-Bucht**: Etwa 3 km südwestlich von Capoliveri. Reizvolle, kleine Bucht mit Sandstrand. Einige dezente italienische Residenz-Hotels (nur wochenweise buchbar) am Hang, am Strand gemütliche Ristoranti und Bars sowie mehrere Bootsverleiher (auch Sonnenschirm-/Liegestuhlverleih), entspannte Atmosphäre. In der Bucht gibt es eine deutschsprachige Tauchschule und einen schönen Campingplatz.

• *Verbindungen* Im Sommer pendelt 4x täglich der Strandbus zwischen Capoliveri und Morcone.

• *Übernachten* ** **Albergo La Scogliera**, an der Zufahrtsstraße nach Morcone auf der linken Seite. Eine sympathische und recht günstige Unterkunft mit viel Stammkundschaft, daher oft langfristig ausgebucht (man sollte bereits im Februar für August reservieren). Treppen zum hoteleigenen Sandstrand. Anfang Mai bis ca. Mitte Okt. geöffnet. Gemütliche Zimmer, das DZ mit Bad, Kühlschrank, Terrasse oder Balkon mit Meerblick kostet 84–116 €, das EZ 62 €, das Dreier 108–136 € (jeweils inkl. Frühstück), es werden auch einige Appartements angeboten: für 2 Pers. 128 €/Tag, für 4 Pers. 148 € – für Elba geradezu günstig. Loc. Morcone, 57031 Capoliveri (LI), ✆ 0565/968424 oder 0565/935205, 📠 0565-935204, www.lascogliera.com.

** **Camping Croce del Sud**, bestens gepflegtes, kleines Areal, viel Grün, mit Mini-Market und Bar, ca. 150 m vom Strand, netter und deutschsprachiger Service. Geöffnet Ostern bis Ende Okt. Pro Pers. 12 €, Kinder (2–8 Jahre) 6 €, Wohnwagen und Zelt je 12,50 €, kleines Zelt 8 €, Wohnmobil 15 €, Auto 3,50 €. Es werden auch einige einfache Bungalows für 4–5 Pers. vermietet: 87–95 € pro Tag. Loc. Morcone, 57031 Capoliveri (LI), ✆/📠 0565/968640, www.campingcrocedelsud.it.

• *Wassersport* **Aquanautic**, in der deutschsprachigen Tauchschule werden Tauchgänge schon ab 22 € angeboten, der Open-Water-Diver-Kurs kostet 339 €. Auch höhergradige Kurse. Sehr freundlich, Mai bis Okt. geöffnet. Loc. Morcone 33, 57031 Capoliveri (LI), ✆ 0565/935505 oder 339-6385979 (mobil), www.aquanautic-elba.de.

▸ **Pareti-Bucht**: Die südliche Nachbarbucht von Morcone, weit weniger reizvoll und recht klein. Sand-/Kiesstrand mit Sonnenschirm- und Liegestuhlverleih. Einige wenige Privathäuser am Hang, in der Bucht drei größere Hotels und eine italienische Tauchschule.

• *Verbindungen* Im Sommer fast stündlich mit dem Strandbus von und nach Capoliveri.

• *Übernachten* *** **Hotel Stella Maris**, schon älterer Bau direkt am Strand, Tennisplatz, Restaurant/Bar, überwiegend italienische Badegäste, sehr freundlicher und zuvorkommender Service; auch deutschsprachig. Geöffnet April bis Mitte Okt. DZ mit obligatorischer Halbpension 214–230 €, EZ ca. 177 € (Liegestühle und Sonnenschirme am Strand jeweils inkl.). Spiaggia di Pareti, 57031 Capoliveri (LI), ✆ 0565/968425, 📠 0565-968010, www.albergostellamaris.com.

*** **Hotel Dino**, reizvoller als das Stella Maris, oberhalb der Bucht gelegen. Schöne Terrasse über dem Meer, alle Zimmer mit Balkon zur Bucht, Privatstrand. Ostern bis Ende Okt. geöffnet. DZ mit obligatorischer Halbpension 196 €. Loc. Pareti, 57031 Capoliveri (LI), ✆ 0565/939103, 📠 0565/968172, www.hoteldino.com.

** **Villa Miramare**, die günstigste Übernachtungsmöglichkeit in Pareti: DZ mit Frühstück 100–120 € (in der Nebensaison deutlich günstiger). Loc. Pareti, 57031 Capoliveri (LI), ✆ 0565/968673, 📠 0565/939097, www.hotelvillamiramare.it.

▸ **Innamorata-Bucht**: Etwa 3,5 km südlich von Capoliveri, herrlich gelegene, beidseitig von Felsen eingerahmte und sehr beliebte Bucht. Der Sand-/Kiesstrand kann sich bei näherer Betrachtung allerdings als etwas ungepflegt erweisen. Die Bucht befindet sich fest in den Händen der großen Appartementanlage „Villaggio Turistico Innamorata“, am Strand Surfbrett- und Tretbootverleih. Vorgelagert die *Isole Gemini*, die Inseln der – ungleichen – Zwillinge. Von hier der Beschilderung „Calone/Ripe Alte“ folgend, trifft man bald auf die gut befahrbare Schotterstraße, die oberhalb der Südküste von Calamita zur Ferienanlage „Costa dei Gabbiani“ führt. Im Sommer verkehren fast stündlich Busse zwischen Innamorata und Capoliveri.

Innamorata – die Bucht der Verliebten

Der unglücklich Verliebten, müsste man eigentlich sagen. Die Sage erzählt, dass sich hier am Strand im Jahr 1534 Lorenzo und Maria zum ersten Mal sahen und unsterblich ineinander verliebten. Die Liebe war groß, die elterlichen Familien verfeindet, und an ein Wiedersehen oder gar eine Heirat war nicht zu denken – Romeo und Julia auf Elbanisch. Die Bucht wurde für beide zum heimlichen Treffpunkt, bis am 14. Juli des gleichen Jahres Lorenzo genau an dieser Stelle von Piraten getötet wurde. Maria musste untätig zusehen und sprang daraufhin verzweifelt von einem Felsen ins Meer. Jedes Jahr am Abend des 14. Juli wird dieser tragischen Liebe mit einem großen Fest gedacht: Am mit Fackeln beleuchteten Strand findet eine große Prozession statt, zu deren Abschluss der Sprung vom Felsen nachgespielt wird – ohne echte Verzweiflung und Todesfolge allerdings.

Monte Calamita (413 m)

Der „Magnetberg“ hat schon so manchen Yachtbesitzer in Ver(w)irrung gebracht. Sein magnetisches Feld ist so stark, dass Kompassnadeln verrückt spielen, wenn sie die Halbinsel passieren.

Dass sogar Eisennägel aus Schiffskörpern herausgezogen wurden, zählt eher zum Seemannsgarn, doch tatsächlich havarierten vor der hiesigen Küste zahlreiche Schiffe. Im großen Stil wirtschaftlich ausgebeutet wurde der Berg seit 1819, es ist allerdings wahrscheinlich, dass hier bereits die Etrusker und nach ihnen die Römer Eisengru-

Die Halbinsel Calamita
Karte S. 159

Die rote, eisenhaltige Erde am Monte Calamita

ben betrieben haben. Die Bergwerke sind zwar längst geschlossen, aber noch immer gedenkt man den *Cavatore,* den „Männern der Ader", wie die Bergarbeiter hier auch genannt werden, und ihrer harten Arbeit jedes Jahr Ende Mai in Capoliveri mit einem großen Fest.

Im Lauf der Zeit wurde der Monte Calamita völlig umgegraben, später hat man das Gebiet z. T. wieder aufgeforstet, aber die Vegetation ist nach wie vor überwiegend karg, im Kontrast mit der rot leuchtenden, aufgerissenen Erde. Lohnenswert kann es sein, auf den Abraumhalden nach den glitzernden Mineralien zu schürfen. Auf Elba finden sich 170 verschiedene Mineralienarten. Gemessen an der Größe der Insel eine geologische Sensation!

Von Capoliveri führt eine breite, gut befahrbare Schotterpiste an der Steilküste entlang. Nach etwa 5 km erreicht man das längst stillgelegte Erzbergwerk *Miniera di Calamita* nahe der *Punta della Calamita* im Süden der Halbinsel.

Zu einem Badestrand führt ca. 200 m nach der Mine rechts eine schmale Straße hinunter. Eine Schranke macht das Passieren mit dem Auto unmöglich. Zu Fuß geht es von hier aus weiter zum 2 km entfernten Strand.

Achtung Auto- und Motorradfahrer: Eine Rundfahrt mit dem Auto um den Monte Calamita ist nicht möglich, da eine Schranke etwas südlich der Straccoligno-Bucht den Weg versperrt! Auch für größere Motorräder dürfte es schwierig werden, den engen Fußweg neben der Schranke zu passieren.

(Rad-)Wanderung 5: Um den Monte Calamita

Das Gebiet um den Magnetberg eignet sich ausgezeichnet zum Mountainbiken, aber auch für ausgedehnte Wanderungen. Mountainbikes können in Capoliveri ausgeliehen werden (siehe S. 161).

Fahrradtouren mit eindrucksvollen Ausblicken führen Sie auf der geschotterten Fahrtstraße rund um den Monte Calamita und durch das Areal der Ferienanlage „Villaggio Costa dei Gabbiani" zur Ostküste der Halbinsel und zur Straccoligno-Bucht hinunter (→ S. 166). Von hier auf Asphaltstraße wieder hinauf zum Ausgangspunkt Capoliveri. Eine Alternativroute zweigt kurz nach Capoliveri von der Straße links ab in Richtung hinauf zum Monte Calamita, bleibt aber nördlich davon und führt ebenfalls zur Ferienanlage, von dort dann wieder zur Straccoligno-Bucht. Den gleichen Verlauf haben die Wanderwege Nr. 70 und 82. Wer die Halbinsel erwandern will, sollte früh aufstehen, gut zu Fuß sein (Tageswanderung) und unbedingt die Mittagshitze in der überwiegend baumlosen Gegend meiden. Schatten gibt es erst wieder ab dem oben erwähnten *Villaggio* (mit Restaurant/Bar) und an der Ostseite der Halbinsel. Bademöglichkeiten entweder unterhalb der *Miniera di Calamita* (s. o.) oder in den kleinen Buchten der Ostküste. Der herrliche *Spiaggia di Rimaiolo* zwischen *Punta di Calamita* und *Punta dei Ripalti* ist fast ausschließlich den Gästen der Ferienanlage vorbehalten.

Costa dei Gabbiani (Möwenküste)

Am 12 km langen Küstenstreifen liegen in kleinen Buchten zum Teil menschenleere Strände, die den wenigen Feriengästen nur auf Privatwegen zugänglich sind. Traumhaft die steile Felswand an der Punta dei Ripalti: Hier, am südlichsten Zipfel, nisten die Silbermöwen zu Tausenden.

Fährt man von den Minen des Monte Calamita die Schotterstraße noch etwa 3 km weiter, kommt man in das Zentrum des Feriendorfs *Villaggio Costa dei Gabbiani* und zum Naturreservat (gehört zum *Nationalpark Toskanischer Archipel),* das sich bis zum südöstlichen Ende der Insel erstreckt.

• *Übernachten/Essen* **Costa dei Gabbiani**, die überwiegend italienischen Gäste des Feriendorfes verteilen sich auf die weit verstreut liegenden Gutshöfe, Villen und einige neu errichtete 1- bis 2-stöckige Appartementhäuser (unterschiedliche Bettenzahl und Preiskategorien) sowie das Hotel **Villa delle Ripalte**. Außerdem bieten sich ein **Restaurant** in einem ehemaligen Weinkeller (Villa delle Ripalte) und eine **Bar** in der Calanuova-Bucht an. Die Übernachtungspreise liegen je nach Kategorie bei 258 € für ein DZ mit obligatorischer Halbpension (EZ 147 €), das 2- bis 3-Personen-Appartement in einem der Gutshöfe kostet ab 1393 € pro Woche, in einer der freistehenden Villen zahlt man für 4 Pers. ab 1652 € pro Woche, für 6 Pers. 2429 €. Es gibt auch größere Villen für 12 Pers. Wer Ruhe und Abgeschiedenheit in gepflegtem Ambiente sucht, ist hier genau richtig. Die Unterkünfte kann man übrigens alle auch im Internet besichtigen. Geöffnet Anfang April bis Ende Okt. Costa dei Gabbiani, Tenuta delle Ripalte, Loc. Ripalte, 57031 Capoliveri (LI), ✆ 0565/94211, 📠 0565/935233, www.costadeigabbiani.it.

• *Sport* **Reitstunden** und **Ausritte** werden auch für Nicht-Gäste angeboten, halb- und ganztägige Ausritte mit Führung. Des Weiteren werden **Mountainbikes** vermietet. Umfangreiches Sportangebot mit Tennisplätzen, diversen Pools, Wassersport, Boccia, Bogenschießen, Volleyball, Basketball etc.

Wem es zu mühselig ist, sich zu Fuß zur Möwenküste aufzumachen, der kann die Reise in einem der Ausflugsboote von Porto Azzurro aus unternehmen. Man umfährt die Ostspitze der Insel und hält an einem Strand unterhalb der Calamita-Mine. Dauer: etwa drei Stunden (hin und zurück).
Interessenten wenden sich an eines der beiden Reisebüros von Porto Azzurro bzw. an die dortigen Bootsverleiher (siehe Porto Azzurro, ab S. 151).

Herrlicher Sandstrand an der Lido-Bucht (Lido di Capoliveri)

Die Buchten im Süden der Insel

Drei große Buchten mit herrlichen, weitläufigen Sandstränden, weite Ebenen und eine flache Küstenlandschaft bestimmen das Bild der Südseite von Elba, der touristisch bedeutsamsten Ecke der Insel.

Der *Golfo Stella* mit seinem feinsandigen *Lido di Capoliveri,* dem sich in westlicher Richtung – nur durch das schroffe Capo Stella unterbrochen – der *Golfo della Lacona* anschließt und schließlich weiter westlich der *Golfo di Campo.* Diese Buchten sind das Eldorado der Badetouristen und Wassersportler, unzählige Hotels und Campingplätze befinden sich an den Stränden und im Hinterland.

Historisch-kulturell hat die Gegend kaum etwas zu bieten, sieht man einmal von *Marina di Campo* und Umgebung ab. Auch landschaftlich gibt es sicher aufregendere Ecken auf Elba, lediglich die bergige Landzunge des *Capo Stella* und das *Capo di Fonza* zwischen der *Lacona-Bucht* und dem *Golfo di Campo* stellen einen Kontrast zur flachen Ebene dar. Touristische Zentren sind Lacona, ein weit auseinander gezogener Touristenort, und *Marina di Campo* mit seinem malerischen alten Hafen.

Die Lido-Bucht (Golfo Stella)

Sehr schöne Sandstrände finden sich entlang des *Golfo Stella,* dessen größter Strand, der *Lido di Capoliveri,* zweifelsohne auch der attraktivste ist. Zwei kleine Sträßchen führen zum Strand, im Sommer herrscht hier oft Verkehrschaos, und die Parkplatzsuche kann zum echten Problem werden. Die Lido-Bucht, der eigentliche

Hausstrand von Capoliveri, ist mehr als gut besucht und besonders bei jungen Leuten außerordentlich beliebt. Seichtes Wasser, ideal für Kinder, Surfschule (auch Brettverleih), italienische Tauchschule an der Hauptzufahrtsstraße zum Strand, außerdem diverse Bars, Sonnenschirm- und Liegestuhlverleih, Tretboote und Kajaks. Um die Bucht liegen einige schöne Hotels und Campingplätze, doch sollte man gerade auch hier nicht zu spät buchen, wenn man eine Unterkunft für die Hochsaison ergattern will.

• *Anfahrt/Verbindungen* Von Portoferraio kommend, geht es auf der Straße nach Porto Azzurro kurz vor der Abzweigung nach Capoliveri rechts ab, beschildert. 5x tägl. Busse nach Capoliveri; wer den Bus von Portoferraio nach Porto Azzurro bzw. Capoliveri nimmt, sollte dem Fahrer Bescheid sagen, dass er an der Abzweigung zum Lido aussteigen möchte. Von der Hauptstraße ca. 800 m zu Fuß.

• *Parken* Gebührenpflichtiger Parkplatz fast direkt am Strand, 1 €/Std.

• *Übernachten* *** **Villa Giulia**, das Hotel liegt ca. 800 m vom Strand oberhalb der Hauptstraße Portoferraio–Porto Azzurro. Relativ ruhig, Terrasse mit Meerblick (hier auch das Hotelrestaurant), Tennisplatz. Ostern bis Ende Okt. geöffnet. DZ mit obligatorischer Halbpension 210–230 €, EZ 135–140 €, in der Nebensaison bis zu 45 % günstiger zu haben! Lido di Capoliveri, 57036 Porto Azzurro (LI), ✆ 0565/940167, ℻ 0565/940110, www.villagiuliahotel.it.

*** **Hotel Antares**, herrlich oberhalb der Bucht (am westlichen Ende) gelegen, von der Terrasse genießt man einen schönen Blick aufs Meer, gepflegte Anlage mit Pool im Grünen, Privatstrand, Tennisplatz, Fahrradverleih. Geöffnet von Ende April bis Anfang Okt. DZ 260–280 €, EZ 152–161 €, jeweils inkl. obligatorischer Halbpension sowie zur Saison Liegestühle und Sonnenschirm. 57031 Lido di Capoliveri (LI), ✆ 0565/940131, ℻ 0565/940084, www.elbahotelantares.it.

** **Villaggio Turistico Baia del Sole**, Ferienhäuschen und Bungalows in Strandnähe, wir empfehlen „Tipo Villetta" oder „Tipo Terrazza", die Häuschen fast am Meer, die kleineren „Tipo Bungalow" hinterlassen dagegen einen eher trostlosen Eindruck. Geöffnet Anfang Mai bis Mitte Okt. Nur wochenweise zu buchen (und für die Hochsaison so früh wie möglich), „Tipo Bungalow" für 4 Pers. 830 €, „Terrazza" für 4 Pers. mit Terrasse 1100 €, „Villetta" für 5 Pers. mit Gärtchen 1210 € pro Woche. 57031 Lido die Capoliveri (LI), ✆ 0565/940100, ℻ 0565/968010, www.villaggioturisticobaiadelsole.com.

• *Agriturismo* **Vino & Appartamenti Sapereta**, schönes und gepflegtes Weingut mit Pool und Tennisplatz, inmitten von Weinstöcken gelegen. Ruhige Lage, allerdings knapp 2 km vom Lido entfernt. Zum Agriturismo gehört auch ein günstiges und vielfach gelobtes Restaurant (nur abends, man sollte reservieren) mit netter, schattiger Terrasse. In der Cantina des angeschlossenen Weingutes Sapere werden gute und günstige Weine (u. a. Elba Bianco DOC und Elba Rosso DOC) verkauft, der Passito wurde jüngst sogar von Veronelli prämiert. Ganzjährig geöffnet. Anfahrt: Auf der Hauptstraße Portoferraio–Porto Azzurro geht es nach der Abzweigung zur Lido-Bucht kurz hinter der Api-Tankstelle links ab, dann noch ca. 100 m. Von der Hauptstraße beschildert. Studio für 2 Pers. 970 €, Appartement für max. 4 Pers. 1140 €, für bis zu 6 Pers. 1330 €, jeweils pro Woche. Viale Provinciale Ovest 73, Loc. Mola, 57036 Porto Azzurro (LI), ✆ 0565/95033, ℻ 0565/95064, www.sapereonline.it.

• *Camping* *** **Europa**, an der Ostseite der Lido-Bucht, von der Hauptstraße ausgeschildert. Schöner und gepflegter Platz, terrassenförmig angelegt, schattig, wenige Schritte zum Strand. Mit Bar, Minimarket, Ristorante, Geöffnet von April bis Ende Okt. Pro Pers. 14 €, Kinder 2–7 Jahre 9,50 €, kleines Zelt 11 €, großes Zelt und Wohnwagen je 17 €, Wohnmobil 18 €, Auto 4 €. Es werden auch einige Bungalows (heißen hier Maxicaravan) für 4 Pers. vermietet, 140 €/Tag. 57031 Lido di Capoliveri (LI), ✆/℻ 0565/940121 (im Winter 0565/940134), www.elbacampingeuropa.it.

*** **Le Calanchiole**, ebenfalls in der östlichen Ecke der Bucht (Spiaggia delle Calanchiole) und beschildert. Schattige Anlage mit Bar, Ristorante, Minimarket, kleiner, sandiger Privatstrand. Geöffnet vom Ostern bis Okt. Pro Pers. 14 €, Kinder 2–7 Jahre 9,50 €, Zelt 11–18 €, Auto 4 €, Wohnwagen 17 €, Wohnmobil 18 €. Es werden auch einige Doppelzimmer (85 €/Tag), Appartements (für 2–4 Pers. 120–135 €/Tag) und

Karte S. 174/175

Bungalows (ab 110 € am Tag, max. 5 Pers.) vermietet. Loc. Calanchiole, 57031 Capoliveri (LI), ✆ 0565/933488 (im Winter 0565/920049), 📠 0565/940001, www.lecalanchiole.it.

In unmittelbarer Nähe vom Camping Europa liegt der angeschlossene

* **Camping Lido**, schöne Lage direkt am Strand, einfacher als die beiden anderen, dafür etwas günstiger. Die Anlage samt Sanitäreinrichtungen ist okay, aber bei weitem nicht so komfortabel wie beim oben genannten Camping. Loc. Lido, 57031 Capolivieri (LI), ✆/📠 0565/933414.

• *Essen* **Baia del Sole**, großes und beliebtes Strand-Ristorante, flotter Service, hier gibt es ganz vorzügliche *Spaghetti allo Scoglio* in Weißweinsoße (für angemessene 8,50 €), mittags auch günstige Pizza, abends etwas gediegener. Während der Saison durchgehend geöffnet.

• *Wassersport* **Wind Snack**, Surf- und Segelschule, beim Camping Lido, auch Brettverleih sowie **(Motor-)Bootsverleih**, zudem Verleih von Liegestühlen und Sonnenschirmen. Mai bis Okt. geöffnet, ✆ 329-494760 oder 338-6747822.

Centro Sub Talas, italienische **Tauchschule** (Padi) an der Zufahrtsstraße zum Strand, Tauchgang 40 €, Open-Water-Diver-Kurs 380 €, Schnupperkurs 100 €. Ganzjährig geöffnet, vermittelt auch Unterkünfte. Loc. Lido, 57031 Capoliveri (LI), ✆ 0565/933482, 📠 0565/933572, www.subacquea.com.

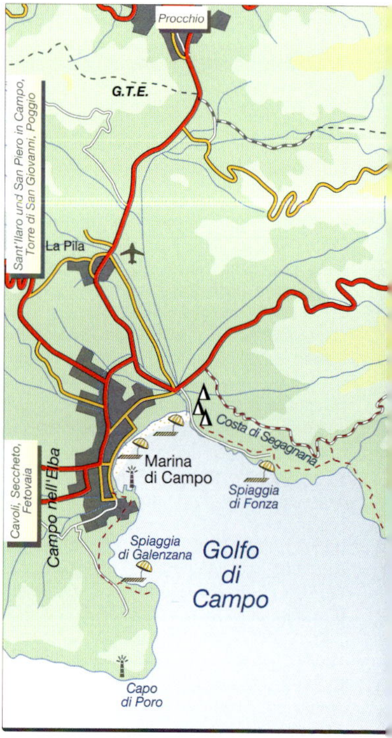

Weitere Buchten am Golfo Stella

▸ **Norsi-Bucht**: Zu der relativ großen Bucht gelangt man über einen Schotterweg (Straße Richtung Lacona nehmen, dann links ab, beschildert). Ein weitläufiger Strand mit grobem Sand, Parkplatz (begrenzte Kapazitäten!) und zwei Strandbars (auch Sonnenschirm-/Liegestuhlverleih) vorhanden. Beliebte Bucht, allerdings wird stellenweise viel Seegras angespült. Fußweg und Treppen führen hinunter zum Strand.

▸ **Acquarilli-Bucht**: Der westliche Nachbarstrand von Norsi ist nur über einen steilen und schwierig zu begehenden Fußweg von der Landspitze *Capo Pini* aus zu erreichen. Grober Kies, wenig frequentiert und beliebter FKK-Strand. Keine Bar, kein Strandservice. Auf der Straße Richtung Lacona gelangt man zum Aussichtspunkt Capo Pini. Hier parken, der Fußpfad ist nicht zu übersehen.

▸ **Margidore-Bucht**: Eine gute Ausweichmöglichkeit bei hochsommerlicher Enge bietet die Bucht an der Nordostseite des *Capo Stella*. Die etwa 400 m lange Kiesbucht (Surf- und Tauchschule) wird von den Steilufern des weit ins Meer reichenden Kaps und von einem Felsenriff begrenzt. Achtung: Im Gegensatz zur westlich gelegenen Lacona-Bucht wird das Wasser hier schnell tief. Auch ein beliebter Liegeplatz von Segelbooten, außerdem gibt es einen kleinen Hafen.

Strände im Osten des Golfo Stella siehe ab S. 166.

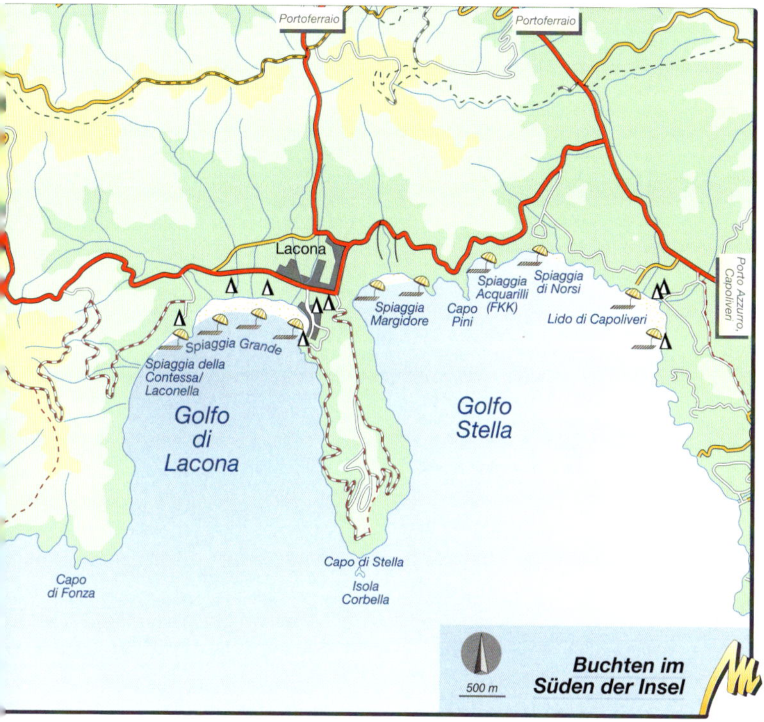

Die Buchten im Süden der Insel
Karte S. 174/175

Die Lacona-Bucht (Golfo di Lacona)

Große, seicht abfallende Sandbucht mit Pinienwäldchen an beiden Flanken. Im Sommer findet man eine richtige Zelt- und Caravansiedlung vor, sechs Campingplätze säumen die große Bucht. Einen Ort namens Lacona sucht man vergeblich, es handelt sich vielmehr um ein großes, flaches Areal ohne Zentrum – eben der Badestrand der Insel.

Die *Spiaggia Grande*, wie der lange Strand von Lacona auch heißt, ist ein ausgesprochenes Camperziel, und das zu Recht: Die meisten Plätze liegen in Schatten spendenden Eukalyptus- und Pinienhainen nur wenige Meter vom Meer entfernt. Baugenehmigungen wurden kaum erteilt, nur wenige Hotels und Pizzerien haben sich etabliert.

In der Hauptsaison herrscht am herrlichen Sandstrand Hochbetrieb. Die kleinen Restaurants und Bars sind dann ebenso voll wie das Strandbad *Bagni Lacona* mit dem angeschlossenen Verleih von Motor-, Tret-, Segelbooten und Surfbrettern. Bars und Restaurants auch an den Zufahrtsstraßen zum Strand, an der zurückversetzten Hauptdurchgangsstraße haben sich ein paar Souvenirshops (viel Keramik, aber auch Wein) angesiedelt, außerdem einige Zweiradverleiher; zwischen Straße und Meer befindet sich die einzige Disco der Gegend, in der sich am späteren Abend das überwiegend jüngere Publikum von Lacona trifft.

Information/Verbindungen/Zweiradverleih

• Information/Reisebüro **Terraxe' viaggi**, Via del Moletto (Straße zum Camping Stella Mare), hauptsächlich Fährtickets, Zimmer- und Appartementvermittlung (die Unterkünfte sind im Internet), Bootsausflüge. Von März bis Ende Okt. Mo–Sa 8.45–12.45 Uhr und 16–18 Uhr geöffnet, So geschlossen. ✆ 0565/964396, www.terraxe.it.

• Verbindungen 6x tägl. per **Bus** von und nach Portoferraio. Haltestelle z. B. beim Hotel Capo di Stella und beim Hotel Lacona.

• Auto-/Zweiradverleih **TWN**, an der Hauptstraße, nahe dem Abzweig Richtung Camping Stella Mare, Mountainbike 18 €, Scooter ab 49 € pro Tag (für 2 Pers.), Kleinwagen ab 60 €. Strada Provinciale, ✆ 0565/904345. Näheres s. auch unter TWN in Portoferraio, S. 100.

Übernachten

• Hotels *** **Capo Sud**, weitläufige, gepflegte und grüne Anlage am Mardigore-Strand (Kies), Pool, Tennisplatz, hübscher Garten mit entzückender, kleiner Laube, Fahrradverleih. Zuvorkommender Service, geschmackvoll eingerichtete Zimmer mit Bad, Balkon und TV, wenn auch nicht mehr ganz neu. Mitte April bis Ende Sept. geöffnet. Anfahrt: von Lacona auf der Straße nach Porto Azzurro rechts ab (beschildert). DZ mit Frühstück 196–218 €, EZ 171–190 € (in der Nebensaison ist das DZ für 67–77 € zu haben). Halbpension 20 €/Pers. Loc. Lacona, 57031 Capoliveri (LI), ✆ 0565/964021, ✆ 0565/964263, www.hotelcaposud.it.

Lacona: eine sandburgenfreundliche Gegend

**** **Lacona**, riesiger Bau mit 155 DZ, ziemlich elegant, Swimmingpool im großen und sehr grünen Garten, Tennisplatz. 100 m vom Strand. Professionell geführtes Vertragshaus vieler Reiseveranstalter. Geöffnet Mitte April bis Mitte Okt. DZ 278–348 €, EZ 208–261 € inkl. obligatorischer Halbpension. Loc. Lacona, 57031 Capoliveri (LI), ✆ 0565/964054, ✆ 0565/964189, www.lacona.tuscanhotels.it.

*** **Capo Di Stella**, schöne Lage am Hang, oberhalb des Golfo di Lacona im Wald (Ostende der Bucht, beschildert), mit Pool und Ristorante. Schon etwas in die Jahre gekommen. Komfortable Zimmer, manche mit Balkon und Meerblick. Ein Fußweg führt hinunter zum Margidore-Strand. Mitte April bis Anfang Okt. geöffnet. DZ mit obligatorische Halbpension 230–240 €, EZ 150 €. Loc. Lacona, 57031 Capoliveri (LI), ✆ 0565/964052, ✆ 0565/964220, www.capodistella.com.

** **Giardino**, 32 Zimmer, großer, etwas verwilderter Garten, sehr freundliches, sympathisches und kinderfreundliches Haus (mit zwei ebenso freundlichen Hunden), nicht mehr ganz neu, ca. 200 m vom Strand, etwas zurückversetzt von der Hauptstraße Richtung Marina di Campo gelegen (kurz hinter dem Hotel Lacona auf der rechten Seite). Sympathisch auch die Preise: DZ inkl. obligatorischer Halbpension 156 €. Loc. Lacona 142, 57031 Capoliveri (LI), ✆ 0565/964059, ✆ 0565/964363, www.elbahotelgiardino.it.

• *Appartements* **Villette Giuliana e Evandro Tallinucci**, die Appartements der überaus freundlichen Familie Tallinucci liegen sehr ruhig und ein Stück zurückversetzt von der Straße, dennoch nur wenige Minuten zum Strand. Alle Appartements mit Küche, Bad und Terrasse, relaxte Atmosphäre, zum Ausspannen. April bis ca. Okt. geöffnet. Anfahrt: Beim Hotel Giardino von der Hauptstraße in den Feldweg einbiegen, beschildert. In der Hochsaison nur wochenweise: für 4 Pers. ab etwa 950 €, ein kleineres Appartement ohne Küche ist für etwa 650 € (2 Pers.) zu haben. Frühzeitige Buchung ratsam. Via del Piano 166/B, 57031 Lacona – Capoliveri (LI), ✆/℻ 0565/964179, www.tallinucci.it.

*** **Residence Mini Hotel**, *unser Tipp!* 20 komfortable und gepflegte Appartements mit Küche, Bad, TV und Terrasse oder Balkon, für 2–4 Pers., Sehr nette deutsch-italienische Leitung (fragen Sie nach Karin). Ruhig am Berghang gelegen, tolle Aussicht auf die Bucht, Liegewiese, Grill. Ca. 1,5 km vom Strand entfernt (Straße Richtung Porto Azzurro, dann links ab, beschildert), schattiger Privatparkplatz am Strand. Viele Stammgäste, daher sollte man frühzeitig buchen! Ganzjährig geöffnet. günstig: 2er-Appartement 85–118 €, 3 Pers. 108–118 €, für 4 Pers. 118–128 € pro Tag. Via del Canale 603, 57031 Capoliveri (LI), ✆ 0565/964041, ℻ 0565/964278, www.minihotelelba.it.

• *Camping* Für die sechs Campingplätze der Lacona-Bucht gilt generell: Es handelt sich fast ausnahmslos um recht große und professionell geführte Anlagen. Die meisten bieten auch Appartements/Bungalows und „Case Mobili" (kleine Bungalowhütten) an, wer sich für diese Art der Unterkunft entscheidet, sollte allerdings frühzeitig buchen! Zum Angebot gehört ebenso fast überall Abendunterhaltung (laut) und Animation. Wer es ruhiger mag, sollte sich nach Westen orientieren: Tallinucci und Valle Santa Maria sind etwas ruhiger, am beschaulichsten geht es bei Laconella ganz am Ende der Bucht zu.

*** **Stella Mare**, in bester Lage, auf der dicht bewaldeten Landzunge am östlichen Ende der Bucht (Zufahrt über Via Moletto, beschildert). Viel Schatten durch Pinien und Eukalyptusbäume, Bar, Restaurant und Market, Stufen hinunter zur eigenen kleinen Bucht. Freundlicher Service. Geöffnet von April bis Mitte Okt. Pro Pers. 14 €, Kinder 4–9 Jahre 10 €, Zelt 14 €, Wohnwagen 16,50 €, Wohnmobil 19 €, Auto 2,50 €, „Casa Mobili" in der Hochsaison nur wochenweise ab 1200 € (4 Pers.), es werden auch einige Appartements ein Stück landeinwärts vermietet: für 3 Pers. 700 €, 5 Pers. 930 €. Loc. Lacona, 57031 Capoliveri (LI), ✆ 0565/964007, ℻ 0565/964770, www.stellamare.it.

*** **Lacona**, ziemlich große und nicht besonders gemütliche Anlage mit Pool und Abendunterhaltung, im oberen Bereich auch abgeschiedene Stellplätze. Relativ nah an der Margidore-Bucht. Ca. Mitte April bis Ende Sept. geöffnet. Von Portoferraio/Porto Azzurro kommend, gleich der erste Platz auf der linken Seite (östlicher Teil der Bucht). Pro Pers. 14 €, Kinder 2–10 Jahre 10 €, Zelt 10–15 €, Wohnwagen/Wohnmobil 15 €, Auto 3 €. Miet-Caravan für 4 Pers. 753 €/Woche, 4er-Bungalow 945 € pro Woche, Ferienwohnungen für 2–3 Pers. ab 76 €/Tag, 4 Pers. 1050 €/Woche (in der Hochsaison jeweils Mindestaufenthalt eine Woche). Loc. Lacona, 57037 Portoferraio (LI), ✆ 0565/964161, ℻ 0565/964330, www.camping-lacona.it.

*** **Lacona Pineta**, neben dem Camping Lacona in einem Pinienhain, gemütlicher und vor allem näher am Meer (Lacona-Strand). Kleiner Supermarkt, Restaurant und Bar, Bojen für Boote, Animation und Abendunterhaltung, großer Kinderspielplatz (Hüpfburgen!) und Schwimmbad. Geöffnet von April bis Ende Okt. Pro Pers. 14 €, Kinder 3–10 Jahre 10 €, Zelt 11–20 €, Wohnwagen/Wohnmobil 20 €, Auto 4,80 €. Nette Bungalows für 2 Pers. ab 106 €/Tag, für 4 Pers. 130–180 €/Tag, diese sollte man aber frühzeitig buchen! Loc. Lacona, 57031 Capoliveri (LI), ✆ 0565/964322, ℻ 0565/537973, www.campinglaconapineta.com.

*** **Tallinucci**, sympathischer und gut geführter Platz, direkt am Strand gelegen (westlicher Teil der Bucht). Pinien und Eukalyptusbäume. Auch empfehlenswerte Appartements, manche davon in herrlicher Lage direkt am Meer oder etwas erhöht. Geöffnet von März bis etwa Okt. Appartement für 2 Pers. ab 96 €/Tag, 3er ab 112 €, 4er ab 117 €, 4er am Strand 160 € am Tag. Ruhig, recht schattig und von Familien bevorzugt, Camping pro Pers. 13 €, Kinder 4–8 Jahre 8 €, Zelt und Wohnwagen je 13,50 €, Wohnmobil16,50 €, Auto 3 €. Via del Mare

213, Loc. Lacona, 57031 Capoliveri (LI), ✆ 0565/964069, 📠 0565/964333, .

** **Valle Santa Maria**, neben dem Tallinucci, ebenfalls direkt am Strand, vor allem deutsche Wohnmobilisten fühlen sich hier wohl. Die Stellplätze wirken teilweise etwas zu sehr parzelliert und dadurch nicht besonders gemütlich, Mattendächer spenden Schatten. Mit kleinem Laden, Bar und Internet. Geöffnet Ostern bis Ende Okt. Pro Pers. 13 €, Kinder 1–7 Jahre 8,50 €, Zelt/Wohnwagen 16 €, Wohnmobil 19 €, Auto 3 €: Auch hier einige nette Appartements: für 2 Pers. ab 107 €/Tag, 4er ab 120 €, 6er 169 €. Loc. Lacona, 57031 Capoliveri (LI), ✆ 0565/964188, 📠 0565/964355, www.vsmaria.it.

** **Laconella**, terrassenförmiger Platz auf der kleinen Landzunge Punta della Contessa im Westen der Bucht. Hier weht auch an heißen Tagen meist eine erfrischende Brise. Schatten unter den Eukalyptusbäumen und noch jungen Pinien. Großer Vorteil: Vom Platz führt ein direkter Zugang über Treppen zur Spiaggia Grande (ca. 3 Minuten) und ein kurzer Weg (ca. 5 Minuten) zu der herrlichen Laconella-Bucht (s. u.). Etwas günstiger als die anderen Plätze, ein Tipp für alle, die Ruhe suchen (u. a. auch dank fehlender Abendanimation). Auf dem Platz befinden sich ein Minimarket und eine Café-Bar mit schöner Terrasse über der Bucht. Mitte März bis Ende Okt. geöffnet. Straße Richtung Marina di Campo, dann links ab, beschildert. Pro Pers. 12,50 €, Kinder bis 10 Jahre 8,50 €, Zelt 7–14 €, Wohnwagen 14 €, Wohnmobil 17,50 €, Auto 3,50 €. Loc. Lacona, 57031 Capoliveri (LI), ✆ 0565/964228, 📠 0565/964080, www.campinglaconella.it.

Essen & Trinken/Nachtleben

An der Straße zum Strand gibt es mehrere Pizzerien.

Da Ledo, Ristorante und Pizzeria direkt am Meer (am Ende der Straße zum Camping Stella Mare), leicht gehobenes Preisniveau, Touristen-Menü 20 €. Terrasse am Strand, auch Bar. Mittags und abends geöffnet, Via del Moletto 272, ✆ 0565/964097 oder 0565/964034 (Bar).

Blick von der Punta della Contessa

Blanco, jüngst eröffnete Strandbar (nennt sich schick „Beach Lounge Bar"), günstiges Mittagsmenü, Aperitivo in tiefen Sesseln und Sofas, Steakhouse (abends, Menü ab 20 €), Terrasse mit Meerblick auf dem Dach. Via del Moletto 268, ✆ 349-39992.

Günstige Mittagssnacks gibt es in der **Rosticceria** gegenüber vom Blanco: Grillhähnchen, Tavola calda, Panini etc. Günstig.

L'Essenza heißt die einzige Diskothek (auch Ristorante und Bar) in der Bucht von Lacona. Ristorante und Pizzeria zu mittlerem Preisniveau. Diverse Partys und Motto-Abende, z. B. Latin-Night etc. Zwischen Hauptstraße und Meer gelegen, beschildert. ✆ 0565/964155.

Wassersport/Einkaufen

Diving Center Blu Immersion (Padi), an der Straße zum Margidore-Strand (Abzweig zum Hotel Capo di Stella). Auch deutschsprachig und ideal für Anfänger: Tauchgang 35 €, mit Leih-Equipment 50 €, Anfängerkurs (Open Water Diver) 360 €, Füllstation. Geöffnet Ostern bis Anfang Nov., im Winter nach Voranmeldung. Via del Portic-

Laconella mit Blick auf Montecristo

ciolo, ✆/✉ 0565/964415, mobil unter ✆ 339-1095830, www.bluimmersion.it.

Selbstversorger finden einen größeren (aber teuren) **Supermarkt** an der Straße Richtung Portoferraio, ein Bäcker befindet sich gegenüber vom Ristorante Da Ledo beim Strand.

Sonntagmorgen findet in Lacona der **Markt** statt (nur in den Monaten Juni bis Sept.).

Baden am Golfo di Lacona

Keine Frage – der lang gezogene, feinsandige Strand von Lacona zählt zu den besten, die die Insel zu bieten hat. Im Sommer ist es hier jedoch entsprechend voll, nichts für Ruhesuchende. Dem Andrang entsprechend ist auch das Angebot: Über Beach-Volleyball, Tretboot- und Kanuverleih bis hin zum Bananaboat ist hier praktisch alles zu haben, was am und im Wasser Spaß macht. Der Strand ist sehr gepflegt und sauber.

▸ **Laconella-Strand**: Wer es ruhiger, aber nicht allzu abgelegen mag, dem sei dieser kleine Beach am westlichen Ende der Bucht empfohlen, der auch unter dem Namen *Spiaggia della Contessa* bekannt ist. Der Sandstrand erstreckt sich über ca. 200 m zwischen den Felsen der *Punta della Contessa* im Osten und der großen Landzunge, die den *Golfo della Lacona* im Westen begrenzt. Feinster Sand auch im Meer, flacher Zugang und türkis-blaues Wasser, allerdings nicht immer ganz sauber, wie uns Leser berichteten. Dank der abseitigen Lage (und der begrenzten Anzahl an Parkplätzen entlang der holprigen Zufahrtsstraße) wird der Laconella-Strand höchstens an den Wochenenden der Hochsaison richtig voll. Keine Bar und auch kein Strandservice – Schatten müssen Sie sich selbst mitbringen. Bei guter Sicht ist am Horizont die mystische Silhouette der Insel Montecristo zu sehen.

• *Anfahrt* Auf der Straße von Lacona nach Marina di Campo an der Abzweigung zum Campingplatz Laconella (beschildert) links ab, nach einer weiteren Abzweigung (Zufahrt zum Campingplatz) zunächst ca. 200 m auf Asphalt, dann auf einer Sandpiste, von hier führt ein Fußpfad links hinunter zum Strand. **Parken**: Am Weg (auch noch auf der Sandpiste) rechts und links kleine Parkbuchten.

Am Hafen von Marina di Campo

Marina di Campo

Am Westufer des schützenden Golfo di Campo gelegen, im Nordwesten thront der Gebirgszug um den Monte Capanne, und nach Nordosten eröffnet sich die Ebene von Campo nell'Elba. Das Fischerstädtchen mit seinem idyllischen alten Hafen ist der älteste und größte Ferienort der Insel – schließlich befindet sich hier auch der längste Sandstrand Elbas.

Rund 1,5 km lang erstreckt sich der breite und feine Sandstrand vom eigentlichen Ort in östliche Richtung bis zur schwer zugänglichen *Costa di Segagnana*. Entlang dem *Viale degli Etruschi,* der parallel zum Strand verläuft, haben sich viele Hotels angesiedelt, im Osten schließt dann die „Straße der Campingplätze" an.

Das moderne Zentrum von Marina di Campo wirkt hektisch; viel Verkehr und neuere Zweckbauten vermitteln nicht gerade Idylle. Das Bild ändert sich jedoch schlagartig, wenn man die großen Hauptverkehrsstraßen des Ortes verlässt und sich durch die Fußgängerzone in Richtung alter Hafen begibt: gemütliches Schlendern durch schmale Gassen, sorgsam restaurierte Häuser und malerische kleine Plätze, dazu zahlreiche schicke Geschäfte, Restaurants und Bars. Der alte Ortskern von Marina di Campo um den Fischer- und Yachthafen strahlt noch immer viel Charme aus. Überragt wird der Hafen von der *Torre della Marina* aus dem 16. Jh.

Das *Campo nell'Elba*, das Becken im Hinterland von Marina di Campo, war vermutlich bereits von den Etruskern im 5. Jh. v. Chr. und später von den Römern besiedelt, die in der Gegend westlich von Marina di Campo Granit abbauten. Im Mittelalter wurde die Bucht – wie viele andere Teile der Insel auch – immer wieder Opfer der einfallenden Piraten, im 12. Jh. errichteten die Pisaner deshalb hier eine

Befestigung und nahmen erstmals nach den Römern den Granitabbau wieder auf. Der historische Kern von Marina di Campo um den Hafen geht auf das Ende des 19. Jh. zurück, als hier ein wichtiger Verladehafen entstand. 1894 erlangte der Ort Unabhängigkeit vom nordwestlich gelegenen *Marciana*. Heute gehören zur Gemeinde *Campo nell'Elba* die Orte La Pila, San Piero in Campo und das benachbarte Sant'Ilario in Campo, Marina di Campo ist aber der Hauptort. In den 1920er Jahren wurde der Granitabbau im Westen der Insel ein weiteres Mal wieder aufgenommen, und Marina di Campo erfuhr einen großen wirtschaftlichen Aufschwung.

In den 1930er Jahren fanden bereits erste Bestrebungen in Richtung Tourismus statt, im großen Stil ausgebaut wurde das Geschäft mit den Gästen dann in den 1950er Jahren. Heute zählt Marina di Campo etwa 4200 Einwohner, im Sommer können es bis zu 20.000 sein. Etwa 90 % aller Einnahmen stammen aus dem Tourismussektor.

Marina di Campo bietet neben zahlreichen Hotels fast aller Preisklassen auch ausreichend Campingplätze. Der Ort eignet sich hervorragend als Ausgangspunkt für Ausflüge in die westelbanische Bergwelt, und auch die herrlichen Strände der Südwestküste sind nur einen Katzensprung entfernt. Im alten Hafen liegen Ausflugsboote bereit, am Strand gibt es eine Tauch- und mehrere Surfschulen, die Busverbindungen zur Hauptstadt und den Dörfern im Westen der Insel sind gut. Marina di Campo liegt nur wenige Kilometer vom Inselflughafen im Ortsteil La Pila entfernt.

Information/Verbindungen/Bootsausflüge/Reisebüros

• *Information* **Azienda di Promozione Turistica (A.P.T)**, Piazza dei Granatieri 5, bei der Einfahrt von Osten bzw. Norden (Via Donizetti) am großen Parkplatz. Inselkarten und Stadtpläne von Marina di Campo, Hotellisten, auch Hilfe bei der Zimmersuche. Nur in den Sommermonaten Mo–Sa 9–19 Uhr geöffnet, So geschlossen. ✆/℻ 0565/977969, www.aptelba.it.

• *Verbindungen* Etwa stündlich fährt der **Bus** über Procchio (hier Richtung Marciana Marina umsteigen) nach Portoferraio, 9x tägl. über Fetovaia und Pomonte nach Marciana Alta, 8x nach San Piero und Sant'Ilario. Die Bushaltestelle befindet sich in der Via R. Fucini (zwischen den Parkplätzen), Tickets in der Bottega d'Arte (Via Roma 83) oder im Kiosk Tabacchi Pisani, Via San Gaetano 83, oder aber im Bus selbst (Zuschlag).

• *Bootsausflüge* Mit den kleinen **Motorbooten** „Desideria" und „Desideria Princess" je 1x täglich eine 5-stündige Ausflugsfahrt zur Halbinsel Calamita (mit Badestopp, pro Pers. 25 €, Kinder die Hälfte, unter 8 Jahren frei) und eine 2-stündige Fahrt nach Fetovaia (Badestopp, 10 €), ✆ 328/7821455 (mobil). Ein ähnliches Ausflugsprogramm bietet die „Mickei Mouse", hier auch 5-Stunden-Touren mit Mittagessen und Baden (40–48 €); außerdem zum Monte Calamita mit Landgang zur „Miniera" mit Führer (5 Std., 40 €). Infos und Anmeldung: ✆ 333/9787702 oder 334/5391129 (mobil). Mit „Emozioni mediterrannee" im Sommer fast tägl. Ganztagesfahrten nach Pianosa, pro Pers. 34 €, Kinder 20 € (unter 4 Jahre frei), dazu kann auch ein Programm auf der Insel gebucht werden: Trekking, MTB, Kajak-Tour etc. (38–65 €). Infos und Buchungen über die Agenzia Margherita (s. unten) oder: www.emozionimediterranee.it. Des Weiteren bieten noch „Domizia" und „Aqualung" ihre Dienste an – zumeist kürzere Ausflugsfahrten zur Grotta Azzurra an der Westküste. Abfahrt jeweils am Hafen von Marina di Campo, hier liegen abends auch die Boote.

Eine weitere Adresse ist die Agentur **Il Viottolo**: geführte Trekking- und MTB-Touren an, v. a. aber Kajaktouren an der elbanischen Küste: Halbtagestour 30 €, Ganztagestour 40 €, Ganztagestour nach Pianosa 75 € oder aber eine große Inselumrundung in sieben Tagen für 550 € (alle Preise inkl. Anfahrt, Ausrüstung und Betreuung, 7-Tages-Tour mit Zelten); MTB-Touren mit Führer halber Tag 30 €, ganzer Tag 40 €, auch mehrtägige Wander- und MTB-Touren. Rechtzeitige Anmeldung (für die 7-Tages-Tour etwa einen Monat vorher) ist erforderlich. Via Fucini 279, 57034 Marina di Campo (LI), ✆ 0565/978005, ℻ 0565/977430, www.ilviottolo.com.

Karte S. 174/175

Boots- und Kajakausflüge, aber auch Hotels und Appartements können ebenso über die **Reiseagentur Margherita** gebucht werden: im Sommer tägl. 9–13 und 15–19 Uhr geöffnet. Via Puccini 3, 57034 Marina di Campo (LI), ✆ 0565/978004, 📠 0565/978963, www.margheritaviaggi.it.

Adressen/Mietfahrzeuge/Feste/Veranstaltungen

• *Adressen* **Erste Hilfe**: die aktuelle Anlaufstelle eines diensthabenden Arztes bzw. der *Guardia Medica Turistica* ist bei der Touristeninformation zu erfahren. Die „Pubblica Assistenza" ist unter ✆ 0565/977988 zu erreichen.

Tierarzt: Dr. Roberto Perez, Via delle Fornaci 119, mobil unter ✆ 347/2726250 oder 338/4215053 zu erreichen.

Apotheke, Via Mascagni, 8.30–12.30 Uhr und 16.30–22.30 Uhr, So 9–12.30 Uhr und 17–22.30 Uhr, ✆ 0565/976067.

Banken, diverse im Zentrum, z. B. Via Roma, Ecke Via Fucini.

Hafenpolizei, ✆ 0565/977980.

Polizei, Piazza Dante Alighieri, ✆ 0565/979328 oder 976976, *Carabinieri* in der Via G. Pietri 28 (Seitenstr. der Via Roma, Ecke Via Fucini), ✆ 0565/976013 oder 0565/976003.

Post, am Parkplatz in der Via Fucini (auch Bancomat).

• *Auto- und Zweiradverleih* Vermietung bei **Nuova Elba Service**, Via Donizetti 27, halblinks gegenüber der Tourist Info. Scooter (50 ccm 35 €/Tag, 175 €/Woche), Enduros (65 €/Tag, 320 €/Woche) und Autos (Kleinwagen 50 €/Tag, 260 €/Woche), auch MTBs (ab 10–20 €/Tag). ✆ 0565/976051 oder 335/7567764, www.nuovaelbaservice.com.

• *Feste/Veranstaltungen* Am 7. August feiert man in Marina di Campo das Fest des **Ortspatrons Gaetano** mit Konzerten, allerlei Kulinarischem und Feuerwerk.

Rally Elba Storico, Oldtimer-Rallye um Marina di Campo Ende Sept.

Einkaufen/Wassersport

• *Einkaufen* Mittwochvormittag ist **Markt**.

Supermarkt (Conad), Via Fucini, Mo–Sa 8–23 Uhr, So 9–13.30 Uhr und 15.30–23 Uhr. Am Hafen: Lungomare F. Mibelli Mo–Sa 8–13 Uhr und 16.30–20.30 Uhr, So 8.30–13 Uhr und 16–20 Uhr.

Ein exklusives Souvenir können Sie bei **Profumi dell'Elba** erwerben (Via Roma 138, im Sommer geöffnet 9–13 Uhr und 15–24 Uhr). „Acqua dell'Elba" gibt es z. B. als Eau de Toilette oder Bodylotion, als Damen-Duftlinie oder Unisex. Sehr frischer Duft, der in fünf Filialen auf der Insel erhältlich ist (außerdem in Portoferraio, Marciana Marina, Porto Azzurro und Capoliveri).

Noch exklusiver und um ein Vielfaches teurer sind die Nobeluhren des Unternehmens **Locman**, das hier an der Piazza di Verrazzano 7 (am alten Hafen) seinen Stammsitz hat. Auch Tauchuhren und Schmuck.

Erboristeria, Via Puccini, ökologische Produkte aller Art, geöffnet 9–13 Uhr und 17–22.30 Uhr.

• *Wassersport* Empfehlenswert ist der **Tauchclub Spiro Sub (Padi)** an der Abzweigung zu den Campingplätzen. Ausflüge in die Unterwasserwelt, u. a. zur muschelbewachsenen Madonnenstatue, die in 18 m Tiefe in der Nähe von Marina di Campo vor dem *Scoglio della triglia* liegt. Die Statue wurde vor über 40 Jahren von den Fischern am Grund verankert: sie soll ihnen auf See Glück bringen. Schnuppertauchgang 36 € (immer Mo um 14 Uhr), sechs Tauchgänge (inkl. Ausrüstung) 205 €, Open Water Diver 350 €. Via della Foce 27, 57034 Marina di Campo (LI), ✆/📠 0565/976102, mobil 338/2689379, www.spirosub.isoladelba.it.

Bagni Tropical, hier Surfbrett- und Tretbootverleih sowie Sonnenschirme/Liegestühle. Sehr gepflegte Anlage mit Bar, köstliche Panini und Bruschette, Nobelstrandbad. ✆ 0565/976006, geöffnet Anfang Mai bis Anf. Okt. Vom Viale degli Etruschi kurz nach dem Hotel Meridiana rechts ab, beschildert.

Motorboote kann man bei **Navigare** am Strand bei den Campingplätzen mieten: 25-PS-Boot für 60–70 €/halber Tag, 100–120 €/Tag. In der Hochsaison ist eine Reservierung anzuraten. Auch Kanus für 6–8 € pro Stunde. ✆ 389/1187518 (mobil), www.rentnavigare.it.

Die Buchten im Süden der Insel
Karte S. 174/175

Übernachten/Camping

• *Hotels* **** **Montecristo (6)**, zentrumsnahes, sympathisches Hotel der oberen Preisklasse, wenn auch nicht mehr ganz neu, direkt am Strand, Pool und Snackbar, alle Zimmer mit Bad, Balkon, Aircondition und TV. Vom Viale degli Etruschi in die Via Giannutri zum Meer einbiegen, beschildert. Geöffnet Ostern bis Mitte Okt. DZ 190–230 €, EZ 109–129 € (in der Nebensaison nicht mal die Hälfte), Frühstück ist im Preis inbegriffen. Lungomare Nomellini 11, 57034 Marina di Campo (LI), ✆ 0565/976861, 📠 0565/976597, www.hotelmontecristo.it.

*** **Hotel dei Coralli (5)**, am Lungomare, nur über die Straße zum Strand, relativ zentrumsnah (ca. 800 m). Frisch renoviertes, sehr gepflegtes und nett eingerichtetes Hotel mit Restaurant, Pool und Fahrradverleih. DZ mit Halbpension 190–240 €. Hunde sind hier ausnahmsweise willkommen. Viale degli Etruschi 567, 57034 Marina di Campo (LI), ✆ 0565/976336, 📠 0565/977748, www.hoteldeicoralli.it.

*** **Meridiana (3)**, gut geführtes Hotel mit deutschsprachiger Leitung, gemütliche Terrasse im Garten. Alle Zimmer mit Bad, Terrasse/Balkon und TV, ca. 1,5 km vom Zentrum, wenige Meter vom Strand. DZ 186 €, EZ ca. 100–120 €, je inkl. Frühstücksbuffet. Viale degli Etruschi 465, 57034 Marina di Campo (LI), ✆ 0565/976308, 📠 0565/813113, www.hotelmeridiana.info.

*** **Tre Colonne (9)**, nicht am „Hotelstrand", sondern mitten im Zentrum. Obligatorische Halbpension, alle Zimmer mit Bad, TV und Balkon. Gehobenes Ambiente, Pool im Vorgarten, nachts beleuchtet und von zwei wirklich perfekten, dickbuschigen Palmen flankiert. Zentral, aber trotzdem sehr ruhig gelegen. Frühzeitige Buchung für die Hochsaison ist ratsam. Geöffnet Anfang April bis Anfang Okt. DZ 166–182 €, EZ ca. 100 €, in der Nebensaison etwa 25 % günstiger. Via G. Fattori 6, ✆ 0565/976320, 📠 0565/979122, www.hoteltrecolonne.it.

*** **Club Hotel Marina 2 (4)**, am Hang oberhalb der Bucht gelegen, zur Anlage gehört auch das Aquarium („Sehenswertes", S. 185), Beschilderung dorthin folgen. Fahrradverleih. Bungalows im 70er-Jahre-Stil, von der Terrasse mit Bar und Pool (hier auch Animation) toller Blick, das Hotel ist allerdings nicht mehr das neueste und dafür verhältnismäßig teuer: DZ mit obligatorischer Halbpension 192 €, EZ nur in der Nebensaison. Loc. Segagnana 245, 57034 Marina di Campo (LI), ✆ 0565/977881, 📠 0565/976631, www.hotelmarina2.it.

*** **Punto Verde (2)**, 100 m vom Strand, zentrumsnah, gepflegtes und modernes Hotel. Für das Gebotene (und gemessen am allgemeinen Preisniveau in Marina di Campo) nicht zu teuer: moderne, gut eingerichtete DZ (mit Bad und teilweise Balkon) 150 €, EZ 86–117 €, je inkl. Frühstück. Viale degli Etruschi 23, 57034 Marina di Campo (LI), ✆ 0565/977482, 📠 0565/977486, puntoverde@infoelba.it, www.hotelpuntoverde.it.

** **Elba (1)**, alle Zimmer mit Dusche. Etwas lautes, kleines Hotel an der Hauptstraße (Ausfallstraße in Richtung Procchio), leicht zurückversetzt. Hübsche Terrasse (zur Straße), kleines Restaurant. DZ mit obligatorischer Halbpension 128–162 €, EZ 79–96 €. Via per Portoferraio 319, 57034 Marina di Campo (LI), ✆ 0565/976224, 📠 0565/977280, www.hotel-elba.it.

*** **Residence dei Fiori**, gehört zum Hotel schräg gegenüber: Das Hotel ist etwa ab Ostern bis Ende Okt. geöffnet, die Residence ganzjährig. Hier kostet das Appartement für 2 Pers. 700 € pro Woche (für 4 Pers. 1220 €). Via per Portoferraio 319, 57034 Marina di Campo (LI), ✆ 0565/976224, 📠 0565/977280, www.hotel-elba.it.

• *Außerhalb* *** **Hotel Eden Park**, ca. 2 km vom Zentrum ruhig und abgeschieden im Grünen gelegen – wer hier absteigt, sollte motorisiert sein. Mit Pool und Tennisplatz, alles nicht mehr ganz neu. Von Marina di Campo auf der Straße Richtung Procchio links ab (beschildert). DZ mit Bad und Balkon 130 €, EZ ca. 80 € (je inkl. Frühstück). Via Pian di Mezzo, Marina di Campo (LI), ✆ 0565/976285, 📠 0565/976071, www.hoteledenpark.it.

• *Camping* *** **La Foce**, am östlichen Ende der Bucht. Gepflegter Platz mit viel Grün direkt am Meer, Bars und Restaurants in unmittelbarer Nähe, gute Ausstattung. Ganzjährig geöffnet. Pro Pers. 13 €, Zelt 12–15 €, Wohnwagen 15 €, Wohnmobil 17,50 €, Auto 3,50 €. Loc. La Foce, 57034 Marina di Campo (LI), ✆ 0565/976456, 📠 0565/977385, www.campinglafoce.com.

** **Del Mare**, ebenfalls am östlichen Ende der Bucht. Etwas günstiger als La Foce und nicht ganz so grün. Geöffnet Anfang April bis Ende Okt. Auch Bungalows (90 €/Tag für 2 Pers., 130 € für 4 Pers., 150 € für 5 Pers.). Camping pro Pers. 12 €, Zelt 10–15 €, Wohnwagen und Wohnmobil je 15 €, Auto 3,50 €. Loc. La Foce, 57034 Marina di Campo (LI), ✆ 0565/976237, 📠 0565/977850, www.campingdelmare.it.

*** **Ville degli Ulivi**, am östlichen Ende der Bucht gelegen, etwas vom Strand entfernt. Sehr gepflegter und professionell geführter Platz mit vielen schattigen Stellplätzen. Kinderspielplatz, Animation, Abendunterhaltung, Pool mit Rutsche, Fahrradverleih. Geöffnet Anfang April bis Mitte Okt. Von der Hauptstraße beschildert. Pro Pers. 13,50 €, Zelt 12–15 €, Wohnwagen 15 €, Wohnmobil 18 €, Auto 4 €. Es werden auch einige schöne Appartements am Hang vermietet (für 4 Pers, 161–169 €/Tag, 6 Pers. 176 €), außerdem auch Bungalows („Mobile Homes") für 3–6 Pers. (111–161 €/Tag). Via della Foce 89, 57034 Marina di Campo (LI), ✆ 0565/976098, 📠 0565/976048, www.villedegliulivi.it.

Essen & Trinken (siehe Karte S. 183)

Viele Restaurants, Cafés und Bars beim alten Hafen in der Via Garibaldi und den anschließenden Plätzen (Piazza Milano und Piazza Gaetano): schickes Ambiente, in der Regel etwas teurer. In der Via Roma auch einige Fastfood-Lokale. Am langen Sandstrand finden sich außerdem zahlreiche einladende Snackbars.

La Lucciola (7), Holzhaus am Strand, toller Blick von der Terrasse hinüber auf das alte Marina di Campo – romantisch. Sehr teure Fischküche, schickes Publikum, Reservierung erbeten. Im Sommer tägl. mittags und abends geöffnet. Viale degli Eroi, ✆ 0565/976395, www.lalucciola.it.

L'Aragosta (11), Piazza Cavour, schön gelegen im alten Zentrum, eines der schicksten Restaurants in Marina di Campo, Meerblick und dennoch in den Gässchen des alten Ortskerns; hübsch dekoriert. Als besondere Spezialitäten werden Fischgerichte und v. a. Cacciucco (Fischeintopf, 18 €) serviert.

Leicht gehobenes Preisniveau, von März bis Okt. mittags und abends geöffnet, ✆/📠 0565/977131.

Il Cantuccio (12), unser *Tipp*! Mehrere gemütliche Räume in „rustikal-maritimem" Ambiente und schöne Terrasse an der Via Firenze. Sehr gute Fischküche zu angemessenen Preisen (mittleres Preisniveau), flotter Service, ganzjährig mittags und abends geöffnet, für abends sollte man reservieren, da meist bis auf den letzten Platz besetzt. Largo Garibaldi 6, ✆ 0565/976775, 📠 0565/979847.

Bologna (13), am Ende der Via Firenze (nahe dem alten Hafen). Große Auswahl an Pizza aus dem Holzofen, elbanische Spezialitäten, leckeres *Risotto ai Frutti di Mare*. Das größte Restaurant in Marina di Campo, v. a. von Touristen gut besucht, ein Tisch sollte sich dennoch immer finden lassen. Der Service ist freundlich und prompt. Großer Speisesaal mit Terrakotta-Bogendecke, gemütliche, teilweise überdachte Terrasse (Zugang auch von der Via Forestra), mittleres Preisniveau, Pizza 6,50–9 €, mittags und abends geöffnet, ✆ 0565/976105.

L'Angolo dello Spuntino (8), zwei Häuser neben dem Hotel Tre Colonne. Rosticceria/Tavola Calda, vegetarische Tagesmenüs, auch Cacciucco. Abends verwandelt sich die Rosticceria dann in ein Restaurant mit gedeckten Tischen, in dem man auch ein ganzes Menü essen kann. Von April bis Okt. ganztägig geöffnet (Selbstbedienung/Take Away bis 21 Uhr, Restaurant bis 22 Uhr, Bar und Snacks bis 24 Uhr), auch zum Draußensitzen, günstig. Via Roma 15/21 (Nähe Hafen), ✆/📠 0565/977304.

L'Approdo (10), Pizzeria-Ristorante (auch mittags Pizza) mitten im Zentrum. Puristischer Chic mit viel Weiß, modernes Ambiente, Terrasse zum Hafen hin. Echte neapolitanische Pizza aus dem Holzofen, gute Antipasti, freundlicher Service, mittleres

Die Bagni Tropical

Preisniveau. Mittags und abends geöffnet, Via Marconi 12, ✆ 0565/977459.

• *Außerhalb* **Osteria Al Moro**, 1,5 km außerhalb von Marina di Campo (Straße Richtung Cavoli auf der linken Seite), gehobenes Ambiente und Preisniveau, schöner Garten, mittags und abends geöffnet, Pozzo al Moro 10, ✆ 0565/976358.

▶ **Sehenswertes/L'Acquario dell'Elba**: „Eine fantastische Entdeckungsreise zu den Meeresbewohnern der Insel Elba" – so wirbt das Aquarium um Besucher. Zu sehen sind verschiedene Arten von Fischen, Krebsen und sogar Katzenhaie – insgesamt über hundert verschiedene Spezies, die teilweise recht dicht gedrängt ihr Dasein fristen. Alles nicht mehr ganz taufrisch.

• *Öffnungszeiten/Anfahrt* Im Sommer tägl. 9–23.30 Uhr (März bis Mai und Okt. bis Nov. 9–19.30 Uhr, Dez. bis Februar geschlossen), Eintritt 7 €, Kinder 3–12 Jahre 3 €. Von der Hauptstraße aus Procchio beschildert, Zufahrt wie zum Hotel Marina 2. ✆ 0565/977885, www.acquarioelba.com.

Reges Strandleben in Marina di Campo

Baden in und um Marina di Campo

Der lange Sandstrand von Marina di Campo ist wirklich sehr gepflegt und sauber und bietet fast alles, was das Wassersportlerherz begehrt, außerdem zahlreiche Snackbars. Besonders schön sind die *Bagni Tropical* (vom Viale degli Etruschi beschildert) mit herrlicher Terrassenbar, Umkleidekabinen sowie Sonnenschirm- und Liegestuhlverleih – eben ein klassisches italienisches Strandbad.

▸ **Umgebung**: Wem der Ortsstrand zu voll ist, der kann zu den kleineren Stränden in der Umgebung ausweichen, z. B. zur *Spiaggia di Fonza* an der *Costa di Segnagnana* (vom Ostende der Bucht auf einer Schotterpiste erreichbar, das letzte Stück zu Fuß) oder die Bucht von *Palombaia*, eine gar nicht mal so kleine Sand-Kies-Bucht ein Stück östlich von Cavoli, die man über einen Treppenweg in vielen Stufen hinunter erreicht. Parken muss man allerdings schon an der Verbindungsstraße Marina di Campo–Cavoli, kurz nach der Abzweigung nach San Piero.

Ein schöner Spaziergang führt von der *Torre della Marina* (am alten Hafen) zum südwestlich von Marina di Campo gelegenen *Galenzana-Strand*: am Hafen die Via Bellavista hinauf, dann geradeaus auf einem Pfad und schmaler Asphaltstraße, an der Gabelung links halten. Nach 20 Minuten geht es bei einer Kapelle links hinunter, nach weiteren 10 Minuten weist ein Schild links zum Strand. Dieser ist schmal und überwiegend sandig, viel Seetang, aufgrund der abseitigen Lage aber nie voll. *Achtung*: Im Wasser wird es gleich steinig, man sollte Badeschuhe tragen. Keine Bar, kein Strandservice.

▸ **Weiter in Richtung Westen**: Schöne, wenn auch nicht ganz so ruhige Strände bei *Cavoli, Seccheto* und *Fetovaia* (herrlicher, großer Sandstrand) an der schroffen Südwestküste der Insel (siehe „Der Westen der Insel", ab S. 189).

Sant'Ilario in Campo

Ein stilles und schmuckes Bergdörfchen abseits des Tourismusrummels, wenige Kilometer nordwestlich von Marina di Campo (vom Ortsteil *La Pila* in Serpentinen den Berg hinauf). Ein Ausflugstipp für alle, die das Bedürfnis spüren, sich vom Strandleben zu erholen. Zudem gibt es am Ortsrand ein Restaurant (auch Pizzeria) und eine nette Bar – mit Hollywoodschaukel und Boccia-Bahn nebenan. In Sant'Ilario scheint die Zeit ein wenig langsamer abzulaufen, die – überwiegend älteren – Bewohner des Orts haben mit Tourismus in der Regel wenig zu tun. Man sitzt unter den schattigen Bäumen der Piazza und spielt Karten, während sich die wenigen Besucher aus den Küstenorten in den schmalen, aber durchweg pittoresken Gassen verlieren.

Der Ort wurde unter den Pisanern befestigt und 1533 von dem Piraten Dragut zerstört. Beachtenswert die Granitportale im Ort. Idyllisch ist ein Spaziergang durch die stillen Gassen hinauf zur *Piazza della Chiesa* mit der sehenswerten Kirche aus dem 16. Jh. (tagsüber geöffnet), der Glockenturm wurde von den Pisanern errichtet.

- *Verbindungen* 8x täglich **Busse** von und nach Marina di Campo und San Piero.
- *Essen & Trinken* **La Cava**, etwas groß geratenes Ausflugsristorante mit Pizzeria, exzellente *Cucina casalinga*. Von der Terrasse hat man einen schönen Panoramablick auf das benachbarte San Piero, über die Bucht und – an klaren Tagen – bis hinüber nach Montecristo. Nur abends geöffnet, mittleres Preisniveau. Noch im Ort an der Straße Richtung La Pila auf der rechten Seite gelegen. Via degli Alberi 26, ✆ 0565/983379.

Sant'Ilario in Campo – die Piazza

San Piero in Campo

Unbedingt einen Ausflug wert ist auch der idyllische Nachbarort San Piero in Campo, etwas größer als Sant'Ilario. Wer wirkliche Ruhe und Entspannung sucht, sollte sich im einzigen *Albergo* des Orts einquartieren. San Piero liegt 226 m über dem Meer und bietet einen herrlichen Panoramablick. Malerische kleine Plätze und enge Gassen laden zum Schlendern ein. Ein Spaziergang durch das kleine San Piero sollte unbedingt auch zur Fortezza Pisana (nicht zugänglich) und zur Piazza

Belvedere nebenan führen: Der Platz trägt seinen Namen zu Recht, prächtiger Blick auf den Golfo di Campo, schattige Sitzbänke und Kinderspielplatz vorhanden.

San Piero geht auf eine römische Gründung aus dem 1. Jh. v. Chr. zurück. Die im romanischen Stil errichtete *Kirche San Nicolò* (im Inneren sind noch einige Fresken zu sehen) wurde auf den Ruinen eines Tempels aus der Zeit Octavians gebaut, der vermutlich dem griechischen Gott *Glaukos* (Schutzgott der Seefahrer) geweiht war. Die Langobarden hatten den römischen Tempel im 6. Jh. zerstört, Anfang des 8. Jh. entstand hier eine erste Kirche; ihre heutige Gestalt erhielt San Nicolò dann im 12. Jh. Die Pisaner befestigten den Ort im 11. Jh. 1533 erfuhr San Piero das gleiche Schicksal wie Sant'Ilario: Es wurde von Piraten zerstört. Am Karfreitag begegnen sich die Bewohner beider Orte auf halbem Weg zu einer eindrucksvollen gemeinsamen Prozession.

San Piero in Campo

• *Übernachten* **** Albergo La Rosa**, einfaches Haus im Zentrum und fernab vom Touristenrummel, mit Bar und Ristorante. Nur 10 schlichte Zimmer mit Bad und TV. Ganzjährig geöffnet. DZ mit Frühstück kostet 100 €, das EZ 75 €, DZ mit Halbpension 140 €. 57030 San Piero in Campo (LI), ☏ 0565/983191, 📠 0565/916123, www.larosahotel.it.

• *Essen & Trinken* **Ristorante Al Campanile**, genau neben dem Campanile im Zentrum, daher nicht zu verfehlen. Von Lesern empfohlen. Bodenständige Küche, auch Pizza zu günstigen Preisen, Panoramaterrasse mit tollem Blick, gemütlich. Mittags und abends geöffnet, Mo Ruhetag. ☏ 0565/983007.

Ein weiteres Ristorante sowie eine Bar befinden sich an der Piazza Garibaldi.

Torre di San Giovanni

Unweit von Sant'Ilario erhebt sich an der schmalen und steilen Straße zum Monte Perone und weiter nach Poggio die wohl imposanteste Turmruine der Insel. Der pisanische Wachturm aus dem 12. Jh. thront inmitten von Ginster und Dornengestrüpp auf einem kolossalen Felsblock in der Gegend. Großartiger Ausblick auf die Campo-Ebene und die Bucht, der Turm ist nicht zugänglich.

Auf der gleichen Straße ein Stück weiter bergan stößt man bald darauf linker Hand auf die Kirchenruine *San Giovanni*, ebenfalls aus dem 12. Jh. Grundmauern und Apsis des Gotteshauses sind noch erhalten, davor laden Tische und Bänke unter Schatten spendenden Bäumen zum Picknick ein. Der Wanderweg Nr. 34 führt an der Ruine vorbei.

Fetovaia: Traumbucht mit schützender Landzunge

Der Westen der Insel

Der landschaftlich eindrucksvollste und abwechslungsreichste Teil der Insel ist noch nicht überlaufen – für eine größere touristische Infrastruktur fehlt einfach der Platz. Hier dominiert der höchste Berg der Insel; karger Granit, im Kontrast dazu einige wenige fruchtbare Täler und im Norden Esskastanienwälder.

Die westliche Halbinsel wird durch die Ebene zwischen dem *Golfo di Procchio* im Norden und dem *Golfo di Campo* im Süden vom restlichen Elba getrennt, fast genau in der Mitte dieses Inselteils erhebt sich imposant der *Monte Capanne*, mit 1019 m der höchste Berg Elbas und des ganzen Toskanischen Archipels. Sein Massiv prägt ganz entscheidend das Landschaftsbild des Westens, die Hänge des nur wenig niedrigeren Vorgebirges fallen zum Süden und Südwesten hin steinig und unbewaldet ab, nur wenige schmale und fruchtbare Täler (wie z. B. bei Seccheto und Pomonte) unterbrechen die karge Bergwelt. Nördlich des Monte Capanne dagegen dichte Esskastanienwälder und Macchia, dazwischen die idyllischen Bergdörfer *Poggio* und *Marciana Alta,* beide eindrucksvoll am Fuß des alles überragenden höchsten Inselbergs gelegen. Die Gegend ist wasserreich, man zählt über 50 kleinere Quellen, die, da sie nicht im harten Granitgestein des Capanne-Massivs versickern können, im Frühjahr und Herbst zu beachtlichem Ausmaß anschwellen. Berühmt ist die *Fonte Napoleone* nahe dem Bergdorf Poggio, die den Elbanern noch immer als natürliches Trinkwasserreservoir dient. In den Wäldern um den Monte Capanne und den östlich benachbarten *Monte Perone* (630 m) gibt es neben zahlreichen kleineren Säugetieren auch Damwild und Wildschweine, an den Berghängen um Marciana Alta außerdem Mufflons (Wildschafe).

Karte S. 191

Auf keinen Fall entgehen lassen sollte man sich eine Rundfahrt auf der *Panoramastraße* entlang der Westküste – bei klarem Wetter reicht die Sicht bis hinüber nach Korsika, das sich in der Ferne aus dem Dunst erhebt. Die schmale Straße führt ab Marina di Campo durch die Orte im Westen und über die Bergdörfer nach *Marciana Marina,* dem größten und wichtigsten Ort im Westen Elbas. Die schroffe, felsige Südküste wird nur selten durch kleine Buchten unterbrochen, und neben den reinen Badeorten *Cavoli* und *Fetovaia* strahlen besonders die Dörfer *Seccheto, Pomonte* und *Chiessi* samt hübschen kleinen Badebuchten einen besonderen Reiz aus. Eindrucksvoll liegt auch *Sant'Andrea* in einer kleinen Bucht an der Nordwestspitze der Insel.

Für Wanderer ist Westelba ein wahres Eldorado. Zahlreiche gut markierte Wege führen aus fast allen Richtungen auf den Monte Capanne – dessen Besteigung zweifelsfrei die größte und eindrucksvollste bergsteigerische Herausforderung auf der Insel ist. Im Westen der Insel, bei Pomonte, hat auch die G.T.E., die *Grande Traversata Elbana,* ihren Ausgangspunkt. Dieser Wanderweg führt über die Bergkämme der Insel bis nach Cavo im Nordosten und war zu Zeiten der Pirateneinfälle der einzige gangbare Verbindungsweg durch das Inselinnere.

Die Orte an der Südwestküste sind vergleichsweise wenig besucht, die meisten Gäste zieht es in den Norden nach Marciana Marina und vor allem nach *Procchio,* einem wenig aufregenden Badeort mit schönem Sandstrand in der gleichnamigen weiten Bucht. Hinzu kommt der rege Tagestourismus, der in den Sommermonaten besonders in den Bergdörfern *Poggio* und *Marciana Alta* zu spüren ist.

Wer den Westen Elbas besuchen will, sollte möglichst motorisiert sein. Es bestehen zwar recht gute Busverbindungen zwischen den Küstenorten und auch nach Portoferraio und Marina di Campo, ein Zwischenstopp an kleinen Buchten oder in entlegeneren Orten ist per Linienbus jedoch nur schwer möglich. Von Marina di Campo aus gibt es im Sommer eine etwa stündliche Busverbindung über Pomonte und Fetovaia nach Marciana Alta (und retour), dank der man einen Tagesausflug in das Bergdorf auch mit einem Badestopp an der Westküste (z. B. in Fetovaia) verbinden kann.

Cavoli

Cavoli ist kein Ort im eigentlichen Sinn, sondern vielmehr eine Ansammlung von Hotels und Appartementanlagen, Privathäuser gibt es kaum, dafür aber Kioske, Bars, Tabacchi-Läden, Verleiher aller Art etc. Die sehr schöne Bucht mit feinem Sandstrand und glasklarem Wasser ist auf beiden Seiten von glatten Felsen umschlossen. Etwa die Hälfte des ohnehin kleinen Strands ist für Hotelgäste reserviert. Im Sommer ist die traumhafte Bucht hoffnungslos überlaufen, und es ist nahezu unmöglich, einen Parkplatz (s. unten) zu finden. Tipp: Oberhalb der Bucht kann man kostenlos an der Küstenstraße Richtung Seccheto parken, Pfade führen hinunter zum Strand. Generell ist es für den Erfolg bei der Parkplatzsuche ratsam, schon relativ früh am Vormittag (besser: am Morgen!) zu kommen. Kajaks, Tretbootverleih und Umkleidekabinen, Sonnenschirm- und Liegestuhlverleih (21–25 €/Tag) – trotz aller Enge lässt sich an dem sehr feinsandigen Beach sogar noch ein freier Strandabschnitt finden. Boote bringen die Gäste zur nahe gelegenen *Grotta Azzurra*. Neben den Hotelrestaurants findet man in Cavoli außerdem noch einige Snackbars und Restaurants. Im Winter ist der Ort ausgestorben.

• *Verbindungen* Etwa stündl. **Busse** zwischen Marina di Campo und Fetovaia/Marciana Alta (bzw. retour), der Bus hält oben an der Straße, sagen Sie dem Fahrer Bescheid und erkundigen Sie sich über Rückfahrzeiten. Hinunter zum Strand ca. 10 Min. zu laufen.

• *Parken* Auf halber Strecke von der Küstenstraße hinunter zum Strand (schattig!),

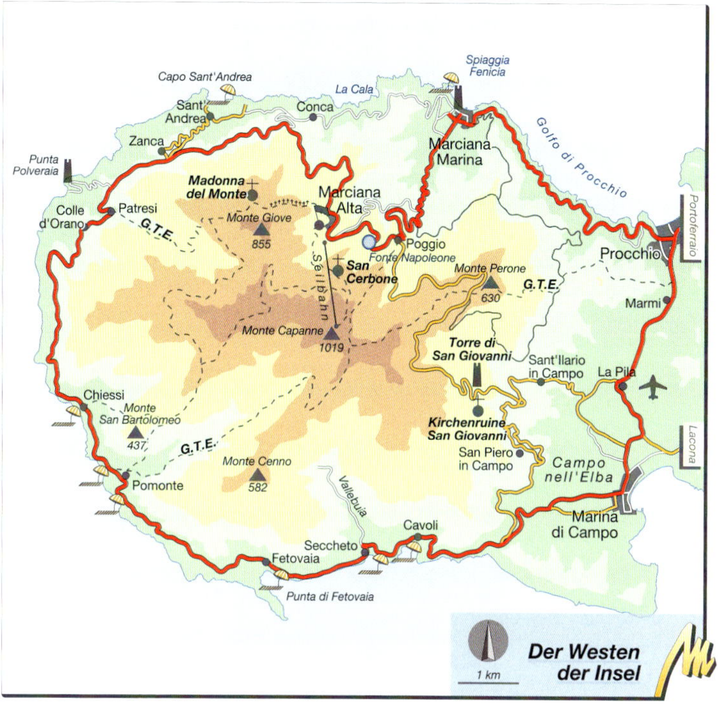

10 €/Tag, halber Tag 6 €, Motorrad pauschal 3 €/Tag. Parkscheinautomat (8–20 Uhr) am Strand, 0,80 €/Std., 6 Std. 3,50 €. Ein weiterer schattiger Parkplatz befindet sich am Ende der Bucht (12 €/Tag, halber Tag 7 €). Für alle Parkplätze gilt: begrenzte Kapazitäten, kommen Sie möglichst früh!

• *Übernachten/Essen & Trinken* **** **Baia Imperiale Beach Hotel**, ein schones Anwesen, herrlich am Hang oberhalb der Bucht gelegen, Aussichtsterrasse, Bar, elegantes Ristorante, Wellness und Mini-Club für die Kleinen, Tennisplatz. Für gehobene Ansprüche, sehr freundlich und einladend. Moderner Bau, alle Zimmer mit Bad, Balkon, TV und Aircondition, etwa 100 m hinunter zum (reservierten) Strand. Ende März bis Mitte Okt. geöffnet. DZ mit Frühstück 158–200 €, mit Halbpension 210–230 €, EZ mit Frühstück 99–110 €, mit Halbpension 125 €. Loc. Cavoli, 57030 Seccheto (LI), ✆ 0565/987055, ℻ 0565/987020, www.hotelbaiaimperiale.it.

** **La Conchiglia**, direkt am Strand, 30 Zimmer mit Bad, TV und Balkon. Sehr beliebtes Ristorante, meist bis auf den letzten Tisch besetzt. DZ inkl. obligatorischer Halbpension 162 € (EZ ca. 90 €), Vollpension ist hier nur unerheblich teurer. 57030 Cavoli (LI), ✆ 0565/987010, ℻ 0565/987257, elbi.elbi@tiscali.it, www.laconchigliacavoli.it.

*** **Lorenza**, neben La Conchiglia, mit Sonnenterrasse und Restaurant/Bar unter Schatten spendenden Bäumen. Vergleichsweise günstig. DZ 100–110 €, Suite (zwei miteinander verbundene Zimmer mit Küchenzeile) 150–180 €, Frühstück 8 € pro Pers. Das dazugehörige Restaurant bietet à la carte, Halbpension gibt es nicht. Alle 20 Zimmer mit Bad, Balkon oder Terrasse, TV und Aircondition. Zum Hotel gehört auch die Residence Le Sirene etwas oberhalb am Hang, Appartements mit abgetrenntem Schlafzimmer, Küche, Bad und Balkon/Terrasse mit Meerblick, für 2 Pers. 100–110 € pro Tag, das DZ mit Bad kostet hier 75–80 €. Von Anfang April bis Ende Sept. geöffnet (die Appartements – mit Heizung – ganzjährig). Loc. Cavoli, 57034 Campo nell' Elba (LI), ✆ 0565/987054, ℻ 0565/987080, www.hoteldelmare-lorenza.it.

Der Westen der Insel
Karte S. 191

Seccheto

Im Gegensatz zu Cavoli besitzt das nicht mal 2 km entfernte Seccheto noch echten Dorfcharakter: An der Piazza im Zentrum an der Durchgangsstraße herrscht Leben, man trifft sich zum Plausch, drum herum ein kleiner Supermarkt, die Bäckerei und die Metzgerei, das gediegene *Ristorante Vecchio Forno* (Mi geschlossen), ein paar Pizzerien und Bars. Seccheto war früher ein wichtiger Verladehafen für Granit, das an den Hängen oberhalb des Orts abgebaut wurde.

Zum Ort gehört auch ein kleiner, gepflegter *Sandstrand* mit gemütlicher Bar und Felsen ringsum. Allerdings sind die Bademöglichkeiten hier nicht überall ideal: So herrlich der sandige Strand selbst ist, so steinig (und glitschig) wird es an einigen Stellen im Wasser, was den Einstieg erheblich erschwert – es sei denn, man hat eine Luftmatratze. Geht oder fährt man etwas weiter in westliche Richtung, findet man von der Straße den Weg hinunter zu einigen einsamen felsigen Plätzchen.

Von Seccheto kann man in anstrengender **Wanderung** (ca. 4–5 Std.) auf dem beschilderten Weg Nr. 8 zum Monte Capanne aufsteigen. Auf dieser Wanderung überwindet man über 1000 Höhenmeter und sollte somit schon ausreichend Kondition mitbringen. Das allerletzte Stück des Aufstiegs zwischen dem Monte Le Calanche und dem Monte Capanne ist anspruchsvoll und nur für geübte Wanderer zu empfehlen.

• *Verbindungen/Parken* Der **Bus** auf der Strecke von Marina di Campo nach Fetovaia/Marciana Alta und retour hält im Zentrum, von 6–19 Uhr etwa stündlich. Schattiger, gebührenpflichtiger Parkplatz im Zentrum an der Hauptstraße.

• *Übernachten/Essen & Trinken* *** **La Stella**, sehr gepflegtes Mittelklassehotel am Ortsausgang (Straße Richtung Fetovaia) auf der linken Seite. Mit Badeplattform und aufgeschüttetem Strand, oberhalb davon eine Liegewiese (mit Dusche und Hängematte!). Zum Dorfstrand sind es nur wenige Meter. Hübsche Einrichtung, private Atmosphäre, nette Terrassenbar, das Hotel wird v. a. von italienischen Feriengästen geschätzt. Freundliche, zuvorkommende Leitung, es werden auch Reitausflüge und Tauchkurse (s. unten) vermittelt. Relativ kleine Zimmer mit Bad, TV, Aircondition, teilweise auch Balkon. Geöffnet Anfang März bis Mitte Sept. DZ mit obligatorischer Halbpension 150–220 €, EZ auf Anfrage. 57030 Seccheto (LI), ✆ 0565/987013, ℻ 0565/987215, www.hotellastella.it.

*** **Da Italo**, gehobene Mittelklasse (alle Zimmer mit Bad, TV und Aircondition) in einem hübschen Haus im Zentrum, ca. 30 m zum Strand, eigener Parkplatz, sehr freundlicher Service, empfehlenswertes Hotel. Ostern bis Mitte Okt. geöffnet. DZ mit obligatorischer Halbpension 136–174 €, EZ ca. 110 €, DZ mit Frühstück ab 100 € (nicht im August). 57030 Seccheto (LI), Via Montecristo 10, ✆ 0565/987012, ℻ 0565/987271, www.hoteldaitalo.it.

** **Da Fine**, meerabgewandte Straßenseite am Hang, alle Zimmer mit Bad, TV und Balkon/Terrasse. Gegen allen äußeren Anschein kann das Hotel empfohlen werden: freundlicher Familienbetrieb, gutes Restaurant. Strandnäher, aber nicht unbedingt schöner ist die Dependance da Fine, ein motelähnlicher, zweigeschossiger Kasten, in dem die Gäste untergebracht werden, wenn das Stammhotel ausgebucht ist. Ganzjährig geöffnet. DZ mit Frühstück 108–144 €, mit Halbpension im August 140–170 €. 57030 Seccheto (LI), ✆ 0565/987017, ℻ 0565/987250, www.hoteldafine.it.

• *Essen/Trinken* Neben bereits erwähntem **Vecchio Forno** (mittags und abends, Mi geschlossen, mit Pizzeria, ✆ 0565/987148) gibt es im Zentrum (Durchgangsstraße) auch die **Osteria del Nonno** (mittags und abends, ✆ 0565/987145).

Strandbar La Baracchina, schöne, kleine Strandbar auf einer Holzterrasse, nur wenige Tische, nette Atmosphäre, laute Rockmusik, gute Schiaccine, freundlicher Service, auch Sonnenschirm- und Liegestuhlverleih. Ganztägig geöffnet.

Am Strand von Seccheto

• *Tauchen* **Diving Service Center** von Daniele Fontana, die Tauchschule (SSI) befindet sich beim Hotel La Stella am Meer. Getaucht wird hauptsächlich an der Südwestküste der Insel, Tauchgang 37–42 €, auch ganztägige Tauchausflüge nach Pianosa und Giannutri (80 €), fünf Tauchgänge 175 €. Auch Anfängerkurse und Verleih. Geöffnet Anfang März bis Ende Nov. Via del Mare, 57030 Seccheto (LI), ✆/✆ 0565/987924, mobil 335/6103592 (Daniele), divingcenter@tin.it, www.divingservicecenter.com.

Seccheto/Vallebuia

Ein lohnender Abstecher ist das Vallebuia, eines der wenigen grünen Täler an der steinigen Westküste. Die Straße führt von Seccheto aus zunächst sehr steil bergauf ins „dunkle Tal", auf dem Weg sind einige Granitbrüche zu sehen. Im Vallebuia beginnt der – stellenweise nicht ganz optimal markierte – Wanderweg Nr. 8 auf den *Colle della Grottaccia* (630 m).

• *Übernachten/Essen* Unser **Tipp** fürs kleinere Budget ist die ** **Locanda dell'Amicizia**, sehr ruhig gelegen, mit netter Terrasse unter Palmen und empfehlenswertem, günstigem Ristorante (nur abends). Nomen est omen – die Besitzerfamilie ist wirklich überaus freundlich und hilfsbereit, ein Hotel zum Wohlfühlen. Alle Zimmer mit Bad, Aircondition, Balkon oder Terrasse, manche auch mit kleinem Garten. 1,3 km von Seccheto im Vallebuia an der Straße (linke Seite) gelegen, kaum zu übersehen. Ganzjährig geöffnet. Günstig: DZ mit Halbpension 106–126 €, EZ mit Halbpension ca. 70 € (im August keine EZ), DZ mit Frühstück 100 € (in der Nebensaison 70 €). Via Vallebuia, 57030 Seccheto (LI), ✆ 0565/987051, ✆ 0565/987277, www.locandadellamicizia.it.

• *Einkaufen* **Agricoop – Terre del Granito**, im versteckt gelegenen Laden der kleinen Kooperative gibt es unter dem Namen „Terre del Granito" verschiedene elbanische Weißweine und einige Rosé- und Rotweine zu kaufen, außerdem Aleatico und Passito (beides Dessertweine) sowie Honig, Olivenöl und sonstige kulinarische Mitbringsel, alles aus eigener Produktion. Es werden auch einige einfache und günstige **Appartements** vermietet (nahe dem Laden): für 2 Pers. 465–517 €/Woche, für 4 Pers. ca. 620 €, Ruhe und Abgeschiedenheit garantiert. Von Seccheto aus beschildert

Karte S. 191

(Vallebuia), 1,5 km vom Meer, einfach der Straße ins Vallebuia folgen (ca. 300 m hinter der Locanda dell'Amicizia). Ganzjährig geöffnet, im Sommer 9–13 Uhr und 15.30–19.30 Uhr, im Winter nur nach vorheriger Anmeldung. Loc. Vallebuia 10, 57034 Seccheto (LI), ✆/℻ 0565/987035, www.agricoopelba.it.

Die Bucht von Fetovaia

Die Traumbucht der Westküste! Breiter Sandstrand, unverbaut, die Bucht ist zur Westseite hin durch eine Landzunge geschützt.

In Küstennähe und im bewaldeten Hinterland vereinzelt Häuser, eine Hand voll Hotels und einige Strandbars, ziemlich teure Sonnenschirm- und Liegestuhlverleiher, ein kleiner Supermarkt – mehr nicht. Die Küste bei Fetovaia gilt als hervorragendes Tauchrevier. Der wunderschöne Strand ist in der Hochsaison überlaufen, Parken wird zum echten Problem. Der einzige Parkplatz im Ort (gebührenpflichtig, mit Monopolpreisen von 12 € pro Tag bzw. 8 €/halber Tag) ist regelmäßig voll. Die meisten Badegäste parken entlang der Straße schon weit außerhalb des Ortes und nehmen einen mindestens 20-minütigen Fußmarsch in Kauf.

Die Bucht von Fetovaia

• *Verbindungen* Von 6–19 Uhr ca. stündlich **Busse** nach Marina di Campo und nach Marciana Alta.

• *Übernachten/Essen & Trinken* *** **Lo Scirocco**, im „Zentrum", ca. 400 m vom Strand, mit Ristorante, gediegenes Ambiente, professionelle Leitung. Ganzjährig geöffnet. DZ mit Frühstück 114–150 €, mit Halbpension 140–176 €, EZ mit Frühstück 82–110 €, mit Halbpension 95–123 €, in der Nebensaison kostet das DZ mit Frühstück 104 € (EZ 77 €). April bis Ende Okt. geöffnet. Loc. Fetovaia, 57034 Campo nell'Elba (LI), ✆ 0565/988033, ℻ 0565/988067, www.fetovaia.it.

*** **Montemerlo**, eines der besten Hotels von Fetovaia, im oberen, ruhigen Ortsteil gelegen, von der Hauptstraße beschildert, 300 m vom Strand, schicker Pool, Fahrradverleih. Die Zimmer sind in kleinen Natursteinbungalows untergebracht. Geöffnet Ostern bis Mitte Okt. DZ mit Bad, Terrasse/Balkon und Halbpension 188 €, EZ mit Halbpension ca. 100 €. Loc. Fetovaia, 57034 Campo nell'Elba (LI), ✆ 0565/988051, ℻ 0565/988036, www.welcometoelba.com.

*** **Galli**, gegenüber vom Hotel Lo Scirocco im Ortszentrum, nette Atmosphäre und relativ günstig. Mitte April bis Anfang Okt. geöffnet. Einfaches DZ mit Straßenblick 94–136 €, mit Meerblick 118–158 €, EZ 50–70 €, Familienzimmer (zwei Zimmer für 4 Pers.) 158–216 €, jeweils inkl. Frühstück, das Abendessen im Hotelrestaurant kostet 16–20 € pro Pers. Loc. Fetovaia, 57034 Campo nell'Elba (LI), ✆ 0565/988035, ℻ 0565/988029, www.hotelgalli.it.

*** **Anna**, stilvolles Hotel neben dem Montemerlo und in punkto Komfort mit diesem vergleichbar, gehört aber zum Hotel Scirocco (quasi gleiche Preise wie das Scirocco). Anfang April bis Ende Sept. geöffnet. Loc. Fetovaia, 57034 Campo nell'Elba (LI), ✆ 0565/988032, ✆ 0565/988073, www.fetovaia.it.

*** **Da Alma**, bei der Ortseinfahrt (aus Secheto kommend) auf der linken Seite. Nettes und familiär geführtes Hotel über der Bucht, schöner Blick, Anfang April bis 20. Okt. geöffnet. DZ mit Bad und Frühstück 120–160 €, EZ 85–105 €, DZ mit Halbpension 136–178 € (EZ 93–114 €). Loc. Fetovaia, 57034 Campo nell'Elba (LI), ✆ 0565/988040, ✆ 0565/988074, www.hotelalma.com.

Pomonte

Nach Fetovaia in Richtung Pomonte wird die Küste weniger steil und schroff, bleibt aber sehr kahl. Umso erfreulicher dann der Anblick des Dorfs am Rand des grünen *Valle di Pomonte*, einem der wenigen Täler an der Westküste. Pomonte war schon in der Antike bewohnt, sein Name geht zurück auf die römische Siedlung *Post montes*, was so viel wie „hinter den Bergen" bedeutet.

Wer in dem ruhigen Ort auf den Bus warten muss, kann dies in der *Bar Katiuscia* tun: Die große schattige Terrasse ist der Treffpunkt der Dorfbewohner, der Bus hält direkt davor. Hervorragende Panini gibt es in der benachbarten *Papaya-Bar*.

Der ideale Badeort ist Pomonte nicht gerade, es gibt nur einen ziemlich kleinen Strand mit grobem Kies im Zentrum und einige Felsplatten weiter westlich. Im Ort findet sich eine Rosticceria, eine Bäckerei, Metzgerei und ein kleiner Supermarkt, Restaurants besitzen jedoch nur die wenigen Hotels von Pomonte. Am Abend wirkt der Ort wie ausgestorben. Pomonte bietet sich dennoch als Ausgangspunkt für Wanderungen in das gleichnamige Tal und weiter auf den Monte Capanne an (Wanderweg Nr. 9), des Weiteren kann man entlang dem *Monte San Bartolomeo* (437 m) zum Nachbardorf Chiessi wandern (siehe unten, Wanderung „An den Hängen des San Bartolomeo"). Eine andere empfehlenswerte Wandertour führt vom Ortsrand (Beschilderung Wanderweg Nr. 9) am Valle di Pomonte entlang und dann hinauf zum *Colle della Grottaccia* (630 m). Auf dem Weg Nr. 31 geht es am Hang in weitem Bogen zurück nach Pomonte (ca. 4–5 Std.).

• *Verbindungen* Von 6–19 Uhr ca. stündlich per **Bus** nach Fetovaia und Marina di Campo, etwa genauso oft nach Marciana Alta und weiter nach Portoferraio.

• *Übernachten/Essen & Trinken* *** **Sardi**, das rote Haus mit seiner begrünten Terrasse hat Atmosphäre, sehr gepflegtes Ambiente, fast alle Zimmer mit Balkon oder Terrasse, Aircondition, nur über die Straße zum Strand (sehr große Kiesel), Restaurant. Ganzjährig geöffnet. DZ mit Frühstück 109–129 € (EZ um 80 €), DZ mit Halbpension 134–160 € (EZ 77–90 €). Via Maestrale 1, 57030 Pomonte (LI), ✆ 0565/906045, ✆ 0565/906253, www.hotelsardi.it.

*** **Corallo**, ruhige Lage im oberen Teil des Ortes (beschildert), nur 13 recht ansprechende Zimmer mit Bad, TV, Aircondition und meist auch Balkon; Hotelrestaurant. Anfang März bis Anfang Nov. geöffnet. DZ mit Frühstück 104–132 €, mit Halbpension (in den beiden mittleren Augustwochen obligatorisch) 124–176 €, EZ mit Frühstück 73–92 €, mit Halbpension 87–123 €. In der Nebensaison kostet das DZ mit Frühstück 80–108 € (EZ ab 56 €). Via del Passatoio 28, 57030 Pomonte, (LI), ✆ 0565/906042, ✆ 0565/906270, www.elbacorallo.it.

• *Appartements* **Villa Mare**, ehemals ein beliebtes Hotel, beherbergt die ockerfarbene Villa direkt am Meer heute neun moderne Appartements, die meisten mit Balkon oder Sonnenterrasse zum Meer hin. Mit Bar und Ristorante (kleine Terrasse), nur wenige Meter zum kleinen Kiesstrand von Pomonte. Ostern bis Mitte Okt. geöffnet. 1-Zimmer Appartement für 2 Pers. 600–800 € (Mitte August 1100–1200 €), 2-Zimmer-Appartement für 4 Pers. 850–900 € (1200–1350 €), jeweils mit Meerblick. Wer sich mit dem Blick auf die Berge begnügt, kommt ein wenig günstiger weg. Via Maestrale 8, 57030 Pomonte, ✆ 0565/906221, www.elbavillamare.it.

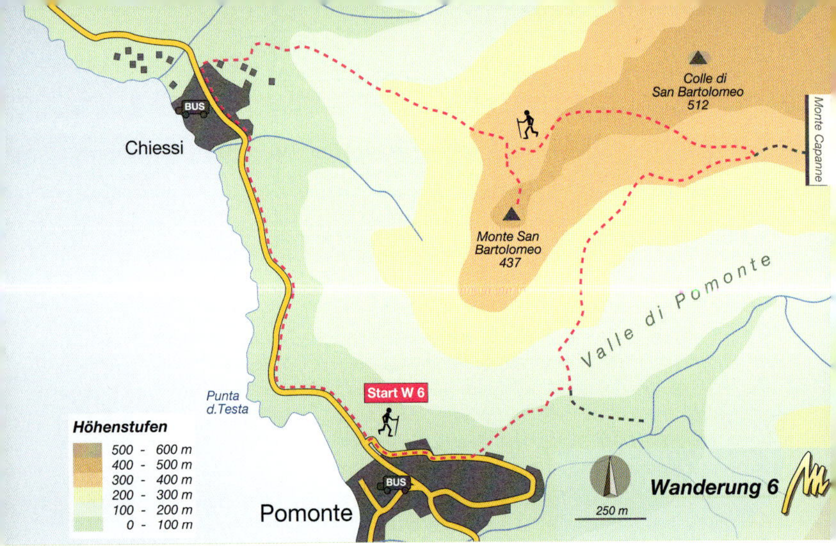

Wanderung 6: An den Hängen des Monte San Bartolomeo

Anfahrt/Verbindungen: Ausgangspunkt ist die Kirche von Pomonte, unweit davon befindet sich auch ein Parkplatz. Pomonte ist mit dem Bus etwa stündlich von Marina di Campo und Marciana Alta zu erreichen. Ebenso fährt fast stündlich ein Bus vom Endpunkt Chiessi zurück nach Pomonte.

Versorgung: Bars und Restaurants in Pomonte und Chiessi, auf der Strecke selbst keine Versorgungsmöglichkeit, auch keine Quellen.

Kurzbeschreibung: Die relativ einfache, aber schweißtreibende Wanderung dauert etwa 2,5–3 Std. Auf dem Weg, der zunächst parallel zum *Valle di Pomonte* ansteigt, öffnen sich dem Wanderer herrliche Ausblicke auf das Tal, den Ort Pomonte und das Meer im Westen. In östlicher Richtung läuft man auf dem ersten Teil der Strecke durch die Macchia geradewegs auf die felsige Westseite des Monte Capanne zu. Nach der Umrundung des 437 m hohen *Monte San Bartolomeo* geht es durch abwechslungsreichere Vegetation hinab zum Ort Chiessi. Auf dieser Strecke gibt es einige rutschige Stellen, sodass gebirgstaugliches Schuhwerk dringend zu empfehlen ist. *Achtung:* Man steigt im ersten Teil der Wanderung einen Südhang hinauf, und schattige Abschnitte finden sich so gut wie keine. Unbedingt die Mittagshitze meiden und ausreichend Wasser mitnehmen!

Kartenmaterial: s. oben, zu empfehlen ist außerdem die Reise- und Wanderkarte Insel Elba (Nr. 502), 1:25.000, Edizioni Multigraphic, Florenz; für 6 € im Buchhandel der Insel erhältlich (z. B. bei *Il Libraio* in Portoferraio, s. S. 101).

Wegbeschreibung: In Pomonte von der Kirche ein Stück auf der Straße Richtung Chiessi laufen und dann die Treppen hinauf, man erreicht die Straße im oberen Teil des Orts, hier befindet sich auch ein Parkplatz. Entlang einer Agavenhecke (gegenüber dem Haus Nr. 17) führt der beschilderte Wanderpfad Nr. 4 (rot-weiße Markierungen, teilweise auch „4“) steil bergauf und verläuft parallel zum Tal. Nach ca. 30 Min. anstrengenden Aufstiegs gelangt man zu einer natürlichen, unübersehbaren Felsterrasse (toller Blick), diese überqueren – nicht rechts abbiegen! – und weiter bergauf auf steinigem Pfad.

Nach einer weiteren halben Stunde erscheint am Hang die Ruine eines alten Magazins, dieses rechts liegen lassen, nach ca. 20–30 Min. stößt man auf eine Kreuzung, hier links abbiegen in westliche Richtung auf den Weg Nr. 3. (In die entgegengesetzte Richtung führt der Weg 3 hinauf zum Monte Capanne.) Nach der Kreuzung verläuft der Weg leicht bergab, bald darauf ein Wegweiser nach Chiessi. Nach ca. 15 Min. zweigt rechts ein Pfad (mit Wegweiser) zum Monte San Bartolomeo ab (auf dem Weg dorthin die Ruinen einer pisanischen Kirche), den Pfad geradeaus weiter gehend gelangt man über einen kleinen Pass auf die Nordseite des Hangs – hier endlich etwas Schatten – und genießt bald darauf den Blick auf Chiessi am Meer.

Auf der Nordseite bietet sich eine reichere Vegetation mit diversen Farnarten und Gräsern, später, im unteren Abschnitt auch Salbei, Brombeeren etc. Abstieg auf teilweise rutschigem Steinpfad (einige unwegsame Stellen) noch mal ca. 45–60 Min., über Treppen hinunter ins Dorf zum Hotel Aurora, dem Endpunkt der Wanderung. Von hier mit dem Bus (relativ häufige Verbindungen) zurück nach Pomonte oder zu Fuß etwa 2 km entlang der Küstenstraße.

Chiessi

Im westlichsten Ort der Insel ist vom Tourismus im großen Stil noch immer nichts zu bemerken – Chiessi ist sicherlich eines der schönsten Dörfer an der abgelegenen Westküste.

Wenn überhaupt irgendwo auf der Insel, dann kann man hier noch einen einigermaßen günstigen Urlaub verbringen. Der Kiesstrand ist zwar bescheiden klein, doch lässt es sich hier und auf den flach abfallenden Felsen rundum unter aufgespanntem Sonnenschirm (selbst mitbringen) herrlich aushalten. Im Hintergrund erhebt sich das stellenweise mit Macchia bewachsene, größtenteils aber kahle Gebirge des *Campo alle Serre*. Im Gegensatz zum benachbarten Pomonte herrscht hier auch abends noch etwas Leben.

Typisch für die Gegend um Pomonte und Chiessi sind die angelegten *Terrassenfelder*, auf denen wie seit Jahrhunderten Wein angebaut wird.

• *Verbindungen* Von 6–19 Uhr ca. stündlich per **Bus** nach Fetovaia und Marina di Campo, genauso oft nach Marciana Alta und weiter nach Portoferraio.

• *Übernachten/Essen & Trinken* *** **Hotel Il Perseo**, aus Pomonte kommend auf der rechten Seite. Gepflegtes, geschmackvoll eingerichtetes Hotel der oberen Mittelklasse mit Ristorante, Bar und Tabak-Zeitschriftenladen. Nur 21 Zimmer, zum Teil im Nebengebaude (mit Garten), alle Zimmer mit Bad, TV und Heizung, einige auch mit Balkon (Meerblick), 100 m vom Kiesstrand. Ende März bis ca. Mitte Okt. geöffnet. Relativ günstig: DZ mit Frühstück 112–138 €, mit Halbpension 132–158 €, keine EZ, in der Nebensaison deutlich günstiger! Loc. Chiessi, 57030 Marciana (LI), ✆ 0565/906010, ℻ 0565/906109, www.htperseo.it.

** **Albergo Aurora**, ebenfalls sehr empfehlenswert, an der Durchgangsstraße links, mit Ristorante. Alle Zimmer mit Bad. Angenehme Bar, nur knapp 50 m vom Meer. Mitte April bis Anfang Okt. geöffnet. DZ mit obligatorischer Halbpension 120–152 €, EZ nur in der Nebensaison (ab 40 € mit Frühstück), DZ in der Nebensaison um 80 €. Via dei Gerani 5, 57030 Chiessi (LI), ✆/℻ 0565/906129, www.hotelauroraelba.it.

Albergo dei Fiori, unser Tipp fürs kleinere Budget. Am Hang oberhalb der Durchgangsstraße, erkennbar an den grünen Sonnenschirmen. Relativ schlichte Zimmer mit Bad, die meisten auch mit Balkon. Auskünfte und Rezeption in der Bar L'Olivo an der Hauptstraße. Ostern bis Mitte Okt. geöffnet. Sehr günstig: DZ im August 60 € (in der Nebensaison 40–50 €), EZ ab 30 € (im August 40 €), Frühstück extra (gibt es in der Bar). Via Provinciale, Loc. Chiessi, 57030 Marciana (LI), ✆ 0565/906013 oder 906264.

Patresi/Zanca

Kurz nach dem beschaulichen Ort Chiessi nimmt die Straße in nördliche Richtung ihren spektakulärsten Verlauf hoch über der Küste. Nach einigen Kilometern gelangt man in das – weniger spektakuläre – *Colle d'Orano* (mit Ristorante/Pizzeria) und von hier nach knapp einem weiteren Kilometer nach *Patresi* mit zwei empfehlenswerten Unterkünften und kleinem Strand weit unterhalb des Ortes. *Zanca*, quasi der Vorort von Sant'Andrea, liegt hoch über dem Meer und wirkt adrett, wenn auch eher verschlafen, zumindest gibt es aber ein Lebensmittelgeschäft, und hier, an der Hauptstraße, fahren die Busse hinunter nach Sant'Andrea und nach Marciana Alta ab. Dennoch: Wer sich in dieser entlegenen Ecke der Insel einmietet, sollte motorisiert sein.

• *Verbindungen* Von Zanca zwischen 8 und 19 Uhr stündlich **Busse** nach Marciana Alta und nach Marina di Campo, der Bus hält an der Hauptstraße. Der **Marebus** fährt zwischen Mitte Juni und Anfang Sept. etwa stündlich von Colle d'Orano, Patresi und Zanca hinunter zum Strand von Sant'Andrea und retour.

• *Übernachten* *** **Villa Rita**, am Ortsrand von Colle d'Orano gelegen, eine gepflegte Anlage mit Restaurant (Blick auf den herrlichen Sonnenuntergang) und kleinem Pool, fast alle der 17 Zimmer mit Balkon/Terrasse und Meerblick. Sehr freundlicher Service. Zum Meer ist es knapp 1 km. Am Ortsausgang von Colle d'Orano Richtung Chiessi links oberhalb der Straße. Anfang April bis Ende Okt. geöffnet. DZ mit Frühstück 120–156 €, mit Halbpension 136–176 €, EZ mit Frühstück ab 80 €, in der Nebensaison deutlich günstiger. Haustiere sind hier willkommen (5 €/Tag). Loc. Colle d'Orano, 57030 Marciana (LI), ✆ 0565/908095, ✆ 0565/908040, www.villarita.it.

*** **Bel Tramonto**, *unser Tipp!* Im Grünen am Hang oberhalb von Patresi gelegen, toller Blick, mit kleinem Pool, nette Einrichtung mit viel Rattan, Restaurant, sehr freundlicher Service. Geöffnet Anfang Mai bis Anfang Okt. Von der Durchgangsstraße rechts ab den Berg hinauf, beschildert. DZ mit Bad, Balkon/Terrasse und Meerblick 120–150 €, EZ 110–130 €, Frühstück inkl., Halbpension kostet 20–24 € mehr pro Pers. Es gibt auch einige Appartements für 2–4 Pers. ab 700 € pro Woche (mit Balkon und Meerblick). Auch hier gilt: In der Nebensaison deutlich günstiger. Loc. Patresi, 57030 Marciana (LI), ✆ 0565/908027, ✆ 0565/908280, www.valverdehotel.it.

** **Belmare**, in Patresi an der Durchgangsstraße. Mit Ristorante, Bar, Terrasse. Anfang März bis Anfang Nov. geöffnet. DZ mit Bad und Balkon 120–174 €, EZ 80–107 €, jeweils inkl. obligatorische Halbpension, in der Nebensaison kostet das DZ mit Frühstück 70–90 €. Loc. Patresi, 57030 Marciana (LI), ✆ 0565/908067, ✆ 0565/908312, www.hotelbelmare.it.

B & B Da Angiolina, in Zanca im Zentrum, kaum zu übersehen. Moderne und gut gepflegte Appartements mit Einbauküche, auch einige Doppelzimmer. In der Hochsaison tagsüber gute Verbindungen mit dem Marebus zum Strand, ansonsten ist man hier oben ohne Auto etwas verlassen. Anfang Mai bis Ende Okt. geöffnet. DZ mit Frühstück 75–90 €, 3er-Appartement 630–900 € pro Woche, für 4–5 Pers. 760–1100 €, Villa für 4 Pers. 850–110 €. Diese Preise gelten für die Monate Juli/August, in der Nebensaison wird es deutlich günstiger. Via Santa Assunta 4, Loc. Zanca, 57030 Marciana (LI), ✆/✆ 0565/908026, www.daangiolina.isoladelba.it.

• *Essen/Lesertipp* In Colle d'Orano empfehlen uns Leser die **Pizzeria Bastia's**: „Wunderbarer Ausblick auf Korsika und ein traumhafter Sonnenuntergang. Und das Essen ist auch in Ordnung – Pizza und Fischgerichte zu annehmbaren Preisen (von den leckeren, selbst gemachten Dolci ganz zu schweigen ...)."

▸ **Baden**: Von Patresi führt eine schmale, asphaltierte Straße (ca. 1 km) vorbei am Leuchtturm der *Punta Polveraia* in Serpentinen hinunter zum steinigen Strand des Ortes, der *Cala di Patresi*. Es gibt eine Beton-Badeplattform (Anlegestelle), ansonsten ist der Strand nicht ideal zum Baden – grobe Kiesel, nur ganz am Rand ein Stück Kiesbucht. Snack-Bar am Strand, der Marebus fährt hier hinunter. Alles in allem badet man am Strand von Sant'Andrea deutlich besser!

Leser empfehlen dagegen einen weiteren Strand bei Patresi: „Zunächst die asphaltierte Straße zum Strand hinunter, auf halber Strecke nach rechts einem Hinweisschild zum Strand *Spiaggia della Polveraia* folgen. Nach einem fünfminütigen steilen Abstieg am Hang erreichen Sie eine kleine, ruhige und felsige Bucht. Gut zum Baden und Schnorcheln geeignet!"

Cotoncello – einer der schönsten Strände der Insel

Sant'Andrea

Der Ort an der Nordwestspitze der Insel liegt steil am Hang inmitten einer verschwenderischen Vegetation. In der Bucht ein etwa 150 m langer Sandstrand, in westlicher Richtung schließt – über Treppen und einen Pfad zu erreichen – ein traumhaft schöner Felsstrand am Capo Sant'Andrea an. Ebenso traumhaft der östlich gelegene Cotoncello-Strand – hier schimmert das Wasser türkisgrün.

Diese wunderschöne Ecke der Insel blieb natürlich nicht unentdeckt, und es haben sich neben einer Hand voll Hotels auch ein paar Bars und Restaurants etabliert. Dennoch, die Hotelsituation in Sant'Andrea ist eine besondere: Es sind fast ausschließlich kleine, persönlich geführte Familienunternehmen, Tourismus im großen Stil mit der dazugehörigen Massenabfertigung ist in dem kleinen Ort fremd, das Preisniveau allerdings auch eher gehoben.

Bevor in Sant'Andrea die Landwirtschaft nach und nach durch den Fremdenverkehr ersetzt wurde, lebten die Bewohner vom Obst- und Gemüseanbau, hauptsächlich aber vom Weinbau. 1956 wurde die Straße von *Zanca* hinunter zur Bucht gebaut, zur gleichen Zeit kamen auch die ersten Besucher aus Deutschland in den Ort.

Sehr nett die kleine Strandbar *Il Gabbiano,* besonders abends bei Bruschette mit einem Glas Wein. Während der Sommermonate Motorbootverleih, am eher schmalen Strand werden außerdem Sonnenschirme und Liegestühle, Tretboote, Kajaks und Surfbretter (auch Unterricht) verliehen. Im Sommer gibt es den „Marebus", einen Shuttle-Service zwischen Colle d'Orano, Patresi, Zanca, Sant'Andrea und dem überaus malerischen Cotoncello-Strand: überwiegend Granitfelsen (als Badeplätze gut geeignet) in teilweise bizarrer Formation, über Stufen und kleine Brücken gelangt man zu einem winzigen sandigen Abschnitt.

Karte S. 191

Der Papst, der Hund und das Auge des Betrachters

Zuerst war der Papst da, am schönsten findet er den Hund, aber im Prinzip hängt alles vom Auge des Betrachters ab bei *Nello Anselmi*. Schon vor vielen Jahren hat der mittlerweile pensionierte Hotelier und Sommelier aus Sant'Andrea die natürlichen Steinskulpturen der Insel entdeckt, später fotografiert und 1993 schließlich den vielleicht interessantesten Bildband über Elba veröffentlicht: *„I Mostri di Pietra"* – die „Steinmonster von Elba". Anselmis Steinmonster nehmen ihre Gestalt erst durch das richtige Spiel von Licht und Schatten an, und natürlich ist auch der Blickwinkel von tragender Bedeutung, um die Stein gewordenen Ungeheuer überhaupt zu „entdecken". Ihm ist es gelungen, dort etwas zu sehen, wo ein anderer unbeeindruckt vorbeigehen würde. Tote Steine inmitten der kargen elbanischen Bergwelt – bisweilen sicher in bizarren Formen, aber doch keine Päpste, Hunde, Hasen, Mexikaner oder gar Feldherren, die der Elbaner über Jahre hinweg auf seinen Streifzügen durch die Insel ausfindig gemacht hat.

Anselmis „Steinmonster": das Kaninchen (oben) und der Hund (rechts)

Dass es sich hierbei um sehr persönliche Impressionen handelt, die für Außenstehende oftmals kaum nachvollziehbar sind, daraus macht Nello Anselmi keinen Hehl. Es sind „Entdeckungsreisen für die Fantasie", zu denen er mit seinem Buch auch den Leser anregen will. Seine eigene fantastische Entdeckungsreise begann übrigens schon in Kindertagen, beim Spielen am Meer: Hier sah er erstmals den „steinernen Papst" mit seiner eindrucksvollen Tiara. Den Papst hat 1980 zwar eine Flutwelle weggespült, doch wer sich hauptsächlich im Westen der Insel auf die Suche begibt, begegnet sicher dem einen oder anderen Monster – auch ohne Anleitung durch Anselmis Buch.

Den Bildband „Steinmonster von Elba" kann man in allen größeren Buchhandlungen der Insel und im Hotel Cernia (siehe „Übernachten") in Sant'Andrea für 19 € kaufen, im Hotel selbst liegt das Buch auch zur Ansicht aus. Neben den Fotografien und dazugehörigen Erläuterungen findet sich im Anhang auch eine Inselkarte mit Wanderwegen, auf denen die einzelnen „Skulpturen" zu finden sind.

Achtung Quallen: Wie uns Leser immer wieder berichteten, sind in Sant'Andrea die Badefreuden nicht immer ungetrübt; gerade hier im Nordwesten kommen die Nesseltiere bei bestimmten Wind- und Strömungsverhältnissen wohl häufiger vor. Informieren Sie sich vor dem Sprung ins kühle Nass bei den anderen Badegästen über die aktuelle Lage, fragen Sie nach den „Meduse" (ital. für Quallen).

• *Verbindungen* Leider keine direkte Verbindung hinunter nach Sant'Andrea, man nimmt den **Bus** ab Portoferraio nach Fetovaia (ca. stündlich von 6 Uhr bis ca. 18.45 Uhr, Zwischenstopps in Procchio und Marciana Marina) oder von Marina di Campo nach Marciana Alta (ca. stündlich von 6–19 Uhr), der Bus hält in Zanca an der Hauptstraße, hier umsteigen in den **Marebus**, der Sie zum Strand hinunterbringt, Verbindungen stündlich zwischen 8.30–12.30 Uhr und 15.30–19.30 Uhr. Achtung: nach ca. 18.30 Uhr keine Busse mehr nach Portoferraio oder Marina di Campo!

• *Parken* Kann zum Problem werden in Sant'Andrea, zwar gibt es oberhalb vom Strand einen relativ großen und gebührenpflichtigen Parkplatz (1 €/Std.), doch ist der v. a. an den Wochenenden der Hochsaison oft voll besetzt. Man sollte daher nicht zu spät kommen.

Am Felsstrand bei Sant'Andrea

• *Bootsverleih* Bei **Daniele Rent** am Strand, Schlauchboot mit 40-PS-Außenborder für max. 12 Pers. ganztägig 100–180 €, Surfbrettverleih 10 €/Std., Kanu 6–7 €/Std., Tretboot 10 €/Std. Auch Surfunterricht: 40 € pro Stunde, 7-Stunden-Kurs 300 €, Sonnenschirm- und Liegestuhlverleih 22 €/Tag. Geöffnet Pfingsten bis ca. 10. Okt., ✆ 0565/908173 oder 339/1033741 (mobil).

Gleich beim Strand von Sant'Andrea befindet sich auch das **Diving Center Il Careno**, nähere Infos unter ✆ 0565/908125 oder 339/3029777 (mobil) bzw. www.ilcareno.it.

• *Übernachten* *** **Ilio**, bereits 1959 eröffnetes, sehr schönes Hotel am Hang. Geschmackvoll ausgestattet und mit schönem Garten, nur wenige Meter vom Meer, gehobenes Restaurant mit erlesener Weinauswahl. Bereits 1989 hat man sich hier einer ökologisch verträglichen Hotelführung verschrieben, und Inhaber Maurizio Testa organisiert selbst kleine Ausflugstouren (Wandern, Archäologie) und Dia-Abende, des Weiteren gibt er den aufschlussreichen Newsletter Elbatuttanatura (www.elbatuttanatura.com, auch in englischer Sprache) heraus; seine Frau Anita Negele ist Sommelière. 20 komfortable Zimmer in verschiedenen Ausstattungen, z. B. das Gartenzimmer mit kleinem privatem Garten, das Blaue Zimmer mit Balkon und Meerblick, das Toskana-Zimmer mit antiquarischen toskanischen Möbeln usw. Das Hotel ist von der Straße zum Strand beschildert, Mitte April bis Mitte Okt. geöffnet. Die Preise für das DZ mit Halbpension liegen bei 260 € (mit Frühstück 190 €), in der Nebensaison bis zu 40 % niedriger. Via Sant'Andrea 5, Loc. Sant'Andrea, 57030 Marciana (LI), ✆ 0565/908018, ℻ 0565/908087, www.hotelilio.com.

*** **Cernia – Isola Botanica**, angenehme, persönliche Atmosphäre zum Wohlfühlen, ein Hotel, das sein Geld wert ist. 10.000 qm großer botanischer Garten bis zum Meer hinunter mit allerlei exotischem Grün und unbekannten Früchten, Terrasse, herrlicher Pool, Tennisplatz, gehobenes Restaurant (auch für Nicht-Hotelgäste, Abendmenü 35 €, Reservierung erbeten). Im Sommer finden im Garten Konzerte statt, aber auch Kunstausstellungen und Yogakurse. Geöffnet Anfang April bis Ende Okt. Nur DZ mit obligatorischer Halbpension, je nach Zimmertyp 172–270 €. An der Straße zur Bucht auf der rechten Seite gelegen. Capo Sant'Andrea, 57030 Marciana (LI), ✆ 0565/908210, 📠 0565/908253, www.hotelcernia.it.

*** **Gallo Nero**, oberhalb der Bucht inmitten üppiger Vegetation gelegen. Familiäre Atmosphäre, geschmackvolle Einrichtung, nette Zimmer, rustikaler Speisesaal, nierenförmiger Pool, Whirlpool und Tennisplatz. Anfang April bis Mitte Okt. geöffnet. DZ mit obligatorischer Halbpension im Juli 150–176 €, im August 188–220 €, in der Nebensaison deutlich günstiger, dann ist auch Übernachtung mit Frühstück möglich. Via S. Gaetano 20, Loc. Sant'Andrea, 57030 Marciana (LI), ✆ 0565/908017, 📠 0565/908078, www.hotelgallonero.it.

*** **Da Giacomino**, östlich von Sant'Andrea, herrliche Lage, Terrassen-Ristorante über dem Meer, netter Pool, schöner Garten, Tennisplatz, Fußweg zum Strand von Cotoncello. Sehr ruhige Lage, insgesamt 33 Zimmer. Anfang April bis Mitte Okt. geöffnet. Anfahrt: Auf dem Weg hinunter nach Sant'Andrea rechts ab, dann links, beschildert. DZ mit obligatorischer Halbpension 154–186 €, mit Balkon/Terrasse und Meerblick 166–210 €. Capo S. Andrea, 57030 Marciana (LI), ✆ 0565/908010, 📠 0565/908294, www.hoteldagiacomino.it.

*** **Barsalini**, nur 20 m vom Strand, also im „Zentrum" von Sant'Andrea, mit Pool, nettem Garten und Gartenbar, gepflegte Anlage. Ansprechende Zimmer mit Bad, TV, Kühlschrank und Balkon/Terrasse, komfortables Haus, gute Küche, geöffnet Anfang April bis Mitte Okt. DZ mit obligatorischer Halbpension 208–240 € (im Juli 168–202 €), keine EZ. Loc. Sant'Andrea, 57030 Marciana (LI), ✆ 0565/908013, 📠 0565/908920, www.hotelbarsalini.com.

Villa dei Limoni, B & B mit Terrasse und Garten, nette Anlage, etwas einfacher, mit gemeinschaftlichem „Soggiorno" (hier gibt es auch einen Fernseher). Zimmer mit Bad, Aircondition und teilweise Balkon/Terrasse. Von der Hauptstraße zum Strand hinunter geht es rechts ab (beschildert), die Villa dei Limoni befindet sich dann gleich auf der rechten Seite, kaum zu übersehen. Ca. 500 m vom Strand. Geöffnet Anfang April bis Anfang Okt. DZ 88–100 €, Frühstück inkl. Via Cotoncello 25, Loc. Sant'Andrea, 57030 Marciana (LI), ✆ 0565/908332, www.villadeilimoni.it.

** **Oleandro**, ebenfalls sehr empfehlenswert, etwas östlich des Kaps hoch über dem Meer gelegen, gemütlich und kinderfreundlich, mit einladendem Ristorante/Bar (auch Mittagsmenü), toller Blick von der

Im Garten des Hotels Cernia

Terrasse inklusive. Abgelegen inmitten der üppigen Vegetation. Ca. 400 m vom nächsten Strand (Cotoncello), außerdem führt ein Fußweg vom Hotel hinunter zu einem kleinen Steinstrand. Anfahrt: Von der Hauptstraße zum Strand rechts ab, beschildert, ca. 1,5 km vom Ort. Geöffnet Ostern bis Mitte Okt. DZ mit Bad, Balkon oder Terrasse (zum Meer) und Frühstück 120–158 €, EZ 80–99 €, Halbpension kostet zusätzlich 10 € pro Pers. und Tag. Via del Cotoncello 74, Capo Sant'Andrea, 57030 Marciana (LI), ✆/📠 0565/908088, www.hoteloleandro.com.

• *Essen/Trinken* Am Strand konkurrieren die Bars **Il Gabbiano** und **Le Sirene** um Kundschaft – Snacks, Panini, Bruschette usw. Wer „richtig" Essen gehen will, geht zur **Pizzeria Da Marco** (ebenfalls am Strand), auch Ristorante, mit schattiger Terrasse zum Meer hin: günstige Pizza, deutlich teurer die Fischgerichte, mittags und abends geöffnet. ✆ 0565/908338.

Der Westen der Insel
Karte S. 191

Weiter Blick von Marciana Alta

Marciana Alta

Marciana Alta, auf 375 m Höhe in den üppigen Esskastanienwäldern der nördlichen Hänge des Monte Capanne gelegen, ist von rauer Schönheit. In dem Bergdorf mit seinen verwinkelten Gassen und kleinen Plätzen findet sich noch immer ein Stück ursprüngliches Elba fernab vom großen Rummel der Küstenorte.

Man betritt Marciana Alta durch die mittelalterliche *Porta di Lorena* und gelangt sogleich auf die *Piazza Santa Caterina* mit der gleichnamigen Kirche aus dem 16. Jh. Von hier führen unzählige Treppen und kleine Gässchen durch das Dorf nach oben, und auch der planloseste Spaziergang endet in der Regel an der pisanischen Festung, die den Ort noch immer dominiert und Zeugnis von seiner früheren Bedeutung ablegt. Bei diesem Bummel stößt man auf die *Piazza Cantone*, einen idyllischen Kirchplatz, oberhalb davon geht es zum kleinen *Archäologischen Museum* (siehe „Sehenswertes in und um Marciana Alta“, S. 206f.) und schließlich zur *Casa Appiani* aus dem 14. Jh. und der nahen kleinen *Chiesa San Francesco,* die ebenfalls von den Appiani, den Fürsten von Piombino, errichtet wurde.

Die große Geschichte Marcianas erscheint stets gegenwärtig in den oft abweisend wirkenden Gassen, die aber immer wieder durch üppiges Grün und farbenfrohe Blumenpracht freundlich unterbrochen werden. Daneben macht auch die einmalige Lage des Dorfs einen Besuch so unbedingt lohnenswert. Marciana hat alles – die kargen und steil aufragenden Berge des *Monte-Capanne-Massivs* im Hintergrund, dichte und üppig grüne Wälder in der direkten Umgebung und schließlich den weiten Blick auf die nordwestelbanische Küste und das blaue Meer.

Man weiß um seine Reize, und die Gemeindeverwaltung hat ein umfangreiches Restaurierungsprogramm verordnet, kaum verwunderlich also, dass in Marciana überall gehämmert und geklopft wird, Fassaden auf Vordermann gebracht werden, und so dem Dorf nach und nach ein schmuckes Äußeres verpasst wird. Die Gemeinde zählt insgesamt fast 2200 Einwohner, in Marciana selbst leben aber nur ca. 400 – meist ältere – Menschen. Der Rest verteilt sich auf die zugehörigen Ortschaften Poggio, Procchio, Sant'Andrea, Patresi, Chiessi und Pomonte. Übernachtungsmöglichkeiten gibt es in Marciana leider keine, und auch die Anzahl an Restaurants ist begrenzt. Der Ort eignet sich allerdings hervorragend als Ausgangspunkt für Wanderungen, z. B. zur Wallfahrtskirche *Madonna del Monte* (siehe S. 207) oder auf dem Wanderweg Nr. 1 zum *Monte Capanne* (Aufstieg ca. 2–2,5 Std., Ausgangspunkt ist die *Porta di San Agabito*, vom Dorf aus beschildert).

Geschichte

Marciana Alta ist eine der ältesten Siedlungen der Insel. Vermutlich an der Stelle einer älteren Befestigung gründeten die Römer hier 35 n. Chr. eine antike Stadt. Den heutigen Charakter Marcianas prägten aber die Pisaner, die hier im 11.–13. Jh. eine Residenz unterhielten, wichtigster Überrest aus dieser Zeit ist die *Fortezza Pisana* aus dem 12. Jh. Die Appiani, das Fürstengeschlecht von Piombino und ab dem 14. Jh. Herrscher über den Westteil der Insel, richteten hier ihren Hauptsitz auf Elba ein, die Festung wurde 1450 um- und ausgebaut, unter den Appiani erhielt der Ort im 15. Jh. sogar das Privileg einer Münzpräge (*La Zecca*). Zu Zeiten der Pirateneinfälle auf der Insel war das schwer zugängliche Marciana in den Bergen der wohl sicherste Ort auf Elba – zumindest bis die Festung 1553 von Piraten geplündert und bald darauf verlassen wurde.

Mit ihren Nachbarn im nur 3 km entfernten *Poggio* verband die Leute von Marciana übrigens von jeher ein wenig herzliches Verhältnis. Es wurde gestritten – sei es über die Abgrenzung der Fischfanggebiete oder um die Menge an Esskastanien, die auf dem jeweiligen Territorium des anderen gesammelt werden durften – man war sich jedenfalls nicht besonders grün. Marciana pochte auf seine Rechte als ältere Siedlung und versuchte über die Jahrhunderte immer wieder, Poggio einzunehmen – was 1738 letztendlich auch geschah.

• *Information* **Casa del Parco**, ein Informationsbüro des Nationalparks befindet sich unter der großen Aussichtsterrasse gegenüber der pisanischen Festung (die Treppen runter). Nur im Sommer geöffnet, Infos unter ✆ 0565/901030.

• *Verbindungen* Gute **Busverbindungen**, 9x täglich über Fetovaia und Pomonte entlang der Westküste nach Marina di Campo (letzter Bus ca. 19 Uhr), 10x tägl. über Poggio, Marciana Marina und Procchio nach Portoferraio (letzter Bus ca. 20 Uhr).

• *Adressen* **Post** (Mo–Fr 8.15–13.30 Uhr, Sa bis 12.30 Uhr) neben der Pizzeria Bellavista, **Bank** an der Durchgangsstraße (Mo–Fr 8.20–13.35 Uhr und 14.30–15.45 Uhr, Sa 8.20–11.40 Uhr, mit Bancomat). Unterhalb des Dorfs ein großer, kostenloser **Parkplatz**, gratis parken kann man auch an der pisanischen Festung.

• *Essen & Trinken* **Osteria del Noce**, im Dorf bergauf Richtung Festung (rechts halten, beschildert). Gemütliche Terrasse mit tollem Blick, gute Pasta (vor allem die *Crespelle* mit Meeresfrüchten – ein Gedicht!), guter Fisch, relativ kleine Auswahl, wechselnde Tageskarte. Freundlicher und unkomplizierter Service, familiäre Atmosphäre, leicht gehobenes Preisniveau (Antipasti und Primi je um 8–10 €, Secondi um 15 €). Von April bis Ende Sept. mittags und abends geöffnet, im Winter geschlossen, im Sommer für abends unbedingt reservieren, ✆ 0565/901284. Von hier führt ein Weg hinauf zur Wallfahrtskirche *Madonna del Monte*.

Birreria-Bar La Porta, bei der Porta di Lorena. Spezialität sind hier die riesigen Bruschette (gebackene Brote), belegt mit Knoblauch und Tomaten, Räucherlachs, Steinpilzen etc., außerdem leckere Salate und Panini. Nebenbei: Die Auswahl an Bie-

Der Westen der Insel
Karte S. 191

ren ist enorm, teils sind es sogar recht exotische, z. B. *Bière du Démon*, das 12-prozentige Teufelsbier aus der Boxer-Brauerei (Lausanne), aber auch italienische Biere wie das *Menabrea* oder die Biere der nahe gelegenen elbanischen Brauerei *Le Coti Nere* (s. unten). Wen das Heimweh plagt, der greift zu *Erdinger Weißbier* oder *Beck's*. Tägl. von 7 Uhr morgens bis spät nachts geöffnet. Freundlicher Service. Piazza Umberto I, ✆ 0565/901275.

Schmale Gassen in Marciana Alta

Ristorante/Pizzeria Bellavista, fast nebenan bei der Porta di Lorena. Das mit dem schönen Blick trifft zu! Günstige Pizza, Primi ab 6 €, Secondi um 10–12 €, Meeresfrüchte etwas teurer. Mittags und abends geöffnet, Do Ruhetag.

Enoteca Monilli, oben bei der Festung liegt diese *Enoteca con piccola cucina*, in der auch einige wenige Tagesgerichte zur Auswahl stehen. Mit Terrasse – rustikale Holztische und -bänke unter einem Bambusdach mit Blick auf den Monte Capanne. Relativ gehobenes Preisniveau, mittags und abends geöffnet, Mo mittags geschlossen. Via del Pretorio 64, ✆ 338/5367573 oder 338/8006339 (beides mobil).

• *Birrificio* **Le Coti Nere**, Bier aus Elba! Nahe der Fonte Napoleone und oberhalb der Seilbahn hat sich 2008 eine kleine Brauerei angesiedelt. Das hiesige Produkt wird in schmucke 375 cl-Flaschen abgefüllt, versehen mit eleganten Etiketten, die auch einen noblen Chianti zieren könnten – zudem tragen die Biere klangvolle Namen wie das dunkle *Domina* oder das Pils-ähnliche *Quattro torri*, und entsprechend exklusiv fällt auch der Preis aus (4 €/Flasche). Man kann das Bier aber auch vor Ort verkosten. Via Pozzatello, ✆ 329-9690629, www.birradellelba.com.

• *Feste & Veranstaltungen* Am 18./19. August findet hier die **Festa Medioevale** (Mittelalterliches Fest) mit Umzug und großem Bankett in der pisanischen Festung statt.

Am ersten Sonntag im November begeht man hier und in Poggio das **Kastanienfest** (Sagra della Castagna).

Sehenswertes in und um Marciana Alta

▸ **Pisanische Festung (Fortezza Pisana)**: Die viertürmige Anlage stammt aus dem 12. Jh. – den einstigen Glanz der Festung kann man auch aus den Ruinen noch herauslesen. Im Sommer finden im Innenhof Veranstaltungen und Open-Air-Konzerte (v. a. klassische Musik) statt. Zu sehen gibt es in der Fortezza Pisana nicht allzu viel, von der Südseite der Anlage kann man einen kostenlosen Blick ins Innere werfen. Vor der Festung eine Aussichtsterrasse, von der sich ein schöner Blick auf den Ort und bis Marciana Marina und das Meer bietet. Die Festung ist auch über eine Fahrstraße zu erreichen, ab Zentrum Marciana beschildert.

Öffnungszeiten/Eintritt Zuletzt geschlossen, Infos bei der A.P.T. in Portoferraio (s. S. 98) oder in der Comune in Marciana Alta (✆ 0565/901215).

▸ **Archäologisches Museum**: Funde aus der Umgebung, aus der Bronzezeit, der etruskischen und römischen Zeit. Nicht sehr aufregend, eher ein liebevoll zusammengestelltes Heimatmuseum in vier Sälen. Hier finden sich Schädel neben Vasen.
Öffnungszeiten/Eintritt Ebenfalls zuletzt geschlossen. Infos bei der A.P.T. in Portoferraio (s. S. 98) oder in der Comune in Marciana Alta (✆ 0565/901215).

▸ **Wallfahrtskirche Madonna del Monte**: Die Wallfahrtskirche aus dem 16. Jh. liegt in aller Abgeschiedenheit inmitten von uralten Esskastanienbäumen. Bereits im 15. Jh. haben hier Eremiten gelebt, Ende des 18. Jh. wurde die Kirche umgebaut und erhielt ihr heutiges Aussehen. Das Gotteshaus betritt man von der Rückseite, am Vorplatz befindet sich das *Teatro della Fontana,* das steinerne, von Brunnen gerahmte Halbrund aus dem 17. Jh. Das erfrischende Quellwasser sprudelt aus drei steinernen Löwenmäulern. Sehenswert im Inneren der schlichten Kirche sind sicherlich die reiche Deckenausmalung und der Altar im antikisierenden Stil. Es ist jedoch weniger die Kirche selbst als vielmehr der Aufstieg – zeitweise durch Esskastanienhaine, auf einem Kreuzweg mit 14 Wegkapellchen – und die hübsche Lage, die den Spaziergang hier hinauf lohnen. Vor der Kirche laden unter schattigen Bäumen Holzbänke zum Picknicken ein.

Wallfahrten zur *Madonna del Monte* finden Anfang Mai und am 15. August statt, am 8. September wird hier zu Ehren der Geburt der Jungfrau Maria ebenfalls ein Pilgergottesdienst abgehalten.
Aufstieg Von der pisanischen Festung von Marciana aus gut beschildert, ca. 45 Min. auf einem gut begehbaren breiten Steinweg (Wanderweg Nr. 3, auf dem man von hier aus weiter zur Westküste nach Pomonte wandern kann).

Familientreffen bei Madonna del Monte

Der Kaiser liebte diesen stillen Platz. Im August 1814 hielt sich Napoleon zwei Wochen lang hier auf, ließ den Blick wehmütig in die Ferne und bei klarer Sicht bis auf seine Heimatinsel Korsika schweifen und traf nebenbei – und unter strengster Geheimhaltung – seine Geliebte *Maria Walewska,* die polnische Gräfin, die bereits im Mai 1810 den gemeinsamen Sohn *Alexandre Walewski* zur Welt gebracht hatte. Das Treffen, bei dem Napoleon seinen Sohn das erste Mal zu Gesicht bekam, dauerte nur zwei Tage und war auch das letzte der Kleinfamilie. Alexandre, der illegitime Bonaparte-Spross, fand zwar im kaiserlichen Stammbaum keine Aufnahme, brachte es im Zweiten Kaiserreich aber immerhin bis zum französischen Außenminister.

▸ **Mit der Kabinenbahn zum Monte Capanne**: *Cabinovia* ist hierfür ein eher irreführender Begriff, von der Talstation bei Marciana (800 m vom Ort an der Straße nach Poggio) geht es in gelben Stehkäfigen steil aufwärts – möglichst nicht schaukeln! In etwa 15 Min. überwindet die einzige Bergbahn der Insel 660 Höhenmeter.
An der Talstation befindet sich eine rustikale Bar mit Ristorante, außerdem ein großer Parkplatz. Der Bus von und nach Marciana Marina hält bei der Bergbahn.

• *Abfahrtszeiten* Sie ändern sich mitunter auch während der Saison. Grundsätzlich gilt jedoch: von Anfang April (oder Ostern) bis Ende Sept. (bei gutem Wetter bis Mitte/Ende Okt.) tägl. 10–12.15 Uhr und 14.45–17.30 Uhr, im Hochsommer bis 18.30 Uhr, im Okt. bis 17 Uhr. Erste und letzte Talfahrten jeweils ca. 30 Minuten später. Informationen unter ✆ 0565/901020 oder 0565/915952.

• *Preise* Sehr teures Vergnügen: Die Fahrt auf den Gipfel und zurück kostet 17 € (!), einfache Fahrt 11 €, ermäßigt hin und zurück 12 €, Kinder 4–10 Jahre zahlen 8 € (hin und zurück).

Karte S. 191

Wanderung 7: Rundwanderung bei Marciana Alta

Die Rundstrecke führt auf gut begehbaren Pfaden von der Pisanischen Festung oberhalb von Marciana Alta ein Stück den Kreuzweg nach Madonna del Monte entlang, bis sie nach Süden abzweigt und um das Tal des Pedalta nach San Cerbone verläuft. Von hier durch schönen Kastanienwald zurück nach Marciana Alta.

> **Mittels GPS kartierte Wanderung**
> Waypoint-Dateien zum Downloaden unter:
> *www.michael-mueller-verlag.de/gps/homepage.html*

Anfahrt/Versorgung: Der Ausgangspunkt Pisanische Festung ist in Marciana gut ausgeschildert. Parkplätze vorhanden. Bars und Restaurants in Marciana Alta.

Kurzbeschreibung: Ungefährliche und überwiegend auch kaum anstrengende Wanderung, Aufstiege nur im ersten Teil. Gesamtdauer ca. 3 Std., Länge 7 km, Höhenunterschied ca. 470 m.

Kartenmaterial: siehe nebenstehende Karte, zu empfehlen außerdem: Reise- und Wanderkarte Insel Elba (Nr. 502), 1:25.000, Edizioni Multigraphic Florenz, für 6 € im Buchhandel der Insel erhältlich (z. B. bei *Il Libraio* in Portoferraio, s. S. 101).

Ausgangspunkt der Wanderung sind die Aussichtsterrassen **(WP 01)** unterhalb der Fortezza Pisana von Marciana Alta (dort und an der Straße oberhalb der Festung freie Parkplätze, ein Fußweg führt vom Ort hier hinauf). Von hier geht es am Stoppschild geradeaus ein kurzes Stück die Asphaltstraße hinunter, bevor man linker Hand auf den Kreuzweg nach Madonna del Monte abzweigt (beschildert, Wegnummer 3, rot-weiße Kennzeichnung). Über weite Stufen an der ersten Abzweigung vorbei (nach ca. 500 m, hier auch ein kleiner Rastplatz), bis kurz vor der vierten Kreuzwegstation **(WP02)** ein weiterer Pfad links abzweigt. Auf diesem Weg (Nr. 10) geht es hinauf und über eine große Kreuzung **(WP 03)** mit weitläufigem Rastplatz. Von dort hält man sich weiter halbrechts auf Weg 10. Bald verlässt man die Baumgrenze, und der Pfad führt zwischen Felsen an den Osthängen des *Monte Giove* und des *La Stretta* entlang. Auf diesem Wegstück hat man immer wieder herrliche Ausblicke: im Rücken die Küste, die Bergdörfer und Marciana Marina, vor sich der Gebirgszug des *Monte Capanne*. Nach etwa einer Stunde (etwa zwischen Monte Giove und La Stretta, kurz nach einem Waldstück) geht es an einer Abzweigung **(WP 04)** der Markierung 28 folgend halblinks hinunter. Hier befindet man sich auf 702 m am höchsten Punkt der Wanderung. (Achtung: Die – allerdings gut erkennbare – Abzweigung nicht verpassen! Geradeaus geht es am *La Stretta* entlang zum *La Tavola* und von dort in einer anspruchsvollen Tour auf den Monte Capanne oder weiter an die Westküste.)

Den Pfad mit der Nummer 28 (nicht irritieren lassen: auf manchen Karten als 10/a bezeichnet) hinunter eröffnet sich wiederum ein beeindruckendes Panorama. Zuweilen wuchert Farn über den Weg, der dennoch sehr gut erkennbar bleibt. Nach einer Kehre, an der ein kleiner Bach ins Tal fließt, wird der Weg zunehmend schattig und führt nach Osten in den Wald zur Einsiedelei San Cerbone hinunter. Nach etwa 20 Minuten Abstieg trifft der Weg auf eine Spitzkehre der Wanderroute 6, hier halblinks hinunter **(WP 05)**. Der schöne Waldpfad mündet nach weiteren 15 Minuten auf einen breiten Forstweg **(WP 06)**, von dem es nun rechter Hand auf dem Pfad weiter hinunter geht (durch mehrere Kehren und über eine rechts

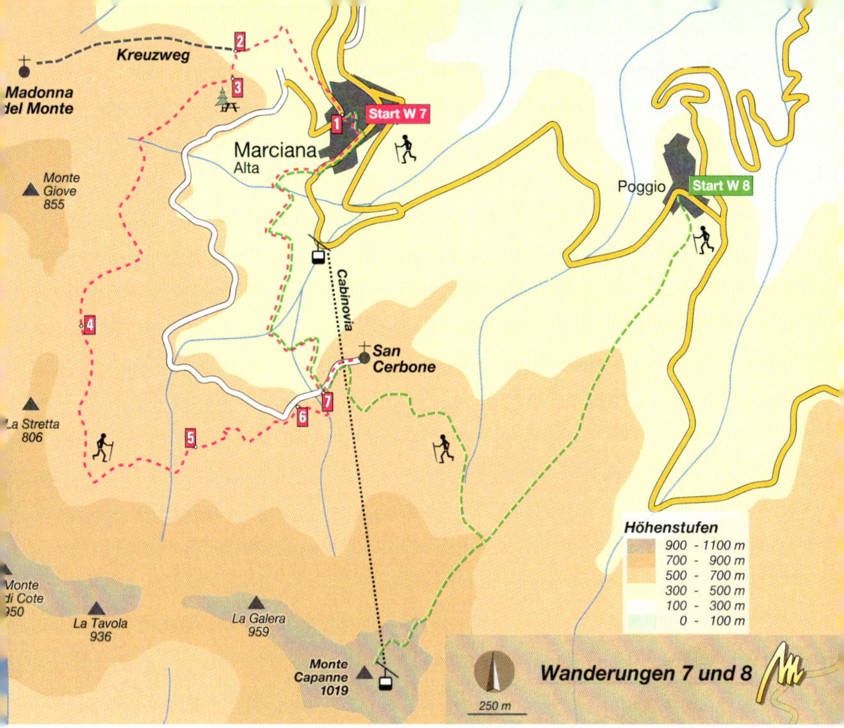

aufgeschüttete Steinbrücke), bis man kurz darauf auf einen breiten Weg trifft **(WP 07)**. Der Weg nach Marciana Alta führt nun nach links hinunter, es lohnt sich aber ein kleiner Abstecher zur Kirche *San Cerbone*: Nach rechts, leicht bergauf (rot-weiße Markierung), nach fünf Minuten kreuzt der Weg die Seilbahnschneise hinauf zum Capanne. Von hier ist die alte Einsiedelei bereits zu sehen: Ein ruhiger, schön unter Kastanien gelegener Ort, der zur Rast einlädt.

Nach diesem Abstecher nach San Cerbone geht es zurück zur letzten Abzweigung **(WP 07)** und von hier geradeaus bergab (rot-weiße Wegmarkierung, Nr. 1). In Serpentinen gelangt man an einer Ruine vorbei, über ein steiniges Bachbett und schließlich auf eine kleine Holzbrücke über den *Pedalta*. Kurze Zeit später kommt man an Gärten vorbei und bald zu den ersten Häusern von Marciana Alta (ca. 35 Min. von San Cerbone). Über die *Via della Rena* geht es Richtung Zentrum, dann durch die *Porta di S. Agabito* und hier sofort links hinauf über steile Treppen und durch enge Gässchen zur Fortezza Pisana, dem Ausgangspunkt der Wanderung.

Eine *Alternativ-Route* führt von San Cerbone nach Poggio. Bei der Einsiedelei angekommen, geht man um die Kirche herum und folgt dem Wanderweg Nr. 1 Richtung Osten. Kurz später bei der Kreuzung links auf den Wanderweg Nr. 6 einbiegen bis zur nächsten Kreuzung mit dem Wanderweg Nr. 2, der von Poggio auf den Monte Capanne führt (siehe Wanderung 8, S. 211f.). Von hier aus geht es hinunter nach Poggio und von dort aus entweder mit dem Bus zurück nach Marciana Alta oder aber zu Fuß auf der wenig befahrenen Asphaltstraße (vorbei an der Fonte Napoleone und der Seilbahnstation).

Poggio

Wie das benachbarte Marciana ist auch Poggio von dichten Esskastanienwäldern umgeben. Das kleine Bergdorf, auf 350 m Höhe am Fuß des Monte Capanne gelegen, ist aber fast noch romantischer.

Einen Beitrag dazu leistet sicherlich die malerische und autofreie *Piazza Castagneto*, der terrassenartige Hauptplatz des Orts mit herrlichem Panoramablick auf Marciana Marina und das Capo d'Enfola in der Ferne. Hier sitzen die alten Männer von Poggio auf Plastikstühlen vor der Bar *La Dolce Vita*, der einzigen im Ort und gemeinsamem Wohnzimmer. Zufriedene Katzen halten in den schattigen Ecken ihr Mittagsschläfchen, und über allem herrscht die gelassene Stimmung eines abgeschiedenen Bergdörfchens. In Poggio lässt es sich stundenlang aushalten, daran ändert auch der zunehmende Besucherstrom nur wenig, der in den Sommermonaten Einzug in das idyllische Dorf hält. Unbedingt lohnend ist der Spaziergang die Treppen hinauf und durch die schmalen Gassen des alten Orts, z. B. zur nicht minder malerischen *Piazza Reciso* (ehem. *Piazza Umberto I)*. Am oberen Ortsende startet die schweißtreibende Wanderung auf den Monte Capanne (s. S. 211).

Gegründet wurde der Ort etwa Anfang des 6. Jh. n. Chr., es gab aber vermutlich schon in römischer Zeit eine Siedlung mit dem sprechenden Namen *Podium*. Auch der seit dem 18. Jh. gültige Name *Poggio* bedeutet im Italienischen so viel wie Anhöhe, was anhand der exponierten Lage des Ortes logisch erscheint. Im 7. Jh. entstand hier, am höchsten Punkt, eine erste Befestigung. Seine typische, heute noch sichtbare mittelalterliche Ortsanlage erhielt das damalige *Jovis* (so hieß Poggio im Mittelalter) dann ab dem 11. Jh., als der Ort in den Herrschaftsbereich Pisas fiel. Damals glich er einer einzigen Festung, Einlass gewährte nur ein Stadttor, ansonsten war Jovis auf allen Seiten durch hohe Mauern und lückenlos aneinander gebaute Wohnhäuser uneinnehmbar gemacht worden. Auch die Pfarrkirche San Nicolò (13. Jh.) am höchsten Punkt von Poggio stammt aus der Zeit unter der Seerepublik Pisa, auch sie war als Schutzfestung konzipiert, wurde aber im Lauf der Jahrhunderte mehrfach umgebaut. Ihr Glockenturm stammt beispielsweise aus dem 18. Jh.

Poggio – idyllisches Bergdorf am Hang des Capanne

In den 1950er Jahren machte sich Poggio bzw. *Poggio Terme* als Kurort einen Namen. Mildes Klima und die nahe gelegenen Quellen zogen Gäste an, die sich von dem leicht radioaktiven Heilwasser Linderung versprachen (u. a. bei Gicht und Arthritis).

Heute leben in Poggio im Winter nicht mal 200 Menschen, im Sommer sind es etwa 700. Das ruhige Bergdorf bietet sich hervorragend als Ziel für Erholungssuchende und Naturliebhaber an. Zahlreiche Wanderwege erschließen die Gegend um den *Monte Capanne* und den östlich gelegenen *Monte Perone*.

• *Verbindungen* Poggio liegt auf der Strecke von/nach Marciana Alta. 10x tägl. fährt der **Bus** über Marciana Marina und Procchio nach Portoferraio, genauso oft nach Marciana Alta, dort umsteigen nach Marina di Campo und zu den Orten der Westküste.

• *Essen & Trinken* **Ristorante Da Publius**, im unteren Ortsteil, mit Panoramablick. Vornehmes Publikum an exzellenten Speisen. Bekanntes Feinschmeckerlokal der Insel. Über der Glut im Kamin braten Pilze, Geflügel, Wildschwein und Fisch. Köstliche Nachspeisen. Gehobenes Preisniveau, Antipasti 8–13 €, Primi 9–17 €, Secondi 11–25 €, mittags und abends geöffnet, Mo geschlossen (in der Hochsaison nur Mo mittags), man sollte für abends reservieren. Piazza del Castagneto 11, ✆ 0565/99208.

Wanderung 8: Auf den Monte Capanne

Ganz klar: Die Bezwingung des höchsten Bergs der Insel mit einer beachtlichen Höhe von 1019 m ist der bergsteigerische Höhepunkt einer Elba-Reise. Anstrengend, fast schattenlos und somit besonders schweißtreibend gestaltet sich der Aufstieg, am Gipfel wird man jedoch mit einem atemberaubenden Blick belohnt, der an klaren Tagen über den gesamten Toskanischen Archipel bis nach Korsika auf der einen und bis zum italienischen Festland auf der anderen Seite reicht. Ganz oben am Gipfel sind Sende- und Radaranlagen installiert, daneben ein Landeplatz für Helikopter. Unterhalb davon die Bergstation der Seilbahn und eine Snackbar. Die Wanderung ist ungefährlich, aber mühsam, festes Schuhwerk dringend notwendig; Aufstieg 2–2,5 Std., Abstieg etwa 1,5 Std., Karte siehe S. 209.

Wegbeschreibung: Der Ausgangspunkt ist das ehemalige Hotel Monte Capanne am oberen Ortsrand von Poggio, an der Straße Richtung Marciana Alta an einer Linkskurve kurz vor dem Ortsausgang gelegen. Von hier der Beschilderung „Nr. 2“ und der rot-weißen Markierung nach oben über steile Treppen folgen. Die ersten 30 Min. sehr steil bergauf, dann gelangt man zu einer etwas schwierig zu begehenden Passage auf und ab über Granitblöcke. Nach gut 45 Min. steilem Aufstieg eine weitere Markierung, dem steinigen Pfad über Treppen weiter bergauf folgen. Der Weg führt im weiteren Verlauf ein gutes Stück auf einem Kamm entlang, nach insgesamt ca. 1,5 Std. stößt man auf eine Kreuzung: Hier halbrechts abbiegen (der größere Weg halblinks würde östlich am Berg entlang in Richtung Pomonte und Seccheto an der Westküste führen) und weitere 45 Min. sehr steil bergauf zum Gipfel (Markierung Nr. 2).

Blick vom Monte Capanne auf Marciana Marina

Alternative beim Abstieg: An dieser (einzigen größeren) Wegkreuzung beim Abstieg links abbiegen auf den Wanderpfad Nr. 1 nach *Marciana,* Dauer ca.

1,5 Std. (wie auch der Abstieg nach Poggio). Der Abstieg nach Marciana ist etwas weniger steil als der Weg zurück zum Ausgangspunkt, ab Marciana häufige Busverbindungen nach Poggio. Wer gar keine Lust zum weiteren Wandern verspürt, kann für 11 € (!) mit der Cabinovia (siehe S. 207) bis zur Talstation bei Marciana Alta abfahren und von hier – vorbei an der Fonte Napoleone (hier wird das köstliche Quellwasser abgefüllt) – auf der Verbindungsstraße zurück nach Poggio laufen (Dauer ca. 20–30 Minuten, keine Anstiege).

Alternativen beim Aufstieg: Der Monte Capanne kann auch von der Westseite ab *Pomonte* (siehe S. 195; Wanderweg Nr. 9) oder ab *Seccheto* (siehe S. 192; Wanderweg Nr. 8) bestiegen werden. Ersterer mündet im oberen Verlauf in die Nr. 8 *(G.T.E.)*. Für die Besteigung von der Westküste sollte man 4–5 Std. einplanen, bei guter Kondition sein und bergsteigerische Erfahrung haben!

Sehenswertes in der Umgebung von Poggio

Fonte di Napoleone: Der eher unspektakuläre Brunnen liegt ungefähr 500 m außerhalb des Orts in Richtung Marciana auf der linken Seite. Das inseleigene Mineralwasser findet von hier den Weg in zahlreiche elbanische Restaurants. Elbaner und Durchreisende stehen oftmals Schlange, um das Wasser am Straßenrand gleich literweise abzufüllen – gratis, kühl und gesund. Der Kaiser selbst soll das Heilwasser während seines Exils fast täglich getrunken haben, daher auch der Name der Quelle.

San Cerbone: Die Einsiedelei wurde im 6. Jh. gegründet und bot dem seinerzeit berühmten Bischof von Populonia mit Namen *Cerbone* Zuflucht vor den Langobarden (siehe „Geschichte im Überblick", S. 31). Im 15. Jh. wurde die Kapelle von den Appiani neu aufgebaut. San Cerbone liegt am Wanderweg Nr. 1, der von Marciana Alta zum Monte Capanne führt. Wer es bequemer mag: auf der Straße von Poggio kommend kurz vor dem Ortseingang von Marciana Alta steil links ab auf eine schmale Asphaltstraße, die dann oberhalb der Seilbahnstation entlangläuft (hier auch die Brauerei *Le Coti Nere*). Das letzte Stück muss man zu Fuß gehen.

Monte Perone (630 m): Durch einen wunderschönen, lichten Pinienwald – der Boden ist dicht mit Farnen bewachsen – schlängelt sich die Straße (ab Poggio beschildert) hinauf zum weitläufigen Parkplatz am Monte Perone – ein beliebtes Ausflugsziel und schattige Sommerfrische. Tische und Bänke laden zum Picknicken ein, zwischen den Bäumen des bewaldeten Areals eröffnet sich ein schöner Blick auf die Bucht von *Marina di Campo*.

Verschiedene Wanderwege kreuzen sich beim Parkplatz: Wanderweg Nr. 5 (kommt aus Sant'Ilario in Campo) führt in westliche Richtung hinauf zum *Monte Capanne*, folgt man in entgegengesetzter Richtung der Markierung Nr. 18, gelangt man hinunter an die Nordküste nach *Procchio* (→ S. 221f.).

Tipp: Wenn Sie dem breiten Waldweg (Wanderweg Nr. 5) in westliche Richtung steil den Berg hinauf folgen, erreichen Sie nach ca. 25 Minuten stetigen Aufstiegs (kurz nach der eingezäunten Antenne auf der rechten Seite) einen Aussichtspunkt, der herrliche Blicke auf fast die gesamte Insel freigibt: Der Monte Capanne ist zum Greifen nah, in entgegengesetzter Richtung überblickt man fast die gesamte Osthälfte der Insel, Marciana Marina und Marina di Campo liegen Ihnen beiderseits zu Füßen. Von hier führt der anspruchsvolle *Wanderweg Nr. 00* (nur für Geübte!) hinauf auf den Capanne.

Am Hafen von Marciana Marina – im Hintergrund die Torre Pisana

Marciana Marina

Eine gelungene Mischung aus traditionellem Hafenstädtchen und Touristenzentrum. Der lebhafte Ort mit seinen schönen Plätzen und dem geschlossenen Ortsbild hat trotz regen Zulaufs viel von seinem Charakter bewahrt.

Knapp 2000 Menschen leben ganzjährig in Marciana Marina, im Sommer steigt die Zahl sprunghaft auf gut 5000 an. Hauptattraktion im Zentrum ist die – von Häusern nahezu eingeschlossene – *Piazza Vittorio Emanuele* mit der abends illuminierten Pfarrkirche *Santa Chiara,* nicht minder reizvoll präsentiert sich die kleinere *Piazza della Vittoria* an der Uferpromenade mit ihren zahlreichen Cafés und Restaurants und dem kleinen Park am Meer. Hier pulsiert das Leben von Marciana Marina, die alten Männer des Ortes treffen sich auf den Parkbänken, idyllisch der Blick aufs Meer und den kleinen Hafen. Östlich von der Hafenpiazza befindet sich das historische Viertel *Cotone* mit dem gleichnamigen großen Felsen, dessen Einbuchtungen den Fischern früher als natürlicher Hafen dienten. In westliche Richtung erstreckt sich von der Piazza della Vittoria eine etwa 1 km lange Uferpromenade mit vielen Bars, Restaurants und kleinen Läden bis zum geschützten Yacht- und Fischerhafen am Ende der Bucht. Er wird von der zylindrischen *Torre Pisana* (Pisanerturm) überragt, die im 12. Jh. als Wachturm gegen die Sarazenen erbaut wurde und im 20. Jh. dem elbanischen Schriftsteller *Raffaello Brignetti* als Wohnsitz diente.

Daneben schließt in westliche Richtung der *Strand La Fenicia* an: glasklares Wasser und große, glatte Kieselsteine, auch Sonnenschirm- und Liegestuhlverleih (Achtung: Leser berichteten hier über gelegentliche Quallen an diesem Strand). Eine Badealternative findet man etwas westlich davon: ein befestigter Weg führt zu einem kleinen Strand mit Felsen. Wenig attraktiv dagegen der schmale Strand entlang der

Karte S. 191

Uferpromenade. Die Bademöglichkeiten in westliche Richtung sind beschränkt, nur ein paar winzige Kies-/Felsbuchten, u. a. die *Spiaggia Remonto* und die *Spiaggia Crocetta*, die jedoch nur über steile Abstiege zu erreichen sind (beschildert).

Wer sich am 12. August in Marciana Marina aufhält, sollte auf keinen Fall die Feierlichkeiten zu Ehren der Ortspatronin *Santa Chiara* versäumen – ein farbenfrohes Fest mit großer Prozession und Feuerwerk. Der Ort glänzt im Festschmuck, entlang der Hafenmauer stehen Kerzen, und mit Lampions beleuchtete Fischerboote fahren aufs Meer hinaus.

Marciana Marina eignet sich auch als „Basislager" für Wandertouren in die westelbanische Bergwelt, und die sicherlich reizvollste Küstenwanderung, die man auf Elba unternehmen kann, führt von hier nach Sant'Andrea. Die Busverbindungen von und nach Marciana Marina sind gut, es gibt ausreichend Unterkünfte der verschiedensten Kategorien und zahlreiche Restaurants für jeden Geschmack, darüber hinaus Bootsausflüge vom Hafen, eine Tauchschule, es werden auch Motorboote vermietet.

Geschichte

Am Anfang war der pisanische Turm, sonst nichts. Marciana Marina ist ein vergleichsweise junger Ort, bis ins 17. Jh. hinein standen hier nur wenige Hütten, die den Fischern aus Marciana Alta und Poggio als Unterschlupf dienten. Wegen der häufigen Pirateneinfälle zog man sich damals bevorzugt ins weniger zugängliche Bergland zurück. Als diese Gefahr im 17. Jh. gebannt war, entstand mit der kleinen Siedlung *Il Cotone* im Osten der Bucht ein erstes bescheidenes Fischerdorf. *Marina di Marciana,* der Hafen von Marciana Alta, entwickelte sich mehr und mehr zum bedeutenden Handelszentrum, das im 18. Jh. sogar die Hauptstadt Portoferraio in den Schatten stellte. Auch Marciana Alta geriet durch den aufstrebenden Im- und Exporthafen mehr und mehr ins Hintertreffen, zur Unabhängigkeit gelangte der Küstenort aber erst im Jahr 1884 und nannte sich fortan Marciana Marina. Neben dem Handel waren der Fischfang wie auch der Weinbau im 19. Jh. und in der ersten Hälfte des 20. Jh. die wichtigsten Einnahmequellen des Ortes. Der heute so geschützte Hafen wurde in dieser Form erst 1911 angelegt. Mittlerweile spielt der Fischfang in Marciana Marina keine große Rolle mehr, er wurde durch den Tourismus, der ab Mitte der 1950er Jahre hier Einzug gehalten hat, als Hauptwirtschaftszweig abgelöst.

Information/Verbindungen/Mietfahrzeuge/Veranstaltungen/Kino

• *Information/Reisebüros* **A.P.T.**, offizielles Informationsbüro im Pavillon an der Piazza della Vittoria, in der Hochsaison tägl. außer Mi 10–13 und 19.30–23 Uhr geöffnet, in der Nebensaison (ab Ostern bis ca. Ende Sept.) Mo–Fr vormittags von 10–13 Uhr, teilweise auch Sa/So. Das angebotene Infomaterial ist überschaubar. ✆/℡ 0565/998112.

ABV Agenzia Brauntour Viaggi, informativ, hilfsbereit und freundlich, bei der Piazza Vittorio Emanuele. Zimmer- und Appartementvermittlung sowie Fähr- und Zugtickets, als Paket werden auch Unterkunft und Tauchkurse (mit dem Elba Diving Center, s. unten) angeboten, Bootsausflüge nach Capraia, Pianosa und Giglio können vermittelt werden. Das Reisebüro ist eine gute Anlaufstelle in Marciana Marina. Ganzjährig geöffnet, im Sommer Mo–Sa 9–13 Uhr und 16–20 Uhr, im Juli/August auch 21.30–23.30 Uhr, So nur 9–13 Uhr und 21.30–23.30 Uhr. Im Winter Mo–Fr 9–12.30 Uhr und 15.30–19 Uhr, Sa 9–12.30 Uhr, So geschlossen. Via Cavalotti 10, 57033 Marciana Marina (LI), ✆ 0565/996873, ℡ 0565/996824, www.abviaggi.it.

• *Verbindungen/Parken* Von 8–19 Uhr fast stündlich **Busse** nach Marciana Alta und weiter nach Pomonte. Von 7–21 Uhr etwa stündlich über Procchio nach Portoferraio; in Procchio Umsteigemöglichkeit nach Marina di Campo.

Blick auf Il Cotone – das alte Fischerviertel von Marciana Marina

Parkplätze gibt es ausreichend am Rand des Zentrums, in der Regel gebührenfrei.

• *Taxis* In Marciana Marina unter ☏ 0565/99447 oder 338/7607389 (mobil) zu erreichen. Die Fahrt nach Portoferraio kostet ca. 38 €.

• *Autos und Zweiräder* Bei **Mazzei Bibi** in der Via XX. Settembre (beim Übergang der Piazza della Vittoria zur Via G. Mazzini in die Gasse hinein) auf der linken Seite. Kleinwagen ab 45 € pro Tag (9–19 Uhr, bei 24-Std.-Miete 15 € mehr), Scooter (für 2 Pers.) 9–19 Uhr 40 € (24 Std. 50 €), auch MTBs für 15 €/Tag. Ostern bis Mitte Okt. täglich 7.30–22 Uhr geöffnet, ☏ 0565/99447 oder 0565/996662 (abends), mobil unter 333/6147165 oder 338/7607389 zu erreichen.

• *Motorboote* Bei **Elba Yacht Assistance** am Dorfstrand gegenüber dem Hotel Marinella, kleine Boote für 3–4 Pers. (25 PS) ab 50 € pro Tag, Benzin extra. Etwa 20. Mai bis Ende Sept. geöffnet, ☏ 338/7433696 oder 329/4171385 (mobil).

Ein Stück weiter Richtung Torre befindet sich ein weiterer Bootsverleiher: **Isola d' Elba Rent Boat**. Motorboote mit und ohne Führerschein für max. 10 Pers. (40 PS) im Juli/August 119–139 € pro Tag, halber Tag 75–85 €, in der Nebensaison ab 69 €/Tag. Mai bis Okt. geöffnet. Viale Regina Margherita 62 (schräg gegenüber vom Hotel Marinella), ☏ 0565/99404 oder 333/6863986 (mobil).

• *Veranstaltungen* Um die letzte Juniwoche findet der **Elba Maremarathon 60 Miglia** statt, das Kajakrennen um die Insel Elba in vier Etappen, Infos unter www.seakayak italy.com.

Mediterraneo Jazz Festival Isola d'Elba, internationales Jazz-Treffen, zehn Tage von Ende Juni bis Anfang Juli, www.elbamjf.org.

Musica del Mondo, internationales Musikfestival am zweiten Wochenende im August (Näheres unter: www.musicadelmondo.it).

Alljährlich am 12. August begeht man in Marciana Marina das Fest der Ortspatronin **Santa Chiara** (s. oben).

Über den ganzen Sommer verteilt (Mai bis Okt.) finden ab Marciana Marina außerdem *Segelregatten* statt.

• *Kino* **Cinemare**, Freilichtkino (nur im Sommer) in der Via Dussol, gezeigt werden hauptsächlich italienische Filme und Hollywood-Mainstream. Programme liegen in Reiseagenturen, Geschäften und Hotels aus.

Adressen/Einkaufen/Bootsausflüge/Wassersport

• *Adressen* **Erste Hilfe**, Viale Regina Margherita (Uferpromenade), ☏ 0565/904436.

Bank, diverse im Zentrum, z. B. auf dem Viale Cerboni (Durchgangsstraße Richtung Marciana Alta).

Post, in der Via Lloyd, Seitenstraße des Viale P. Amedeo, der nach Marciana Alta führt. Mo–Fr 8.15–13.30 Uhr, Sa bis 12.30 Uhr.

Polizei, im Rathaus an der Piazza Vittorio Emanuele im Zentrum, ☏ 0565/904490.

Der Westen der Insel
Karte S. 191

Hafenpolizei, neben dem pisanischen Turm am großen Hafenbecken (östl. Uferpromenade), ✆ 0565/99169.

• *Einkaufen* Jeden Dienstag 8–13 Uhr **Markt**. Einen großen **Spar-Supermarkt** findet man in der Via Dussol.

• *Bootsausflüge* Im Sommer 2x tägl. mit dem **Glasbodenboot Nautilus** zur Westküste, 14.30 und 17 Uhr (Sa/So nur um 14 Uhr), Dauer ca. 2 Std., pro Pers. 15 €, Kinder unter 12 Jahren 8 €, Tickets an Bord, eine Tafel mit weiteren Informationen hängt aus, Abfahrt vom östlichen Steg des Hafens, dem Molo del pesce, kaum zu übersehen. ✆ 328/7095470 (mobil), www.aquavision.it.

Des Weiteren legen die meisten Ausflugsschiffe von Portoferraio zu den **Inseln Capraia und Pianosa** in Marciana Marina einen Zwischenstopp ein: im Sommer täglich nach Pianosa (ganztägig, pro Pers. 34 €, Kinder 4–12 Jahre 20 €, die Überfahrt dauert ca. 75 Minuten); 1x wöchentlich nach Capraia (immer Freitag), ebenfalls ganztägig (pro Pers. 25 €, Kinder 15 €, Überfahrt 75 Minuten); außerdem 4x wöchentlich nach **Korsika** (ganztägig, pro Pers. 35 €, Kinder 4–12 Jahre 20 €, Überfahrt ca. 2 Std.). Weitere Infos und Buchungen bei Aquavision, ✆ 329/2021220 oder 328/7095470 (beide mobil), www.aquavision.it oder bei *Brauntour Viaggi* (s. oben).

• *Wassersport* Die italienische Tauchschule **Elba Diving Center** vermietet auch Taucherausrüstungen und ist um Flaschenfüllungen besorgt. Tauchgang 35–40 €, ab zwei Tauchgängen wird es günstiger, Kurse in englischer Sprache (Open Water Diver), Exkursionen u. a. nach Pianosa und Capraia. Ganzjährig geöffnet, nahe Hotel Yacht Club in der Via Aldo Moro 42 gelegen (hinter dem Friedhof). 57033 Marciana Marina (LI), ✆ 0565/904256, mobil 347/0126669, 📠 0565/535510, www.elbadiving.it. Infos und Buchungen auch bei *Brauntour Viaggi* (s. oben).

Übernachten

*** **Yacht Club (2)**, gut ausgestattete und zweckmäßige Zimmer, freundlicher und hilfsbereiter Service. In einer Seitengasse der Promenade (in Hafennähe beim pisanischen Turm). Die meisten Zimmer sind ohne Balkon, dafür sorgt eine Klimaanlage für kühle Frischluft. Anfang April bis Anfang Okt. geöffnet. DZ mit Bad, TV und Frühstücksbuffet 118–144 €, EZ 83–101 €. Via Aldo Moro, 57033 Marciana Marina (LI), ✆ 0565/904422, 📠 0565/904465, www.hotelyachtclub.it.

*** **Marinella (4)**, Bestlage am wenig attraktiven Dorfstrand. Großer Swimmingpool und Tennisplätze, beliebtes Hotelrestaurant. Alle Zimmer mit Bad, TV und Aircondition, z. T. mit Balkon, Anfang April bis ca. Ende Sept. geöffnet. DZ mit obligatorischer Halbpension im Juli 130–140 €, im August 160–200 €. Lungomare Regina Margherita 38, 57033 Marciana Marina (LI), ✆ 0565/99018, 📠 0565/996895, www.elbahotelmarinella.it.

*** **Gabbiano Azzurro (15)**, an der Straße Richtung Marciana Alta, mit Pool im palmenbestandenen Garten. April bis Okt. geöffnet. Die Preise (Zimmer mit Bad, TV, Aircondition und z. T. Balkon) sind mode-

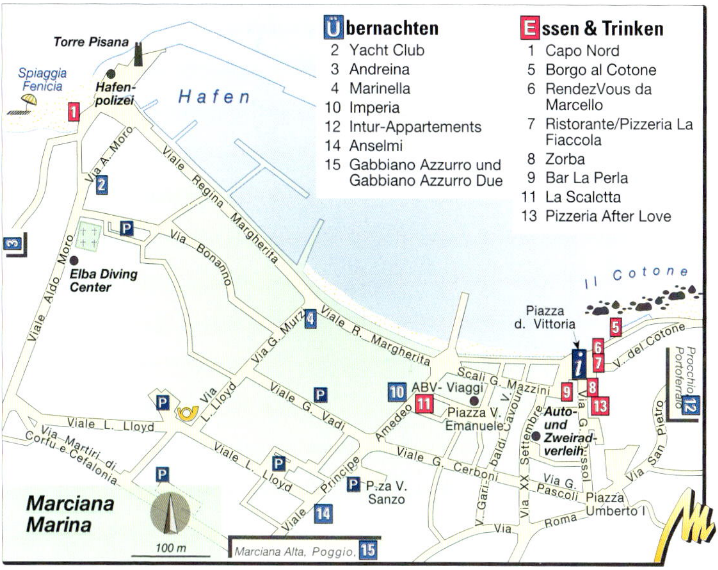

rat: EZ 65–100 €, DZ 110–130 €, je inkl. Frühstück. Viale Principe Amedeo, 57033 Marciana Marina (LI), ✆ 0565/99226, 📠 0565/99497, www.hotelgabbianoazzurroelba.it.

**** **Gabbiano Azzurro Due (15)**, nobler und teurer als das benachbarte Gabbiano Azzurro: mit Hallenbad und großem Außenpool, Fitnessraum. Ende März bis Anfang Nov. geöffnet. DZ mit Frühstück 160–200 €, EZ 120–150 €. Viale Principe Amedeo 94, 57033 Marciana Marina (LI), ✆ 0565/997035, 📠 0565/997034, www.hotelgabbianoazzurrodue.it.

** **Imperia (10)**, Viale Principe Amedeo (Seitenstraße der Uferpromenade), angenehmes, kleines Mittelklassehotel in zentraler Lage, sympathischer Service, Zimmer mit Bad, Kühlschrank, TV und z. T. Balkon. Anfang April bis Ende Sept. geöffnet. günstig: DZ im Juli 78–98 € (im August 98–138 €), EZ im August 74–94 €, Frühstück inbegriffen, in der Nebensaison deutlich günstiger. Viale Principe Amedeo 12, 57033 Marciana Marina (LI), ✆ 0565/99082, 📠 0565/998742, www.hotelimperia.it.

** **Anselmi (14)**, an der Straße nach Marciana Alta auf der linken Seite (ca. 200 m von der Uferpromenade), daher etwas laut, man sollte sich um ein Zimmer zur Rückseite bemühen. Gut gepflegtes Hotel, Garten und Terrasse nach hinten hinaus, alle Zimmer mit Bad, TV und Kühlschrank, Mitte März bis Anfang Nov. geöffnet. DZ 100–110 €, im Juli 85 €, in der Nebensaison deutlich günstiger, Frühstück ist inklusive. Viale Principe Amedeo 35, 57033 Marciana Marina (LI), ✆/📠 0565/99078, www.hotelanselmi.it.

• *Außerhalb* ** **Andreina (3)**, in der westlichen Nachbarbucht La Cala, ca. 3,5 km auf Asphaltstraße von Marciana Marina entfernt. Abgelegenes Hotel mit Ristorante, familiäre Atmosphäre, für Ruhesuchende. Geöffnet April bis Ende Okt. Von der Torre Pisana am Hafen führt die schmale Straße zunächst steil bergauf und dann durch den Wald nach La Cala. Nur 8 Zimmer mit Bad, TV und Aircondition. DZ mit Frühstück 120–140 €, mit Halbpension 140–160 €. Loc. La Cala, 57033 Marciana Marina (LI), ✆ 0565/908150, www.hotelandreinaelba.it.

• *Appartements* **Intur Residence (12)**, 1,5 km außerhalb von Marciana Marina an der Straße nach Procchio (beschildert). In schöner Lage am Hang, schattiger Garten, Stufen zum Meer hinunter, Einstieg an der felsigen Küste über Treppen (oder das Sprungbrett), Sonnenterrasse. Nur 15 recht schlichte 1- bis 3-Zimmer-Appartements mit Küche, Bad und Terrasse/Balkon zum Meer. Den Gästen stehen Mountainbikes, Kajaks, Surfbretter und Ruderboote kosten-

Der Westen der Insel
Karte S. 191

los zur Verfügung. Anfang April bis Anfang Okt. geöffnet. Ruhige Lage, im Juli/Aug. nur wochenweise zu mieten: für 2 Pers. 890–1030 €, für 4 Pers. 1160–1480 €, für 6 Pers. 1450–1850 €, außerhalb der Hochsaison fallen die Preise erheblich (teilweise nur noch halber Preis), dann ist auch eine kürzere Mietdauer möglich. Via Provinciale 13, 57033 Marciana Marina (LI), ✆/℻ 0565/99185, im Winter 0362/238257, www.intur.it.

Essen & Trinken (s. Karte S. 217)

Capo Nord (1), am pisanischen Turm (Hafen), eine der ersten Adressen, nicht nur in Marciana Marina, sondern auf ganz Elba. Nobles Ambiente, geschulter Service, herrliche Lage am Meer, ausgezeichnete Küche zu entsprechend gehobenem Preisniveau. Mittags gibt es auch schnelle Snacks (nicht ganz so teuer), zum abendlichen Dinieren auf der Terrasse sollte man reservieren. ✆ 0565/996983.

La Scaletta (11), unser **Tipp!** Hervorragende Pizzeria und ausgezeichnetes Ristorante, sehr günstig. Sehr flotter und freundlicher Service, der auch die Nerven behält, wenn es allabendlich proppenvoll wird – und die Gäste in der Warteschlange die kleine Seitengasse bei der Piazza Vittorio Emanuele bevölkern. Nette Atmosphäre, eines der beliebtesten Restaurants in Marciana Marina. Nur abends ab 19 Uhr geöffnet, Via della Fossa 6, ✆ 0565/997071.

Ristorante Borgo al Cotone (5), ebenfalls ein **Tipp** ganz am Ende der Uferpromenade, noch hinter dem „RendezVous" und wie dieses ebenfalls oft voll. Gehobenes Restaurant, in dem man samstagsabends schick zum Essen ausgeht. Wir probierten als Antipasto ein leckeres Baccalà mit Birne und Honig, auch am Antipasto del Mare gab es nichts auszusetzen, als Hauptgericht pesce spada alla griglia für 15 € und große Maccaroni mit Tomatensauce, dazu knackig frischen Salat. Wein nur flaschenweise (kleine Flasche ab 8 €, normale Flasche ab 15 €). Freundlicher, flinker Service. Mittags und abends geöffnet, Via del Cotone 23, Tischreservierungen für abends werden unter ✆ 0565/904390 erbeten.

Ristorante/Pizzeria La Fiaccola (7), ein weiterer **Tipp**, in der „Fressmeile" um die Piazza della Vittoria gelegen. Sehr gute Küche zu angemessenen Preisen, das Risotto mit Meeresfrüchten hervorragend, der Tintenfisch „alla Diavola" sehr zart und mit pikanter

Schärfe, zum krönenden Abschluss Panna Cotta mit frischen Erdbeeren. Guter Hauswein, nette Terrasse, der Service ist okay. Mittags und abends geöffnet, abends gibt es auch Pizza. In der Nebensaison Do geschl. Piazza della Vittoria 6, ✆ 0565/99094.

RendezVous da Marcello (6), neben La Fiaccola, ausgezeichnete Küche (seit vielen Jahren regelmäßig in einschlägigen Gastroguides geführt), gehobene Preisklasse, gediegenes Publikum, sehr beliebt. Reservierung erwünscht, mittags und abends geöffnet, Piazza della Vittoria, ✆ 0565/99251 oder 0565/99298.

Zorba (8), klingt griechisch, ist aber ein original italienisches Ristorante mit typischen Gerichten bei mittleren Preisen. Ebenfalls an der Piazza della Vittoria gelegen, innen ein schöner Raum mit Holzdecke, draußen sitzt man direkt auf der Piazza. Ganzjährig mittags und abends geöffnet, Mo geschlossen, ✆ 0565/99225.

After Love (13), hieß früher mal First Love, so können sich die Zeiten ändern. Pizzeria mit Tischen auch draußen in der engen Gasse. Via G. Dussol 9/13 (Seitenstraße der Piazza della Vittoria). Nur abends geöffnet, ✆ 0565/904382.

Bar La Perla (9), exzellentes, selbst gemachtes Eis in der schönen Bar an der Piazza della Vittoria.

Snacks und Aperitivo gibt es auch bei den beiden Bars bei der Torre Pisana.

Schön sitzt man auf der Piazza Vittorio Emanuele (hier auch einige Restaurants), auf der im Sommer das Jazzfestival stattfindet.

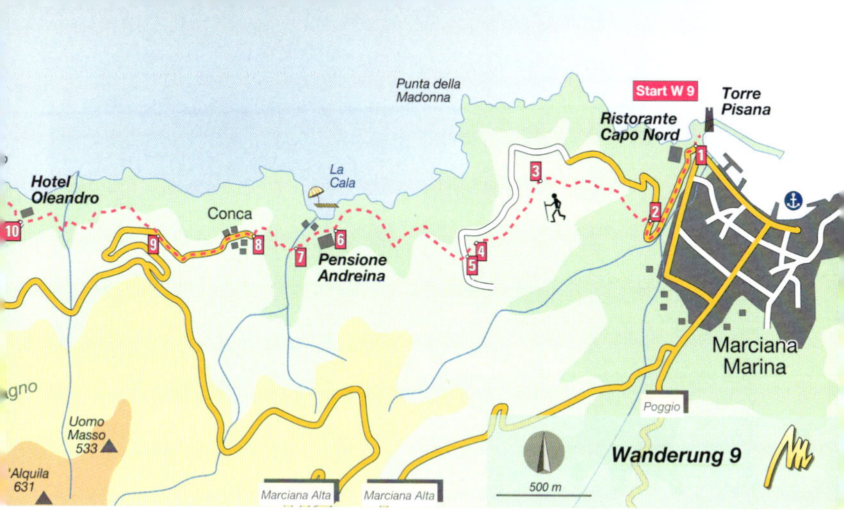

Wanderung 9: Küstenwanderung von Marciana Marina nach Sant'Andrea

Eine der schönsten Wanderungen, die man auf Elba unternehmen kann – durch üppiges Grün und über Weinterrassen, dazwischen lauschige Buchten und ein herrlicher Weitblick hinüber nach Capraia und bis zur Nordspitze Korsikas.

> Mittels **GPS kartierte Wanderung**
> Waypoint-Dateien zum Downloaden unter:
> *www.michael-mueller-verlag.de/gps/homepage.html*

Verbindungen: Von Sant'Andrea zurück zum Ausgangspunkt in Marciana Marina zu gelangen, kann im ungünstigsten Fall mit einigem Leerlauf verbunden sein: Zunächst geht es mit dem *Marebus* (fährt nur im Sommer) von Sant'Andrea hinauf nach Zanca, dort in der Regel Wartezeit auf den Bus via Marciana Alta nach Marciana Marina. Näheres zu Verbindungen s. auch unter Sant'Andrea, S. 202. Besorgen Sie sich einen Busfahrplan sowohl für die A.T.L.-Busse als auch für den Marebus!

Versorgung: Bars und Restaurants in Marciana Marina, beim Hotel Andreina in La Cala, beim Hotel Oleandro und in Sant'Andrea.

Kurzbeschreibung: Nur im ersten Teil gibt es eine längere (und anstrengende) Steigung, ansonsten in relativ gemächlichem Auf und Ab an der Küste entlang. Achtung: Bei stärkerem Wellengang wird der Strandabschnitt von Cotoncello (bei Sant'Andrea) unpassierbar, man muss einen ca. 25-minütigen Umweg in Kauf nehmen. Gesamtdauer: ca. 2,5–3 Std. Länge: ca. 7,5 km, Höhenunterschied: ca. 480 m.

Kartenmaterial: s. oben, zu empfehlen außerdem: Reise- und Wanderkarte Insel Elba (Nr. 502), 1:25.000, Edizioni Multigraphic Florenz, für 6 € im Buchhandel der Insel erhältlich (z. B. bei *Il Libraio* in Portoferraio, s. S. 101).

Ausgangspunkt der Wanderung ist das Ristorante Capo Nord **(WP 01)** am Pisanischen Turm in Marciana Marina. Hier geht es auf Asphaltstraße (Beschilderung Hotel Andreina) über eine kleine Brücke, die Straße führt nun stetig bergauf. Nach ca. 15 Minuten Anstieg geht es ca. 70 m nach einer Rechtskehre nach links ab in den Wald hinein auf einen Pfad **(WP 02)**, der zunächst an einem grünen Zaun rechter Hand entlangführt (kaum sichtbare rot-weiße Markierung).

Fast am Ziel – der Strand Cotoncello bei Sant'Andrea

Der schwachen rot-weißen Markierung folgend, geht es auf dem Pfad durch lichten Wald am Zaun entlang stets bergauf, Abzweigungen nach links sind zu ignorieren. Nach schweißtreibend steilem, etwa 15-minütigem Aufstieg wird es etwas flacher, der Pfad etwas breiter, noch immer folgt man der schwachen rot-weißen Markierung. Nach etwa 45 Minuten ab Ausgangspunkt erreichen Sie eine beschilderte Kreuzung **(WP 03)**, wo man den Pfad nach halblinks hinunter nach La Cala einschlägt. Nach gut 5 Minuten ab der Kreuzung trifft man auf eine Abzweigung **(WP 04)** nach rechts hinunter, die aber zu ignorieren ist, geradeaus geht es weiter nach La Cala. Nach kurzer Zeit kreuzt man nun die Schotterstraße **(WP 05)** und nimmt nach etwa fünf Metern den wieder in den Wald führenden Pfad nach rechts hinunter (Beschilderung La Cala). Eine Abzweigung nach links (nach Marciana Alta) ist zu ignorieren, es geht nun mit schönem Küstenblick an einem idyllisch gelegenen kleinen Häuschen vorbei bergab, Abzweigungen aller Art sind zu ignorieren. Nach einem kurzen Wegstück oberhalb der Steilküste (Zäune) hat man nach einer Gesamtgehzeit von ca. 1 Std. 15 Min. das Hotel Andreina **(WP 06)** mit Restaurant in La Cala erreicht. Die kleine, saubere Kiesbucht unterhalb lädt zum Baden ein.

Von der Bucht La Cala geht es auf demselben Pfad weiter in Richtung Sant'Andrea, man geht zwischen zwei Häusern hindurch und kommt kurz darauf an einem Anwesen auf der linken Seite vorbei. Nachdem man kurz darauf einen Bach überquert hat, geht es sofort nach links steil hinauf **(WP 07)**, die rot-weiße Markierung ist kaum erkennbar. 15–20 Minuten geht man nun auf steinigem Pfad steil bergauf, etwa auf halber Strecke passiert man ein frisch restauriertes Haus. Oben angekommen, führt der Pfad durch Weinberge oberhalb der Küste und an einem weißen Haus auf der rechten Seite vorbei, bevor man nach wenigen Metern die Kreuzung **(WP 08)** in Conca erreicht hat.

Von der Kreuzung geht es rechts hinunter auf asphaltierter Straße (Schild S. Andrea), zunächst eben, dann ca. 10

Minuten schattenlos bergauf, bis man – kurz nach der Kapelle – beim Haus Nr. 36 (Via Maciarello) nach rechts hinunter auf den Betonweg **(WP 09)** einbiegt (Beschilderung S. Andrea). Von diesem geht es nach wenigen Metern geradeaus den Pfad hinunter, es folgt der schönste Abschnitt der Strecke: auf beschaulichem Pfad über der Küste, mit Blick auf das Festland, nach Capraia, Korsika und auf die Bucht von Sant'Andrea. Kurz darauf befindet man sich in üppiger, dichter Vegetation, bis man zu einem Haus gelangt, an dem es links abgeht (Pfeil auf dem Fels: „Sant'Andrea"). Kurz darauf geht es über eine Betonbrücke und nach wenigen Minuten über eine schmale Betonstraße, bis man das Hotel Oleandro **(WP 10)** mit herrlichem Terrassenristorante über dem Meer erreicht hat.

Vom Hotel Oleandro führen Treppen (Beschilderung S. Andrea) und ein Pfad hinunter zur Spiaggia Cotoncello: Einige der imposanten Felsen sehen aus, als würden sie gleich umkippen und ins Wasser stürzen, andere gehören zu den berühmten Steinmonstern Elbas (siehe Kasten, S. 200/201) oder aber wirken, als hätte sie Picasso höchstselbst aus schwarzem Stein gemeißelt. Am Cotoncello-Strand gibt es auch einen kleinen sandigen Abschnitt, ansonsten lässt man sich hier auf den Felsen nieder.

Der Pfad führt nun über die Felsen (eingehauene Treppen und kleine Brücken) in wenigen Minuten nach Sant'Andrea. Achtung: Bei nur mittelmäßigem Seegang ist der Felspfad oft überspült, wir möchten in diesem Fall von der Begehung dringend abraten (besonders mit Kindern)! Der Alternativweg führt vom kleinen Sandstrand links ab auf einen Pfad den Berg hinauf, dann noch einmal ca. 20 Minuten auf Asphaltstraße zum Strand von Sant'Andrea, wo zwei Bars zur verdienten Rast einladen. Der *Marebus* hält am Parkplatz hinter dem Strand.

Buchten zwischen Marciana Marina und Procchio

Großer Beliebtheit erfreuen sich die kleinen Badebuchten an der zerklüfteten Küste zwischen Marciana Marina und dem 6 km entfernten Procchio. Parkplätze findet man an der Straße (an Wochenenden der Hochsaison allerdings nur schwerlich), meist führen kleine Pfade hinunter zum Strand.

- **Redinoce**: Knapp 3 km von Marciana Marina, ein Schild weist hinunter zum Kiesstrand mit Sonnenschirm- und Liegestuhlverleih.
- **Paolina**: Die östliche Nachbarbucht von Redinoce, sehr malerisch ist hier die kleine *Isola della Paolina* vorgelagert. Ebenfalls beschildert, der Pfad führt von der Straße in Serpentinen und Stufen hinunter zum überaus einladenden kleinen Sandstrand mit netter Bar. Hier auch Sonnenschirm-/Liegestuhl- und Tretbootverleih.
- **Spartaia**: Gut 1 km außerhalb von Procchio (beschildert, Straße zum Strand), ein wirklich wunderschöner, relativ kleiner Sandstrand, an dem es allerdings recht dicht gedrängt zugeht. Ein großer Teil des Strandes ist vom Hotel Désiree belegt, das Parken kann an Sommerwochenenden zum Problem werden – die Kapazitäten sind begrenzt. Mit Bar, Sonnenschirm- und Liegestuhlverleih.

Procchio

Auffallende rote Ziegeldächer verstreut in einem grünen Tal, diverse Pauschalhotels, einige Pensionen und ein sehr schöner, gepflegter Sandstrand in der weiten Bucht des gleichnamigen Golfs – Procchio ist ein gepflegter, aber gesichtsloser Touristenort ohne Vergangenheit. Nach einer beschaulichen Dorfpiazza und dem damit verbundenen Flair sucht man hier vergebens, „Zentrum" des Dorfs ist die

Der Westen der Insel
Karte S. 191

breite und autofreie Promenade zum Strand mit ihren Bars, Restaurants und Souvenirshops. Auch an der viel befahrenen Durchgangsstraße finden sich zahlreiche Café-Bars, Andenkenläden und Pizzerien. Außerdem gibt es noch die moderne Ladenpassage „Il Salotto di Procchio" unter hölzernen Arkaden – Souvenirshops, Gelaterie, Cafés und ein Bancomat. Jeden Donnerstagvormittag macht der Inselmarkt auch in Procchio Station.

Eine schöne Kulisse im Hintergrund des Ortes bilden die auslaufenden Berghänge des *Monte Capanne*. Die Attraktion von Procchio ist der herrliche, ca. 1 km lange und bis zu 20 m breite Sandstrand mit Sonnenschirm- und Liegestuhlverleih, Anlegesteg, Umkleiden, Tretbootverleih sowie einigen Bars und Restaurants. Am linken Ende der Bucht bizarre Felsformationen – gut zum Schnorcheln. Etwas längeren Atem braucht man, wenn man zum gesunkenen römischen Handelsschiff will, das seit gut 1800 Jahren ca. 50 m vor der Küste liegt.

• *Verbindungen* Sehr gute Busverbindungen, von ca. 7.30–21 Uhr halbstündlich nach Portoferraio, 7.30–18.30 Uhr etwa stündlich über Marciana Marina nach Marciana Alta sowie 7–19 Uhr ca. stündlich über Marina di Campo nach Fetovaia (Westküste) und weiter nach Pomonte. Der **Marebus** fährt im Juli/August etwa stündlich zu den Stränden *Spartaia* und *Paolina*.

Mehrere gebührenpflichtige **Parkplätze** im Zentrum, wer kostenlos parken will, muss ein gutes Stück zum Strand laufen.

• *Wassersport* Tauchen bei **Diving in Elba**, Piazza del Mare 2, ✆/℻ 0565/907251, mobil unter ✆ 347/3715788 bzw. 333/6758555, www.divinginelba.com.

Deutsche **Segelschule Procchio** am Strand, hier auch Surfkurse, Jollensegeln, Törns, Yachtcharter und diverse Scheine.

✆ 334/3793949 (mobil), ℻ 0565/907496, www.segelschule-elba.de.

Motorbootverleih (auch ohne Führerschein) bei **Rent Malua** am Strand, halber Tag ab 65 €, ganzer Tag ab 95 €, ✆ 333/2699287.

• *Übernachten* Hauptsächlich in (Pauschal-) Hotels der gehobenen Kategorie – die Preise nehmen es hier locker mit dem benachbarten Biodola auf. Und auch sonst ist Procchio ein eher teures Pflaster, es gibt nur wenige (einigermaßen bezahlbare) Pensionen im Ort. Kein Campingplatz, dafür ein Wohnmobilparkplatz (an der Straße Richtung Marina di Campo).

*** **Monna Lisa**, am Ortsausgang Richtung Marciana Marina links ab, beschildert. Relativ ruhige Lage in einer Seitenstraße, gepflegtes, etwas altmodisches Mittelklassehaus, im Salon lächelt die Namensgeberin (natürlich als Kopie und mit einem „n"). Freundlicher Service, Parkplatz am Haus. „All inclusive" lautet die Philosophie – Wasser, Hauswein und ein leichter Mittagssnack sind in den Halbpensionspreisen inbegriffen. Mitte April bis Anfang Okt. geöffnet. DZ mit obligatorischer Halbpension 210–250 €, in der Nebensaison 120–130 €, EZ nur in der Nebensaison. Via Fonte al Leccio 10, 57030 Procchio (LI), ✆ 0565/907519, ℻ 0565/907279, www.hotelmonnalisa.it.

• *Essen & Trinken* Einige Strandbars und Restaurants versorgen die Badegäste tagsüber mit Snacks, abends bieten sie neben der herrlichen Terrasse am Meer oft auch das volle Menü-Programm, z. B. das **Ristorante Il Delfino**. Weitere Restaurants (z. T. auch ziemlich gehoben) auf der Promenade zum Strand.

Sehr gute Bruschette und andere Snacks gibt es bei der **Bar Pippo** im „Salotto". Günstig, freundlicher Service, auch Gelateria. Ganztägig geöffnet, Corso di Procchio 4.

Giglio Porto – einer der idyllischsten Häfen des Archipels

Die kleinen Inseln des Toskanischen Archipels

Gorgona, Capraia, Pianosa, Montecristo, Giglio und Giannutri – die kleineren Inseln des Toskanischen Archipels von Nord nach Süd. Bekannt ist eigentlich nur die noble Insel Giglio, die der Halbinsel Monte Argentario vorgelagert und von dort in knapp einer Stunde mit der Fähre zu erreichen ist. Und natürlich Montecristo – wer kennt sie nicht, die sagenumwobene Schatzinsel aus dem berühmten Roman von Alexandre Dumas.

Über touristische Tradition und die entsprechende verkehrstechnische Anbindung verfügt neben *Giglio* vor allem die Insel *Capraia*. Auf der völlig flachen Insel Pianosa, die am nächsten zur toskanischen Hauptinsel Elba liegt, wurde erst im Sommer 1998 die Strafanstalt geschlossen, seither ist die Insel täglich für maximal 250 Tagesausflügler zugänglich. Für die anderen kleinen Inseln gelten strengere Auflagen in punkto Besucherzahlen: *Montecristo* und *Gorgona,* die kleinsten der toskanischen Inseln, können nur nach langer vorheriger Anmeldung besucht werden: Montecristo, weil es bereits seit 1971 vollständig unter strengstem Naturschutz steht; Gorgona, ein italienisches Château d'If, das noch immer ein Staatsgefängnis beherbergt, wird nur allmählich einem kontrollierten Tourismus geöffnet. Bleibt *Giannutri*: Die südlichste Insel des Toskanischen Archipels (150 km von der nördlichsten Insel Gorgona entfernt) kann besucht werden, im Sommer gibt es täglich Ausflugstouren dorthin.

Karte S. 224

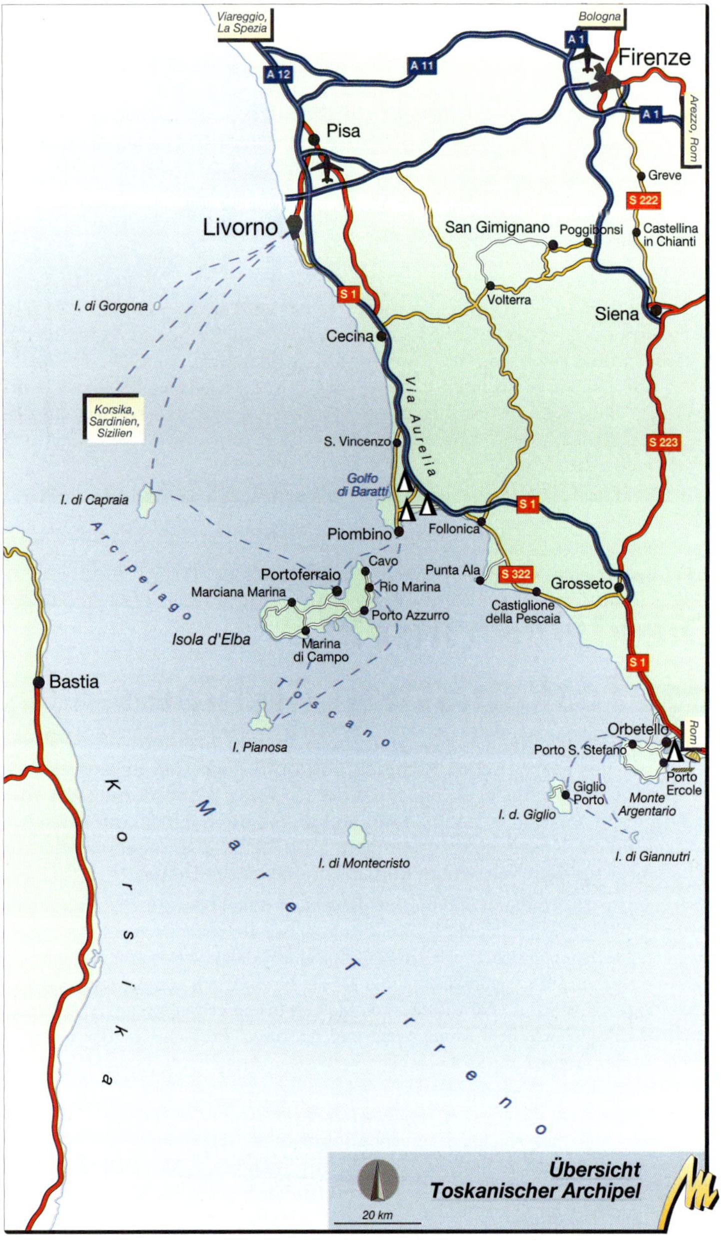
Viareggio, La Spezia
Bologna
A 1
Firenze
A 12
A 11
Arezzo, Rom
A 1
Pisa
Greve
S 222
Livorno
San Gimignano
Poggibonsi
Castellina in Chianti
S 1
I. di Gorgona
Volterra
Siena
Cecina
Via Aurelia
Korsika, Sardinien, Sizilien
S 223
S. Vincenzo
Golfo di Baratti
I. di Capraia
S 1
Piombino
Follonica
Arcipelago
Cavo
Portoferraio
Punta Ala
S 322
Marciana Marina
Rio Marina
Grosseto
Porto Azzurro
Castiglione della Pescaia
Isola d'Elba
Marina di Campo
Bastia
S 1
Toscano
I. Pianosa
Orbetello
Rom
Porto S. Stefano
Porto Ercole
Giglio Porto
Monte Argentario
I. d. Giglio
Korsika
Mare Tirreno
I. di Montecristo
I. di Giannutri
Übersicht Toskanischer Archipel
20 km

Die sieben Edelsteine der Venus

Schenkt man der Mythologie Glauben, stieg die tyrrhenische *Venus,* das römische Pendant zur griechischen *Aphrodite,* dort aus dem Meer, wo heute die toskanischen Inseln liegen. Beim Auftauchen soll sie sieben Edelsteine aus ihrem Diadem verloren haben – einen ziemlich großen und sechs kleinere. So entstand der Toskanische Archipel: der große Edelstein Elba und die etwas kleineren Gorgona, Capraia, Pianosa, Montecristo, Giglio und Giannutri.

In früheren Zeiten waren die toskanischen Inseln mit dichten Steineichenwäldern bestanden. Doch bereits die Etrusker benötigten das Holz als Brennstoff für ihre Eisenschmelzöfen. Nach und nach wurden die Inseln gerodet, an Stelle des Laubwalds trat eine anspruchslose Pflanzengesellschaft, die mediterrane *Macchia,* die heute für alle Inseln kennzeichnend ist. Dennoch haben sich besonders auf den kleineren Inseln zahlreiche endemische, d. h. nur hier vorkommende Pflanzen- und Tierarten erhalten können.

Seit Gründung des *Nationalparks Toskanischer Archipel* im Jahr 1996 versucht man, die Artenvielfalt auf den Inseln und natürlich auch im Meer zu erhalten und den ohnehin eingeschränkten Tourismus (z. B. auf Gorgona, Montecristo und Pianosa) weiterhin in geregelten Bahnen ablaufen zu lassen. Entsprechend spärlich sind die Fährverbindungen vom Festland zu den kleineren Inseln: Lediglich Giglio ist häufig mit dem Festland (Porto S. Stefano) verbunden, Capraia wird zumindest einmal täglich von einem Linienschiff ab Livorno angefahren. Pianosa ist im Sommer mindestens einmal wöchentlich mit der Linienfähre der Toremar im Rahmen eines halbtägigen Ausflugs zu besuchen. Generell ist der Toskanische Archipel am besten vom Standort Elba aus in mehreren Tagesausflügen zu erkunden – das Angebot, mit privaten Ausflugsbooten auf Pianosa, Capraia und Giglio einen Tag zu verbringen, ist vorhanden, wenn z. T. auch nur einmal wöchentlich (tägliche Ausflüge lediglich nach Pianosa). Verbindungen zwischen den Inseln bestehen so gut wie keine. Übernachtungsmöglichkeiten auf den kleinen toskanischen Inseln finden sich lediglich auf Capraia und Giglio, einige wenige Appartements ohne besondere touristische Infrastruktur gibt es auch auf Giannutri.

Gorgona, die Gefängnisinsel

Die kleinste und nördlichste der Inseln des Toskanischen Archipels beherbergt seit 1869 eine Strafanstalt und ist daher für Touristen nur sehr begrenzt zugänglich.

Das Relief der Insel ist von steil abfallenden Felsen geprägt, die fast die gesamte Küstenlinie umfassen. Der einzige Hafen der bergigen grünen Insel befindet sich an der Ostküste von Gorgona. Die Insel ist 2,2 qkm groß mit einer Küstenlänge von nicht mal 5 km; die höchste Erhebung heißt *Punta Gorgona* (255 m). Administrativ gehört Gorgona zur 37 km entfernten Küstengemeinde Livorno.

Charakteristisch für Gorgona ist eine relativ reiche Vegetation, bestehend zum Teil aus Waldstücken mit Aleppokiefern, vereinzelt treten auch Granatapfelbäume, Ulmen, Johannisbrotbäume sowie Maronen (Esskastanien) auf. Grund für

Karte S. 224

die Pflanzenvielfalt ist der lehm- und kalkhaltige Boden. Dieser bringt im Vergleich mit den anderen Inseln wie Capraia, das vulkanischen Ursprungs ist, oder Montecristo und Giglio (beide überwiegend Granitboden), wesentlich mehr Grün hervor. Die kleinen, bewaldeten Areale der Insel werden von der typischen Mittelmeer-Macchia umgeben.

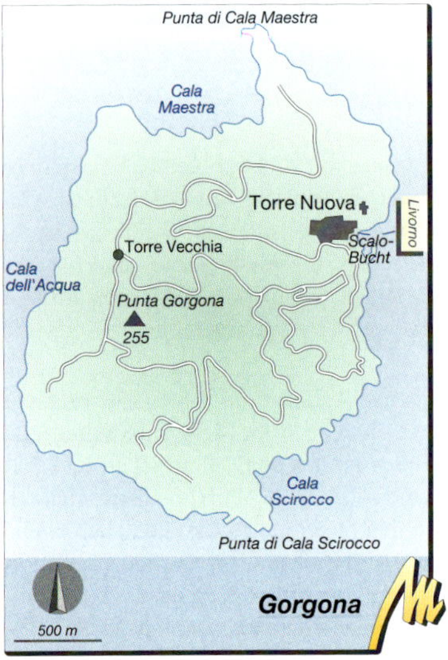

Gorgona besitzt eine endemische Pflanze, den *Lavendel von Gorgona (Limonium gorgonae)*, eine kleine, violette Blume, die an der felsigen Küste wächst. In der *Cala Maestra*, der größten Bucht der Insel im Norden, nisten große Kolonien von Silbermöwen, ansonsten leben auf Gorgona auch verschiedene Raubvögel wie Bussarde und Wanderfalken. Von den Mittelmeermönchsrobben *(Monachus monachus)*, die sich in der Antike in der *Cala Scirocco* (Südostspitze der Insel) in Scharen aufhielten, ist schon lange nichts mehr zu sehen.

Bedeutende *Geschichte* ist auf der Insel nicht geschrieben worden. Gorgona wurde wie die anderen toskanischen Inseln auch von Römern, Pisanern, Genuesen und den Appiani aus Piombino besiedelt. Lange war die Insel ein wichtiges Rückzugsgebiet für Mönche, bereits aus dem 4. Jh. sind hier Einsiedeleien nachgewiesen, und im Laufe der Jahrhunderte suchten immer wieder Benediktiner und Kartäuser auf der Insel Zuflucht vor den Wirren ihrer Zeit. Nichtsdestotrotz war auch Gorgona fortwährenden Piratenüberfällen ausgesetzt. Historische Relikte der Insel sind die mediceische *Torre Nuova* an der Anlegestelle *Scalo* (an der Ostküste) und die *Torre Vecchia* aus dem 13. Jh. (oberhalb der *Cala dell'Acqua,* Westküste). Im einzigen kleinen Inseldorf oberhalb der Anlegestelle leben ausschließlich die Beschäftigten des Staatsgefängnisses von Gorgona. Insgesamt zählt man auf Gorgona rund 200 Einwohner, 70 davon sind Häftlinge des Gefängnisses, die sich auf der Insel relativ frei bewegen können und in der Landwirtschaft bzw. Gebäuderestaurierung beschäftigt sind. Dazu kommen etwa 50 Wärter und ihre Familien sowie weitere Beschäftigte des Gefängnisses.

• *Anmeldungsformalitäten* Wer die – unter botanischen und zoologischen Gesichtspunkten – durchaus sehenswerte Insel besuchen will, wende sich (mind. zehn Tage vor dem geplanten Ausflug!) an die **Agenzia turistica Atelier del Viaggio**, Piazza Giovine Italia 15, 57126 Livorno, ✆ 0586/884154, 📠 0586/219045, www.atelierdelviaggio.it, weitere Infos unter www.coopgorgona.it. Von April bis Okt. finden 2x wöchentlich (zuletzt: So und Mo) Ganztagesexkursionen mit geführter Wanderung statt (bei gutem Wetter und Mindestteilnehmerzahl). Preis pro Pers. 56 €, Studenten 50 €, Kinder 30 €. Private Ausflüge sind nicht möglich.

Achtung Segler: Da die Insel zu etwa drei Vierteln zur Zone 1 der geschützten Gebiete des *Nationalparks Toskanischer Archipel* gehört, ist ein Anlegen verboten bzw. sind als Mindestabstand 1000 m vorgeschrieben!

Die Insel Capraia

Capraia

Capraia in Kurzform: eine schroffe, zerklüftete Felsenküste und im Inselinneren überwiegend mediterrane Macchia, nur wenige Häuser am kleinen Porto und das recht idyllische Inseldorf Capraia Isola.

Die westlichste Insel des Toskanischen Archipels – 19 qkm groß und mit einer Küstenlinie von 27 km – liegt näher an Korsika als am italienischen Festland und ist eine eigenständige Gemeinde, die zur Provinz Livorno gehört. Zur französischen Nachbarinsel in Sichtweite sind es nur 15 Seemeilen (ca. 31 km), während Livorno an der Etruskischen Riviera gut 35 Seemeilen (ca. 64 km) entfernt liegt.

Schroff ins Meer abfallende Steilküsten, kristallklares Wasser und die herbe Wildheit dieser mediterranen Landschaftsform zeichnen die Insel aus. Es gibt so gut wie keine Strände, ein Bad im Meer ist oft mit vorheriger Kletterübung verbunden. Capraia bietet andere Erholungs- und Freizeitmöglichkeiten, z. B. ausgedehnte Spaziergänge oder Wanderungen durch die unberührte Landschaft, eine Tauchschule oder auch einen Motorbootverleih. Das alles nimmt man sich aber am besten nicht im Hochsommer vor. Dann nämlich ist die kleine Insel hoffnungslos ausgebucht, und ohne vorherige Zimmerreservierung kann man sich die Anreise mit der Fähre ab Livorno oder per Ausflugsboot von Elba aus sparen.

Gut 100 Jahre lang war Capraia – wie es die Nachbarinsel Gorgona noch immer ist – eine der streng bewachten Gefängnisinseln Italiens. Als nach Schließung der Strafvollzugsanstalt 1986 die touristische Erschließung bevorstand, erklärte man Capraia umgehend zum Naturpark. Die Besucher finden hier eine italienische Variante des sanften Tourismus vor: Größere Bauvorhaben dürfen nicht mehr durchgeführt werden, und so platzen im Sommer die wenigen Hotels, Pensionen und Ap-

Karte S. 224

partements aus allen Nähten. Der Fischerhafen ist während der Hochsaison dicht belegt mit Yachten aus Elba oder Korsika und die ein- bis zweimal täglich anlegende Fähre aus Livorno bringt zusätzlich noch Tagesbesucher auf die Insel. Ganz anders präsentiert sich Capraia außerhalb der Saison: als stille, fast verlassene Insel mit gerade mal 80 Bewohnern (im Sommer sind es etwa 300).

Capraia ist auch geologisch eine Besonderheit. Als Einzige der toskanischen Inseln ist sie vulkanischen Ursprungs; entstanden durch die Eruption zweier Vulkane vor etwa 7,5 und fünf Millionen Jahren. Das Lava- und Tuffgestein wie auch die besonderen Felsformationen um den Vulkan *Zenobito* an der *Punta dello Zenobito,* der Südspitze der Insel, veranschaulichen noch heute die vulkanische Entstehung der Insel. Höchster Berg ist mit 445 m der *Monte Castello* im Norden der Insel. Wie auch auf Gorgona gibt es auf der Capraia eine Reihe endemischer Pflanzen, z. B. die *Flockenblume* und das *Löwenmaul.* Zur endemischen Fauna zählt die *Capraia-Schnecke.* Ansonsten weist die Insel eine relativ typische Mittelmeer-Macchia auf, v. a. Zistrosen, Mastix, Baumheide, Erdbeerbaum und Myrte, teilweise aber auch eine sehr karge Vegetation. Auf Capraia leben neben den – auf den toskanischen Inseln vielfach vertretenen – *Silbermöwen* als Besonderheit auch die *Korsischen Möwen,* daneben Raubvögel wie Wanderfalken und Bussarde; außerdem wilde Kaninchen und – jüngst angesiedelt – eine kleine Population von Mufflons.

Recht beschaulich nimmt sich *Capraia Isola* aus, der einzige Ort der Insel. Überragt wird das Dorf von der Festung *San Giorgio,* die bereits im Mittelalter entstand und von den Genuesern Anfang des 16. Jh. ausgebaut wurde (nicht zugänglich). Sehenswert auch die *Pfarrkirche San Nicola* aus dem Jahr 1759, die an der kleinen *Piazza Milano* liegt. Ansonsten herrscht in den Gassen des Dorfes Ruhe. Im Ort gibt es zwei Hotels, eine Pizzeria und die *Bar Centrale* am Ortseingang (vom Hafen kommend), außerdem Supermarkt, Bäcker und Souvenirshop.

Die wenigen Häuser am kleinen Hafen beherbergen zumeist Bars und Restaurants. In Hafennähe befindet sich auch die kleine *Kirche Vergine* aus dem frühen 14. Jh. Die Anlegestelle kann von der großen Toremar-Fähre bislang nur bei gutem Wetter angefahren werden, bei stürmischer See ist dies nicht möglich. Doch das wird nicht mehr lange so sein, denn derzeit wird die Mole vergrößert. Im Frühjahr 2010 soll die Baustelle beendet sein.

Geschichte

Über den Ursprung des Namens *Capraia* kursieren zwei Versionen: Man nimmt an, dass sich der Inselname entweder vom etruskischen Wort „carpa“ (= Stein) oder vom römischen „capra“ (= Ziege) ableitet. Wenn man bedenkt, dass auf der Insel jahrhundertelang wilde Ziegen weideten, erscheint die zweite Variante so unwahrscheinlich nicht. Bereits in der Antike war Capraia eine wichtige Station auf den damals gängigen Handelsrouten. Die Insel diente Etruskern, Griechen und Römern als Zwischenhafen, z. T. entstanden auch kleine Ansiedlungen, von denen heute jedoch so gut wie nichts mehr zu sehen ist. Nach dem Untergang des Römischen Reichs kam es weitestgehend zur Entvölkerung der Insel. Im Mittelalter wurde Capraia von Mönchen und Einsiedlern als Refugium genutzt; später kamen dann Pisaner, Genueser und Appianer – und mit ihnen die Piraten. Um sich vor den drohenden Überfällen zu schützen, entstanden die heute noch sichtbaren historischen Bauwerke der Insel: die *Torre del Bagno* mit ihren mächtigen Außenmauern, die

Torre del Porto und ganz im Süden der Insel die Torre *dello Zenobito*. Letztere wurde – wie auch die Torre del Porto – im Jahr 1516 von dem genuesischen Bankhaus „Banco di San Giorgio“ gebaut (unter dem auch die gleichnamige Festung umgebaut wurde), und ist mit einem Durchmesser von 20 m einer der imposantesten Militärbauten des Archipels. Hier, an der Südspitze der Insel, konnten bis zu 50 Soldaten untergebracht werden, es gab eine Zisterne und eine Kapelle zur religiösen Unterstützung der kleinen Armee.

Anfang des 17. Jh. entstand unweit des Orts ein Franziskanerkloster, das in den 1860er Jahren in die besagte Strafanstalt umgewandelt wurde. Die nächste Wende in der Geschichte der Insel vollzog sich erst in jüngster Vergangenheit (1986): Aus der Gefängnisinsel wurde eine Touristeninsel mit kontinuierlich steigenden Besucherzahlen. Man erhofft sich dadurch auch die Schaffung von neuen Arbeitsplätzen, um so die Abwanderung von Capraia zu stoppen. Seit 1996 gehören etwa 75 % der Insel dem *Nationalpark Toskanischer Archipel* an. Geplant ist für die nähere Zukunft eine weitere touristische Erschließung Capraias, hierzu sollen leer stehende Gebäude um- und ausgebaut werden, Neubauten sind allerdings nicht vorgesehen.

Information/Vorwahl/Verbindungen/Adressen/Wassersport

• *Information* **Agenzia Viaggi e Turismo Parco**, beim Hafen, Via Assunzione 42, 57032 Capria Isola (LI). 1. April bis 30. September tägl. 9–12.30 Uhr und 16.30–19 Uhr geöffnet, ✆ 0586/905138, 📠 0586/905274, agparco@tin.it. Ein weiteres Infobüro gibt es im Dorf in der Via Carlo Alberto 42. Weitere Infos: www.isoladicapraia.com.

• *Telefonieren* Die **Vorwahl** für die ganze Insel lautet ✆ 0586 und muss auch vor Ort immer mitgewählt werden.

• *Anreise* mind. 1x tägl. (Do 2x, im Sommer auch Fr) **per Fähre ab Livorno** mit *Toremar*, Überfahrt bei ruhigem Seegang ca. 2,5 Std., pro Person 15 €. Weitere Infos bei Toremar in Livorno: Porto Mediceo, 57123 Livorno, ✆ 0586/896113, 📠 0586/887263, livorno@toremar.it, www.toremar.it. Das Auto kostet pro Überfahrt ca. 35–65 € (die Überfahrt erübrigt sich aber, denn es gibt nur eine einzige, ca. 2 km lange Straße). Toremar-Agentur auf Capraia in der Via Assunzione 18 (am Hafen), ✆/📠 0586/905069. Hinweis: Im Laufe des Jahres 2010 soll Toremar von der Region Toskana übernommen werden, die sie in die Hände einer anderen Reederei geben wird, sodass mit Veränderungen zu rechnen ist!

Von Mitte Juni bis Mitte Sept. kann man auch mit dem **Schnellboot** (Fahrtzeit 1,5 Std.) von Livorno nach Capraia fahren (kein Autotransport). ✆ 0187/732987 u: 331/9980697, www.navigazionegolfodeipoeti.it.

Fahrplan von Tormar und Golfo dei Poeti unter www.isoladicapraia.com.

Eine weitere Möglichkeit ist die Anreise mit dem **Ausflugsboot von Portoferraio (Elba)** aus; im Sommer 1x wöchentlich, Fahrtzeit gut 1,5 Std. (siehe „Portoferraio/Bootsausflüge“, S. 100), die Boote halten auch in Marciana Marina (s. S. 216).

• *Inselbus* Vom Hafen aus verkehrt etwa halbstündlich (in der Hochsaison nach Bedarf, in der Regel 7–1 Uhr) ein **Pendelbus** hinauf zum Dorf und retour.

• *Adressen* **Erste Hilfe**, es gibt auf der Insel einen Arzt, der in Notfällen unter ✆ 0586/905148 u. 335/7865151 zu erreichen ist.

Apotheke, ✆ 0586/905035.

Carabinieri, ✆ 0586/905036.

Geldautomat für alle gängigen Karten im Zentrum des Dorfs; keine Bank.

Hafenamt, ✆ 0586/905256.

Lebensmittelläden, Minimarket Forno im Dorf und La Cambusa am Hafen.

Post, im Dorf gegenüber der Bank, vormittags geöffnet.

• *Wassersport* Die **Agenzia Viaggi e Turismo Parco** vermietet Motorboote, Kajaks und Tretboote; ferner werden Inselrundfahrten per Boot und ein Wassertaxi-Service angeboten. Via Assunzione 42 (am Hafen), 57032 Capraia Isola (LI), ✆ 0586/905071, www.isoladicapraia.it.

Capraia Diving Club, Via Assunzione 100/B, 57032 Capraia Isola (LI); geöffnet 1.4.–15.11., ✆/📠 0586/905137, mobil unter ✆ 333/3172333, www.capraiadiving.it.

Karte S. 224

Übernachten/Essen & Trinken

Grundsätzlich liegen die Preise für Übernachtungen auf Capraia noch etwas höher als auf der Nachbarinsel Elba. Frühzeitige Buchung ist wegen der wenigen Unterkünfte unerlässlich, besonders im Juli/August hat man sonst keine Chance, ein Quartier zu finden. Das gilt auch für den einzigen Campingplatz der Insel.

**** **Hotel Saracino**, beim Dorf Capraia Isola oberhalb des Hafens gelegen, etwas außerhalb Richtung Steilküste. 42 komfortable Zimmer mit Bad, TV, Kühlschrank, es werden auch Appartements vermietet. Etwas günstiger ist die angeschlossene Residence Milano. Beide ganzjährig geöffnet. Hotel Saracino: DZ mit Frühstück 190 €, EZ 110 €, DZ mit Halbpension 230 €. Residence Milano: Hier kostet ein 4-Pers.-Appartement ca. 130 € pro Tag. Via L. Cibo 40, 57032 Capraia Isola (LI), ✆ 0586/905018, ℻ 0586/905062.

*** **La Vela**, restaurierte Villa aus dem 19. Jh. mitten im Dorf. Appartements für 2–4 Pers. zwischen 700 € und 990 € pro Woche, in der Nebensaison deutlich günstiger. Via Genova 46, 57032 Capraia Isola (LI), ✆/℻ 0586/905098, www.isoladicapraia.com.

Pensione Da Beppone, am Hafen, empfehlenswertes Restaurant mit Terrasse im ersten Stock, insgesamt 12 Zimmer. Anfang März bis Ende Dez. geöffnet. DZ mit Bad 120 € (in der Nebensaison ab 60 €). Via Assunzione 78, 57032 Capraia Isola (LI), ✆/℻ 0586/905001.

*** **Camping Le Sughere**, einziger Campingplatz der Insel, in Hafennähe, ca. 200 m vom Meer. Von April/Mai bis Ende Sept. geöffnet. Etwa 100 Stellplätze, wer im August kommen möchte, sollte unbedingt vorher reservieren. Bar und Minimarket, Pizzeria (die Pizzen sind ausgezeichnet). Es werden auch einige 4er-Bungalows vermietet (in der Hochsaison 750–850 € pro Woche). Pro Pers. 12,50 €, Kind 8,50 €, Zelt 7,50–10,50 €, Wohnwagen 11,50 €, Wohnmobil 12 €, Auto 3 €, Hund 3 € (Mitte Juli bis Ende August keine Tiere). Via delle Sughere 1, 57032 Capraia Isola (LI), ✆/℻ 0586/905066, www.campeggiolesughere.it.

Casa Vacanza Solmar, moderne Ferienanlage. Appartements im Mittelmeerstil, schöne Panoramalage, aber der Wind bläst hier gewaltig. 10 Appartements für 4 Pers. ab 600 € in der Nebensaison. ✆ 0586/905198, www.solmar.it.

• *Essen & Trinken* **Il Vecchio Scorfano,** von italienischen Gastroführern mehrfach ausgezeichnetes Feinschmeckerlokal am Hafen. 1953 eröffnetes Familienlokal, viel frische Pasta meist mit Meeresfrüchten in verschiedenen Variationen, sehr köstlich z. B. die Spaghetti mit Scampi in Zitronensoße. Gute Auswahl an toskanischen Weinen, gehobenes Preisniveau, aber angemessen, unser **Tipp!** Mittags und abends geöffnet (Do Ruhetag), Via Assunzione 44, ✆ 0586/905132.

La Lampara, im Hafen gelegen, schöner Ausblick, frische Fischspezialitäten und leckere Pizza, Via Assunzione 11, ✆ 0586/905156.

Il Corsaro, die Pizzeria/Spaghetteria befindet sich im gleichen Gebäude wie das Hotel Vela (im Dorf), reiche Auswahl an primi, v. a. mit Meeresfrüchten, auch Fleischgerichte. Via L. Cibo 7, ✆ 0586/905172.

La Garritta, Restaurant und Pub, unterhalb vom Schloss. Livorneser Küche, frische Fischspezialitäten. Der Sohn des Hauses kocht. Via San Giorgio 1, ✆ 0586/905230.

Capraia Doc, originelle Trattoria mit Fisch-Direktverkauf, korsischem Kastanienbier und hervorragenden Dolci. Am Ende der Via Porto, ✆ 0586/905232.

Am Hafen weitere Restaurants, z. B. das bereits erwähnte **Da Beppone**, **Pizzeria Il Porto**, außerdem einige Bars/Gelaterie.

Wandern auf Capraia

Grundsätzliches: Fehlende Markierungen und kaum ausgebaute Pfade gestalten die Wanderungen auf der Insel eher mühsam. Zum Teil schlägt man sich auch querfeldein durch die Macchia im Inselinneren, unwegsame, schwer passierbare Stellen sind keine Seltenheit. Die Berge sind um die 400 m hoch, sodass einige mühselige, z. T. auch schwierige Anstiege überwunden werden müssen. Nichts für völlig Ungeübte und Orientierungslose! Festes Schuhwerk und Trinkwasser sind unbedingt ratsam, ein Kompass kann ebenfalls gute Dienste leisten.

Punta della Teglia
Livorno
Elba/Ausflugsboote
Porto
Monte Castello
455
Monte Le Penne
420
Capraia Isola
Laghetto
Monte Forcone
366
Monte Campanile
294
Monte Pontica
426
Abitazione
Casa Colombaia
410
Monte Arpagna
Torre dello Zenobito
Punta dello Zenobito
500 m
Capraia

Karte S. 224

Wanderung ins Inselinnere

Vom oberen Ort – die Kirche San Nicola an der Piazza Milano rechts liegen lassen – führt ein zunächst gut ausgebauter Fahrweg in südwestliche Richtung. Links sieht man den 294 m hohen *Monte Campanile.* Dem Weg aber weiter folgen, der sich bald darauf verengt und nahe einem aufgegebenen Steinbruch entlangführt. Nach einem Anstieg bei der Weggabelung rechts ab und wieder bergauf, nach ca. 1 Std. Gehzeit dann noch einmal rechts ab (Achtung: Abzweigung leicht zu übersehen) zum „Laghetto“, dem kleinen Gebirgssee *Stagnone di Capraia* (oft ausgetrocknet), der einzige natürliche See des Archipels. Von hier kann man in nördliche Richtung über einen Kamm den Gipfel des *Monte Le Penne* (420 m) erreichen, von dem aus sich ein herrlicher Ausblick über die Insel und hinüber nach Korsika und Elba eröffnet. Dauer der Wanderung inkl. Abstecher zum Monte Le Penne insgesamt ca. 4 Std.; der Rückweg erfolgt dabei auf derselben Route.

Wanderung vom Dorf zur Südspitze der Insel

Eine weitere Wanderung führt vom Dorf Capraia Isola zur *Punta dello Zenobito* mit dem gleichnamigen Turm. Hier fehlen die Markierungen gänzlich, die Wanderung – teilweise über Stock und Stein – ist sehr anstrengend, für den Hin- und Rückweg sollte man den ganzen Tag einplanen (ca. 7–8 Std.). Zunächst denselben Weg einschlagen wie bei obiger Wanderung, nach ca. 1 Std. Gehzeit bei der Gabelung dann allerdings links abbiegen in südliche Richtung. Der Weg führt links am 426 m hohen *Monte Pontica* vorbei, kurz darauf sieht man auf der rechten Seite die Ruine einer militärischen „Abitazione“. Weiter direkt in südliche Richtung tauchen bald darauf linker Hand die Ruinen der *Casa Colombaia* auf, in der früher die Garnison der Insel untergebracht war. Wiederum links geht es am *Monte Arpagna* (410 m) vorbei, der Weg ist z. T. mit Steinmännchen bzw. vielmehr Steinhaufen gekennzeichnet, dann geht es über die Ebene von Zenobito direkt nach Süden. Gleicher Weg zurück, nicht minder anstrengend und steinig.

Pianosa

Die merkwürdigste Insel des Archipels: völlig plattes Land, die höchste Erhebung misst gerade mal 27 m. Pianosa liegt nur 14 km von Elba entfernt und auch hier war – bis zum Sommer 1998 – ein Gefängnis untergebracht.

In „Spitzenzeiten“ sollen hier mal fast 2000 Menschen gelebt haben, knapp die Hälfte davon als Insassen der 1855 eröffneten Haftanstalt. Heute gibt es keine ständigen Bewohner mehr auf Pianosa, die „Besatzung“ der Insel besteht gerade noch aus etwa zehn Mann, die mit der Verwaltung bzw. Auflösung des ehemaligen Gefängniskomplexes einerseits und mit dem Ausbau touristischen Angebots andererseits beschäftigt sind. Junge Häftlinge aus dem Gefängnis von Porto Azzurro, die vor ihrer Entlassung stehen, können auf der Pianosa an einem Sozialprogramm mitwirken: Sie entsorgen die Altlasten der Gefängnisanlage und betreiben das einzige Ristorante/Bar auf der Insel: Im „San Giacomo“ können die Besucher bei echter „Knastkantinen-Atmosphäre“ speisen oder sich auch nur mit einem kühlen Ge-

Pianosa – Anfahrt auf die Gefängnisinsel

tränk erfrischen. Aber keine Sorge: Geboten wird keineswegs Brei im Blechnapf, sondern ein solide Tageskarte (warme Küche bis 15 Uhr, danach *panini*, bzw. normaler Barbetrieb).

Pianosa (10 qkm mit einer Küstenlänge von 26 km) ist nur in geführten Touren zu besichtigen, das Inselinnere nur im Zuge einer geführten Radtour. Der übliche Tagestourismus landet am alten Hafen. Hier beginnt die Führung (normalerweise in italienischer Sprache, wer eine englische Führung wünscht, sollte rechtzeitig bei der Ticketreservierung nachfragen). Vom Hafen aus geht es durch den alten Zivilbereich der Insel bis zum Ristorante. Frei bewegen darf man sich lediglich zwischen Ristorante, Kirche und Museum sowie am Strand!

Das „Inseldorf", das zum großen Teil erst nach der Eröffnung des Gefängnisses vor fast 150 Jahren entstand, ist vollständig von einer hohen Mauer umgeben. Jenseits dieser Mauer, über den Rest der Insel, erstreckte sich die Gefängnisanlage. Diesseits lebten die Wärter und ihre Familien in dem kleinen Hafenort mit Festung, Post und Carabinieri, Ristorante, Kirche und Piazza. Heute strahlt der eingeschlossene Ort das merkwürdige Flair einer Geisterstadt aus.

Eindruck hinterlässt vor allem der kleine alte Hafen unterhalb des Kaps *Promontorio della Teglia*, auf dem sich in der Antike wahrscheinlich eine Befestigung befand. Heute thront hier ein palastartiges, zinnenbekröntes Gebäude, das allerdings schon länger leer steht und wie viele andere Häuser der Insel auch zusehends verfällt. Daneben eine exponiert über dem Meer liegende Terrasse mit einem Obelisken. Von hier hat man einen schönen Blick auf die *Cala dei Turchi*, die Felsformation *Il Marzocco* und das Inselchen *La Scola*. Am Hafen sind noch bescheidene römische Überreste zu sehen, z. T. auch unter Wasser.

Der äußere Gefängnishof kann besichtigt werden. Hier findet sich eine Kirche aus dem 16. Jh., deren Apsis baufällig und zum Teil schon eingestürzt ist. Eine Gedenktafel erinnert an die Widerstandskämpfer gegen den Faschismus – unter ihnen auch der Sozialist und spätere Staatspräsident *Sandro Pertini* –, die hier von 1943–1945 gefangen gehalten wurden.

Karte S. 224

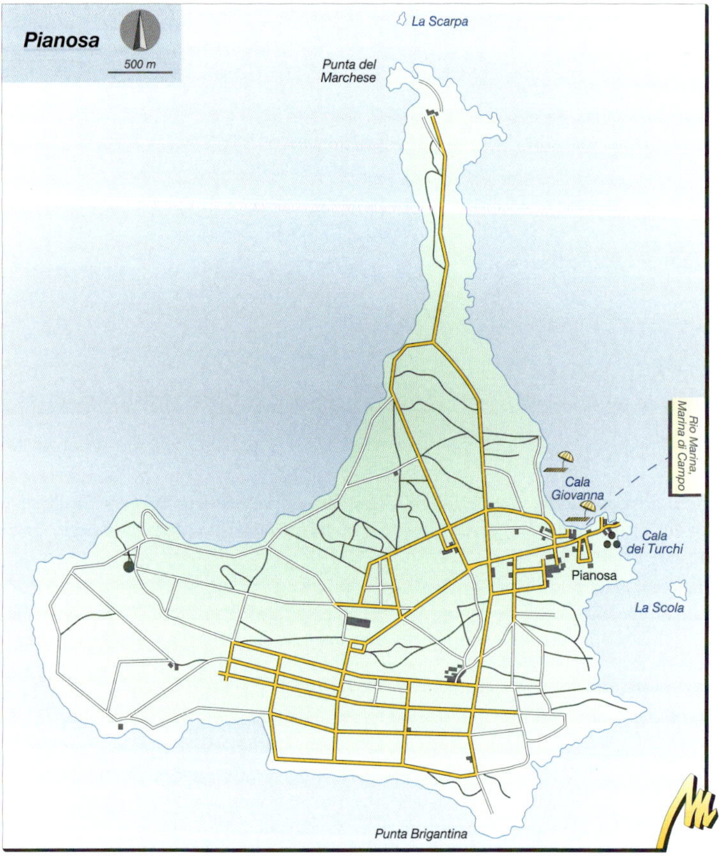

Hinter dem Gefängniskirchhof links geht es zur alten Gefängnisdirektion. Hier befindet sich das „Museo" der Insel, das von der *Associazione per la Difesa dell'Isola di Pianosa* aufgebaut wurde, einem Zusammenschluss von ehemaligen Bewohnern der Insel, die das Andenken an ihre alte Heimat bewahren wollen. Tatsächlich handelt es sich bei dem Museum v. a. um eine kleine, aber sehr sehenswerte Fotoausstellung in drei kargen Räumen. Die historischen Aufnahmen geben Einblick in den Alltag von Häftlingen, Wärtern und deren Familien im letzten Jahrhundert. Im vierten Raum dokumentieren Fotografien die archäologischen Ausgrabungen auf der Insel. Außerdem hängen im Korridor ein paar alte und aktuelle Karten von Pianosa, Elba und dem gesamten Archipel.

Öffnungszeiten Museum In der Saison tägl. 10.30–12.30 Uhr und 14 Uhr bis zur Abfahrt der letzten Fähre (bzw. Ausflugsboot), Di durchgehend von 11 Uhr bis zur Abfahrt der Fähre, Eintritt frei, ✆ 0565/983052.

Um sich die Zeit bis zur Rückfahrt zu vertreiben, empfehlen wir ein Bad im unglaublich sauberen Meer am schmalen Sandstrand der nördlich vom Hafen gelegenen Bucht *Cala Giovanna*. Durch die fast 150 Jahre andauernde völlige Abgeschirmtheit hat sich eine unverfälschte Küstenlandschaft erhalten, überall schimmert das Wasser türkisgrün und glasklar, sodass man mühelos bis auf den Meeresboden schauen kann. An landschaftlichen Reizen im Inselinneren hat Pianosa allerdings kaum etwas zu bieten: Der Boden wurde von den Gefangenen jahrzehntelang intensiv bewirtschaftet, zurückgeblieben ist eine eher armselige Vegetation.

Die Zahl der Besucher ist auf 250 am Tag beschränkt. Auch wenn das Kontingent vielleicht nicht immer ausgeschöpft wird, sollte man sicherheitshalber das Ticket einige Tage vorher bei den Agenturen in Rio Marina oder Marina di Campo kaufen bzw. reservieren (s. unten).

Geschichte

Unter den Griechen hieß die Insel *Planasia*, die Römer machten dann daraus *Pianasia* und bauten hier Tempel und Thermen. *Agrippa Postumus*, ein Enkel von Kaiser Augustus, wurde auf die Insel verbannt und später hier ermordet, jedoch nicht ohne vorher eine Villa errichtet zu haben, deren Überreste allerdings äußerst spärlich ausfallen. Mit dem Untergang des Römischen Reichs verschwanden auch die Bewohner von der Insel. Besiedelt wurde Pianosa wieder im frühen Christentum, als hier – einmal abgesehen von Rom – eine der wichtigsten Katakombenanlagen der damaligen Zeit entstand. Wie auch die anderen Inseln des Toskanischen Archipels war Pianosa im Mittelalter ein Rückzugsort für Einsiedler. Die Pisaner und Genuesen lieferten sich hier später heftige Kämpfe, bei denen die gesamte Inselbevölkerung verschleppt wurde. Erst unter den Appiani (von Piombino) fand eine erneute Besiedlung statt, bis Pianosa 1553 vom gefürchteten Piraten *Dragut* ver-

100 Bauern für Napoleons Kornkammer

Napoleon hat Pianosa quasi annektiert. Die Insel gehörte zwar schon seit 1802 offiziell zu Frankreich, dass auf dem brachliegenden Eiland aber niemand ernsthafte Herrschaftsansprüche anmeldete, merkte der Kaiser ohne Kaiserreich ziemlich schnell. Nach einer gründlichen Inspektion Pianosas versetzte Napoleon eiligst 100 seiner Soldaten hierher und fing an, die Kultivierung der Insel in die Wege zu leiten. Mit einem genuesischen Geschäftsmann schloss man Verträge, die vorsahen, dass alle landwirtschaftlichen Erzeugnisse der Insel – geplant waren Getreideanbau und Rinderzucht – exklusiv an Elba weiterverkauft werden sollten. Die Aufsicht über die Inselwirtschaft wurde dem eigens dafür eingesetzten pianosischen Gouverneur Gottmann aus dem Elsass übergeben, und Napoleons Stab machte sich nun daran, 100 elbanische Bauern anzuwerben, die die landwirtschaftliche Blüte der Insel vorantreiben sollten. Aber Bonapartes Rechnung ging nicht auf: Trotz der in Aussicht gestellten Steuerfreiheit fand sich kaum jemand, der Elba verlassen und das karge Pianosa kultivieren wollte. Zudem zeigte Gottmann nicht allzu großes Geschick im Inselmanagement, und die hochtrabenden Pläne wurden mit Napoleons Rückkehr nach Frankreich 1815 genauso schnell wieder begraben, wie sie entstanden waren.

Karte S. 224

Glasklares Wasser umgibt die ehemalige Gefängnisinsel

wüstet wurde. In den folgenden Jahrhunderten bleibt die kleine Insel unbewohnt, bis 1814 Napoleon, der sich inzwischen auf die Nachbarinsel Elba im Exil befindet, seinen Ersatzstaat vergrößern will und sich für Pianosa zu interessieren beginnt.

Bedeutung erlangte Pianosa erst wieder 1855 mit der Einrichtung der Strafkolonie. Die Sträflinge betrieben hier nun die bereits von Napoleon ersonnene landwirtschaftliche Erschließung der Insel – verständlicherweise ohne großen Enthusiasmus und unter der harten Hand der Gefängnisaufseher. In den späten 1970er Jahren wurde Pianosa zum Hochsicherheitsgefängnis ausgebaut, in dem sich Terroristen der Roten Brigaden die Zellentrakte mit hochrangigen Mafiosi teilen mussten. 1996 wurde die Insel komplett dem Schutzgebiet des *Nationalparks Toskanischer Archipel* zugewiesen.

Seit der Schließung der Strafanstalt im Juni 1998 erfährt der Tagestourismus Auftrieb, ein größerer touristischer Ausbau der Insel ist jedoch nicht zu erwarten, da das Nationalpark-Statut für die Schutzzone, der auch die Insel Pianosa angehört, bauliche Veränderungen nicht zulässt.

Anreise/Bootsausflüge

Zwei Möglichkeiten stehen für den Trip von Elba nach Pianosa grundsätzlich zur Verfügung: Entweder – etwas günstiger – jeden Dienstag mit dem Fährschiff der *Toremar* ab Rio Marina oder – etwas teurer – mit privaten Ausflugsbooten ab Marina di Campo.

Toremar-Fähre: Ganzjährig immer Di ab *Rio Marina*. Das Schiff startet um 9.20 Uhr (an Pianosa 11 Uhr), Rückfahrt ab Pianosa um 14.10 Uhr (an Rio Marina 15.50 Uhr). Pro Pers. hin und zurück 29,60 €, erm. (Kinder) 22,80 € (jeweils inkl. Nationalparkgebühr und obligatorischer Führung). Für die Hochsaison wird empfohlen, das Ticket schon vorher bei der Toremar-Agentur in Rio Marina zu kaufen. Calata Voltoni 20, ✆ 0565/962073, 📠 0565/962568, www.toremar.it.

Mit **Emozioni Mediterranee** ab *Marina di Campo*: im Sommer fast täglich Ganztagesfahrten nach Pianosa, pro Pers. 34 €, Kinder 20 €, unter 4 Jahre frei, jeweils einschl. Nationalparkgebühr und obligatorischer Führung; dazu kann auch ein Programm auf der Insel gebucht werden: Trekking, MTB, Kajaktour etc. (38–65 €). Infos und Buchungen in Marina di Campo über die *Reiseagentur Margherita*, Via Puccini 3, ✆ 0565/978004, 📠 0565/9789630, www.margheritaviaggi.it oder www.emozionimediterranee.it.

Montecristo

Wie ein Kegel ragt die einsamste der toskanischen Inseln geradezu mystisch aus dem Meer. Montecristo verdankt seine Berühmtheit zweifelsohne der Literatur.

Alexandre Dumas d. Ä. sei, so heißt es, zu seinem Roman „Der Graf von Monte Christo“ (erschienen 1845–46) durch einen in Livorno lebenden französischen Kaufmann angeregt worden. Dieser hatte Dumas von dem geheimnisvollen Felsbrocken ein paar Seemeilen westlich von Giglio erzählt und ihm so einen idealen Schauplatz für seine abenteuerlichen Fantasien geliefert. Romanheld *Edmond Dantès,* ein junger Seefahrer, der 1815 das Opfer einer Intrige wird und 14 Jahre lang unschuldig im Kerker von *Château d'If* einsitzt, gelingt es, aus dem Gefängnis zu entkommen und den sagenumwobenen Schatz zu heben, den ihm sein Mithäftling Abbé Faria vermacht hatte. Dieser Schatz ist auf Montecristo vergraben und nicht weniger als 13 Mio. Francs wert; und Dantès, der sich fortan als Graf von Monte Christo ausgibt, kehrt nach Frankreich zurück, um sich grausam an seinen Verrätern zu rächen. Die Geschichte vom Schatz hat übrigens durchaus einen realen Hintergrund: Die Kamaldulensermönche sollen im Mittelalter auf der Insel wahrhafte Reichtümer angehäuft haben, woraufhin Montecristo immer wieder zum Angriffsziel der gefürchteten Piraten wurde.

Den Mythos von der Schatzinsel illustriert auch heute noch ein nahezu unbesiedeltes, von wilder Vegetation geprägtes Eiland. Montecristo ist ein steil aus dem Meer emporragender Granitfelsen, der am höchsten Punkt, dem *Monte della Fortezza,* 645 m misst – nach dem 1019 m hohen Monte Capanne (und seinen Nebengipfeln) auf Elba die zweithöchste Erhebung des gesamten Toskanischen Archipels. Die 10,4 qkm große Insel (Küstenlinie 16 km) liegt 24 Seemeilen von Elba und etwa 40 Seemeilen vom italienischen Festland entfernt. Einziger Hafen der schwer zugänglichen Insel ist die Bucht *Cala Maestra* an der Westküste mit einem schönen, kleinen Strand. Ausgebaute Wege sucht man auf Montecristo vergebens, lediglich ein Maultierpfad führt von der Landungsstelle Cala Maestra steil hinauf zur *Grotta del Santo Eremita* und zu den Ruinen des verfallenen *Benediktinerklosters* (auf 345 m Höhe), von hier weiter hinauf zum Monte della Fortezza.

Die Vegetation der Insel besteht hauptsächlich aus der typischen mediterranen Macchia (v. a. Zistrosen und Baumheide), vereinzelt sind auch noch einige Bäume geblieben. Interessanter dagegen die Fauna der Insel: Neben den endemischen *Wildziegen* von Montecristo (*Montecristo-Ziege*), deren Bestand aufgrund fehlender natürlicher Feinde mittlerweile auf ein bedenkliches Maß angewachsen ist

Karte S. 224

(man geht von bis zu 500 Exemplaren aus), findet man nur hier die *Aspisviper* von Montecristo *(Vipera aspis Montecristi)* und eine nur auf der Insel vorkommende *Eidechse.* Bis vor einigen Jahren wurden an der zerklüfteten Küste der Insel auch wenige Exemplare der vom Aussterben bedrohten *Mittelmeermönchsrobbe (Monachus monachus)* gesichtet. Beliebtes Ziel ist das abgelegene Montecristo im Frühjahr und Herbst bei zahlreichen Zugvögeln, die hier auf ihrer Strecke zwischen Afrika und Europa Rast machen. Man zählte schon über hundert verschiedene Arten auf der Durchreise.

Geschichte

In der Antike war die Insel unter dem Namen *Oglasa* bekannt, später wurde sie *Montegiove* genannt. Vor dem 5 Jh. n. Chr. war die Insel unbesiedelt. Dann aber kam *Mamilianus,* der Bischof von Palermo, auf seiner Flucht vor den Vandalen hierher.

San Mamilianus

Er lebte einsam und friedlich mit nur wenigen Getreuen auf der kleinen Insel *Montegiove.* Unter Mamilianus entstanden hier eine Einsiedelei und ein Kloster; die ganze Insel wurde bald zum Zufluchtsort für Mönche und Einsiedler. Das Ende des 6. Jh. gegründete Benediktinerkloster wurde sogar überregional bedeutend, ihm unterstanden auch Klöster auf Sardinien und Korsika.

Die Legende erzählt, dass Bischof Mamilianus auf dem unwirtlichen Eiland gegen einen Furcht erregenden Drachen gekämpft haben soll und siegreich aus dieser ungleichen Begegnung hervorgegangen sei. Die Höhle des Drachen, in der Mamilianus dann einzog, wurde zur *Grotta del Santo* („Höhle des Heiligen"), und fortan nannten die Bewohner die Insel *Montecristo,* den „Berg Christi".

Kurios auch die Geschichte über die „Verteilung" der sterblichen Überreste von San Mamilianus: Als dieser im Jahr 465 sein Ende herannahen fühlte, entzündete er ein großes Feuer, um den Menschen auf den umliegenden Inseln zu signalisieren, dass er ein christliches Begräbnis wünsche. Dies wurde ihm auch gewährt, allerdings nicht unbedingt so, wie er es sich vorgestellt hatte. Als nämlich die Bewohner von Elba gleichzeitig mit denen der Insel Giglio beim Leichnam des Heiligen eingetroffen waren, entbrannte ein heftiger Streit, wer ihn denn nun mit nach Hause nehmen dürfe. Im Verlauf der Auseinandersetzung löste sich das Problem mehr oder weniger von alleine: Der Leichnam des Mamilianus wurde beim erbitterten Kampf seiner Bestatter gleich in mehrere Stücke gerissen, und jede Insel erhielt so ihren Anteil an dem Verehrten. Ein dritter Teil wurde im Eifer des Gefechts anscheinend übersehen, dieser soll später in der Arno-Mündung bei Pisa angeschwemmt worden sein.

Im Mittelalter wurde die Insel immer wieder von Piraten heimgesucht und verwüstet, das Kloster verlor an Bedeutung und Ende des 15. Jh. übernahmen die Pisaner die völlig verarmte Anlage, deren Ruinen noch heute stehen. Mitte des 19. Jh. tauchten die ersten Abenteurer, inspiriert vom Schatzinselmythos, hier auf. 1852 kaufte der Engländer *George Watson Taylor* die Insel und baute bei der Cala Maestra ein Haus, das später König *Vittorio Emanuele III* (1869–1947) als Jagdhütte

Weltberühmt und geheimnisvoll: Montecristo

diente. 1860 fiel Montecristo in den Verwaltungsbereich der Nachbarinsel Elba und man kommandierte einige Soldaten zur Bewachung der Insel ab.

Seine Unwirtlichkeit hat Montecristo bis heute vor Besiedlung oder Tourismus bewahrt. Seit 1971 ist die Insel Naturschutzreservat und gehört seit 1996 komplett zur Schutzzone 1 des *Parco Nazionale dell'Arcipelago Toscano* – Montecristo gilt als das am strengsten geschützte Gebiet ganz Italiens. Doch in den letzten Jahren mehren sich die Gerüchte um eine bevorstehende Lockerung der strikten Bestimmungen und die Öffnung der Insel für einen wie auch immer gearteten Tourismus. Die Spekulationen reichen vom Bau eines Luxushotels bis hin zum kompletten Verkauf der Insel, zumal man mit Letzterem die auch in Italien leeren Staatskassen um die beträchtliche Summe von geschätzt fast einer Milliarde Euro anfüllen könnte. Umweltschützer raufen sich angesichts solcher Aussichten natürlich die Haare – man geht davon aus, dass eine touristische Nutzung selbst in bescheidenem Umfang die einmalige Natur der Insel in absehbarer Zeit völlig zerstören würde.

Ausflüge nach Montecristo – schwierig! Privatpersonen ist es verboten, die Insel zu betreten; Boote dürfen sich nur auf eine Distanz von maximal 1000 m nähern. Einzig ein Ehepaar wohnt auf Montecristo. Dieses wacht über den Frieden der Natur und führt die jährlich tausend Besucher, die es geschafft haben, bei der zuständigen Forstbehörde in Follonica (s. u.) eine Erlaubnis zu bekommen, über die Insel. Nahe der Cala Maestra (beim ehemaligen königlichen Jagdhaus *Villa Reale*) befindet sich ein kleines *naturkundliches Museum*, das über die Inselflora und -fauna informiert.

• *Anreiseformalitäten* Die eintägigen Exkursionen von *Porto Santo Stefano* (auf der Halbinsel Monte Argentario) nach Montecristo werden von der Forstbehörde organisiert und stehen unter deren Aufsicht. Anträge für einen solchen Besuch müssen – frühzeitig und in italienischer Sprache! – bei der zuständigen Forstbehörde gestellt werden. Machen Sie sich allerdings keine großen Hoffnungen: Meist werden diese Genehmigungen nur zu nachgewiesenen Forschungszwecken erteilt, touristische Interessen spielen keine Rolle, so zumindest der letzte Stand (Nov. 2009). Wie die Regelung für die nächsten Jahre aussehen wird, ist noch nicht abzusehen. Adresse: **Corpo Forestale dello Stato** (Ufficio Amministrazione Foreste Demaniali), Via Bicocchi 2, 58022 Follonica (GR), ✆ 0566/40019.

Karte S. 224

Monte Argentario (Festland)

Die heutige Halbinsel war einst wie die Inseln Giglio und Giannutri komplett vom Meer umgeben. Durch angeschwemmte Sandablagerungen bildeten sich aber mit der Zeit drei schmale Verbindungen zum Festland, dazwischen die Lagune von Orbetello.

Der Argentario ist ein felsiges Vorgebirge; macchiabewachsene Hänge bestimmen das Aussehen des südlichsten Teils der Maremma. Die Küste bietet abwechslungsreiche Ausblicke auf kleine Inseln und einsame Sandbuchten, die jedoch meist sehr schwer erreichbar sind, da das Gebirge zum Meer hin steil abfällt. Versteckt in die Hänge gebaute Villen sind deutliche Zeichen dafür, dass der Argentario vor allem

Urlaubsziel gut betuchter Gäste ist – Rom, Pisa und Florenz liegen relativ nah. Große Hotels wird man daher auch nicht finden, denn der „durchschnittliche" Sommergast des Argentario bevorzugt sein eigenes privates Feriendomizil.

Die 26 km lange Route auf der kurvenreichen *Strada panoramica* ist nicht durchgehend asphaltiert und erfordert im südlichsten Teil ein geländegängiges Fahrzeug, zu manchen Zeiten ist sie gar nicht passierbar. Daran soll sich nach den Vorstellungen der Villenbesitzer auch nichts ändern. Wer mit einem normalen Pkw unterwegs ist, dem sei folgende kürzere Rundfahrt im Westen der Halbinsel empfohlen: Zunächst in Porto Santo Stefano entgegen dem Uhrzeigersinn auf die Panoramastrecke mit ihrem Ausblick über die Macchia auf die Küste; nach 10 km führt dann eine Straße über das Landesinnere zurück an den Ausgangspunkt.

Porto Santo Stefano

Der Hauptort des Argentario liegt an einem schönen Naturhafen. Am lang gezogenen Kai machen Fischerboote und schnittige Luxusyachten fest. Auch die Fähren zu den Inseln Giglio und Giannutri legen hier ab.

Seit sich vor fast 50 Jahren die 2009 verstorbene *Susanna Agnelli,* Enkelin des Fiat-Gründers, in Porto Santo Stefano ihre Sommerresidenz bauen ließ, hat sich der Ort zu einem exklusiven Refugium der italienischen Oberschicht entwickelt. Der extensive Tourismus, wie er nördlich und südlich des Argentario vorherrscht, ist der Halbinsel erspart geblieben, denn Signora Agnelli verdiente sich als Bürgermeisterin im Kampf gegen die Bauspekulanten ihre ersten politischen Sporen. Das Ergebnis kann sich sehen lassen: Keine tristen Feriensiedlungen oder Hotelburgen trüben den Blick, überfüllte Strände sind unbekannt. Low-Budget-Touristen finden am ehesten im Zentrum eine bezahlbare Unterkunft, eine gute Auswahl an Restaurants und Pizzerien findet man an der Hafenmeile Via del Molo.

Doch der 9000-Einwohner-Ort, benannt nach dem Schutzheiligen der Seefahrt, lebt nicht vom Tourismus allein. Noch etwa 30 Fischkutter (und insgesamt fast 130 Fischer) fahren täglich zwischen 3 und 4 Uhr morgens aufs Meer,

Karte S. 224

um am Abend gegen 18 Uhr mit ihrem Fang zurück in den Hafen zu kommen. Versteigert wird der Ertrag zwischen 19 und 20 Uhr in der *Banchina Toscana*. Außerdem sorgen einige kleinere Bootswerften auch heute noch für Arbeitsplätze, wenn auch die Erzeugnisse eher sportlichen Zwecken dienen.

Von Porto Santo Stefano aus bestehen mehrmals täglich Fährverbindungen nach Giglio, das südlicher gelegene Giannutri wird während der Sommermonate regelmäßig von Ausflugsschiffen angesteuert.

• *Information/Zimmervermittlung* **A.P.T.-Büro**, in einem Pavillon am östlichen Ende des Hafens. Vermittlung von Zimmern auf dem Monte Argentario und der Isola del Giglio. Mo–Sa 9–13 und 16–20 Uhr, So 9–12.30 Uhr. ✆ 0564/814208, 📠 0564/814052, www.comunemonteargentario.it.

• *Telefonieren* Die **Vorwahl** für die ganze Halbinsel und für Giglio sowie Giannutri lautet ✆ 0564 und muss auch vor Ort immer mitgewählt werden.

• *Verbindungen* Regelmäßige **Busverbindungen** nach Orbetello, hier befindet sich auch der nächste **Bahnhof**.

Fähre: In der Hochsaison bis zu 12x täglich (ansonsten im Sommer ca. 10x, in der Nebensaison ca. 6–7x) mit *Toremar* oder *Maregiglio* nach **Giglio Porto**, Fahrtdauer ca. 1 Std. Zumindest für einen Tagesausflug ist es nicht ratsam, das eigene Auto mit auf die Insel zu nehmen: auf der Insel verkehren häufig Busse, es gibt Taxis, die teure Überfahrt auf der Fähre kann man sich eigentlich sparen.

Preise Toremar: pro Pers. 9,30–10,90 €, Kind 4–12 Jahre 6,70–7,20 €, Auto bis 4,50 m 35,30–36,60 €, Auto über 4,50 m 45,10–46,90 €, Motorrad/Scooter 14,90 €, Fahrrad 5 €, Hund 3,20 €. Ticketbude am Hafen, Büro: Piazzale A. Candi, 58019 Porto Santo Stefano (GR), ✆ 0564/810803, 📠 0564/818455, portosantostefano@toremar.it, www.toremar.it.

Preise Maregiglio: pro Pers. 9,50–10 €, Kind 5,50 €, Auto bis 5 m 36–47 €, Motorrad/Scooter 18 €, Fahrrad 6 €, Hund 2 €. Ebenfalls Ticketbude am Hafen, Hauptsitz auf Giglio: Via Umberto I. 22, 58013 Isola del Giglio – Porto (GR), ✆ 0564/812920 oder 809309, info@maregiglio.it, www.maregiglio.it.

• *Bootsausflüge* **Nach Giannutri**: Mit *Maregiglio* im Sommer 1x tägl. (in der Nebensaison ca. 3x wöchentlich, von Nov. bis Anfang Februar gar nicht) ab Porto Santo Stefano nach Giannutri, Abfahrt um 10 Uhr, retour ab Giannutri um 16.30 Uhr, die Überfahrt dauert jeweils 70 Min. Pro Pers. 19 €, Kind 11 €, Hund 4 €. Ticketbude am Hafen von Porto Santo Stefano.

Beide Inseln am gleichen Tag kann man bei der Minikreuzfahrt durch die Gewässer des toskanischen Archipels mit der **Crociere del Sole** besuchen: zwei Landgänge auf der Insel Giannutri und auf Giglio sowie opulentes Frutti-di-Mare-Mittagessen an Bord der 33 m langen Yacht. Die Aufenthalte auf den Inseln dauern jeweils ca. 90 Min. **Vega Star**, Abfahrt im Hafen von Porto Santo Stefano um 9.45 Uhr, Ankunft 18 Uhr. Preis inkl. Essen ca. 47 € (5- bis 11-Jährige die Hälfte), Anmeldung unter ✆ 0564/818022.

• *Parken* Am Hafen, 15 €/Tag, ab dem zweiten Tag 10 €. ✆ 0564/810438.

• *Einkaufen/Markt* In der **Pescheria Enzo e Raffaella** gibt es täglich fangfrischen Fisch von der Makrele bis zum über 2 m langen Schwertfisch.

Jeden Dienstag **Markt** auf dem Parkplatz direkt am Hafen.

Ein kleinerer **Mercato** findet täglich von 8–13 Uhr an der Via Scarabelli (unterhalb des Hotels Da Alfiero) statt. Hier gibt es günstig Obst, Gemüse, Fisch und Käse.

• *Feste* **Palio Marinaro**, 15. August. Ein Seeturnier in historischen Trachten zur Erinnerung an den Angriff der Sarazenen auf Porto Santo Stefano.

• *Tauchen* **Diving Center**, westliches Hafenende. Anmeldung für Kurse unter ✆ 333/3826314 (mobil).

• *Übernachten* **Villa Domizia**, direkt am Meer. Fast alle Zimmer mit Terrasse zum Meer. Eine Treppe führt zum Baden ins tiefe Wasser zwischen den Klippen. In einem Anbau einige Extrazimmer. Kurz nach dem Tombolo di Giannella, der nördlichsten Landverbindung. DZ mit Frühstück 167–218 €. Strada Provinciale 161, Loc. Santa Liberata, 58019 Porto Santo Stefano (GR), ✆ 0564/812735, 📠 0564/811119, www.villadomizia.com.

*** **La Caletta**, am südlichen Molenende, ganzjährig geöffnetes, familiäres Haus mit Strand. DZ mit Frühstück je nach Saison und Komfort 130–174 €. Via Civinini 10, 58019 Porto Santo Stefano (GR), ✆ 0564-812939, 📠 0564-817506, www.hotelcaletta.it.

Porto Santo Stefano

** **Hotel Da Alfiero**, bescheidener, aber sehr freundlicher Familienbetrieb. Für Hotelgäste wird abends auch gekocht. DZ inkl. Frühstück 90 €. Via Cuniberti 12 (über dem Hafen), 58019 Porto Santo Stefano (GR), ✆ 0564/814067, ℻ 0564/813094, www.hotelalfiero.com.

* **Week End**, sehr nette, einfache Pension inmitten der Altstadt, wurde 2005 renoviert. Familiäre, wohnliche Atmosphäre, der Besitzer spricht Deutsch. Teilweise etwas kleine Zimmer mit Bad, Ventilator, TV und Balkon, schlicht, aber okay. Nachteil: Die viel befahrene Einbahnstraße hinauf in den oberen Stadtteil führt hier vorbei. Netter, kleiner Vorgarten mit einigen Tischen, kostenlose Parkmöglichkeit ganz in der Nähe. Ganzjährig geöffnet. DZ mit Frühstück 80–90 €. Via Martiri d'Ungheria 3 (im Zentrum dem Schild „Panoramica" folgen), 58019 Porto Santo Stefano (GR)., ✆ 0564/812580, ℻ 0564/1780103, www.pensioneweekend.it.

*** **Belvedere**, ein einladendes Haus in Hanglage, umgeben von Olivenbäumen und Palmen. Terrasse, kleiner Park, ein kurzer Spaziergang führt zum Strand hinunter. Ohne Restaurant. Geöffnet April bis Mitte Okt. 12 einfache, schöne DZ zu 110 € (Frühstück inkl.). Strada Provinciale 161 (knapp vor der Ortseinfahrt), 58019 Porto Santo Stefano (GR), ✆ 0564/812634, ℻ 0564/810258, belvedere@vivigrosseto.it, www.belvedereargentario.it.

• *Essen & Trinken* Jede Menge Fischrestaurants und Trattorien rund um den Hafen.

Da Siro, über dem Aquarium am Lungomare, Eingang Corso Umberto I 104. Wenn Sie sich ein Fischrestaurant empfehlen lassen, werden Sie mit hoher Wahrscheinlichkeit zu diesem Terrassenrestaurant unweit der Fischermole geschickt. Sympathischer Service, frischer Fisch und liebevoll angemachte Salate – das alles allerdings zu den ortstypisch hohen Preisen. Mo geschlossen, ✆ 0564/812538.

Trattoria Poco Loco, mit kleiner Terrasse am Corso Umberto I 12 (etwas oberhalb der Hauptpiazza Vittorio Emanuele). Einfache, aber köstliche Gerichte: Wir probierten einen leckeren Vorspeisensalat mit Garnelen (8 €) und das ebenso gute Risotto Marinaio (10 €). Guter Hauswein. Service nur teilweise optimal. ✆ 0564/813954.

Immer voll ist es in der **Pizzeria Da Zirio** an der Hafenmole, lebhafter Betrieb und gute Holzofenpizza. Di geschlossen. Via del Molo 6.

Leckere Pizza gibt es auch bei der **Trattoria/Pizzeria Lo Sfizio**, freundlicher Service, nicht teuer. Wir probierten eine absolut empfehlenswerte Pizza "Jeannie" mit Rucola, Parmesan und frischen Tomaten (7,50 €). Die Spaghetti mit Meeresfrüchten begeisterten einige unserer Leser. Mo geschlossen. Lungomare dei Navigatori 26 (zwischen Polizia Municipale und der Post an der Promenade), ✆ 0564/812592.

Karte S. 224

Porto Ercole

An der Ostküste des Monte Argentario liegt der zweite wichtige Ort der Halbinsel. Beidseitig eingefasst von spanischen Festungsanlagen wirkt das 4000-Einwohner-Städtchen noch idyllischer als Porto Santo Stefano.

Vom Hafen, wo nicht wenige Nobelyachten dümpeln, führen steile Treppen hinauf zur südlichen Festung; von dort geht es weiter auf einem schmalen Weg an den kleinen Gärten der Dorfbewohner vorbei zum Leuchtturm. Der Weg ist teilweise anstrengend, aber die tolle Aussicht beim Leuchtturm versöhnt!

Beide Festungsanlagen sind heute von betuchten Mietern und Eigentümern in Beschlag genommen. Wer hier keinen Wohnsitz vorzuweisen hat, muss draußen bleiben. Es sei denn, man besorgt sich im Rathaus eine Besuchserlaubnis; wir haben darauf verzichtet und uns – nicht ganz ohne Neid – mit dem Anblick des imposanten Mauerwerks begnügt. Wer die *Rocca* südlich von Porto Ercole, die älteste Festung der Spanier aus dem 15. Jh., besichtigen möchte, wende sich an das *Ufficio informazioni* (s. unten), hier werden kostenlose Besuchertickets ausgestellt. Die Festung ist im Sommer von 10–13 Uhr und von 16 Uhr bis Sonnenuntergang geöffnet (Mi geschlossen).

In der *Kirche Sant'Erasmo* wurden die sterblichen Überreste des berühmten Barockmalers *Caravaggio* beigesetzt. Der geniale, aber auch gewalttätige Künstler war am 18. Juli 1610 am *Strand von Feniglia* bei Porto Ercole im Alter von 38 Jahren vermutlich an Malaria gestorben. Er befand sich auf der Rückreise nach Rom, das er vier Jahre zuvor fluchtartig hatte verlassen müssen, nachdem er einen Mann im Streit erschlagen hatte.

Baden: Ein überaus schöner Sandstrand befindet sich am *Tómbolo di Feniglia*. Die Straße bis zur Absperrung beim Camping Feniglia fahren, aber Achtung: an Sommerwochenenden liegt die Chance auf einen strandnahen Parkplatz bei null!

• *Information* **Ufficio Informazioni**, Via Caravaggio 78, ✆ 0564/811979. Mo–Fr 9–13 und 17–20 Uhr, Sa 7.30–13 und 18–20 Uhr, So 9–12 Uhr.

• *Wassersport* **Tauchschule Sub Company**, am Hafen. Im Angebot u. a. Tagestauchausflüge im 15-Personen-Boot zur Insel Giannutri oder Halbtagestrip an der Argentario-Küste entlang, auch Nachttauchgänge. Verleih von Tauchutensilien und Flaschenfüllung. Seit über 25 Jahren von einer deutsch-italienischen Familie geführt. ✆/℻ 0564/832651 oder ✆ 339/1553749 (mobil).

• *Übernachten/Camping* ****** Il Pellicano**, eines der luxuriösesten Hotels der Toskana, Traumlage am Meer, geschmackvolle Ausstattung, Wellness-Center und eigene Badebucht. Viele reiche amerikanische Gäste. Entsprechend schwindelerregend sind die Zimmerpreise: DZ in der Nebensaison ab 355 €, in der Hauptsaison und mit Meerblick 850 €. Loc. Scarbatello (etwas außerhalb von Porto Ercole an der Strada panoramica), 58018 Porto Ercole (GR), ✆ 0564/858111, ℻ 0564/833418, www.pellicanohotel.com.

***** Bi Hotel**, kleines, frisch renoviertes Albergo mit angenehm kühler Ausstrahlung direkt an der Hafenpromenade. Kleiner Wellnessbereich. Auf der Hotelterrasse kann man mit herrlichem Blick auf Stadt und Meer frühstücken. 12 DZ mit Frühstück und Aircondition 115–130 € (ohne Meerblick) bzw. 145–160 € (mit Meerblick). März bis Mitte Okt. geöffnet. Lungomare A. Doria 30, 58018 Porto Ercole (GR), ✆ 0564/833055, ℻ 0564/836057, www.bi-hotel.it.

Camping comunale Feniglia, auf dem Tómbolo di Feniglia, der südlichsten der drei Landverbindungen. Bescheidene Einrichtung, aber einladende Plätzchen. Hinter dem Pinienhain beginnt gleich der Sandstrand. Insgesamt 140 Stellplätze, außerdem auch einige Bungalows. Camping pro Person 10 €, kleines Zelt 7–9 €, großes Zelt 12–14 €, Wohnwagen/Wohnmobil 12–14 €. Geöffnet Anfang März bis Mitte Okt. (Bungalows ganzjährig). Loc. Feniglia, 58018 Porto Ercole (GR), ✆ 0564/831090, ℻ 0564/867175, www.campingfeniglia.it.

• *Essen/Trinken* **Gambero Rosso**, Qualität und Leistung für ein Fritto Misto aus frischem Fisch stimmen hier. Terrasse unter Palmen an der Hafenpromenade. Mi geschlossen. Lungomare A. Doria 62 (am Hafen), ✆ 0564/832650.

Pizzeria Lampara, neben anderen Gerichten abends gute Pizza aus dem Holzofen (Pizzabäcker aus Neapel!). Günstig. Di geschlossen, am Lungomare.

La Lanterna Blu, „super Pizza, super Fisch, super Pasta, super Beilagen, leckeres Dessert", schreibt eine Leserin über dieses relativ preiswerte Lokal. Di geschlossen. Via delle Bucche 9 (Seitenstraße zur Via Caravaggio, landeinwärts), ✆ 0564/833064.

Isola del Giglio

Giglio ist nach Elba die zweitgrößte der toskanischen Inseln. Auf den ersten Blick ist die „Insel der Lilie" ein großer, abweisender Fels im Meer, doch ändert sich das Bild schlagartig, wenn man mit der Fähre ankommt: Giglio Porto ist mit Abstand der idyllischste Hafen des Archipels.

Giglio ist 21 qkm groß, zählt ca. 1700 Bewohner und gehört zur Provinz Grosseto. Höchste Erhebung ist der *Poggio della Pagana* (498 m), der fast in der Mitte eines Bergrückens liegt, der die Insel von Nord nach Süd durchzieht. Mit Ausnahme des Kalkgesteins um die *Punta Faraglione* im äußersten Westen der Insel besteht Giglio hauptsächlich aus Granit. Das Relief der Insel wird durch steil zur Küste abfallende Berge geprägt, die an einigen Stellen durch herrliche kleine Sandbuchten unterbrochen werden. Wider allen Anschein bietet Giglio eine relativ vielfältige Vegetation, neben der gewohnten Mittelmeer-Macchia – vor allem Zistrosen, Erdbeerbaum und Baumheide – sind auch noch vereinzelte Exemplare der Steineichen zu sehen, die einst alle toskanischen Inseln in dichten Wäldern überzogen haben. Neben den zahlreichen Zugvögeln, für die Giglio im Frühling und Herbst eine wichtige Zwischenstation auf ihrer Reise zwischen dem afrikanischen und dem europäischen Kontinent ist, leben hier Mauerspechte, Turmfalken und diverse Möwenarten, z. B. die korsische Möwe sowie die Silbermöwe.

Giglio: der Arenella-Strand

Auf der kleinen Insel gibt es eine ganze Reihe schöner Strände. Alle sind sehr sauber mit glasklarem Wasser. Der größte Strand liegt in der *Bucht von Campese*. Da die Strände zum Teil nur zu Fuß erreicht werden können, sind sie fast nie voll, außer im August, wenn die

Insel komplett ausgebucht ist. Dennoch: Schon wegen der begrenzten Kapazitäten kann auf der Insel kein Tourismus im großen Stil stattfinden.

Aber nicht nur zum Baden (und Tauchen) ist Giglio gut geeignet: Schöne Wanderwege führen von *Giglio Castello* in den menschenleeren Süden der Insel und zum Nordkap mit Leuchtturm.

Geschichte

Giglio war bereits zu Zeiten der Etrusker besiedelt, während der römischen Herrschaft über den Toskanischen Archipel war die Insel eng mit Monte Argentario am italienischen Festland verbunden. In der Antike hieß die Insel *Aegilium*. Im 9. Jh. n. Chr. schenkte Karl der Große Giglio der Kirche (Abtei Tre Fontane), später erhoben sowohl Pisa als auch Siena Ansprüche auf die Insel. Die Pisaner setzten sich schließlich durch und regierten auf Giglio von 1264 bis 1406, bis die florentinischen Medici auch hier die Macht übernahmen. 1459 wurde Giglio zum päpstlichen Lehen erklärt, 1544 kam der Pirat *Barbarossa* und verwüstete die Insel; ihre Einwohner wurden als Sklaven verschleppt. Von 1558 bis zur Gründung des Vereinigten Königreichs Italien gehörte Giglio zum Großherzogtum Toskana.

Giglio Porto

Der romantische Hafen mit seinen bunten Häusern wird in der Hochsaison bis zu zehnmal täglich per Fähre vom Festland aus angelaufen. Giglio Porto ist allgemein ein eher teures Pflaster.

Im Sommer ist das geschützte Hafenbecken bis zum letzten Liegeplatz mit Segelyachten und kleinen Fischerbooten belegt, am Hafen laden zahlreiche Restaurants – z. T. auch auf Pfählen über das Wasser gebaut – zum Fischessen ein.

Der beidseitig durch Mauern geschützte Hafen wird an der Ostseite weithin sichtbar durch einen Medici-Turm aus dem Jahr 1596 begrenzt. Die Häuser der kleinen Ortschaft stehen zum größten Teil dicht gedrängt entlang der Hafenmole, nur wenige sind an den Hang des direkt steil ansteigenden *Poggio della Chiusa* (487 m) gebaut, der auch im Sommer morgens oft dicht mit Nebel verhangen ist.

Im Hafen selbst geht es gemütlich zu, wenn nicht gerade an den Sommerwochenenden, speziell im August, die Touristenströme Einzug halten. Entlang der Uferpromenade finden sich zahlreiche, auch sehr typische Bars, daneben Lebensmittel- und Souvenirgeschäfte, es herrscht eine entspannte Atmosphäre.

Information/Vorwahl

• *Information* **Ufficio Turistico/Pro Loco**, in der Parallelstraße hinter dem Hafen, neben nützlichen Broschüren und allerlei Infos gibt es hier auch Bustickets. Im Juli/August tägl. 9–13 und 15–18 Uhr, Do–Mo bis 20 Uhr, Mai bis Sept. tägl. 9–13 und 15–18 Uhr, im Winter nur nach telefonischer Anmeldung. Via Provinciale 9, 58013 Giglio Porto (GR), ✆/℻ 0564/809400, www.isoladelgiglio.it, www.isoladelgigliouffucioturistico.com.

• *Reisebüro* **Agenzia Giglio Multiservizi (GMS)**, das einzige auf der Insel. Gegenüber der Anlegestelle links neben der hellblau angestrichenen „Marcelleria" die Treppe hoch. Auch Scooterverleih (s. unten), hauptsächlich aber Appartementvermietung. Im Sommer tägl. 9–12.30 Uhr und 15–18.30 Uhr, ✆ 0564/809056, mobil ✆ 335/6093627, ℻ 0564/809447, www.gigliomultiservizi.com.

• *Telefonieren* Die **Vorwahl** für die ganze Insel lautet ✆ 0564 und muss auch vor Ort immer mitgewählt werden.

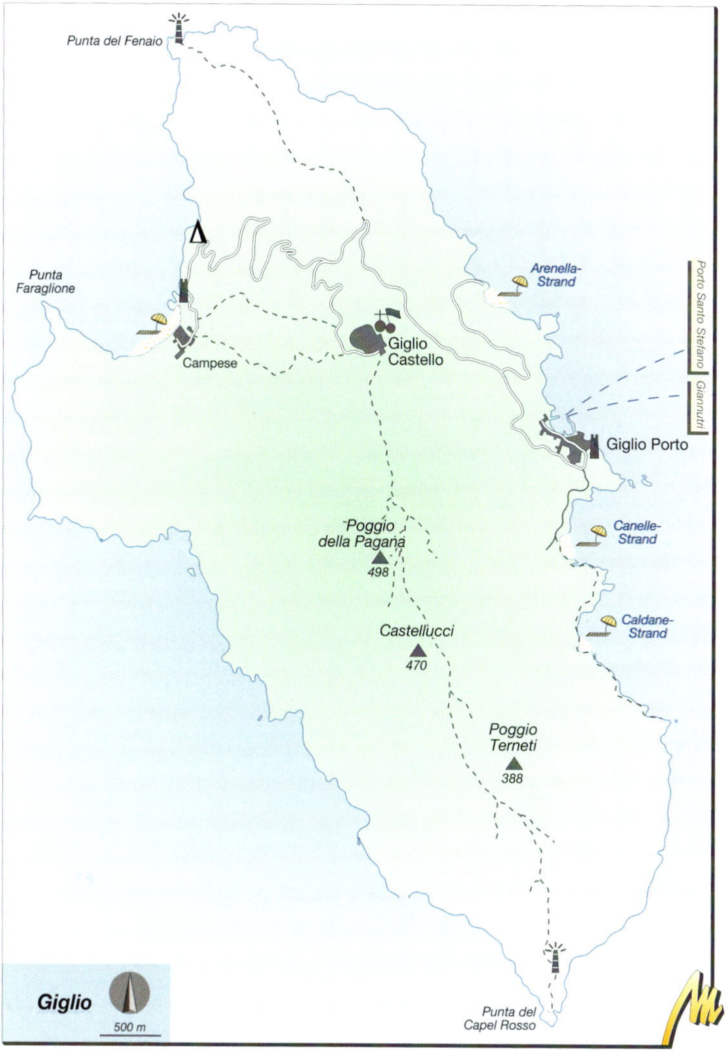

Verbindungen/Bootsausflüge

• Fähre *Toremar* und *Maregiglio* bedienen die Strecke zwischen Porto Santo Stefano und Giglio Porto. In der Hochsaison bis zu 12x täglich hin und zurück (in der Nebensaison 6–7x), Fahrtdauer etwa 1 Std. Autos werden zwar mitgenommen, doch kann man sich den teuren Tarif sparen und den Wagen in Porto Santo Stefano zurücklassen (Parkmöglichkeiten dort siehe S. 242). Wer in der Hochsaison dennoch mit dem Auto übersetzen will, sollte unbedingt reservieren: **Toremar**, am Hafen in Porto Santo Stefano (✆ 0564/810803, ℻ 0564/818455, www.toremar.it) bzw. am Hafen von Giglio

Blick auf Giglio Porto

Porto (✆/℻ 0564/809349) oder **Maregiglio**, ebenfalls am Hafen von Porto Santo Stefano (✆ 0564/812920) und Giglio Porto (✆ 0564/809309, www.maregiglio.it).

Preise Toremar: pro Pers. 9,30–10,90 €, Kind 4–12 Jahre 6,70–7,20 €, Auto bis 4,50 m 35,30–36,60 €, Auto über 4,50 m 45,10–46,90 €, Motorrad/Scooter 14,90 €, Fahrrad 5 €, Hund 3,20 €.

Preise Maregiglio: pro Pers. 9,50–10 €, Kind 5,50 €, Auto bis 5 m 36–47 €, Motorrad/Scooter 18 €, Fahrrad 6 €, Hund 2 €.

Maregiglio veranstaltet im Sommer außerdem 1x wöchentlich (Do) ab Giglio Porto **Ausflugsfahrten nach Giannutri**, hin und zurück 19 €, Kind 11 €.

• *Inselbus* Auf Giglio pendeln in kurzen Abständen Busse zwischen den drei Orten. Von Giglio Porto (Bushaltestelle an der „Hauptstraße", ca. 100 m vom Hafen, ausgeschildert) über Castello nach Campese, in der Hochsaison alle 20 Min., in der Nebensaison alle 40 Min., im Winter auf die Ankunfts- und Abfahrtszeiten der Fähre abgestimmt. Die Fahrt bis Campese dauert 30 Min., Busfahrkarten in den Bars am Hafen und beim Tabak- oder Zeitschriftenladen. Einfache Fahrt 1,80 €.

• *Sammeltaxi* Ebenfalls von der Bushaltestelle können Sie ein **Taxi colletivo** nehmen, z. B. zu den Stränden. Für 1–8 Pers., Pauschalpreise pro Fahrt: zum Cannelle-Strand und zum Hotel Monticello je 6 €, zum Arenella-Strand 10 €, nach Castello 12 €, nach Campese 15 €. ✆ 347/1941888, 340/8732865, 338/9706950 oder 330/731424.

• *Wassertaxi* z. B. für Badeausflüge werden von den **Boatmen** (Bude am Hafen) angeboten: Taxiboot zu den Stränden Caldane und Cannelle hin und zurück 10 € pro Pers. (Kinder unter 12 J. die Hälfte); 2-stündige Inselrundfahrt 20 €. ✆ 349/3508493, 335/-5616623 oder 347/0388932, www.boatmen.it. Wassertaxi-Service außerdem unter ✆ 336/535054 sowie 338/5498549.

Adressen/Wassersport

• *Adressen* **Erste Hilfe**, Arzt in Giglio Porto, ✆ 0564/809160, Notruf ✆ 118. *Guardia Medica* in Castello: ✆ 0564/806068, *Guardia Medica Turistica* in Campese: ✆ 0564/804177.

Apotheke, in der Straße zur Kirche.

Bank, zwei Banken im Zentrum, beide mit Bancomat. Eine weitere Bank mit Bancomat gibt es auch in *Giglio Castello* an der Piazza Gloriosa (Hauptplatz des Orts).

Hafenamt, beim Medici-Turm, ✆ 0564/809480. Wer mit dem Boot im Hafen von Giglio Porto anlegen will, muss sich vorher unbedingt anmelden: ✆ 335/6093300.

Internet-Point, 2x an der Hafenpromenade Via Umberto I. Auch WI-FI.

Post, bei der Kirche, Mo–Fr 9.15–13.30 Uhr, Sa bis 12.30 Uhr.

Polizei, ✆ 0564/809232.

• *Wassersport* **Motorbootverleih Giglio Sub**, an der Torre, vermietet werden nur drei Boote für 4 bzw. 6 Pers., hier auch **Flaschenfüllung**. Für August ca. zwei Wochen vorher reservieren, ✆ 0564/809506.

Motorbootverleih auch beim **Stand neben der Anlegestelle** am Hafen, ✆ 339/6286710 (International Diving).

Liegeplätze für Yachten, nur wenige freie Kapazitäten für Gastyachten, wer mit dem Boot im Hafen von Giglio Porto anlegen will, muss sich vorher unbedingt anmelden: ✆ 335/6093300.

Tauchen, in Giglio Porto mehrere Anbieter, z. B. *International Diving* in der Via del Saraceno 60. Tauchgang 30 €, sechs Tauchgänge 162 €, Open Water Diver 300 €. ✆ 347/2461704, www.internationaldiving.it. Außerdem: *Giglio Sub*, Piazza della Dogana, ✆ 0564/9809506.

• *Zweiradverleih* Scooter bei **Giglio Multiservizi** (s. oben) kostet ein Scooter für 2 Pers. 35 € (9–19 Uhr), für 24 Std. 40 €, für drei Tage 100 €). In der Hochsaison vorbestellen! Scooter auch bei **Andrea** unter ✆ 340/8732865. Die einzigen Fahrräder der Insel vermietet **Il Faro Verde**, ✆ 338/4320011.

Einkaufen/Feste & Veranstaltungen

Jeden Mittwoch findet am Hafen der **Inselmarkt** statt.

Palio Marinaio am 10. August in Giglio Porto: es treten die drei Viertel Rione Saraceno, Rione Chiesa und Rione Moletto zum Wettbewerb an, abends großes Feuerwerk.

Übernachten

Ohne frühzeitige Buchung hat man während der Hochsaison in Giglio Porto – wie auf der gesamten Insel – keine Chance auf eine Unterkunft.

*** **Il Saraceno**, direkt am Meer hinter dem Hafen. 48 komfortable Zimmer mit allen Extras. Eines der schönsten Hotels auf der Insel, terrassenförmig in den Fels gebaut. Geöffnet Anfang April bis Ende Okt. EZ 65–80 €, DZ 110–140 €, inkl. Frühstück, Halbpension 75–100 € pro Pers. Via del Saraceno 69, 58013 Giglio Porto (GR), ✆ 0564/809006, ℻ 0564/809007, www.saracenohotel.it.

*** **Demo's Hotel**, am nördlichen Hafenende, kaum zu übersehen, großes, beigefarbenes Haus. 52 gepflegte Zimmer, schickes Ristorante, eigener kleiner Strand. Geöffnet Ostern bis Ende Okt. DZ 140 € mit Frühstück, mit Halbpension 180 €. Via Thaon de Revel 45, 58013 Giglio Porto (GR), ✆ 0564/809235, ℻ 0564/809319, www.hoteldemos.com.

** **Bahamas**, nicht mehr ganz taufrisches Hotel bei der Kirche rechts die Gasse hoch, liegt etwas oberhalb des Hafens neben der Kirche, hübsche Hazienda-Terrasse, schöner Blick, freundlicher Service. Ganzjährig geöffnet. Kein Ristorante. EZ 90 €, DZ 100 €, Dreibett-Zimmer 140 €, Frühstück jeweils inklusive, alle Zimmer mit Bad, TV und z. T. Balkon. Es werden auch drei Appartements (max. 3 Pers.) vermietet. Via C. Oreglia 22, 58013 Giglio Porto (GR), ✆ 0564/809254 oder 0564/809451, ℻ 0564/808825, www.bahamashotel.it.

** **La Pergola**, kleine Pension am Hafen neben dem „Demo's", geöffnet Ostern bis Ende Okt. Alle Zimmer mit Bad. EZ 80 € (im August keine EZ), DZ 110 €, jeweils inkl. Frühstück. Via Thaon de Revel 30, 58013 Giglio Porto (GR), ✆ 0564/809051, mobil 328/1482690.

• *Außerhalb* *** **Castello Monticello**, schönes und komfortables Haus auf einer Anhöhe, knapp 2 km oberhalb von Giglio Porto (Straße nach Castello), an der Abzweigung zum 1,5 km entfernten Arenella-Strand (Shuttleservice dorthin). Hoteleigener Tennisplatz, Bocciabahn. Gehobenes Restaurant mit Fischspezialitäten, nette Terrasse. Alle Zimmer mit Bad, TV, Kühlschrank und Aircondition, z. T. auch mit Balkon oder Terrasse. Geöffnet Ostern bis Ende Sept. EZ 68–75 €, DZ 136–150 €, Dreibett-Zimmer 183–195 €, jeweils inkl. Frühstück, Halbpension 25 € extra pro Person. Via Provinciale, 58013 Giglio Porto (GR), ✆ 0564/809252, ℻ 0564/809473, www.hotelcastellomonticello.com.

*** **L'Arenella**, idyllische Lage mitten im Grünen, oberhalb des Arenella-Strandes mit schönen Ausblicken, geschmackvoll einge-

Karte S. 224

richtete Zimmer, mit Restaurant und Bar, schöne Terrasse. Geöffnet Ostern bis Okt. DZ 125–145 € mit Frühstück. Via Arenella 5, 58013 Giglio Porto (GR), ✆ 0564/809340, 📠 0564/809443, www.hotelarenella.com.

** **Pardini's Hermitage**, inmitten der unberührten Macchia liegt dieses Hotel, das nur zu Fuß (mühsam!) oder per Boot zu erreichen ist (Abholung durch das Hotel von Giglio Porto). Ein Zentrum für Naturfreunde, Vogelbeobachter, Keramikschaffende und Aquarellmaler. Außerdem im Angebot: Yoga, Kochkurse, Boccia, Bootstouren, Eselreiten etc. Die Preise variieren sehr stark zwischen Saisonzeiten und Aufenthaltsdauer, das DZ mit Vollpension (man könnte fast sagen all inklusive, Getränke zum Essen sind im Preis enthalten, ebenso der Aperitivo und das Glas Wein am späteren Abend) kostet 185–195 €, ab drei Tage Aufenthalt wird es günstiger. Geöffnet Mitte April bis Mitte Okt. Cala degli Alberi, 58013 Isola del Giglio (GR), ✆ 0564/809034, 📠 0564/809177, www.hermit.it.

Essen & Trinken

Einige schicke Restaurants am Hafen, das Preisniveau ist generell hoch.

La Vecchia Pergola, gehört zur gleichnamigen Pension. Mit netter Terrasse. Mi geschl. Via Thaon de Revel 31, ✆ 0564/809080.

Recht nobel geben sich die beiden Restaurants **Doria** und **La Margherita**, fast nebeneinander am Hafen auf Pfählen über das Wasser gebaut. Beide Lokale erfreuen sich vor allem bei Touristen allergrößter Beliebtheit. Doria: Via Thaon de Revel 18, ✆ 0564/809000; La Margherita: Via Thaon de Revel 5, ✆ 0564/809237.

La Paloma, recht schlicht wirkende Trattoria am Hafen, bekannt für hervorragende, immer frische Fischgerichte. Menü um 30 €. Via Umberto I. 48, ✆ 0564/809233.

Wer es günstiger mag, isst seine Pizza (auch zum Mitnehmen) oder Pasta bei **L'Archetto** nahe der Anlegestelle, hier gibt es auch ein gutes und günstiges Touristenmenü (zwei Gänge mit je zwei Gerichten zur Auswahl). Nett zum Sitzen, freundlicher und zuvorkommender Service. Via Umberto I 8, ✆ 0564/809221.

Baden in und um Giglio Porto

In der Umgebung von Giglio Porto gleich mehrere einladende Sandbuchten, das Meer ist hier sehr sauber und leuchtet türkisgrün, die Strände selbst sind in der Regel eher schmal. Bademöglichkeiten sind im Ort zwar vorhanden, im Hafenbecken allerdings wenig idyllisch bzw. gänzlich ungeeignet. Besser ist der kleine Strand beim *Hotel Demo's* oder in der Mini-Bucht zwischen *Torre Medicea* und *Hotel Saraceno*: Sand und Kiesel, von Felsen eingerahmt.

Arenella-Strand: 3,5 km von Giglio Porto, asphaltierte Straße, zunächst Richtung Castello, beim Hotel Monticelli dann rechts ab, beschildert. Wunderschöner Strand (grober Sand) in der kleinen, von Felsen umrahmten Bucht *Cala dell'Arenella*, leider wird viel Seetang angeschwemmt. Mit Sonnenschirm- und Liegestuhlverleih sowie Snackbar.

Cannelle-Strand: Nur gut 1 km südlich von Giglio Porto. Über Asphaltstraße auch zu Fuß relativ bequem erreichbar. Feiner Sandstrand, großer Parkplatz, am Strand die Pizzeria/Snackbar Le Cannelle mit gemütlicher Terrasse, daneben eine große Appartementanlage. Sonnenschirm- und Liegestuhlverleih, Tretboote.

Caldane-Strand: Noch einmal ca. 1,5 km südlich von *Le Cannelle*, nur über einen Fußweg am Meer entlang zu erreichen (am Cannelle-Strand an der Appartement-Anlage vorbei, dann gleich links ab auf einen breiteren Weg, kurz darauf links auf einen sandigen Pfad, ca. 20 Minuten, beschildert). Sehr abgeschiedener, sauberer Sandstrand, keine Bar oder sonstige touristischen Angebote, dafür aber auch nur wenige Besucher. Lohnenswerter Spaziergang.

Giglio Castello

Nur 6 km sind es vom Hafen *Giglio Porto* bis hinauf nach Castello, doch überwindet die Straße in engen Serpentinen über 400 Höhenmeter. Auf dem Weg eröffnen sich herrliche Blicke – zunächst auf Giglio Porto und dann auf den Arenella-Strand, später auf den Leuchtturm und schließlich der Blick auf Campese mit seinem imposanten Medici-Turm.

Die Anfänge der alles überragenden Befestigung gehen zurück auf den Anfang des 11. Jh., das *Castello* in seiner heutigen Form stammt aus der pisanischen Epoche und ist noch immer komplett von einer turmbewehrten Festungsmauer umgeben. Das Innere ist von einem Labyrinth enger Gassen durchzogen, dicht gedrängt stehen die alten Wohnhäuser in dem düster wirkenden historischen Zentrum. An der Nordseite der Festung befindet sich der *Punto Panoramico* mit grandiosem Blick auf das Tyrrhenische Meer.

Der Cannelle-Strand bei Giglio Porto

Auf der anderen Seite der Festungsmauer schließt bei der *Porta della Rocca* der moderne Ort an. Hier, an der *Piazza Gloriosa,* trifft sich das ganze Dorf, wogegen im alten Kern von Castello mit seinen typischen Torbögen und Außentreppen eher Stille angesagt ist. Einen Spaziergang durch die idyllischen Gassen von Giglio Castello sollte man sich nicht entgehen lassen, v. a. abends, wenn die kleinen Geschäfte ihre Pforten geöffnet haben. Einige Bars und Restaurants warten auf Besucher. Vom Ort bietet sich an klaren Tagen ein herrlicher Blick übers Meer nach Montecristo, Elba und Korsika im Hintergrund, tolle Sonnenuntergänge.

Alljährlich am 15. September findet in Giglio Castello eine große Prozession zu Ehren des Inselpatrons *San Mamilianus* statt (siehe „Feste & Veranstaltungen"), bei dem die silbern gefasste Reliquie des Heiligen (ein Arm) hervorgeholt wird, die sich normalerweise in der *Kirche San Pietro* im Ort befindet. Hier sind auch einige Fresken aus dem 14. Jh. zu sehen (tägl. 7–20 Uhr geöffnet). Jeden Donnerstag findet in Castello der Inselmarkt statt.

• *Übernachten* Keine Hotels, aber gleich zweimal Privatzimmer, nebeneinander oberhalb der modernen Piazza Gloriosa gelegen, Schilder hängen aus.

Angelo Landini, sechs Zimmer mit Bad und TV, DZ 75 €, EZ 40 €, vermietet werden auch einige Appartements am Meer, frühzeitige Reservierung wichtig. Piazza Gloriosa 16, 58012 Giglio Castello (GR), ☏/℻ 0564/806074, mobil ☏ 328/6972893, affitacamerelandini@libero.it.

Camere Airone, rosa Haus oberhalb. Wer Glück hat, ergattert ein Zimmer mit Meerblick. DZ mit Bad ca. 80 €. Via Santa Maria

12, 58012 Giglio Castello (GR), ✆/℡ 0564/806076, mobil ✆ 348/3538085, camere.airone@tiscali.it, www.camerealgiglio.vze.com.

• *Essen & Trinken* **Da Maria**, in historischem Gebäude gleich an der Festungsmauer (Nordwestseite) im oberen Teil des alten Giglio Castello, schöner Speiseraum, privates Ambiente. Gehobene Küche, frischer Fisch und gute Weine. Menü um 40 €. Mi geschlossen. Via della Casa Matta 12, ✆ 0564/806062.

Arcobalena – *Vini, vivi e cucina* heißt das Motto hier. Urgemütliches Ristorante in der Festung, viel Fisch und Meeresfrüchte, auch *Cacciucco* (Fischeintopf), gehobenes Preisniveau, das uns allerdings gerechtfertigt erscheint. Via Cavour 48, im Gassenlabyrinth der Festung, am besten die zentrale Achse Via Vittorio Emanuele hinauf, die Via Cavour ist deren Verlängerung. Mittags und abends geöffnet, Di Ruhetag, in der Hochsaison für abends reservieren, ✆ 0564/806106.

L'Isolana, Trattoria und Pizzeria an der Piazza IV Novembre. Gehobenes Preisniveau. Von der modernen Piazza Gloriosa durch das Festungstor, nach ca. 30 m auf der linken Seite, ✆ 0564/806286.

• *Feste und Veranstaltungen* **Palio dei somari** am 15. September, mit einer Prozession und Tänzen wird an das 2000 Mann starke nordafrikanische Seeräuberheer erinnert, das 1799 Giglio überfallen wollte. Als man damals den als Reliquie verehrten Arm des heiligen Mamilianus (siehe „San Mamilianus", S. 238) den Angreifern entgegentrug, kam ein Wind auf und trieb die „Turchi" zurück ins Meer. Noch heute sind in der Kirche von Castello die erbeuteten Waffen der Piraten zu sehen. Eine weitere **Mamilianus-Prozession** findet am 18. November auf der Insel statt, dem eigentlichen Jahrestag des Angriffs der tunesischen Seeräuber.

Wandern auf Giglio

Idealer Ausgangspunkt ist Giglio Castello. Von hier führt ein Wanderweg in westliche Richtung relativ steil hinunter nach Campese (Gehzeit ca. 1 Std.); eine weitere Wanderung von der Straße von Giglio Porto nach Castello (bei einer Linkskehre) in nordwestliche Richtung – vorbei am alten Leuchtturm im Inselinneren – zur *Punta del Fenaio* (mit Leuchtturm) an der Nordspitze der Insel. Gehzeit ab dem Abzweig von der Straße ca. 1,5–2 Stunden.

Die wohl anspruchsvollste und längste Wanderung (11 km) auf Giglio führt von Castello zur *Punta del Capel Rosso*, dem südlichsten Punkt der Insel. Ausgangspunkt ist die Piazza Gloriosa, von hier zunächst auf asphaltierter Straße nach Süden, nach ca. 20 Minuten eine Abzweigung, hier links ab und in südliche Richtung halten (Markierung „ARS"). Der Weg führt östlich und auf halber Höhe am *Poggio della Pagana* (498 m), dem höchsten Inselberg, entlang. Nach ca. 1–1,5 Stunden Wanderung gelangt man zu einem kleinen Pass, hier rechts halten (südliche Richtung) und immer den Beschilderungen *„ARS"* folgen. Auch der weithin sichtbare Leuchtturm dient der Orientierung, man lässt ihn aber links liegen und gelangt zur *Punta del Capel Rosso*. Dauer insgesamt ca. 3 Stunden, schöne Wanderung durch die Macchia der Insel, tolle Panoramen.

Campese

Steil geht es von Castello auf der Panoramastraße hinab zum Touristenort Campese, der jüngsten Ortschaft der Insel, 9 km von Giglio Porto entfernt auf der anderen Seite der Insel.

Eine große, unschöne Appartementanlage am Ortsrand, Hotels, Restaurants und sonstige touristische Einrichtungen an einer schönen Bucht – Campese wirkt auf den ersten Blick etwas langweilig. Attraktion des Ortes ist natürlich der lang gezogene, durch Felsen unterbrochene Sandstrand mit Bars, Sonnenschirm-, Liegestuhl- und Tretbootverleih, im Sommer tummeln sich hier die Urlauber in Scharen. Im Westen wird die weitläufige Bucht von Campese von den *Faraglione-Felsen* begrenzt, das östliche Ende des Strands wird von einem eindrucksvollen Rundturm der Medici aus dem 16. Jh. überragt, daneben befindet sich der kleine, fast nostalgische Fischerhafen des ansonsten eher konturlosen Orts.

Am 18. November 1799 gingen hier am Strand tunesische Seeräuber an Land (*Sbarco dei Turchi*), die sich ohne Umwege daran machten, Giglio Castello zu erobern. Die Bewohner der Festung am Berg standen der Übermacht der Eindringlinge wehrlos gegenüber, und konnten in ihrer Not nur noch auf die wundersame Hilfe des Inselheiligen *San Mamilianus* hoffen. Schenkt man der Legende Glauben, half dieser auch, und zwar in Form eines fürchterlichen Sturms, der die Boote der Angreifer fast zum Kentern brachte und die erschrockenen Tunesier selbst in die Flucht schlug. Seither feiert ganz Giglio jährlich am 18. November zu Ehren von Mamilianus.

Tauchen in der Bucht von Campese

Die Gewässer um Giglio sind ein Eldorado für Taucher, da sich hier quasi alle Schwierigkeitsgrade finden, und die ruhige Bucht von Campese eignet sich besonders für Anfänger. Tauchkurse und Unterkunftsvermittlung beim *Campese Diving Center* (CDC) direkt am Strand von Campese, unter Leitung von Reiner Krumbach. Des Weiteren unterhält hier der deutsche Meeresbiologe und Tauchlehrer Dr. Claus Valentin die Mittelmeerbasis des Instituts für Marine Biologie (IfMB), mit dem eine Zusammenarbeit besteht. Zu den Gästen des IfMB zählen hauptsächlich Studentengruppen, die hier meeresbiologische Exkursionen unter fachkundiger Anleitung durchführen.

Die Tauchbasis in Campese ist von März bis Mitte November geöffnet. Sie bietet auch 10-tägige Tauchkurse (inkl. Unterkunft im Gemeinschaftsappartement, Padi Open Water: 300 €) und einen Schnupperkurs (fünf Tauchgänge) für 185 €. Ein Tauchgang mit kompletter Leihausrüstung kostet 40 €, Studenten erhalten Rabatt.

Information Campese Diving Center, Via di Mezzo Franco 14, Loc. Campese, 58012 Isola del Giglio, ✆/℻ 0564/804121, www.cdc-giglio.de, info@cdc-giglio.de. In Deutschland: Campese Diving Center, Eckdorfer Mühlenweg 1b, 50321 Brühl, ✆ 02232/149675, ℻ 02232/1542837. IfMB: Institut für Marine Biologie, Strucksdamm 1b, 24939 Flensburg, ✆ 0461/4902160, ℻ 0461/4902159. Alle Infos auch im Internet unter www.ifmb.com.

• *Übernachten* *** **Campese**, direkt am Sandstrand, nicht mehr das neueste Modell, aber zuvorkommender, netter Service. Mit Ristorante. Geöffnet Ostern bis Ende Sept. EZ mit obligatorischer Halbpension 96–104 €, DZ 180–196 €. Via della Torre 18, Loc. Campese, 58013 Isola del Giglio (GR), ✆ 0564/804003, ℻ 0564/804093, www.hotelcampese.com.

Karte S. 224

* **Giardino delle Palme**, gegenüber dem Medici-Turm beim kleinen Fischerhafen. Kleines Haus im Palmengarten, schöne Dachterrasse. DZ ca. 95 €, mit Frühstück, alle Zimmer mit Bad. Via della Torre, Loc. Campese, 58012 Isola del Giglio (GR), ✆/℻ 0564/804037, www.giardinolepalme.it.

Il Porticciolo, gepflegtes kleines Hotel, am Campese-Strand. DZ 166–180 € inkl. obligatorischer Halbpension. Via della Torre 3, 58012 Campese (GR), ✆/℻ 0564/804221, www.albergoilporticciolo.it.

• *Camping* * **Baia del Sole**, an der Straße kurz vor Campese. Einziger Campingplatz der Insel und im Hochsommer meist restlos belegt. Der kleine Platz (nur 45 Stellplätze!) ist terrassenförmig angelegt, gute Lage, ausreichend Schatten, manche Stellplätze herrlich über dem Meer. Mit eigenem Felsstrand, Bar, Minimarket und Snackbar, ganzjährig geöffnet. Camping pro Pers. 9,30 €, kleines Zelt 13 €, Stellplatz für ein großes Zelt, Wohnwagen oder Wohnmobil 17–19,30 €. Einige kleine Holzbungalows stehen zum Mietpreis von 42–62 € pro Tag zur Verfügung. Die großen Stellplätze und Bungalows können im Sommer nur wochenweise gebucht werden, frühzeitige Reservierung ist für die Hochsaison notwendig, die besten Chancen hat man evtl. noch mit einem kleinen Zelt. Auf dem Platz herrscht Hundeverbot! Loc. Campese, 58012 Isola del Giglio (GR), ✆ 0564/804036, ℻ 0564/804101, www.campingbaiadelsole.net.

• *Essen & Trinken* **Ristorante/Pizzeria da Tony**, direkt beim Medici-Rundturm, bei Tauchern sehr beliebte Pizzeria. Via della Torre 13, ✆ 0564/806453.

Trattoria da Mario di Meino, Familienbetrieb mit wenigen Tischen, die meisten im Freien unter einem idyllischen Vordach. Relativ kleine Auswahl. Via Provinciale, ✆ 0564/804087.

Giannutri

Wie auch das benachbarte Giglio ist Giannutri der Maremma am italienischen Festland vorgelagert. Die südlichste und gleichzeitig östlichste Insel des Archipels weist die Form einer Sichel auf und befindet sich als einzige der toskanischen Inseln zum größten Teil in Privatbesitz.

Wer mit dem Ausflugsboot auf dem nur 2,6 qkm großen Inselchen (11 km Küstenlinie) ankommt, dem sticht sofort die nicht mehr ganz neue Appartementanlage in der Bucht *Cala Spalmatoio* im Westen der Insel ins Auge. Die Insel liegt 13 Seemeilen (ca. 20 km) vom Hafen Porto Santo Stefano am Monte Argentario entfernt, von dort und ab Giglio Porto werden – nur in den Sommermonaten – Tagesausflüge nach Giannutri angeboten. Im Winter ist die Insel wie ausgestorben, keine zehn Menschen leben hier das ganze Jahr über. Zu sehen gibt es auf Giannutri die äußerst sehenswerten Überreste einer *römischen Villa* aus dem 1. Jh. n. Chr. (zuletzt wegen Einsturzgefahr gesperrt).

Zum *Baden* ist Giannutri nur bedingt geeignet: Es gibt nur zwei bescheidene Strände, an der Ostküste die bereits erwähnte *Cala Spalmatoio* mit Anlege-

Die Bucht Cala Maestra im Westen von Giannutri

stelle und winzigem Kiesstrand, im Westen die *Cala Maestra* mit ebenso dürftigem Badestrand, dafür aber einigen römischen Überresten am Meer.

Auch **Wanderern** bietet die an der höchsten Stelle nur 88 m hohe Insel wenig Aufregendes: Vorherrschend ist die übliche mediterrane Macchia, nur vereinzelt lassen sich noch einige Steineichen vorfinden, daneben hat man nahe der Cala Maestra wieder Pinien angepflanzt. Dem Umstand, dass es auf Giannutri keine Quellen gibt, entspricht auch die eher karge Vegetation. Interessanter ist die zerklüftete Kalksteinküste der Insel mit ihren zahlreichen Grotten (vor allem an der Südspitze von Giannutri). Wie auch die benachbarten Inseln Giglio und Montecristo ist Giannutri eine wichtige Zwischenstation für Zugvögel, ganzjährig leben hier verschiedene Sperlingsarten, Schwalben und Silbermöwen.

Geschichte

Bei den Griechen hieß die Insel *Artemisia,* die Römer nannten sie *Dianum* bzw. *Dianium,* nach der römischen Jagdgöttin Diana. Im 1. Jh. n. Chr. baute hier die einflussreiche Familie der *Domitii* – ihr gehörte u. a. der berüchtigte Kaiser Nero an – eine herrschaftliche Villa oberhalb der Cala Maestra, deren gut erhaltene Ruinen noch immer einen bleibenden Eindruck des damaligen Wohlstands vermitteln. Wie die anderen toskanischen Inseln auch, war Giannutri im Mittelalter ein Refugium für Einsiedler, eine Besiedlung der Insel im größeren Stil fand nie statt.

Seit geraumer Zeit befinden sich große Teile der Insel im Besitz eines deutschen Grafen. Seit 1996 ist die zur Gemeinde Giglio zählende Insel ein Teil des Nationalparks, in den Buchten *Cala Spalmatoio* und *Cala Maestra* können jedoch Privatyachten und Ausflugsboote vor Anker gehen.

• *Information* Zuständig ist das **A.P.T.-Büro** in Grosseto, Viale Monterosa 206, 58100 Grosseto, ✆ 0564/462611, ✆ 0564/454606. Besser informiert jedoch das **Ristorante La Taverna del Granduca** in der Cala Maestra auf Giannutri, ✆ 0564/898890 oder 338/4684020 (mobil).

Karte S. 224

• Verbindungen/Bootsausflüge Mit *Maregiglio* im Sommer 1x tägl. (in der Nebensaison ca. 3x wöchentlich, von Nov. bis Anfang Februar gar nicht) **ab Porto Santo Stefano** nach Giannutri, Abfahrt in Porto Santo Stefano um 10 Uhr, retour ab Giannutri um 16.30 Uhr, die Überfahrt dauert jeweils 70 Min. Pro Pers. 19 €, Kind 11 €, Hund 4 €. Ticketbude am Hafen von Porto Santo Stefano. Während der Saison sind 1x wöchentlich (Do) Tagesausflüge auch **ab Giglio Porto** möglich; gleiche Preise wie ab Porto Santo Stefano, Überfahrt 1 Std., ✆ 0564/809309. *Maregiglio* am Hafen von Porto Santo Stefano: ✆ 0564/812920; am Hafen in Giglio Porto: ✆ 0564/809309, www.maregiglio.it.

Von der Cala Spalmatoio führt ein **Fußweg** – vorbei am Sportplatz und Helikopter-Landeplatz – zur Cala Maestra, Dauer im gemütlichen Spaziertempo ca. 20 Minuten.

• Essen & Trinken *In der Cala Spalmatoio:* An der Piazzetta oberhalb der Bucht gibt es eine teure **Bar** mit begrenztem Angebot und gleich daneben das Lebensmittelgeschäft **La Cambusa**, das auch täglich frisches Obst und Gemüse anbietet (ganztägig geöffnet). Herr über Bar und Alimentari (und somit über die gesamte Versorgungslage auf Giannutri) ist Franco Mojana mit seinem freundlichen Golden Retriever *Arturo*, der sich über jeden Besucher der Insel freut. Franco kann auch bei der Suche nach einem **Appartement** behilflich sein: ✆ 338/2295755 (mobil), franmojana@tiscali.it. Allzuviel Hoffnung sollte man sich nicht machen, die meisten Villen und Ferienhäuder sind in Privatbesitz und stehen nicht zur Vermietung.

In der Cala Maestra: **Ristorante Granduca**, nur im Sommer geöffnet, mittags und abends, empfehlenswert, leckere Pasta, trotz Monopolstellung nicht mal teuer, netter Service. ✆ 0564/898890 bzw. 338/4684020 (mobil).

Villa Romana (Cala Maestra)

Die am besten erhaltenen römischen Ruinen des Archipels. Die Sommerresidenz der Familie der *Domitii* bestand u. a. aus der Villa, weiteren Wohngebäuden sowie Thermen, Nymphäum, Latrine und Zisternen. Herrlicher Blick vom Gelände hinüber nach Giglio, drei beeindruckende Säulen wurden wieder aufgerichtet, erstaunlich gut erhalten sind auch noch Teile der Außenmauern und des Fußbodens mit Mosaikfragmenten und Heizungssystem. Auf der Treppe kann man noch die Reste der römischen Marmorverkleidung erkennen. Die schönsten Mosaike – Szenen der griechischen Mythologie mit Theseus und Minotaurus – wurden allerdings von gewissenlosen Touristen abgetragen, sodass das Gelände mittlerweile umzäunt und nur noch unter Aufsicht zugänglich ist (zuletzt geschlossen). Die Ausgrabungen auf Giannutri sind noch nicht abgeschlossen, man vermutet, dass sich bei dem freigelegten Gelände nur um einen kleinen Teil der noch im Verborgenen liegenden Überreste aus römischer Zeit handelt.

Vorbildliche B-Noten vor der Eintauchphase: Kunstspringer am Anleger

Besichtigung Zuletzt war das Gelände wegen Einsturzgefahr geschlossen. Aktuelle Infos erteilt die A.P.T. in Grosseto (s. oben). Vor der Schließung war das **Ristorante Granduca** der allgemeine Treffpunkt für geführte Besichtigungen.

Etwas Italienisch

Aussprache (Hier nur die Abweichungen von der deutschen Aussprache)

c: vor e und i immer *"tsch"* wie in *rutschen*, z. B. *centro* (Zentrum) = *"tschentro"*. Sonst wie *"k"*, z. B. *cannelloni* = *"kannelloni"*.

cc: gleiche Ausspracheregeln wie beim einfachen **c**, nur betonter: *faccio* (ich mache) = *"fatscho"*; *boccone* (Imbiss) = *"bokkone"*.

ch: wie *"k"*, *chiuso* (geschlossen) = *"kiuso"*.

cch: immer wie ein hartes *"k"*, *spicchio* (Scheibe) = *"spikkio"*.

g: vor e und i *"dsch"* wie in *Django*, vor a, o , u als *"g"* wie in *gehen*; wenn es trotz eines nachfolgenden dunklen Vokals als *"dsch"* gesprochen werden soll, wird ein i eingefügt, das nicht mitgesprochen wird, z. B. in *Giacomo* = *"Dschakomo"*.

gh: immer als *"g"* gesprochen.

gi: wie in *giorno* (Tag) = *"dschorno"*, immer weich gesprochen.

gl: wird zu einem Laut, der wie *"lj"* klingt, z. B. in *moglie* (Ehefrau) = *"mollje"*.

gn: ein Laut, der hinten in der Kehle produziert wird, z. B. in *bagno* (Bad) = *"bannjo"*.

h: wird am Wortanfang nicht mitgesprochen, z. B. *hanno* (sie haben) = *"anno"*. Sonst nur als Hilfszeichen verwendet, um c und g vor den Konsonanten i und e hart auszusprechen.

qu: im Gegensatz zum Deutschen ist das u mitzusprechen, z. B. *acqua* (Wasser) = *"akua"* oder *quando* (wann) = *"kuando"*.

r: wird kräftig gerollt!

rr: wird noch kräftiger gerollt!

sp und **st**: gut norddeutsch zu sprechen, z. B. *specchio* (Spiegel) = *"s-pekkio"* (nicht *schpekkio*), *stella* (Stern) = *"s-tella"* (nicht *"schtella"*).

v: wie *"w"*.

z: immer weich sprechen wie in *Sahne*, z. B. *zucchero* (Zucker) = *"sukkero"*.

Elementares

Frau ...	*Signora*
Herr ...	*Signor(e)*
Guten Tag	*Buon giorno*
Guten Abend (ab nachmittags!)	*Buona sera*
Gute Nacht	*Buona notte*
Auf Wiedersehen	*Arrivederci*
Hallo/Tschüss	*Ciao*
Wie geht es Ihnen?	*Come sta?*
Wie geht es dir?	*Come stai?*
Danke, gut.	*Molto bene, grazie*
Danke!	*Grazie*
Entschuldigen Sie	*(Mi) scusi*
Entschuldige	*Scusami/Scusa*
Entschuldigung, können Sie mir sagen...?	*Scusi, sa dirmi...?*
ja	*si*
nein	*no*
Tut mir leid	*Mi dispiace*
Macht nichts	*Non fa niente*
Bitte! (*gern geschehen*)	*Prego!*
Bitte (als Einleitung zu einer Frage oder Bestellung)	*Per favore...*
Sprechen Sie Englisch/Deutsch?	*Parla inglese/tedescso?*
Ich spreche kein Italienisch	*Non parlo l'italiano*
Ich verstehe nichts	*Non capisco niente*
Könnten Sie langsamer sprechen?	*Puo parlare un po` più lentamente?*
Ich suche nach...	*Cerco...*
Okay, geht in Ordnung	*va bene*
Ich möchte	*Vorrei*
Warte/Warten Sie!	*Aspetta/Aspetti!*
groß/klein	*grande/piccolo*
Geld	*i soldi*
Ich brauche ...	*Ho bisogno ...*
Ich muss ...	*Devo ...*
in Ordnung	*d'accordo*
Ist es möglich, dass ...	*È possibile ...*
mit/ohne	*con/senza*
offen/geschlossen	*aperto/chiuso*
Toilette	*bagno*
verboten	*vietato*
Wie heißt das?	*Come si dice?*
bezahlen	*pagare*

Fragen

Gibt es/Haben Sie...?	*C'è ...?*
Was kostet das?	*Quanto costa?*
Gibt es (mehrere)	*Ci sono?*
Wann?	*Quando?*
Wo? Wo ist?	*Dove?/ Dov'è?*
Wie?/Wie bitte?	*Come?*
Wieviel?	*Quanto?*
Warum?	*Perché?*

Smalltalk

Ich heiße ...	*Mi chiamo ...*
Wie heißt du?	*Come ti chiami?*
Wie alt bist du?	*Quanti anni hai?*
Das ist aber schön hier	*Meraviglioso!/Che bello!/Bellissimo!*
Von woher kommst du?	*Di dove sei tu?*
Ich bin aus München/Hamburg	*Sono di Monaco, Baviera/di Amburgo*
Bis später	*A più tardi!*

Orientierung

Wo ist bitte...?	*Per favore, dov'è..?*
... die Bushaltestelle	*...la fermata*
... der Bahnhof	*...la stazione*
Stadtplan	*la pianta della città*
rechts	*a destra*
links	*a sinistra*
immer geradeaus	*sempre diritto*
Können Sie mir den Weg nach ... zeigen?	*Sa indicarmi la direzione per..?*
Ist es weit?	*È lontano?*
Nein, es ist nah	*No, è vicino*

Bus/Zug

Fahrkarte	*un biglietto*
Stadtbus	*il bus*
Überlandbus	*il pullman*
Zug	*il treno*
hin und zurück	*andata e ritorno*
Ein Ticket von X nach Y	*un biglietto da X a Y*
Wann fährt der nächste?	*Quando parte il prossimo?*
... der letzte?	*...l'ultimo?*
Abfahrt	*partenza*
Ankunft	*arrivo*
Gleis	*binario*
Verspätung	*ritardo*
aussteigen	*scendere*
Ausgang	*uscita*
Eingang	*entrata*

Auto/Motorrad

Auto	*macchina*
Motorrad	*la moto*
Tankstelle	*distributore*
Volltanken	*il pieno, per favore*
Bleifrei	*benzina senza piombo*
Diesel	*gasolio*
Panne	*guasto*
Unfall	*un incidente*
Bremsen	*i freni*
Reifen	*le gomme*
Kupplung	*la frizione*
Lichtmaschine	*la dinamo*
Zündung	*l'accensione*
Vergaser	*il carburatore*
Mechaniker	*il meccanico*
Werkstatt	*l'officina*
funktioniert nicht	*non funziona*

Bank/Post/Telefon

Wo ist eine Bank?	*Dove c' è una banca*
Postamt	*posta/ufficio postale*
Ich möchte Reiseschecks einlösen	*Vorrei cambiare dei traveller cheques*
Postkarte	*cartolina*
Brief	*lettera*
Briefkasten	*la buca (delle lettere)*
Briefmarken	*i francobolli*
Wo ist das Telefon?	*Dov' è il telefono?*

Hotel/Camping

Haben Sie ein Einzel/Doppelzimmer?	*C'è una camera singola/doppia?*
Können Sie mir ein Zimmer zeigen?	*Può mostrarmi una camera?*
Ich nehme es/wir nehmen es	*La prendo/la prendiamo*
Zelt/ kleines Zelt	*tenda/canadese*
Schatten	*ombra*
mit Dusche/Bad	*con doccia/ bagno*
ein ruhiges Zimmer	*una camera tranquilla*
Wir haben reserviert	*Abbiamo prenotato*
Schlüssel	*la chiave*
Vollpension	*pensione completa*
Halbpension	*mezza pensione*
Frühstück	*prima colazione*
Hochsaison	*alta stagione*
Nebensaison	*bassa stagione*

Zahlen

0	*zero*
1	*uno*
2	*due*
3	*tre*
4	*quattro*
5	*cinque*
6	*sei*
7	*sette*
8	*otto*
9	*nove*
10	*dieci*
11	*undici*
12	*dodici*
13	*tredici*
14	*quattordici*
15	*quindici*
16	*sedici*
17	*diciassette*
18	*diciotto*
19	*diciannove*
20	*venti*
21	*ventuno*
22	*ventidue*
30	*trenta*
40	*quaranta*
50	*cinquanta*
60	*sessanta*
70	*settanta*
80	*ottanta*
90	*novanta*
100	*cento*
101	*centuno*
102	*centodue*
200	*duecento*
1.000	*mille*
2.000	*duemila*
100.000	*centomila*
1.000 000	*un milione*

Arzt/Krankenhaus

Ich brauche einen Arzt	*Ho bisogno di un medico*
Hilfe!	*Aiuto!*
Erste Hilfe	*pronto soccorso*
Krankenhaus	*ospedale*
Schmerzen	*dolori*
Ich bin krank	*Sono malato*
Biss/Stich	*puntura*
Fieber	*febbre*
Durchfall	*diarrea*
Erkältung	*raffreddore*
Halsschmerzen	*mal di gola*
Magenschmerzen	*mal di stomaco*
Zahnweh	*mal di denti*
Zahnarzt	*dentista*
verstaucht	*slogato*

Restaurant

Haben Sie einen Tisch für x Personen?	*C'è un tavolo per x persone?*
Ich möchte zahlen	*Il conto, per favore*
Gabel	*forchetta*
Messer	*coltello*
Löffel	*cucchiaio*
Aschenbecher	*portacenere*
Mittagessen	*pranzo*
Abendessen	*cena*
Eine Quittung, bitte	*Vorrei la ricevuta, per favore*
Es war sehr gut	*Era buonissimo*
Trinkgeld	*mancia*
Extra-Preis für Gedeck, Service und Brot	*coperto/pane e servizio*
Vorspeise	*antipasto*
erster Gang	*primo piatto*
zweiter Gang	*secondo piatto*
Beilagen	*contorni*
Nachspeise (Süßes)	*dessert*
Obst	*frutta*
Käse	*formaggio*

Register